普通高等教育"十三五"金融学专业规划教材

西安交通大学"十三五"规划教材

总主编 李 成

商业银行管理

【第二版】

主编 程婵娟 李逸飞

西安交通大学出版社
XI'AN JIAOTONG UNIVERSITY PRESS

国家一级出版社
全国百佳图书出版单位

内 容 提 要

　　本教材作为西安交通大学"十三五"规划教材，主要融历史性、现实性和前瞻性为一体，围绕商业银行"三性"原则展开讨论。本教材既包括了商业银行经营管理的基本理论，又结合了商业银行的具体实践；不仅研究了商业银行的传统业务管理，还把目光投向创新业务管理、市场营销、产品定价等新领域。本教材共分为9章：第1章介绍商业银行概论，第2章介绍商业银行财务报表解读，第3章介绍商业银行资本金管理，第4章介绍商业银行存款业务管理，第5章介绍商业银行贷款业务管理，第6章介绍商业银行中间业务管理，第7章介绍商业银行外汇业务管理，第8章介绍商业银行投资银行业务管理，第9章介绍商业银行资产负债管理。

　　本教材既适用于高等院校金融专业研究生、本科生阅读，又适用于经济类、管理类非金融专业学生阅读，同时对金融实务部门的工作有现实指导意义。

第二版前言

在银行主导型的金融机构体系下,商业银行管理就成了经济学、管理学等学科各专业的必修课。本教材自 2015 年出版以来,深得广大读者喜爱。2018 年又被西安交通大学列为"十三五"规划教材。所以,《商业银行管理》(第二版)的问世,有一定的基础。同时,商业银行面临的外部环境和客户需求都发生了很大的变化。这一方面给商业银行带来了发展的契机,另一方面也使商业银行面临更大挑战。因此,本教材修订也有一定的紧迫性。

本教材的修订,不仅在商业银行管理理念、管理方法方面进行了创新,而且在业务经营范围和经营方式等方面也进行了改革。本书主要有以下特点:①充分反映商业银行经营管理的新理念、新方法、新业务,强调商业银行经营管理的核心问题——风险管理,遵循"适中型"的风险偏好,并按照"理性、稳健、审慎"的原则处理风险和收益的关系。②在内容上力求突出专业性、通俗性和实用性。③在结构上注重完整性、有效性、直观性和系统性。既包括商业银行的基本理论,又通过丰富的案例展现了商业银行管理实践;既研究了商业银行的传统业务管理,又把目光投向创新业务管理、市场营销、产品定价等新领域。④在处理手法上理论与实践紧密结合,既立足于国内银行业务经营管理的实践,又吸收和借鉴了国外先进的经营管理理念和方法,力求全面反映现代商业银行改革的最新动态和发展趋势。

本教材此次修订的内容:①丰富了教材内容,同时也删减了和整个体系不相吻合的部分。如删减了原第 6 章,而增补的新第 6 章内容,一部分为原第 8 章内容,另一部分是新内容。②修订各章案例,使其更切合实际。③强调商业银行履行社会责任的重要意义。④修改了第一版的错漏和笔误。

本教材共包括 9 章内容,第 1 章、第 2 章和第 5 章由西安交通大学经济与金融学院程婵娟老师编写;第 3 章和第 9 章由中国银行股份有限公司刘晓锋先生编写;第4章和第8章由东方证券股份有限公司李逸飞先生编写;第6章由太平洋资产管理有限责任公司张云菀女士编写;第7章由西安交通大学经济与金融学院王茜草老师编写。全书在程婵娟老师修改完善的基础上定稿。

在本教材修订完成之际,我们要感谢很多为本教材做出过贡献的人。首先,本教材在编写过程中参阅了大量国内外文献资料,在此对这些资料的作者表示感谢。其次,要感谢在本教材第一版中给予帮助的科学出版社及兰鹏和方小丽编辑、西安思源学院李建初老师。再次,要感谢在本教材第二版中给予帮助的西安交通大学及西安交通大学出版社魏照民和史菲菲编辑。最后,要感谢为本教材编写提供资料和实践机会的中国建设银行陕西省分行曹全友先生、光大银行上海普陀支行杨幸先生、国家开发银行新疆分行何辉强先生、中国银行深圳分行郭涛先生。

由于编者水平有限,书中难免有不足之处,希望得到读者的批评指正。

编　者

2019 年 5 月

目　录

第1章 商业银行概论

本章提要

商业银行是金融机构体系中历史最为悠久、服务范围最为广泛、对经济生活影响最大的金融机构。经过几百年的发展演变,现代商业银行已成为各国经济活动中最主要的资金集散机构,并成为各国金融体系中最重要的组成部分。本章主要介绍商业银行的性质、职能、经营目标和经营管理的原则、商业银行的组织管理及业务种类等内容。本章的学习,对于掌握商业银行经营管理的整体框架和发展脉搏有一定的指导意义。

1.1 商业银行的性质与发展

1.1.1 商业银行的性质

1. 早期商业银行的性质

商业银行起源于商品经济的发展,是随着商品经济及信用制度的发展而迅速发展的机构。其产生的直接原因是国际贸易的增加使打破各国间交易中货币流通不统一的要求更加强烈。进而从商业中逐渐分离出货币兑换业,而专门从事该业务的人被称为货币兑换商。货币兑换行就是银行的雏形,也可以说,货币兑换是商业银行最早开展的金融业务。

随着商品交换扩大,商人为避免携带和保存货币的不便,在信任的基础上,委托货币兑换商保管货币,办理支付、结算和汇款。此时,货币兑换商就有了足够的条件利用聚集的大量货币发放贷款,进而由被动接受保管资金,到主动揽存,早期银行出现。虽然各国银行出现的原因和命名有其特殊性,但这是人们公认的银行产生的轨迹。要强调的是,世界上最早以银行命名的金融机构是1171年设立的威尼斯银行。

综上所述,早期的商业银行是指以吸收活期存款为主要负债业务,为商品交换的货币结算提供付款机制,并办理基于商业行为的自偿性放款的机构。但早期银行具有高利贷性质,不能满足资本主义工商业发展需要。所以,要求建立既能汇集闲置资金,又能按适度利率向企业提供贷款的现代商业银行。

2. 现代商业银行的性质

1694年成立的英格兰银行,是世界上第一家股份制商业银行,是现代银行产生的标志。它符合资本主义发展的需要,以股份制形式组建;能向客户提供较低利率的贷款;实行部分准备金制度,进行信用创造。所以其纷纷被各国所效仿,随后涌现出了大量股份制商业银行。这是商业银行产生的第一种途径。同时,这种银行制度对早期高利贷银行也造成威胁,要生存,就要改制。这是商业银行产生的第二种途径。而在其发展历程中,交替式使用着两种制度模式,即职能分工型和全能混业型。所谓职能分工型模式,是法律要求金融机构必须分门别类各司其职,实行分业经营,或专营长期金融,或专营短期金融,或专营有价证券业务,或专营信托业务。所谓全能混业型模式,是指商业银行除了提供短期商业性贷款外,还提供长期贷款,包销公司证券,甚至投资于企业股票与债券,并向企业合并与兼并提供财务咨询等金融服务。即商业银行除经办自身的业务外,还能经办证券、保险业务。至今德国、瑞士、奥地利等国家一直坚持这一模式,还有后续加入的国家,如英国(1986 年)、美国(1999 年)等。以美国为例,1933年美国国会通过并颁布了著名的《格拉斯-斯蒂格尔法案》,也称为《1933 年银行业法案》,确定了银行与证券分业经营的法律框架,将商业银行、投资银行业务分离。1999 年 11 月 4 日,美国国会通过并颁布了著名的《金融服务现代化法案》,也就是《格雷姆-里奇-布利雷法案》(GLB 法案),允许美国的银行进入证券和保险业,并允许非银行控股公司兼并和控制银行公司。现在美国已经进入混业经营时代,且这种经营模式也是发展的趋势。至此,商业银行已经发展成为以追求价值最大化为目标,以多种金融负债筹集资金,以多种金融资产为其经营对象,能利用负债进行信用创造,并向客户提供综合性、多功能服务的金融企业。从定义可知,商业银行是企业,具有一般企业的特征;商业银行是特殊的企业;商业银行不同于其他金融机构,是特殊的金融机构。

1)商业银行具有一般企业的特征

商业银行首先是一家企业,具备一般企业的基本属性,包括独立经营、自负盈亏、自担风险、追求股本回报的最大化等。所以,商业银行拥有业务经营所必需的自有资本,且大部分资本来自股票发行;其经营目标是价值最大化。从商业银行的设立到商业银行选择业务及客户的标准来看,与其他企业相同,主要是盈利。而且经营目标也经历了利润最大化、股东财富最大化到银行价值最大化的发展过程。到今天,银行价值最大化已成为国际先进商业银行普遍认同的经营目标。

(1)利润最大化的弊端。①片面追求利润最大化会导致企业短期行为严重,从而出现资源掠夺式经营、破坏生态环境等问题,最终成为社会持续发展的重大障碍。②利润是一个经营期间的,无法反映企业未来的发展趋势。③没有考虑资本成本。

(2)股东财富最大化。①由于信息不对称,经理人员为实现自身利益的最大化,有可能以损失股东的利益为代价。②股价很难全面衡量企业的兴衰(受多种因素的影响)。③没有考虑货币的时间价值。

(3)企业价值最大化。即在充分考虑货币时间价值和风险报酬关系的基础上,使企业总价值最大化。其本质是在保证股东价值最大化的同时,满足利益相关者收益最大化。其特征是:①更强调风险与报酬的均衡;②创造与股东之间的利益协调关系;③关心本企业职工的利益;④不断加强与债权人之间的联系;⑤真正关心客户的利益;⑥讲求信誉;⑦关心政府有关政策的变化;⑧强调社会责任最大化。

2)商业银行是特殊的企业

商业银行是凭借信用经营货币资金的金融企业,是一种特殊的企业,是以信用方式融通资金并附带其他服务的金融机构。具体来讲,商业银行与其他企业相比较在以下几个方面具有特殊性:经营特殊的商品——货币;以信用方式经营,如以信用方式吸收存款,并将其以信用方式提供给资金需要者;在货币信用领域经营;经营过程从始到终有各种风险相伴随,是各种风险的集结地;等等。所以,商业银行经营管理的核心是如何防范和化解风险,并从中获益。

3)商业银行是特殊的金融机构

虽然随着混业经营趋势的发展,商业银行和其他金融机构的边界越来越模糊,但在银行主导型的金融机构体系中,商业银行仍存在着以下优势。

(1)在整个金融机构体系中处于核心地位。

(2)经营性质不同于其他银行。①与中央银行相比较。按照《中华人民共和国商业银行法》的规范,商业银行是指依照该法和《中华人民共和国公司法》设立的吸收公众存款、发放贷款、办理结算等业务,且以营利为目的的企业法人。中央银行是只向政府和金融机构提供服务(资金清算业务、咨询服务、货币发行、代理金库、最后贷款人角色)的具有银行特征的政府机关,不以营利为目的。②与政策性银行相比较。成立于 20 世纪 90 年代末的政策性银行是不以营利为目的,但可获得微利,是按照国家政策提供某方面金融业务的金融机构。

(3)业务经营范围不同于其他金融机构。二者的主要区别归纳如下:①资金来源和运用不同。商业银行能够同时兼营吸收活期存款、发放短期贷款业务,而其他金融机构不能。②信用创造功能不同。商业银行是唯一能够吸收活期存款、创造和收缩存款货币的金融中介组织。③监管方式和程度不同。监管方式有现场和非现场监管方式,在运用中两种方式会很好配合。在监管程度方面,各国对商业银行的监管,历来都要比对其他金融机构严格。因为商业银行不仅能经营大企业集团的业务、政府部门的业务,更重要的是还能经营个人业务。④地位和作用不同。商业银行在金融机构体系中处于主体和基础地位,其作用主要体现在聚集和分配货币资金方面。另外,无论是机构数量、资产规模还是市场份额,其他金融机构都无法相比。

商业银行与其他非银行金融机构相比,也有其共性。如同属于金融市场中介机构,以及具有商业银行作为特殊企业的所有共同特征。

1.1.2　商业银行的发展趋势

1. 机构体系的发展趋势

1)商业银行机构体系超大化发展趋势

进入 20 世纪 90 年代,金融自由化、金融全球化趋势的加强,对商业银行经营提出了更多新的难题。如何在扩大银行业务的同时更有效地防范风险,是各商业银行所面临的也是最急于从理论和实践上加以解决的问题之一。对此,美国银行界流行"大则不倒"(too big to fail)一说。即当银行规模足够大时,就可以避免倒闭之忧。持这种观点的依据是:由于银行太大了,一方面如发生倒闭清理,会对整个社会经济活动,乃至国际经济活动产生强烈的震动,不仅如此,大银行破产清理的社会成本也比小银行破产清理的社会成本高得多,所以政府为了避免这种严重后果,不会坐视不管,定会极力挽救。而另一方面由于银行规模庞大,其本身抗风险的能力也较强,不容易发生清偿力危机。

从国际经验来看,建立超大银行的途径有两个:一是通过自身积累和业务发展,扩大银行规模。但通过这种途径建立超大银行需要时间。二是通过合并与兼并,向综合银行发展,可以在较短的时间内迅速形成超大银行,同时又可以拓展业务范围。

2)商业银行机构跨国化发展趋势

跨国银行产生于 19 世纪末,急剧发展阶段则是在第二次世界大战之后。一方面,战后生产国际化和资本国际化迅速发展,跨国公司大量涌现对全球性金融服务的需求增加,要求银行能够跨国界提供服务;另一方面,持续不断的金融创新对跨国银行这种金融机构的金融服务供给发展起了很大的促进作用。跨国银行机构创新发展主要集中表现在两个方面:一是在国外大量设立分支机构;二是在国外通过收购和控股商业银行扩张分支机构。

3)商业银行机构虚拟化发展趋势

随着商业银行对信息技术的广泛运用和网络银行业务的快速发展,在信息技术发达的城市和地区,商业银行呈现虚拟化趋势。所谓虚拟银行是指主要通过互联网、通信系统和计算机系统向客户提供服务的银行。不同于传统实体银行,虚拟银行是存在于电子空间的金融活动,具有系统开放性、运行方式网络化、存在形式虚拟化等特点。具体讲:一是无人化。以人为主的商业银行机构网点逐步被电子机器群甚至单机所构成的网点而取代。二是无形化。顾客通过电话、家庭电脑、公司电脑、手提电脑等方式,直接指令计算机网络终端系统处理商业银行业务,使传统的柜台、网点业务经营格局被打破。其特点是方便、高效、成本低廉。根据资料显示,网络银行的经营成本占其总成本的 $15\%\sim20\%$,而普通银行经营成本占其总成本的 60%。但网络银行的经营风险比较大,而且也增加了防范风险的难度。目前,网络银行安全问题是商业银行管理的重要课题之一。三是无纸化,即无现金、无纸质票据。运用网上支付、网上传递信息,既方便,又灵活,而且相对于现金支付更加安全。所以,目前转账支付占银行整个支付量的 95% 以上。

2. 商业银行业务经营的发展趋势

1)业务经营国际化

商业银行业务经营国际化指银行在国内开办各种涉外业务,不跨国界但跨通货经营的现象,涉外业务发生在国内并且受本国有关法规和税制的管制,接受本国金融当局的监管。严格来说,它不能准确反映一国银行的国际化程度。相对而言,银行机构国际化和市场国际化是真正意义上的银行国际化,是高层次的国际化。机构国际化包括本国银行在国外设立分支机构和将外国银行引进来两个方面。市场国际化是指银行利用海外分支机构重点开发境外业务,扩大海外市场份额,国内外业务同步发展,海内外市场并重。此时银行不仅受本国金融法规的管制,还要接受海外分支机构所在国金融法规的管制。随着各国对外贸易和外向型企业的发展,已形成一个世界性大商品市场,国际业务在金融活动中的地位日益重要,因此金融国际化进程必然加速。

2)业务经营综合化

在金融一体化、金融自由化和金融创新发展的大浪潮下,商业银行经营的业务和提供的服务范围将会越来越广泛,现代商业银行正在向着"万能银行"和"金融百货公司"发展。目前我国商业银行综合化经营趋势明显,商业银行和其他非银行金融机构的业务经营范围边界越来越模糊。

但要特别强调:尽管银行业发生了许多具有划时代意义的重大变化,但是它的某些特性似乎永远都不会改变。银行业仍然是(而且永远都是)一种服务性行业,它所提供的是无形产品;各家银行所提供的产品都大同小异,很难(有人甚至认为不可能)彼此区分开来。

当然,银行业的综合化已成为当今最为关注的热点之一,它对全世界的银行业竞争格局,以及商业银行在本国和国际经济中的作用、商业银行自身的发展模式,特别是对商业银行制度方面将产生越来越大的影响。

3)银行资产证券化

银行资产证券化是指商业银行将缺乏流动性但具有未来现金流量的信贷资产,通过结构性重组,转变为可以在金融市场上流通的证券以融通资金的过程。

4)金融创新经常化

金融创新是指商业银行为适应经济发展的要求,通过引入新技术、采用新策略、开拓新市场,在战略决策、制度安排、机构设置、人员准备、管理模式、业务流程和金融产品等方面开展的各项新活动,最终体现为银行风险管理能力不断提高,经营市场不断扩大,同时也增强了各利益相关者的满意度。当然,商业银行只有创新经常化,才能实现可持续发展,所以它是一种必然。

5)经营手段电子化

银行业是最先大规模使用电子计算机的行业。早在 20 世纪 50 年代后期,电脑就被大通曼哈顿银行和花旗银行等运用于记账和结算,当时只将电子计算机作为一种计算器使用。20 世纪 60 年代,美国和日本等国家的一些大银行开始将营业网点内分散的业务处理系统联结起来,建成银行内部的联机系统,并利用该系统处理存款、贷款、汇兑、结算等业务,为客户提供全面服务的同时,也给客户带来很多便利。20 世纪 70 年代是商业银行大量运用电子计算机设备的时代,发达国家的银行在营业网点的业务柜台上安装了电脑终端设备,在营业大厅设置现金支付机,开始建立总行与分支机构间的电子设备网络。许多银行还在银行的外墙、机构、车站、超级市场、娱乐中心和商业中心安装了自动柜员机(automatic teller machine,ATM),银行业务经营开始突破时空限制。20 世纪 80 年代起,商业银行运用电脑进行管理决策,利用信息系统进行项目评估,筛选决策方案,确定经营策略。进入 20 世纪 90 年代,不论是发达国家还是新兴市场经济国家,商业银行经营都在加速实现电子化,做到业务交易电子化、数据处理电子化、资金转账电子化、信息传递电子化和经营管理电子化。在银行经营电子化过程中,最引人注目的是"网上银行"问世,1995 年第一家网络银行——安全第一网络银行(Security First Network Bank)在美国成立,网络银行数目迅速增加。2000 年 10 月以前,美国交易类网络银行已达 1275 家,占银行和储蓄机构的 12%;在互联网设立网站的银行数量达 3800 多家,占联邦保险储蓄机构和商业银行的 37%。网上银行业务品种覆盖了除现金之外包括为客户提供查询、转账、付款等理财服务以及消费者贷款、证券投资、基金销售、外汇买卖、信用卡、贸易融资、抵押按揭贷款等所有零售银行业务和部分投资银行业务。1996 年 10 月美国亚特兰大网上银行实现通过互联网络提供 24 小时营业等多种服务,客户每月只需要付 4.5 美元手续费便可享受该银行提供的服务。我国银行业在经营电子化方面也正在加倍努力,并取得了显著的成就。自 1998 年招商银行的"一网通"网上银行服务正式推出到 2018 年,网上银行在中国已步入第 20 个年头。无论在观念还是在业务种类、客户量和交易额方面都有了很大的发展。

3. 商业银行经营管理的发展趋势

1)经营管理结构扁平化发展趋势

所谓扁平化管理就是减少中间层次管理机构,管理层次人员数量大幅压缩,缩短商业银行决策层与经营层的距离,整个组织结构相对于原来"金字塔"式结构呈现大幅"扁平"的一种管理模式。

美国管理学大师德鲁克早在 20 世纪 80 年代就提出了自己的观点,他认为"未来的企业组织将不再是一种金字塔式的层级制结构,而会逐步向扁平化结构演进",他是世界上最早提到扁平化管理的人。新制度经济学的代表人物威廉姆森等人也从交易成本角度论证了类似的企业管理结构变化趋势,认为知识经济时代管理是通过现代化的信息手段,将最新的管理思想与管理模式贯穿到具体流程,创建扁平化管理思路。银行推行机构管理扁平化,会使其经营成本更低，服务质量、管理效率和市场竞争力更高。

（1）扁平化经营管理的主要特征是精炼了经营管理层次，缩短经营管理通道和路径，扩大经营管理的宽度和幅度。

（2）扁平化经营管理的基本原则主要有：①适当性原则。一是扁平化经营管理的内容要适当；二是扁平化经营管理的幅度和宽度要适当；三是扁平化经营管理的后台业务处理和各项管理职能集中的程度要适当。②效益性原则。现代商业银行的经营目标，就是追求利润最大化。这就要正确把握业务发展与经营成本的辩证关系。加强管理成本控制，既是提高效益的重要途径，也是衡量经营管理水平的重要标志。实行扁平化管理，就是要减少管理层次、管理环节和管理人员，调整优化经营管理人员结构比重，强化经营职能，降低管理费用，以利于扩大盈利。③安全性原则。追求盈利性与安全性的有机统一，是商业银行开展经营管理活动的永恒主题。实行扁平化经营管理，有利于提高经营管理效率，有利于增强市场竞争力，有利于扩大经营效益，这是毫无疑问的。

2）由"部门银行"向"流程银行"转变

千百年来，人们已经习惯了一种企业的组织形式，就是在企业内部将相同或者相似的活动集中起来由某个部门来管理，这就是"职能型企业"或"部门型企业"。我国商业银行也不例外，所以有了"部门银行"称谓。其特征（或弊端）主要有：①按照业务（主要是贷款）或产品设置管理部门；②以"块块"管理为主，分行成为独立的利益主体；③总分行内部机构设置行政化倾向严重；④部门之间职责不明确，出现重叠、缺位等现象；⑤按照行政区域设置分支机构，无法实现资源有效配置。"流程银行"是指通过流程再造后具有可持续竞争力的现代商业银行。它是以顾客为中心，以市场为导向，贯穿全面风险管理的思想，从而实现价值最大化目标的银行流程再造。目前银行流程再造的指导思想主要体现在顾客至上、以人为本和彻底改造等三个方面。流程银行具有以下特征：①垂直化、扁平化的组织架构；②标准化、工序化的业务流程；③规范化、科学化的人力资源管理机制；④市场化、客户化的文化理念。因此，由"部门银行"向"流程银行"转变不仅是一种必然，也是商业银行内在的要求。

3）由单一信贷风险管理向全面风险管理转变

全面风险管理是对整个银行内各个业务层次、各种类型的风险进行通盘管理。全面管理的目标是风险和收益的平衡，其基本理念是要承担应该承担的风险，并将这种风险可能造成的损失限制在可以接受的目标范围之内。全面风险管理的全面性表现在风险管理范围、管理体系、管理过程、管理方法等方面。美联储前副主席罗杰·富古森（Roger W. Ferguson Jr.）在《回到管理银行风险的未来》中提道："银行因为承担风险而生存和繁荣，而承担风险正是银行最重要的经济职能，是银行存在的原因。"银行是经营风险的，风险管理的水平是衡量银行管理水平的重要标志。

1.2　商业银行的职能及特征

1.2.1　商业银行的职能

商业银行的职能回答商业银行能干什么的问题，主要包括信用中介职能、支付中介职能、信用创造职能、金融服务职能和调节经济职能等五大职能。

1. 信用中介职能

信用中介职能是商业银行最基本、最能反映其经营活动特征的职能。它是指商业银行以信用为基础,通过负债业务把社会上的各种闲散货币资金集中到银行,通过资产业务把它投向需要资金的各部门,充当资金闲置者和资金需要者之间的中介人,实现资金的融通。

(1)以信用为基础,充当资金闲置者和资金需要者之间的中介人,实现资金的融通。

(2)以信用为基础,充当了买卖"资本商品使用权"的商人角色。

(3)商业银行作为信用中介,是由两个既相互联系又各自独立的借贷行为构成的。马克思称第一个借贷行为是"借者的集中",意思是银行代表所有需要借款的人集中地向暂时有多余款项的人(即存款人)借款;称第二个借贷行为是"贷者的集中",意思是银行代表所有存款人(即暂时有多余款项可以贷出的人)集中地把存款贷给需要借款的人。在这借者的集中和贷者的集中之间,银行是靠信用经营的,所以商业银行具有信用中介职能。信用中介职能的作用可概括为以小变大、以短变长、以死变活。

2. 支付中介职能

支付中介职能是指商业银行利用活期存款账户,为客户办理各种货币结算、货币收付、货币兑换和转移存款等业务活动。这一职能的发挥,使银行承担着"社会总出纳""支付中心""整个社会信用链的枢纽"的责任。这也是银行最为古老的职能。

3. 信用创造职能

1)信用创造的定义

信用创造是商业银行的特殊功能。它是指商业银行利用其可以吸收活期存款的有利条件,以原始存款为基础,通过用转账方式发放贷款、办理贴现和投资等业务而在整个银行体系创造出数倍于原始存款的存款(被称为衍生存款,也被称为存款货币)。因为它只是一种账面上的流通工具和支付手段,并不是现金货币,因此商业银行通过发挥信用创造职能,一方面可创造流通工具,另一方面可创造存款货币。

【案例 1-1】 设客户甲向 A 行存入 100 万元,法定存款准备金率为 20%;在没有超额准备金要求的情况下,若 A 行将 80% 放款给客户乙;而客户乙又以转账形式向在 B 行开户的丙客户支付货款。依此下去,将会在银行体系产生多少存款?

【案例分析】 依据以上资料,给出商业银行信用创造过程,如表 1-1 所示。

表 1-1　派生存款的过程　　　　　　　　　　单位:万元

银行增加	存款变化	准备金变化	贷款增加
A	100	20	80
B	80	16	64
C	64	12.8	51.2
D	51.2	10.24	40.96
…	…	…	…
合计	500	100	400

如表 1-1 所示,信用创造是靠贷款来实现的,整个银行体系账面存款总额:

$$S_n = D \times K = 100/20\% = 500(万元)$$

$$K = 1/(r+c+e) = 1/20\%$$

$$派生存款 = 500 - 100 = 400(万元)$$

式中：整个银行体系账面存款总额为 S_n；原始存款规模为 D；派生存款乘数为 K；法定存款准备金率为 r；提现率为 c；超额准备金率为 e。

2）信用创造的约束条件

综上案例分析可知，商业银行的信用创造功能是在信用中介职能和支付中介职能基础上派生出来的功能。其在能够经营活期存款以及在部分准备金制度、非现金结算制度和非支票存款为 0 的假设条件下进行信用创造，所以主要受以下条件制约：①原始存款的规模；②法定存款准备金率；③超额准备金率；④提现率（现金漏损率）；⑤客户对贷款的需求。

除此而外，影响商业银行信用创造功能发挥的因素还有很多，如公众的流动性偏好、市场利率预期等。

4. 金融服务职能

金融服务职能主要有财务咨询、代理融通、信托、租赁、计算机服务、现金管理等。商业银行发挥这一职能的优势主要体现在信用优势、信息优势、网点优势、人才优势、规模和成本优势等方面。其作用主要体现在：扩大了社会联系面，增加了市场份额，增加了非利息收入。

5. 调节经济职能

商业银行作为金融机构体系中最重要的机构，对支持一国经济发展起着举足轻重的作用。同时，也对一国经济政策的执行和传导发挥着不可替代的作用。具体体现在调整产业结构、刺激消费、压缩投资、调节国际收支状况等方面。

综上所述，商业银行是一个主要的金融中介机构。其存在的必要性：一是降低交易费用；二是降低交易风险；三是调节借贷数额和期限；四是反映和调节经济活动；五是合理配置资金这一稀缺资源；六是创造信用，提供金融服务。

1.2.2 商业银行的经营特征

1. 高负债经营

与同规模的企业相比较，商业银行负债在整个资金来源中的占比之高，是任何一家企业都无法比的。据保守估算，商业银行的负债率通常都高达 90% 以上。这一方面使商业银行有了投机的冲动；另一方面也使得商业银行变得更加脆弱，容易受到市场环境和挤提压力的影响，经营风险较高。那么商业银行高负债经营的主要原因是怎样的呢？其可能的原因如下：

（1）追求利润最大化，保持高杠杆率。

（2）商业银行是经营货币与信用的特殊企业，无须大量资本金，所以主要靠负债经营。

（3）资金流动性比一般企业快，资产的变现能力相对较强。

2. 高风险经营

风险有多层含义：一是指未来结果的不确定性，可能好也可能坏；二是指造成损失的可能性，损失可能有也可能无；三是指偏差，即偏离预定目标的现象，其中主要指不利差异。商业银行就是一台"风险机器"，它承担风险、运作风险、转化风险，并且将风险植入金融产品和服务中再加工风险。风险对于商业银行是把"双刃剑"，它既是银行盈利的源泉，也是银行倒闭的导火索。只要能有效驾驭并管理风险，银行就能取得真正意义上的发展，否则就会被风险所吞噬。

美国花旗银行前总裁沃尔特·瑞斯顿（Walter Wriston）有句名言："生命的意义在于管理风险，而非消除风险。"如何寻找风险和收益的平衡点，是常常令银行家头疼的难题。其主要原因：一是面临较高的违约风险。商业银行以信用方式经营，从始到终伴随风险。二是为追求利润最大化而冒险经营。三是防范风险的资本金薄弱。一旦发生损失，资本补偿率低，债权人受损失概率大。四是风险发生后会迅速传染。在现实中，银行风险有很强的扩散性，一旦发生损失，绝非仅影响某个银行，其传播性和扩散性可能导致整个社会陷入经济、金融困境。金融风险传染机制理论认为，金融风险的传染机制有接触传染机制和非接触传染机制。接触传染源于金融活动参与者之间的各种联系和相互影响；非接触传染源于金融恐慌。正因为如此，造成社会影响也大。这源于商业银行和社会小到个人、大到企业集团客户都有着千丝万缕的联系。如它经营存款，涉及所有国民的利益。而且我国大部分的非金融企业主要依赖银行的融资渠道。因此，如果商业银行经营出现问题，可能会对公众利益、金融稳定乃至经济发展产生严重的外部影响。

3. 在激烈的竞争中经营

银行业的竞争从无到有，逐步展开，并日趋激烈。而市场的分割、银行行为和银行业经营性质与银行业竞争程度的关系紧密。其中造成市场分割的原因主要有：

（1）来自国内银行业之间的竞争。国内金融机构迅猛增加，导致各家银行的存款市场、贷款市场相对收缩。

（2）来自外资银行的竞争。我国加入世贸组织后，特别是自 2006 年 12 月 11 日我国银行业对外全面开放后，外资银行大量进入国内，可谓给竞争激烈的市场再添新力。截至 2017 年底，外资银行在我国营业性机构总数达到 1013 家。

（3）来自非银行金融机构的竞争。金融机构个性化特征不是很明显，经营边界越来越模糊，这也加剧了竞争。所以，需要不断创新产品才能在竞争中获胜。

（4）来自非金融机构的竞争。目前商业银行不仅仅面临互联网支付对银行网银渠道的挑战，存、汇、放三大传统业务领域也面临着挑战。竞争对手虽然弱小，但正在一点点蚕食原本属于银行的领地。在以支付宝、Paypal、拉卡拉为代表的第三方及移动支付正在以自己更加灵活的身段改变用户实现支付的入口，冲击银行的传统汇转业务；以阿里巴巴金融为代表的新型贷款模式正在改变银行赖以生存的公司贷款模式；以 P2P 网站为代表的新型人人贷模式正在绕开银行实现个人存贷款的直接匹配，成为未来互联网直接融资模式的雏形。

当然，商业银行面临的挑战不限于此，还受着利率市场化、经济发展状况等带来的竞争压力。所以，商业银行无论从客观还是主观角度都需要尽快转型。

4. 在严格的监管下经营

在世界各国，对商业银行的监管，一直都是监管当局高度重视的问题。监管模式由单一的非现场监管转化为现场和非现场监管并重，由被动监管向主动监管转化，由重视结果监管向重视事前、事中、事后三个环节转化。同时将定期和非定期监管紧密结合，以体现动态监管的重要性。尽管还需要进一步完善，但各国在监管原则和内容方面已达成共识。

（1）世界各国对银行业监管的原则。监管的原则，也称为"骆驼（CAMELS）原则"。第一，C 代表资本充足性（capital adequacy），考核银行承担风险的能力。例如，商业银行历来都是被高度监管的行业，监管者通常依靠资本监管手段，确保商业银行具备充足的偿付能力，防范银行的机会主义行为和道德风险。第二，A 代表资产质量（asset quality），反映了现有贷款、投资组合和表外业务蕴含的信用风险大小。第三,M 代表管理质量(management quality),反映董事会和高管层任职以来对风险进行识别、衡量、监督和控制的能力。第四,E 代表盈利(earnings)能力,不仅反映了盈利数额和趋势,还反映了会影响持续性、流动性或盈利的因素。第五,L 代表流动性(liquidity),反映了银行当前和未来流动性资源的充足程度以及资金管理的合理程度。第六,S 代表对市场风险的敏感度(sensitivity to market risk),反映了利率、汇率、商品价格和股权价格变动对盈利和资本产生负面影响的程度。

(2)世界各国对银行业监管的内容。其简单讲是指从准入到退出的过程监管,具体包括:银行业的准入、银行资本的充足性、银行的清偿能力、银行业务活动的范围、贷款的集中程度、银行的退出。其实我们从美国 2010 年 1 月公布的"沃尔克规则"(Volcker Rule)的内容,就可看到监管的严肃性。其提出,禁止银行业以自营交易为主,要求将自营交易与商业银行业务分离,即禁止银行利用参加联邦存款保险的存款,进行自营交易、投资对冲基金或者私募基金。

(3)我国对银行业的监管,无论是监管机构还是监管内容都在不断地健全和完善。2003年之前,由中国人民银行对商业银行实行全面监管。2003 年 4 月 25 日,中国银行业监督管理委员会成立,并依据《中华人民共和国银行业监督管理法》(2003 年 12 月 27 日第十届全国人民代表大会常务委员会第六次会议通过)对商业银行实行监管。其目的是为了促进银行业的合法、稳健运行,维护公众对银行业的信心,保护存款人和其他客户的合法权益,促进银行业健康发展。在监管中遵循以下原则:①依法、公开、公正和效率的原则;②独立监管原则;③审慎监管原则;④协调监管原则;⑤跨境合作监管原则。自 2018 年 4 月 8 日中国银保监会成立起,我国商业银行的主要业务由银保监会履行监管。其主要职责是,依照法律法规统一监督管理银行业和保险业,维护银行业和保险业合法、稳健运行,防范和化解金融风险,保护金融消费者合法权益,维护金融稳定。与此同时,将原银监会和保监会拟订银行业、保险业重要法律法规草案和审慎监管基本制度的职责划入中国人民银行,由中央银行对银行业实行动态监管。至此,我国对商业银行的监管将开启新的航程,也意味着在中国运行长达 15 年的"一行三会"金融分业监管模式被国家金融稳定发展委员会(2017 年 11 月成立)辖下的"一行两会"新架构和目标监管模式所取代。

1.3　商业银行经营管理的目标及原则

1.3.1　商业银行经营管理的目标

企业经营目标,是在一定时期企业生产经营活动预期要达到的成果,是企业生产经营活动目的性的反映与体现;是指在既定的所有制关系下,企业作为一个独立的经济实体,在其全部经营活动中所追求的,并在客观上制约着企业行为的目的。而管理就是为实现经营目标所实施的一系列管理活动,包括计划、组织、指挥、调节、监督等职能。商业银行作为一个企业也不例外,其经营管理目标主要体现在以下三个方面。

1. 经济效益目标

社会主义市场经济体制的确立为商业银行追求最大的经济效益提供了理论依据,也成为商业银行经营管理的终极目标。

2. 社会责任目标

关于企业社会责任目前国际上还没有统一的定义,一般认为企业社会责任就是企业在创造利润、对股东利益负责的同时,还要承担对员工、对消费者、对社区和环境的社会责任,包括遵守商业道德、保障生产安全、维护职业健康、保护劳动者的合法权益、保护环境、支持慈善事业、捐助社会公益、保护弱势群体等。诺贝尔经济学奖获得者西蒙指出:"经济责任是公司的基本功能,而社会责任则是从道德价值判断得到的企业目的。"商业银行积极履行企业社会责任既符合国家和社会利益,也是自身发展的需要。首先,商业银行的企业社会责任价值观和实际表现对其服务的客户或其他行业的企业也具有一种较强的"辐射"效应,如商业银行可以通过其绿色信贷政策,拒绝给污染不达标企业发放贷款,直接或间接地影响整个国家加工制造业等企业的健康发展。其次,商业银行企业社会责任的表现对整个国家经济和社会、金融的稳定、健康发展具有特别重要的影响力。再次,对于商业银行自身来说,积极履行企业社会责任,也是提高竞争力、提升企业价值的需要。

3. 职业道德目标

职业道德,就是同人们的职业活动紧密联系的符合职业特点所要求的道德准则、道德情操与道德品质的总和。职业道德既是商业银行从业人员在职业活动中的行为规范,又是行业对社会所负的道德责任和义务。其具体内容包括:忠于职守,乐于奉献;实事求是,不弄虚作假;依法行事,严守秘密;公正透明,服务社会。金融伦理是金融效率的道德支持。提升金融道德水准,有助于提升金融效率,促进金融发展。

1.3.2 商业银行经营管理的原则

商业银行经营管理的一般原则,也是银行经理们最关心的四个问题。其一,为了应付支付,必须保持足够的现金,以便向储户履行其偿付义务(流动性管理)。其二,通过持有那些违约风险率较低的资产,将持有的资产多样化,并获得较高的回报(资产管理)。其三,为了获取更高的回报,银行要尽量以低成本获取资金(负债管理)。其四,确定银行必须保持的资本金数量,并获取所需的资本金,以保证银行的偿付能力和经营的安全性(资本充足性管理)。对以上内容依照商业银行法可归纳为通常所称谓的"三性"原则。其管理的基本目标是实现"三性"平衡。

1. 安全性原则

安全性原则要求商业银行在经营活动中,必须保持足够的清偿能力,经得起重大风险和损失,能随时应付客户提取,使客户对银行保持坚定的信心。其核心思想是防范和化解各类风险。

(1)商业银行在经营中可能会面临的风险。信用风险,是指债务人或交易对手未能履行合同所规定的义务或信用质量发生变化,影响金融工具价值,从而给债权人或金融工具持有人带来损失的风险。市场风险,有狭义和广义之分。狭义的市场风险特指股票市场风险;广义的市场风险是指所有市场价格变量发生变化所引致的风险,包括利率风险、汇率风险、股票风险及商品风险。操作风险,是指由于不完善或有问题的内部操作流程、人员、系统或外部事件所造成损失的风险。流动性风险,是指银行无力为负债的减少和资产的增加提供融资而造成损失或破产的可能性。声誉风险,是指由商业银行经营、管理及其他行为或外部事件导致利益相关方对商业银行负面评价的风险。国家风险,是指经济主体在与非本国居民进行国际经贸与金融往来中,由于别国经济、政治和社会等方面的变化而遭受损失的可能性。法律风险,是指在商业银行的日常经营活动或各类交易过程中,因为无法满足或违反法律要求,导致商业银行不能履行合同、发生争议/诉讼或其他法律纠纷,而可能给商业银行造成经济损失的风险。战略风险,是指商业银行在追逐短期商业目的和长期发展目标的系统化管理过程中,不适当的未来发展规划和战略决策可能威胁商业银行未来发展的潜在风险。

(2)面对可能会面临的风险,商业银行应采取的保持安全性途径主要有:分散风险,减少风险,对冲风险,转移风险,对风险进行补偿。

2.流动性原则

流动性原则要求商业银行应具有随时以适当的价格取得可用资金的能力,以便随时应付客户提取及银行支付的需要。它包括资产的流动性和负债的流动性两个方面的含义。所谓资产流动性,是指资产的变现能力。衡量资产流动性的标准有两个:一是资产变现的成本;二是资产变现的速度。这两个标准若能同时满足,才可称得上达到流动性要求。所谓负债流动性,是指银行能以较低的成本,随时获得所需资金满足客户提取的能力。流动性风险则是指银行无力为负债的减少和资产的增加提供融资而造成损失或破产的可能性。商业银行坚持流动性原则的途径有:①建立分层次的准备资产制度;②实施负债管理;③统筹安排资产和负债;④适时发挥中央银行最后贷款人作用。

3.盈利性原则

盈利性是商业银行经营活动的最终目标。这一原则要求商业银行的经营管理者在可能的情况下,尽最大努力追求利润最大化。在现实中,影响商业银行盈利的因素主要可归纳为三个方面,即资产收益与资产损失、资金成本、其他营业收支。所以,商业银行实现盈利的主要途径包括:①加强利差管理;②控制管理费用;③增加服务收入;④减少资产损失。

4."三性"原则的协调一致

商业银行本质上是经营风险的企业,其基本要求是确保资金的安全性、流动性和盈利性,但我们能看到这三者是矛盾的统一体。所以,商业银行经营管理的本质就是协调这三者的关系,实现"三性"的平衡。简言之,就是对风险的承担与管理。

(1)合理配置资产结构,达到"三性"原则的协调。实现安全性原则要求商业银行扩大现金资产,减少高风险资产;实现盈利性原则要求商业银行尽可能减少现金资产,扩大盈利资产。如何协调这一矛盾呢?大多数银行家认为,正确的做法应当是在对负债来源、资产规模及各种资产的风险、收益、流动性进行全面预测权衡的基础上,在保证安全的前提下争取最大的利润。解决安全性和盈利性的矛盾,实现安全性和盈利性统一的最好选择就是提高银行经营的流动性。为此,商业银行必须从资产和负债两个方面加强管理。

从长期看,要积极组织负债来源,慎重安排资产结构,保持适当比例的现金资产;加强对长期贷款和投资的预测研究,保证收益,减少风险损失;树立良好的信誉,建立牢固的信用基础,取得客户和社会的高度信任,保持更大的周旋余地。这三点要求的宗旨是围绕流动性加强经营管理,增强资金实力,提高服务质量。唯有如此才能很好地实现安全性与盈利性相结合的目标。

从短期看,在经济扩张时,由于中央银行放松银根,资金来源充足,资金需求旺盛,商业银行应侧重于盈利性目标。在经济衰退时,由于中央银行紧缩银根,社会资金来源减少,市场资金需求开始减弱,商业银行应侧重安全性目标,谨慎安排资产规模与结构。

(2)实施全面风险管理,在达到"三性"平衡的基础上,获得最大化收益。首先,遵循全面风险管理的原则,一方面加强对信用风险、市场风险和操作风险的监督管理;另一方面将风险管理涵盖到各个分支机构、各项业务和各种产品之中,在"事前监测、事中管理、事后处理"的过程中实行系统性、有效性的监测控制。其次,在风险管理过程中按"不同业务、不同风险"的理念实行差异化管理,通过对具体业务的整个业务流程进行分析,找出"风险关键点"并针对其风险特征设计管理制度,阻断风险产生的源头。最后,商业银行的风险管理机制要适应外部监管要求,按照国家有关金融监管法律法规加强风险控制。

总之,由于安全性是保证,流动性是条件,盈利性是目的,因此,其主导思想是在收益既定时,尽量降低风险损失;反之,在风险既定时,尽量增加收入。

1.4　商业银行的组织管理

1.4.1　商业银行制度

商业银行制度,是一个国家用法律形式所确定的该国商业银行体系、结构及组成这一体系的原则的总和。

1. 建立商业银行制度的基本原则

1)公平竞争、效率至上原则

竞争是商品经济和市场经济活动的一个基本原则。古典学派一直崇奉"自由竞争"。按现代经济学观点来看,竞争机制可以使资源得到充分利用。商业银行是一种特殊的金融企业,开展竞争会有利于促进银行改善服务,提高经营效果,也有利于降低经营成本,加快资金周转,有利于整个社会经济的发展。这是许多国家在建立本国商业银行制度时就要考虑的第一个原则。

2)安全稳健原则

一个国家在建立商业银行制度时要考虑的第二个原则就是使其商业银行制度有利于保护该国银行体系的安全,防止银行倒闭。由于商业银行业务具有广泛的社会性,一家银行倒闭会引起各方面的连锁反应,甚至有可能触发金融危机,最终影响整个国家的经济发展,因此,几乎所有的国家都把保护银行体系安全作为建立本国商业银行制度所必须要考虑的一个重要原则。

3)规模适度原则

规模经济理论告诉我们:在市场经济中,任何一个企业都具有一个"最合理规模",在这种规模下,企业的成本最低,利润最优。而大于或小于这一规模,都会引起成本上升或利润下降。这一理论不仅适用于单个银行规模管理,也适用于整个银行体系规模控制。

一般来讲,西方各国都是按上述原则来建立商业银行和商业银行制度的。但由于各国商业银行产生与发展的经济条件不同,因而组织形式存在一定差异。

2. 商业银行制度类型

1)按资本所有权划分

按资本所有权不同划分,商业银行可分为私人制商业银行、股份制商业银行以及国有制商业银行三种类型。

私人制商业银行一般指由若干个出资人共同出资组建的商业银行,其规模较小,不在市场上发行任何股票。在各国银行体系中,其一般处于附属地位,对大银行起补充的作用。1656年由私人创建的瑞典银行,是世界上出现的第一家中央银行。1998年成立的瑞士联合银行是瑞士最大的银行,也是世界上最大的私人银行。

股份制商业银行指以股份公司形式组建的商业银行。它是商业银行中最具代表性的一种,股东代表大会是最高权力机构。其以发行股票筹集资本,股东是法律上的所有者。

国有制商业银行是由国家独资或控股兴办的商业银行,所有权归国家或股东所有。

2)按业务覆盖地域划分

按业务覆盖地域来划分,商业银行可分为地方性商业银行、区域性商业银行、全国性商业银行和国际性商业银行。地方性商业银行是以所在的社区客户为服务对象的商业银行。区域性商业银行是以所在区域为基本市场的商业银行。全国性商业银行是以国内市场中的工商企业和个人为主要服务对象的商业银行。国际性商业银行是指世界金融中心的银行,它以国际机构客户为主要业务对象,如花旗银行、东京三菱银行、巴克莱银行等。

3)按能否从事证券业务划分

按能否从事证券业务来划分,商业银行可分为分业经营和混业经营两种制度模式。分业经营模式下,商业银行不可涉足证券业、保险业。混业经营模式下,主要发达国家对商业银行能否从事证券业务有不同规定,因而也可将商业银行分为德国式全能银行、英国式全能银行和美国式全能银行。

德国式全能银行是指那些既能全面经营银行业务,又能经营证券业务和保险业务的商业银行,而且还允许商业银行投资于工商企业的股票。这种类型的商业银行主要分布在欧洲大陆的德国、瑞士、荷兰等国家。英国式全能银行是指那些可以通过设立独立法人公司来从事证券承销等业务,但不能持有工商企业股票,也很少从事保险业务的商业银行。这种商业银行主要分布在英国及加拿大、澳大利亚等国家。

1.4.2 商业银行的组织结构

1.商业银行的外部组织结构

商业银行的外部组织结构在形式上具有以下几种:

1)单元制

单元制也称单一制,是指一家银行只在一个地区设立营业机构进行独立经营,法律不允许其设立分支机构的组织形式。历史上,美国是最为典型的采用单元制的国家。1994年之前,美国不允许银行跨州经营或分设机构,而且各州对于一家银行可以开设的分支机构的类型和数量也有规定。这一制度有利于防止垄断,立足本地。但单元制不利于金融创新,且经营成本高,难以取得规模效益。鉴于此,1994年,美国国会通过《瑞格-尼尔跨州银行与分支机构有效性法案》,允许商业银行跨州建立分支机构。该法案规定,从1997年6月起,银行可以全方位跨州经营,使得美国银行从单元制向总分行制转变。

2)总分行制

总分行制又称为分支行制,是指法律允许一家银行能够在总行之下不同区域(包括国外)设立分支机构的组织模式。目前,世界上包括英国、德国、法国、日本等大多数国家都实行总分行制的组织模式,我国也是如此。总分行制有利于筹集、调剂资金,提高资金利用效率,同时总分行制也有助于抵御风险、增强竞争能力。不过,总分行制也有弊端,不仅可能导致过分集中和垄断,而且可能导致管理难度加大。

3)持股公司制(也称为集团银行制)

持股公司制是指由一家大银行或大企业组建持股公司,再由该公司兼并收购两家以上银行的组织模式。持股公司通常有两种模式:一种是由一家大银行组建持股公司,并购其他银行;另一种是由非银行企业组建持股公司拥有银行股份。从以往的实践经验来看,持股公司制的优点是:①能够有效地扩大资本总量,增强银行的实力;②提高抵御风险和参与市场竞争的能力;③弥补了单元制银行的不足。持股公司制的缺点是:①容易形成银行业的集中和垄断,不利于银行之间开展竞争;②在一定程度上限制了银行经营的自主性,不利于银行的创新活动。

4)连锁银行制(也称联合制)

连锁银行制是由某个人或某个集团购买若干独立银行的多数股票,从而实现对这些银行的控制的一种商业银行组织形式。尽管这些银行的法律地位仍然是独立的,但实际上其业务和经营政策因控股而被某一个人或某一集团所控制,其业务和经营管理由这个人或这个集团决策控制。连锁银行制曾盛行于美国中西部,是为了弥补单一银行制的缺点而发展起来的。连锁银行制与银行持股公司制度的作用相同,差别在于没有股权公司的形式存在,即不必成立持股公司。

2. 商业银行的内部组织结构

由于大多数商业银行都是按公司法组织起来的现代企业即股份制银行,因此,它们的组织结构大致相仿。其一般可分为四个系统,即决策系统、执行系统、监督系统和管理系统,具体框架如图 1-1 所示。

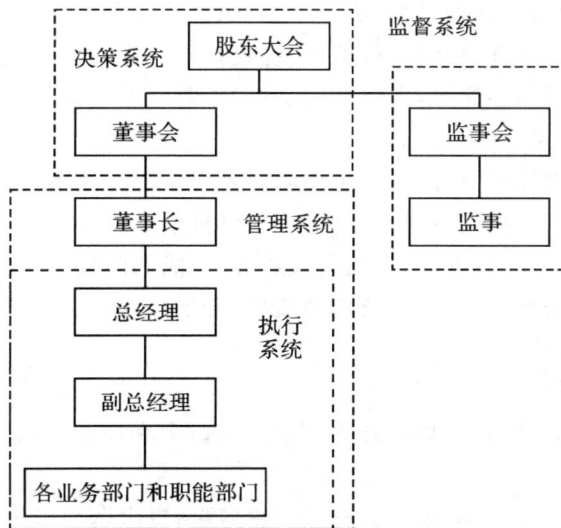

图 1-1　商业银行的内部组织结构框架

1)决策系统

商业银行的决策系统主要由股东大会和董事会以及董事会以下设置的各种委员会构成。

股东大会是商业银行的最高权力机构。凡是购买银行发行的优先股票的投资者,就是银行的优先股东;购买银行发行的普通股票的投资者,就成为银行的普通股东。优先股东可取得事先约定的固定股息,但无权参与银行的经营管理。普通股东所取得的红利随银行盈利的多少而每年有所变动,并有权参加股东大会,参与银行的董事会选举,依据自己的持股数量进行投票。实践中,若银行股票发行量大而且比较分散,少数人一般只要拥有商业银行10%～20%的股权,就能控制该银行。但若商业银行的股权比较集中,那么就需要占有比较高的股权才能控制商业银行。

董事会是由股东大会选举产生的决策机构。首先由股东大会选举董事,由董事组成董事会,董事会选举出董事长。商业银行董事会的人数依银行规模大小而定,美国规定每家商业银行的董事至少要有5人,多则可达25人;董事任期一般为1～3年不等,可连选连任。在股东大会休会期间,商业银行的决策机构就是董事会,由董事长召集董事会做出各项重大决策。由于董事长在商业银行中处于举足轻重的地位,所以这一职位通常由两种人担任,其一是最大的持股股东,其二是具有较强的预测能力和管理能力的专业人士。

各种常设委员会直属董事会领导,但因银行经营规模和业务范围不同,数量不一。主要职责是协调银行各部门的关系,充当部门间互通情况的媒介,经常召开会议处理某些具体问题。如信贷管理委员会、战略发展委员会、薪酬分配委员会、任职提名委员会等。

2)管理系统

商业银行的管理系统由以下五方面组成:战略管理、财务管理、人事管理、信贷管理和市场营销管理。

战略管理由董事长、总经理(行长)负责,主要职责是确定银行整体战略发展目标、业务开拓发展计划和市场拓展规划,并制定相关政策、管理制度、机构控制及分支机构利润指标的工作。

财务管理一般由副总经理(副行长)负责,主要职责是负责银行筹资及成本管理、现金管理等,并制订财务预算,进行财务控制,进行审计、税收和风险管理。

人事管理由总经理(行长)领导,人事部门负责,主要职责是招募员工、培训职工、进行工作和工资评审、处理劳资关系。

信贷管理由副总经理(副行长)负责,主要职责是根据银行确定的计划和目标,通过研究分析贷款管理过程中出现的各种问题,为后续决策提供科学依据,以保证银行经营安全。

市场营销管理由副总经理(副行长)及有关业务、职能部门负责人共同参与,主要职责是分析消费者行为及市场变动状况,确定市场营销战略,开展广告宣传促销和公共关系,制订银行服务价格,开发产品和服务项目。

3)监督系统

商业银行的监督系统由股东大会选举产生的监事会和商业银行董事会下设的稽核部门组成。

监事会的组织流程:首先由股东大会选举产生监事,再由选举出的监事组成监事会。当选为商业银行监事会的成员,一般都是具有丰富银行管理经验的人员,他们熟悉银行业务的各个环节,能及时发现银行经营活动中存在的问题或重大问题的苗头。监事会的职责是对商业银行的经营活动进行监督和检查。监事会的监督集中在重大事件和决策方面,对董事会制定的经营方针和重大决策、规定、制度及其被执行的情况进行监督;对商业银行高级管理人员经营情况进行监督。一旦发现问题,可以直接向董事会提出,或要求召开临时股东大会进行表决。

稽核部门也称内审部门,由总稽核和稽核人员所组成。总稽核由董事会聘请,总稽核领导稽核部门,负责查对银行日常业务账目,检查银行会计、信贷及其他业务是否符合有关规定,是否按照董事会的决议或规定办事。其目的在于及时发现经营中存在的问题,防止账目被篡改,确保银行资产安全。商业银行稽核部门的检查更注重日常业务内容和账务处理,除检查银行业务部门的经营情况外,还应检查分支机构的业务和经营情况。

4)执行系统

商业银行的执行系统由总经理(行长)和副总经理(副行长)及各业务职能部门组成。

总经理(行长)是银行的行政首脑,通常总经理(行长)由任职提名委员会提出候选人,董事会多数票通过,由董事长聘任。总经理(行长)的职责是执行董事会的决定,组织银行的业务活动,完成董事会的发展计划和利润指标。也有些商业银行实行董事长制,即董事长既是董事会首脑又是银行内部的首脑,总经理只是董事长的助手。出任商业银行总经理(行长)的人选需具备以下条件:①具有经营管理银行的专门知识和组织才能,在商业银行高级管理工作岗位上工作过若干年;②有较强的事业心和责任心,忠于职守重视效益;③善于研究客户和市场变化,把握时机做出正确决策;④富有创新力,善于运用新思维和方法开辟新业务;⑤能与各方面保持良好的联系,善于调动下属的积极性。

在总经理(行长)的统一领导下,一般由总经理(行长)选聘几个副总经理(副行长)分工协助其工作。在一个商业银行内部通常设置一些业务部门,主要有筹资部、结算部、信贷部、会计部、投资部、审计部或稽核部、发展部、安全部、人事部和公共关系部等部门,分别由商业银行的副总经理(副行长)分管不同的业务部门,向总经理(行长)负责。

1.4.3　商业银行的人力资源管理

1. 商业银行人力资源管理的基本概念

人力资源管理是企业的动力之源。马克思认为,"人是最基本、最活跃、最重要的劳动力要素,一切价值都是人创造的,工具只是给人们创造价值提供了方便,并且工具也是人创造的"。他充分肯定了人创造价值的能力和潜力,把人创造价值的能力当成一种可以挖掘和再生的资源来看待,认可了人是有情绪、有思想、有感受的高级生命体。所以,商业银行的人力资源管理就是指商业银行根据人性的特点对人员采取组织、工作分工、激励、培养、使用等管理措施,使人创造价值的能力得以充分的挖掘与发挥,使每个员工都人尽其才,进而实现各业务部门之间合理地配置人力,最大限度地激励职员的工作积极性和创造性,以达到商业银行组织内部人力资源最优配置的目的。

总之,人是劳动力中最活跃的、起决定作用的因素,商业银行之间的竞争实质是人才与技术的竞争。

2. 商业银行人力资源管理的基础理论

商业银行人力资源管理的基础理论有很多,如激励理论,包括需要层次理论等理论。竞争理论,是人力资源开发的基本理论。动力分解理论认为人的动力主要来自三个方面:内在的动力、外在拉力、外在压力。诸如此类的理论,为商业银行施行人力资源管理提供了理论依据。

3. 商业银行人力资源管理的内容

商业银行依照管理学的基本理论和责、权、利对等原则,并在充分考虑商业银行企业特殊性的情况下,对商业银行人力资源施行管理。具体涉及以下内容:一是人力资源的规划。现代社会生产力的发展主要依靠科技进步和劳动者素质的提高,商业银行之间的竞争,说到底就是技术和人才的竞争。因此,商业银行需制订长远的人才培养规划和人才开发战略。人力资源规划就是要根据银行的战略发展目标,确定人力资源等方面的发展规划。其目的是分析商业银行在不同情况下的人力需求,通过制订人力资源规划,使各部门有源源不断的充足的人力资源去实现银行的长期或短期经营目标。二是人力资源的选拔与开发。商业银行除在人力资源市场征聘、甄选人才外,主要通过高等学校相关专业选拔人才。同时还应该注重对内部职工的再培训教育、重点培养和提升。三是建立人力资源风险管理机制。商业银行人力资源风险管理是商业银行优化人力资源配置的关键所在。通过此项管理可以防范"内部人"控制风险、人才流失风险、人才闲置风险以及内外串谋和个人道德风险等,使人力资源管理成本降到最低点。总之,商业银行人力资源管理目标的实现,就是要按照现代金融企业人力资源管理的要求,坚持员工能上能下、能进能出以及分配与绩效挂钩的原则,实行严格的考核制度和淘汰制度,建立市场化人力资源管理体制和有效的激励约束机制,完善商业银行工薪福利制度,科学实施人力资源的绩效评估。

1.5　商业银行的业务类型

商业银行业务类型是指商业银行经营的产品或提供服务的类型。随着商业银行竞争和风险的加剧,商业银行不仅经营传统的业务,同时也不断创新业务和服务。

1.5.1　商业银行业务按服务对象划分

商业银行在开办业务中,以客户需求为中心,针对不同的客户群,开办不同的业务。对此可划分为个人客户业务、企事业单位客户业务和金融同业业务。

1. 个人客户业务

个人客户业务是指商业银行对个人客户提供的存款、贷款、支付结算等服务。①商业银行开办的个人存款业务,也称储蓄存款业务。其按币种有人民币存款和外币存款业务,按期限有活期存款、定期存款和定活两便存款等多种类型。②商业银行开办的个人贷款业务,是指银行为个人提供的短期和长期借款业务。其主要包括权利凭证质押贷款、个人住房贷款、个人耐用消费品贷款、个人住房装修贷款、个人助学贷款、个人汽车消费贷款、个人医疗贷款、个人旅游贷款、个人额度贷款等。③商业银行开办的个人支付结算业务,主要指银行依托活期存款账户,利用各种结算工具,为个人客户提供除存取款之外的消费、转账、汇款等结算服务,实现客户的货币资金转移和清算。当然,商业银行在提供基础性业务的同时,又根据客户需求可将业务种类细分为零售业务和财富管理业务。零售业务(retail banking),即为个人和小微企业提供零售银行服务,主要是一些相对常规的金融服务,包括银行账户、支付结算、银行卡(借记卡和信用卡)、房贷、车贷、经营性贷款等。有些银行会把信用卡、车贷等相对独立的业务组建单独的事业部来经营。中小业务的归属不尽相同,有的和零售条线放一起(如摩根大通、巴克莱银行、花旗银行),也有的和批发业务放在一起(如汇丰银行)。财富管理业务(wealth management),即为中高端个人客户提供财富管理服务,包括投资产品、投资建议、经纪业务、投资管理、信托服务等。国际银行业的财富管理业务基本都是单独作为一个大的条线出现,自行承担客户营销、产品设计等全套业务流程。

2. 企事业单位业务

企事业单位业务是指商业银行对企事业单位提供的各种存款业务、贷款业务和支付结算等服务。针对这部分客户的需求,银行将业务条线细分为批发业务、金融市场业务和投行业务三大块。①批发业务:为公司客户提供常规的金融服务,包括银行账户、支付结算、现金管理、贸易融资、贷款、公司卡等。②金融市场业务:一般银行的资金总部下属的货币市场部、投资组合业务部、交易部的业务均属于这一范畴,但是由于监管环境的不同,国际银行业的金融市场业务的覆盖范围无论是产品还是市场都比中国要广泛得多。产品包括货币、外汇、利率、债券、贵金属、大宗商品、金融衍生品、证券、基金等,此外还提供研究、顾问咨询等服务。除去自营交易外,金融市场业务通常具备客户部门的属性,向大型企业和机构客户提供相关的交易、风险管理、资产管理、咨询等高端金融服务。③投行业务:包括融资、咨询和交易服务,如债券承销、首次公开发行(initial public offerings,IPO)、收购兼并、私募股权、结构性融资、财务顾问等。投行业务主要是为大型企业和机构客户服务。

3. 金融同业业务

金融同业业务经过多年的发展,已横跨信贷市场、货币市场和资本市场,其综合性、交叉性的业务特质使之成为最具创新活力的业务领域,同时由于资本约束、息差收窄、盈利压力、未来的利率市场化等多种因素的作用,商业银行越来越关注金融同业业务。目前银行同业普遍将金融同业业务作为与公司、个人并列的三大主线业务之一。金融同业主要包括银行以及证券、保险、信托、金融租赁等非银行金融机构。同业业务是指中华人民共和国境内依法设立的金融机构之间开展的以投融资为核心的各项业务,主要业务类型包括同业拆借、同业存款、同业借款、同业代付、买入返售(卖出回购)等同业融资业务和同业投资业务。其中:同业拆借业务是指经中国人民银行批准,进入全国银行间同业拆借市场的金融机构之间,通过全国统一的同业拆借网络进行的无担保资金融通行为。同业拆借应当遵循《同业拆借管理办法》(中国人民银行令〔2007〕第 3 号发布)及有关办法相关规定。同业存款业务是指金融机构之间开展的同业资金存入与存出业务,其中资金存入方仅为具有吸收存款资格的金融机构。同业存款业务按照期限、业务关系和用途分为结算性同业存款和非结算性同业存款。同业借款是指现行法律法规赋予此项业务范围的金融机构开展的同业资金借出和借入业务。同业代付是指商业银行(受托方)接受金融机构(委托方)的委托向企业客户付款,委托方在约定还款日偿还代付款项本息的资金融通行为。同业代付原则上仅适用于银行业金融机构办理跨境贸易结算。境内信用证、保理等贸易结算原则上应通过支付系统汇划款项或通过本行分支机构支付,委托方不得在同一市、县有分支机构的情况下委托当地其他金融机构代付,不得通过同业代付变相融资。买入返售(卖出回购)是指两家金融机构之间按照协议约定先买入(卖出)金融资产,再按约定价格于到期日将该项金融资产返售(回购)的资金融通行为。买入返售(卖出回购)业务项下的金融资产应当为银行承兑汇票,债券、央票等在银行间市场、证券交易所市场交易的具有合理公允价值和较高流动性的金融资产。卖出回购方不得将业务项下的金融资产从资产负债表转出。同业投资是指金融机构购买(或委托其他金融机构购买)同业金融资产(包括但不限于金融债、次级债等在银行间市场或证券交易所市场交易的同业金融资产)或特定目的载体(包括但不限于商业银行理财产品、信托投资计划、证券投资基金、证券公司资产管理计划、基金管理公司及子公司资产管理计划、保险业资产管理机构资产管理产品等)的投资行为。

1.5.2 商业银行业务按性质划分

商业银行业务按性质可分为资产业务、负债业务、中间业务，也称为商业银行的三大支柱业务。

1. 资产业务

商业银行资产是指由银行过去的交易或者事项形成的，由银行拥有或者控制的，预期会给银行带来经济利益的资源。其有以下三大特征：一是由过去的交易或事项形成的；二是必须由银行拥有或控制；三是包含未来经济利益。

商业银行资产业务是其对无论是负债筹集资金还是投资者投入资金运用的途径，也是银行取得收入的最主要方面。商业银行通过经办各种资产业务，实现"三性"的协调平衡，并从中获得最大收益。其业务类型如下。

1）按资产的流动性大小划分

商业银行资产按流动性大小划分为流动资产和非流动资产。资产满足下列条件之一的，应当归类为流动资产：①预计在一个正常营业周期中变现、出售或耗用；②主要为交易目的而持有；③预计在资产负债表日起一年内（含一年）变现；④在资产负债表日起一年内，交换其他资产或清偿负债的能力不受限制的现金或现金等价物。流动资产以外的资产应当归类为非流动资产。即不准备在一年内变现，为盈利而持有的资产，如中、长期贷款，固定资产投资，证券投资等。

2）按资产的形式划分

商业银行资产按形式划分为有形资产和无形资产。商业银行有占用形式的资产为有形资产，主要包括现金资产、贷款资产、证券资产、固定资产及其他资产。其中现金资产是商业银行持有的库存现金以及与现金等同的可随时用于支付的银行资产。无形资产，是相对于有形资产而言的，是指企业拥有或者控制的没有实物形态的可辨认的非货币性资产。无形资产包括专利权、非专利技术、商标权、著作权、土地使用权等。企业自创的商誉，以及未满足无形资产确认条件的其他项目，不能作为企业的无形资产。

3）按资产属性划分

按资产属性将银行资产划分为金融资产和非金融资产两大类。金融资产，是银行拥有的现金及另一主体的权益工具等。其本质特征是导致未来现金流量的净流入。根据持有目的和能力不同，金融资产主要包括现金、交易性金融资产、持有至到期投资、贷款和应收款项、可供出售的金融资产。长期股权投资也纳入金融资产管理范畴。非金融资产是相对于金融资产而言的，是不能带来净现金流的资产，包括资本性支出、商誉、抵债资产、投资性房地产和库存物资、递延所得税资产等。其中资本性支出包括固定资产、在建工程、无形资产和长期待摊费用四项支出。

2. 负债业务

负债是指银行过去的交易或者事项形成的、预期会导致经济利益流出该银行的现时义务。从负债的定义可以看出，负债至少具有四大特征：一是负债是基于过去的交易或事项而产生的；二是负债是银行承担的现时义务；三是现时义务的履行将会导致经济利益流出；四是负债通过清偿后才能消失。

商业银行负债业务是指其吸收资金的业务，是商业银行最基本也是最主要的业务。商业银行通过开办负债业务筹集的资金是商业银行经营的主要资金来源，因此也可说商业银行是靠负债经营的。其业务类型如下。

1）按流动性大小划分

按流动性大小划分,商业银行的负债可分为流动负债和非流动负债两大类。

(1)流动负债。流动负债是指将在一年(含一年)内偿还的债务。负债满足下列条件之一的,应当归类为流动负债:①预计在一个正常营业周期中清偿;②主要为交易目的而持有;③在资产负债表日起一年内到期应予以清偿;④企业无权自主地将清偿推迟至资产负债表日后一年以上。

商业银行流动负债具体包括各种短期存款、一年及以下的定期存款、向中央银行借款、票据融资、同业存款、同业拆入、应付利息、应付工资、应交税费、其他暂收应付款项和预提费用等。

(2)非流动负债。流动负债以外的负债应当归类为非流动负债。它是指偿还期限在一年或超过一年的一个营业周期以上的债务,包括各种长期存款、存入长期保证金、发行长期债券、拨入营运资金、长期借款、长期应付款等。

2）按负债现时是否确定划分

按产生负债的事实是否明确,未来偿付金额、偿付日期和受偿人是否明确或是否可合理确定划分,负债可分为可确定性负债和或有负债。

(1)可确定性负债。可确定性负债是指产生事实已确定,未来偿付金额、偿付日期和受偿人明确,或虽不太明确,但可以合理地加以估计的负债。

(2)或有负债。或有负债是指过去的交易或事项形成的潜在义务,其存在须通过未来不确定事项的发生或不发生予以证实。或有负债在当前具有较大的不确定性。

3）按负债的形式或结构划分

银行负债按形式或结构可分为存款负债、借入负债和其他负债三种。

(1)存款负债。存款负债是商业银行最主要的负债,在商业银行整个负债中占据重要的地位,主要包括单位存款、个人储蓄存款、同业存款、特种存款等。

(2)借入负债。借入负债是商业银行的主动负债,主要包括向中央银行借款、向同业借款、发行金融债券等。其在商业银行整个负债中占据比较大的比重。

(3)其他负债。其他负债主要是商业银行在结算中形成的临时性负债和应付未付款项,如应解汇款、汇出汇款、开出本票、系统内往来负债、应付存款利息、应付债券利息等。

4）按负债是否付息划分

按负债是否付息划分,负债可分为金融负债和非金融负债。金融负债是指融资有息负债,如存款、中央银行借款、拆入资金、卖出回购金融资产款、长期借款、应付债券、长期应付、应付款项等。非金融负债是指金融负债以外的负债,包括预计负债、应付工资、应交税金及附加、递延收益、预提费用、递延所得税负债等。

5）按负债风险程度划分

负债按风险程度可分为核心负债和管理负债。核心负债是相对于管理负债而言的。核心负债,与"热钱"或在国内市场或国际货币市场获得资金相比,具有成本低、对利率不很敏感、相对稳定等特点。且在其他条件相同的情况下,拥有核心负债规模越大,意味着商业银行实力越强。管理负债(或称"购买的资金")是商业银行资金来源中的"热钱"(对利率敏感)部分。其与核心负债比较有以下特点:①管理负债是在国际国内筹集的对利率敏感的资金,它们可以计量为在国外分支的存款、在国内分支的活期存款、同业拆借和回购协议下的证券出售、次级票据和债券、其他借入资金。②管理负债的更大波动性解释了为什么管理负债是"易变的",而核心存款是"可靠的"的原因。③管理负债与商业银行规模呈正相关关系,即规模越大,管理负债越多;而核心存款正好相反。解释这种关系的一个重要基本原理是中小银行较少介入国际货币市场和存款市场。

3. 中间业务

商业银行的中间业务是其古老的业务,也是商品经济和信用关系发展到一定阶段的产物。20 世纪 80 年代后,随着金融竞争的加剧,公众对商业银行多样化需求的增加,商业银行经营风险及金融监管力度的加大,发达国家商业银行的中间业务空前发展,非利息收入占商业银行收入的比重逐年提高;商业银行中间业务不仅规模在扩大,所提供的服务种类也在迅速增加,而且性质也发生了变化。

中间业务是指不构成商业银行表内资产、表内负债,形成商业银行非利息收入的业务。其主要包括担保类、承诺类、交易类、投资银行类、结算类、代理类、咨询顾问类、银行卡类、其他类业务。

1)担保类中间业务

担保类中间业务指商业银行为客户债务清偿能力提供担保,承担客户违约风险的业务,主要包括银行承兑汇票、备用信用证、担保见证及各类保函等。

(1)银行承兑汇票。银行承兑汇票是由付款人(或承兑申请人)签发,并由承兑申请人向开户银行申请,经银行审查同意承兑的商业汇票。

(2)备用信用证。备用信用证是开证行应借款人要求,以放款人作为信用证的受益人而开具的一种特殊信用证,以保证在借款人破产或不能及时履行义务的情况下,由开证行向受益人及时支付本利。

(3)担保见证。担保见证是商业银行向客户(付款单位)提供的信用保证服务。担保见证可分为以下种类:①监督付款。这是商业银行负责监督购销双方认真履行合同,监督供货单位按时发货,购货单位及时付款。②保证付款。这是指商业银行不仅要监督购货单位及时付款,而且在其支付能力不足时,商业银行要提供贷款,以保证货款的支付。③交纳保证金。这种担保要求付款人将部分或全部货款以保证金形式存入商业银行,由商业银行按合同规定的付款方式向销货单位支付货款。④投标担保见证。这是指对一些工程项目和设备订货的投标,商业银行可根据客户的申请,对投标单位的资金、技术和信用状况等进行调查分析,提供履约担保等信用见证,如投标保函、承包保函、还款担保函及借款保函等。

2)承诺类中间业务

承诺类中间业务是指商业银行在未来某一日期按照事前约定的条件向客户提供约定信用的业务,主要指贷款承诺,包括可撤销承诺和不可撤销承诺两种。

(1)可撤销承诺。可撤销承诺附有客户在取得贷款前必须履行的特定条款,在商业银行承诺期内,客户如没有履行条款,则商业银行可撤销该项承诺。可撤销承诺包括透支额度等。

(2)不可撤销承诺。不可撤销承诺是商业银行不经客户允许不得随意取消的贷款承诺。其具有法律约束力,包括备用信用额度、回购协议、票据发行便利等。

3)交易类中间业务

交易类中间业务指商业银行为满足客户保值或自身风险管理等方面的需要,利用各种金融工具进行的资金交易活动,主要包括金融衍生业务。

(1)远期合约。远期合约是指交易双方约定在未来某个特定时间以约定价格买卖约定数量的资产,包括利率远期合约和远期外汇合约。

(2)金融期货合约。金融期货合约是指以金融工具或金融指标为标的的期货合约。

(3)互换合约。互换合约是指交易双方基于自己的比较利益,对各自的现金流量进行交换,一般分为利率互换和货币互换。

(4)期权合约。期权合约是指期权的买方支付给卖方一笔权利金,获得一种权利,可于期权的存续期内或到期日当天,以执行价格与期权卖方进行约定数量的特定标的的交易。期权按交易标的分为股票指数期权、外汇期权、利率期权、期货期权、债券期权等。

4)投资银行业务

近年来,国内商业银行以其在金融体系中的核心地位,利用在资金、品牌、客户、渠道和专业等方面的整合优势,大力发展低资本消耗、低风险、高收益的投资银行业务,向长期以来被视为券商专属领地的投行业务领域发起冲击。投资银行业务除了证券的承销外,还涉及证券的自营买卖、公司理财、企业并购、咨询服务、基金管理和风险资本管理等。其中基金托管业务是指有托管资格的商业银行接受基金管理公司委托,安全保管所托管的基金的全部资产,为所托管的基金办理基金资金清算款项划拨、会计核算、基金估值、监督管理人投资运作。它包括封闭式证券投资基金托管业务、开放式证券投资基金托管业务和其他基金的托管业务。

5)结算类中间业务

结算是"货币结算"或"资金结算"的简称,它是指由商品交易、劳务供应、资金调拨以及其他款项往来而引起的货币收付行为和债务的清算,由商业银行通过提供结算工具为交易双方完成货币收付、划账交割。商业银行的结算业务以存款负债业务为基础,是一项风险小、收益稳定的传统中间业务。商业银行通过支付、结算业务成为全社会的转账结算中心和货币出纳中心,为顾客存款提供安全、迅速结算服务。它不仅能为商业银行带来安全、稳定的收益,同时也是集聚闲散资金、扩大商业银行信贷资金来源的重要手段。从社会范围来看,规范和发展商业银行结算业务,有利于加速资金周转,促进商品流通,提高资金运转效率;有利于节约现金,调节货币流通,节约社会流通费用;有利于加强资金管理,增强信用观念。

6)代理类中间业务

代理类中间业务指商业银行接受客户委托、代为办理客户指定的经济事务、提供金融服务并收取一定费用的业务,包括代理政策性银行业务、代理中国人民银行业务、代理行业务、代收代付款业务、代理证券业务、代理保险业务、代理信托业务等。其中,代理收付款业务是指商业银行接受单位或个人的委托,代为办理委托人指定款项的收付事项的业务。代理收付款业务适用于定期或不定期、规则或不规则的小额款项收付。这些收付事务涉及面广,收付频繁,一般金额不大但非常繁杂。银行利用其作为支付结算中心及网络覆盖面广的优势办理此类业务,既可以取得手续费,又可以扩大存款资源和信息资源。

代收业务主要有代收电话费、水电费、燃气费、学费、劳务费、环保费、养路费、保险费、管理费等;代付项目有代付股息红利、社会福利养老金、工资、奖金、劳务收入、津贴、有价证券款等。

商业银行接受企事业单位委托代理收付款时,首先要求委托单位出具收付款项的合法依据及有关单据,经商业银行审查同意后,委托单位与商业银行签订代理收付款协议书,明确代理收付款的内容、范围、对象、时间、金额、方式及费用等。代理付款时,委托人还必须先将代付款项交存商业银行以备支付,商业银行将代收款项收妥后,即转入委托单位的银行账户。代理收付款业务应坚持以下原则,即只代为办理手续、不予垫款、不负责处理经济纠纷等。

代理行业务就是指商业银行的部分业务由指定的其他银行代为办理的业务形式。进行代理行业务联系的双方有委托行和代理行。委托行是指将款项存入其他银行,并在获得服务的同时又支付服务费的银行,也可称为"下游银行",是服务的使用者或购买者。接受其他银行委托存款,并对其提供服务收取服务费的银行叫作代理行,也可称为"上游银行",是服务的提供者或出售者。许多银行同时具有委托行和代理行的双重身份。

代理行业务的内容很多,归纳起来主要有:①为委托行发行在本商业中心支付的银行票据;②代委托行办理票据的清算和托收;③向委托人拆借资金,包括向委托行的董事和主管人员提供贷款;④为委托行购买、出售和保管各种债券;⑤帮助委托行修改和改善业务操作程序;⑥代为调查有关顾客的信用情况及当地工商业状况;⑦向委托行提供与银行业务有关的各种咨询服务。

7)咨询顾问类业务

咨询顾问类业务指商业银行依靠自身在信息、人才、信誉等方面的优势,收集和整理有关信息,并通过对这些信息以及本行与客户资金运动的记录和分析,形成系统的资料和方案提供给客户,以满足其业务经营管理或发展需要的服务活动。它具体包括企业信息咨询业务、资产管理顾问业务、财务顾问业务、现金管理业务等。

8)银行卡类业务

银行卡是由商业银行向社会发行的具有消费信用、转账结算、存取现金等全部或部分功能的信用支付工具。

9)其他类中间业务

其他类中间业务包括代理保管业务以及其他不能归入以上类型的业务。其中,代理保管业务是指商业银行利用所拥有的保管箱、保管库等完备的安全设施,接受客户的委托,代为保管各种贵重金属、珠宝首饰、文物古玩、重要文件资料以及股票、债券等有价证券,收取保管费的业务。商业银行代理保管业务的主要方式有委托代保管和出租保管箱。

委托代保管指客户将委托保管的物品交与商业银行保管,商业银行有关部门当面验收点清后,给客户开出代保管收据,订立代保管契约或合同,保管期满后,商业银行当面点清归还物品,客户验收代保管物品。出租保管箱指商业银行将安置在特设的保管库内的各种规格的保管箱提供给客户选择租用,客户在保证不利用保管箱从事违法活动和存放违禁物品、危险品的前提下,可以在租用期内随时开箱存取物品,自由存放各种物品。

思考与练习

1.简述商业银行的性质及特征。

2.简述商业银行与其他金融机构的区别。

3.简述商业银行的职能。

4.假设银行系统的原始存款为 3000 万元,法定存款准备金率为 20%,现金漏损率为 15%,超额准备金率为 3%,请计算并回答:

(1)此时银行系统的派生存款总额是多少?

（2）此时银行系统的派生乘数是多少？

5. 简述商业银行存在的必要性。

6. 网络银行面临哪些风险？如何防范与化解？

7. 简述商业银行的内部组织结构，并谈谈它们是如何制衡的。

8. 请从"以客户为中心"出发，举例说明目前银行流程再造的迫切性。

9. 请谈谈银行业务创新的现状及存在的问题。

10. 请从理论及实践层面对商业银行履行社会责任职责的影响因素进行分析。

11. 请举例分析金融风险的传染性和扩散性。

12. 商业银行开展业务时，应该如何兼顾社会效益与自身的经济效益？

13. 如果一家银行的利润比上年减少了 100 万元，你将采取哪些措施回升或增加该行的利润？

14. 商业银行经营的原则有哪些？如何贯彻这些原则？

15. 为什么要对商业银行进行监管？如何使监管效率最高？

16. 商业银行的业务种类有哪些？

17. 请举例说明商业银行流动性和盈利性、风险性的关系。

18. 请谈谈你对商业银行人才流动问题的理解。

19. 商业银行在哪些方面需要转型？如何实现转型？

20. 请举例说明商业银行是如何发挥"调节经济职能"的。

第2章 商业银行财务报表解读

本章提要

商业银行财务报表从不同角度揭示商业银行业务经营过程及结果。它是满足信息使用者的重要信息渠道。本章通过对商业银行资产负债表、利润表和现金流量表项目的解读和总体分析,使读者对商业银行业务经营从财务视角有一个概括了解。同时,通过案例分析更为直观,对读者进一步分析商业银行业务经营及其管理的着重点有着现实指导意义。

2.1 商业银行财务报表概述

2.1.1 财务报告及商业银行财务报表

1. 财务报告及其构成

财务报告是企业对外提供的反映企业某一特定日期的财务状况和某一会计期间的经营成果、现金流量等会计信息的文件。财务报表是对企业财务状况、经营成果和现金流量的结构性表述。财务报表包括会计报表、会计报表附注和财务情况说明书。其主要构成如图 2-1 所示。

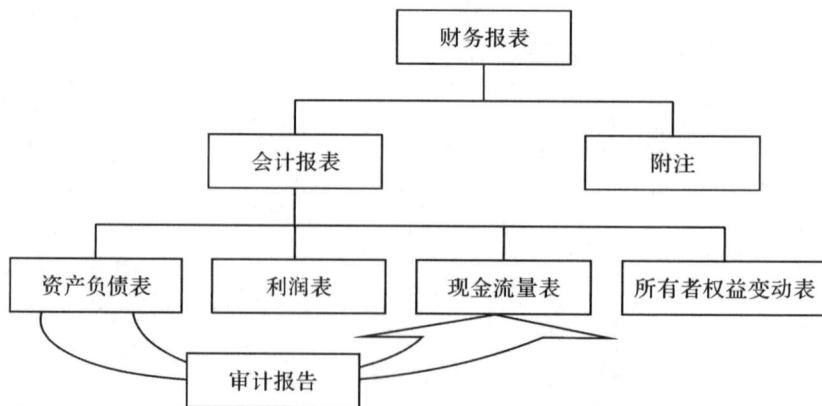

图 2-1 财务报表构成

在图 2-1 所示的财务报表构成中,因会计报表将在本章后续内容中进行详细解读,所以,此处仅对财务报表附注进行简单说明。财务报表附注是指对财务报表编制基础、编制依据、编制原则和方法及其主要项目进行的解释。其基本内容包括：①会计政策和会计估计变更以及差错更正说明；②关键计量假设的说明；③或有事项和承诺事项的说明；④资产负债表日后事项的说明；⑤关联方关系及其交易的说明；⑥重要资产转让及其出售的说明；⑦公司合并、分立、重大投融资活动的说明；⑧财务报表重要项目的说明；⑨有助于理解和分析财务会计报表需要说明的其他事项。

2. 商业银行财务报表及其构成

商业银行财务报表主要由商业银行会计报表、附表和附注三部分构成。其中：商业银行会计报表是指商业银行对外提供的反映某一特定日期财务状况和某一会计期间经营成果、现金流量的文件。会计报表包括资产负债表、利润表和现金流量表。此外有些上市银行还有股东权益变动表。附表包括利润分配表、资本及各项准备情况表、分部报表、资本充足率计算表。其他有关附表包括损益明细表、应收及应付利息情况表、固定资产明细表、税金解缴表、营业费用明细表等。会计报表附注是为便于报表使用者理解报表的内容而对报表的编制基础、编制依据、编制原则和方法及主要内容等所做的进一步说明、补充或解释。

3. 商业银行会计报表的基本结构

商业银行会计报表的基本结构包括表头、表体、附注、签章四个部分。

（1）表头：报表的编号、报表的名称、编表单位名称、编制日期、货币单位。

（2）表体：列示具体内容，有账户式结构如资产负债表，有多步式结构如利润表。

（3）附注：对正表内容中未能说明的事项或明细项目提供补充、辅助说明。

（4）签章：银行法定代表人章、银行行长章、财务总监章等。

2.1.2　商业银行财务信息质量要求及信息使用者

1. 商业银行财务信息质量要求

商业银行财务信息的质量对于商业银行的经营发展及其使用者的决策至关重要。财务信息质量的优劣直接影响着银行未来价值的预测和经营目标的实现。按照企业会计准则的规范，商业银行会计信息质量要求如下。

1）可靠性

可靠性要求商业银行的会计核算应当以实际发生的交易或事项为依据进行会计确认、计量和报告，如实反映符合确认和计量要求的各项会计要素及其他相关信息，保证会计信息真实可靠、内容完整。

2）相关性

相关性要求商业银行提供的会计信息应当与财务会计报告使用者的经济决策需要相关，有助于财务会计报告使用者对商业银行过去、现在或者未来的情况做出评价或者预测。相关性与可靠性信息质量要求密切联系，但前者应以后者为前提。信息的价值在于其与决策相关，有助于决策。相关的会计信息，有助于会计信息使用者评价过去的决策，证实或修正某些预测，具有反馈价值功能；有助于会计信息使用者合理预计未来的发展，具有预测价值功能。因此，商业银行在收集、加工、处理和提供会计信息过程中，必须充分考虑会计信息使用者的需求。

3）明晰性

明晰性要求商业银行提供的会计信息应当清晰明了,便于财务会计报告使用者理解和使用。会计信息要对使用者有用,首先应为使用者理解,这就要求会计核算和财务会计报告必须清晰明了。为此,商业银行在会计核算工作中必须做到:一是会计记录准确、清晰,填制会计凭证、登记会计账簿合法有据,账户对应关系清楚、文字摘要完整;二是报表项目勾稽关系清楚、项目完整、数字准确。

值得注意的是,会计信息能否被理解,不仅取决于信息本身是否清晰易懂,而且与使用者的理解能力和知识前提有关。因此,会计信息的可理解性也要求会计信息使用者具备一定的经济、金融知识,并尽可能多地学习一些会计专业及相关知识。

4）可比性

可比性要求不同商业银行发生的相同或者相似的交易或者事项,应当采用规定的会计政策,确保会计信息口径一致、相互可比,如在会计处理方法、会计科目的设置上应当口径一致、相互可比,保证相同的交易或事项采用相同的会计处理方法,使商业银行所有的会计核算数据都建立在相互可比的基础上。这就要求所有银行会计科目和核算方法应当口径一致。

5）一致性

一致性要求同一商业银行对于不同时期发生的相同或者相似的交易或者事项,应当采用一致的会计政策,不得随意变更。确需变更的,应当将变更的内容和理由、变更的累积影响数以及累积影响数不能合理确定的理由等,在会计报表附注中予以说明。另外,同一商业银行在不同时期的会计报表信息要具有连贯性。否则,将会削弱会计报表的作用,甚至造成误解。所以,一致性的要求是商业银行会计信息质量的根本保证,也是相关性的基础。

6）实质重于形式

实质重于形式要求商业银行应当按照交易或事项的经济实质进行会计确认、计量和报告,而不应当仅仅以交易或者事项的法律形式作为会计核算的依据。实际工作中,交易或者事项的外在法律形式或人为形式并不总能完全反映其实质内容。

7）重要性

重要性要求商业银行提供的会计信息应当反映与银行财务状况、经营成果和现金流量等有关的所有重要交易或者事项。如对资产、负债、损益等有较大影响,进而影响财务会计报告使用者据以做出合理判断的重要会计事项,必须按照规定的会计方法和程序进行处理,并在财务会计报告中予以充分的披露;对于次要的会计事项,在不影响会计信息真实性和不至于误导会计信息使用者做出正确判断的前提下,可适当简化处理。

8）谨慎性

商业银行的经营活动充满着风险和不确定性,在会计核算工作中坚持谨慎性准则,要求商业银行对交易或者事项进行会计确认、计量和报告时保持应有的谨慎,不应高估资产或者收益、低估负债或者费用。这一方面可以保证商业银行经营建立在稳妥可靠的基础上,不至于因变幻莫测的市场风险而轻易发生财务危机,因而增强了商业银行的应变能力;另一方面按照这一原则所提供的会计信息,不至于使会计信息使用者产生盲目乐观思想,而造成难以挽回的损失。

9）及时性

及时性要求商业银行对于已经发生的交易或者事项,应当及时进行会计确认、计量和报告,不得提前或延后。会计信息的价值在于帮助信息使用者做出经济决策,具有时效性。为保证会计信息的及时性,务必做到三点:及时收集会计信息,及时对会计信息进行加工处理,及时传递会计信息。另外,由于商业银行会计的核算过程是实现其业务的过程,因此准确、及时地进行会计核算和账务处理,一方面可以提高商业银行在整个社会中的信誉;另一方面会计核算质量的好坏、速度的快慢,也直接影响着社会资金的周转速度和资源的有效利用。这就要求商业银行的会计部门在办理各项业务中,对每笔资金必须准确核算、及时收付、按时清算,并不断改进结算方式,从而加速企业资金周转,促进国民经济健康发展。

2. 商业银行财务信息使用者

商业银行财务信息使用者非常广泛,主要包括外部信息使用者和内部信息使用者。其具体构成如图 2-2 所示。

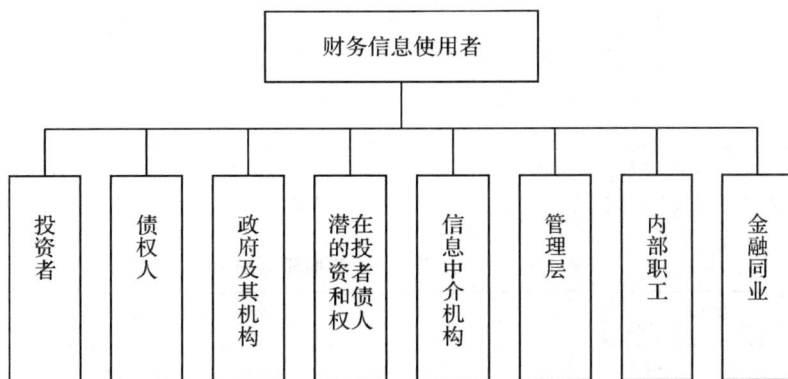

图 2-2　商业银行财务信息使用者构成

2.2　商业银行资产负债表解读

2.2.1　资产负债表及结构

1. 资产负债表的概念

商业银行资产负债表是依据权责发生制会计核算原则编制的,列示其报告日所拥有各项资产和相应负债及所有者权益等财务状况的时点报表。它揭示了商业银行资金的来源渠道及构成,同时也为报表使用者提供了该行资金实力、清偿能力等财务信息,进而为其判断该银行财务状况的好坏及其发展趋势提供预测和决策的依据。其中时点报表的含义如下:

第一,不同时期的时点报表数字相加是没有意义的,即我们不能把一年 12 个月的资产负债各项目数据全部累计相加,来计算商业银行一年的总资产和总负债。时点报表所反映的数据是商业银行的资产、负债等的存量,也就是一个结存的数字。

第二,时点报表中的每一个数字都是某个时刻的数字,过了这个时刻,情况会发生变化。所以,要了解过去的这些情况,就应当去查当时资产负债表上的数字。

第三,既然是某一时刻的数字,它同时也意味着这些资产和负债是代表商业银行目前所拥有的、未来可以使用的资产和目前所承担、未来要偿还的债务。

2. 资产负债表的格式和结构

1)商业银行资产负债表的格式

资产负债表通常有两种格式,即账户式和报告式。我国企业采取账户式资产负债表。其平衡公式为"资产=负债+所有者权益"。具体格式如表 2-1 至表 2-3 所示。

表 2-1　资产负债表(按形式或结构划分)

资产		负债和所有者权益	
序号	科目	序号	科目
1	现金资产	1	公众存款
2	证券资产	2	非存款借款
3	贷款资产	3	其他负债
4	其他资产	4	所有者权益(或股东权益)
	资产总计		负债和所有者权益总计

表 2-2　资产负债表(按期限划分)

资产		负债和所有者权益	
序号	科目	序号	科目
1	流动资产	1	流动负债
2	非流动资产	2	长期负债
3		3	所有者权益(或股东权益)
4		4	
	资产总计		负债和所有者权益总计

表 2-1 中,在资产方:现金资产,是为了满足提取存款、顾客贷款需求和其他非预期式即时现金提取等流动性需求而持有的资产。证券资产,是应付流动性需求的后备储备,同时也能带来收入。贷款资产,是商业银行最能赚钱的资产,也是风险最大的资产。其他资产中大部分是固定资产(办公楼和设备)及在商业银行子公司的投资。在负债方:公众存款是商业银行最主要的资金来源,也是成本较低的资金来源。非存款借款,主要用来补充存款不足和提取,同时也是商业银行重要的发展资金。当现金资产和证券资产不能满足流动性需求时,非存款借款可发挥重要作用。其他负债形成商业银行廉价的资产来源,但占比相对较小。股东权益是商业银行赖以发展或弥补额外损失的相对稳定的长期资金支持。

表 2-2 中各部分的解释可参照本教材1.5.2内容。

表 2-3　资产负债表

编制单位：　　　　　　　　　　2018 年 12 月 31 日　　　　　　　　　　单位：元

资产	行次	年初数	期末数	负债和所有者权益（或股东权益）	行次	年初数	期末数
资产：				负债：			
现金及存放中央银行款项	1			同业及其他金融机构存放款项	19		
存放同业及其他金融机构款项	2			向中央银行借款	20		
贵金属	3			拆入资金	21		
拆出资金	4			交易性金融负债	22		
交易性金融资产	5			衍生金融负债	23		
衍生金融资产	6			卖出回购金融资产款	24		
买入返售金融资产	7			吸收存款	25		
应收利息	8			应付职工薪酬	26		
发放贷款和垫款	9			应交税费	27		
可供出售金融资产	10			应付利息	28		
持有至到期投资	11			预计负债	29		
长期股权投资	12			应付债券	30		
投资性房地产	13			递延所得税负债	31		
固定资产	14			其他负债	32		
无形资产	15			负债合计	33		
递延所得税资产	16			所有者权益（或股东权益）：	34		
其他资产	17			实收资本（股本）	35		
				资本公积	36		
				减：库存股	37		
				盈余公积	38		
				一般风险准备	39		
				未分配利润	40		
				所有者权益合计	41		
资产总计	18			负债和所有者权益总计	42		

2)商业银行资产负债表的结构

商业银行资产负债表是以"资产＝负债＋所有者权益"这一公式为基础编制的。所以,资产、负债、所有者权益三大会计要素构成了资产负债表的主要结构,呈现"T"型账户结构。其结构特征如下:

(1)左右平衡结构,即左边＝右边(资产＝权益)。

其中:左边反映商业银行的资产总计及各项资产的分布,具体按持有目的和产品特点分类排列。右边反映谁对商业银行的资产拥有权利和利益。其中负债按存在方式、经济内容、持有期限分类排列;所有者权益永久性项目排在前面,会发生变化的排在后边。

(2)左右平衡公式:资产＝负债＋所有者权益,或者,资金运用＝资金来源。

3. 资产负债表的动态平衡

资产负债表也叫作"平衡表"。资产负债表的平衡是一种动态的平衡,即原来保持平衡的资产负债表,在商业银行发生经济业务以后,无论会计要素资产、负债和所有者权益的金额发生怎样的变化,其仍然保持"资产＝负债＋所有者权益"的平衡公式不变。其主要原因是在会计核算时,按照复式记账原理,每一笔业务的会计处理都坚持了"有借必有贷,借贷必相等"的记账规则。

4. 资产负债表内容构成的特征

1)与其他企业相比较所具有的特征

(1)商业银行固定资产占总资产的比重很小,一般不足 2%,破产清算时,几乎无清算资产。

(2)主要靠负债经营,说明潜在风险很大。

(3)自有资本虽然占比小,但却发挥着非常重要的作用。

(4)商业银行资产负债表的具体内容与工商企业有所区别,且报表项目涵盖业务广泛,仅从报表项目很难抓住商业银行经营的实质问题。

2)不同规模商业银行资产负债表相比较

(1)无论规模大小,商业银行资产负债表所列示项目基本相同。

(2)不同规模商业银行所列项目的相对重要性不同。

(3)大银行持有的总贷款与资产的比重高于小银行;与大银行相比,小银行对用来支持资产的存款依赖性更强,而大银行较多利用货币市场借款。

2.2.2　资产主要项目及解读

1. 现金资产

现金资产是商业银行持有的库存现金以及与现金等同的可随时用于支付的银行资产。它是商业银行资产中流动性最强的资产,基本上不给商业银行带来直接的收入。商业银行的现金资产一般包括库存现金、存放中央银行款项、存放同业款项、在途资金。①库存现金。库存现金是指商业银行保存在金库中的现钞和硬币。库存现金的主要作用是银行用来应付客户提现和银行本身的日常零星开支。②存放中央银行款项。这是指商业银行存放在中央银行的资金,即存款准备金。其由两部分构成:一是法定存款准备金;二是超额准备金。法定存款准备金是按照法定比率向中央银行缴存的存款准备金。所谓超额准备金有两种含义:广义的超额准备金是指商业银行吸收的存款中扣除法定存款准备金以后的余额,即商业银行可用资金;狭义的超额准备金则是指在存款准备金账户中,超过了法定存款准备金的备付金存款。③存放同业款项。存放同业款项是指商业银行存放在代理行和相关银行的存款,即指商业银行由于日常资金往来而发生的存入境内、境外其他银行或非银行金融机构及本系统内其他银行机构的往来款项。④在途资金。在途资金也称托收未达款,它是指本行通过对方银行向外地付款单位或个人收取的票据款。

这部分资金在银行流动性管理中也被称为一级准备。前两项合称为准备金,它是商业银行向中央银行交纳的存款准备金再加上商业银行的库存现金(即商业银行持有的通货,它要在银行的金库中过夜)。准备金给商业银行带来微利,如法定准备金和超额准备金从央行获得低利,而库存现金不仅不能盈利,还会有机会成本,但商业银行必须持有它。

2. 拆出资金

拆出资金指同业拆借业务中,拆出行的业务活动。同业拆借是指具有法人资格的金融机构及经法人授权的非法人金融机构的分支机构之间所进行的短期资金融通的行为。按照中国人民银行 2007 年 7 月 9 日发布的《同业拆借管理办法》规定,拆出资金最长期限按照交易对手方的拆入资金最长期限控制,但不得超过一年,同业拆借到期后不得展期。且按照《中华人民共和国商业银行法》第四十六条规定,同业拆借,应当遵守中国人民银行的规定。禁止利用拆入资金发放固定资产贷款或者用于投资。拆出资金限于交足存款准备金、留足备付金和归还中国人民银行到期贷款之后的闲置资金。拆入资金用于弥补票据结算、联行汇差头寸的不足和解决临时性周转资金的需要。同业拆借的实现一般是通过商业银行在中央银行的存款账户进行的,实际上是超额准备金的调剂,因此又称中央银行基金,在美国则称之为联邦基金。同业拆借市场由 1~7 天的头寸市场和期限在一年内的借贷市场组成。

3. 交易性金融资产

交易性金融资产(trading securities)指银行为交易目的而持有的债券、股票、基金等交易性金融资产。交易性金融资产作为会计科目,主要核算股票、债券、基金等以公允价值计量,且其变动计入当期损益的金融资产。满足下列情形之一的投资可列入该科目:①取得该金融资产的目的,主要是为了近期内出售或回购;②该金融资产属于进行集中管理的可辨认金融工具组合的一部分,且有客观证据表明企业近期采用短期获利方式对该组合进行管理;③属于衍生工具,其公允价值变动大于零时,应将其相关变动金额确认为交易性金融资产。综上所述,其特点为:①银行持有的目的是短期获利,一般此处的短期也应该是不超过一年(包括一年);②该资产的公允价值能够可靠地计量;③获得的收益主要来自该资产项买价和卖价的差价收入。

4. 衍生金融资产

衍生金融资产也叫金融衍生工具(financial derivative),又称"金融衍生产品",是与基础金融产品相对应的一个概念,指建立在基础产品或基础变量之上,其价格随基础金融产品的价格(或数值)变动的派生金融产品。其主要包括四种类型:一是建立在各种外汇汇率基础上的衍生金融资产;二是建立在利率基础上的衍生金融资产;三是建立在股票指数上的衍生金融资产;四是建立在黄金价格变动基础上的衍生金融资产。其共同特征是保证金交易,即只要支付一定比例的保证金就可进行全额交易,不需实际上的本金转移。合约的了结一般也采用现金差价结算的方式进行,只有在满期日以实物交割方式履约的合约才需要买方交足货款。因此,金融衍生产品交易具有杠杆效应。归纳起来其特点就是价值衍生,净投资很少或为零,未来交割。目前商业银行能够开办的衍生金融资产种类如表 2-4 所示。

表 2－4 衍生金融资产

期货合约	是指由期货交易所统一制定的、规定在将来某一特定时间和地点交割一定数量和质量实物商品或金融商品的标准化合约
期权合约	指合同的买方支付一定金额的款项后即可获得的一种选择权合同。目前,证券市场上推出的认股权证,属于看涨期权,认沽权证则属于看跌期权
远期合同	是指合同双方约定在未来某一日期以约定价值,由买方向卖方购买某一数量的标的项目的合同
互换合同	是指合同双方在未来某一期间内交换一系列现金流量的合同。按合同标的项目不同,互换可以分为利率互换、货币互换、商品互换、权益互换等。其中,利率互换和货币互换比较常见

5. 买入返售金融资产

买入返售金融资产是指公司按返售协议约定先买入再按固定价格返售的证券等金融资产所融出的资金。其业务要点:①买入返售金融资产的会计主体是买入方。②买入对象是票据、证券、贷款等。③买入方式是有协议的交易性金融资产、有回购返售协议或企业自行购入。④卖出(返售)交易对象是原卖出方。⑤特点是双方有协议,有固定返售价格。⑥实质是通过交易市场将富余资金以质押的形式贷出,以获得较高收益。

其中:债券回购是指交易双方进行的以债券权利为质押的一种短期资金融通业务。在实际中,以券融资是本行的负债,以资融券是本行的资产。贷款回购是指交易双方进行的、以贷款权利质押的一种短期资金融通方式。贷款回购协议是一种具有法律约束力的协议,是交易中所使用的金融工具。

6. 应收利息

应收利息是应收的债权,属于资产类科目。在商业银行业务经营中可能出现的以下几种情况会列入资产负债表的应收利息项目中:

(1)短期债券投资实际支付的价款中包含的已到付息期但尚未领取的债券利息。其虽然不计入短期债券投资初始投资成本,但却包含在实际支付的价款中。

(2)商业银行贷款利息中应收但尚未收回的部分。但若该部分资金逾期超过 90 天仍未收回时,商业银行应将"应收利息"转到表外"未收贷款利息"科目列示。

7. 贷款和垫款

贷款和垫款是指在活跃市场中没有报价、回收金额固定或可确定的非衍生金融资产。下列非衍生金融资产不属于贷款和垫款:①准备在三个月以内出售的;②初始确认时被指定为以公允价值计量且其变动计入当期损益的;③初始确认时被指定为可供出售的;④因债务人信用恶化以外的原因,导致商业银行 95% 以上初始投资难以收回的。商业银行贷款和垫款主要包括以下业务:长短期贷款和垫款(含贷款、转贷款、账户透支、信用卡透支、信用证垫款、银行承兑汇票垫款、保证垫款等)、贴现(含贴现、买断式转贴现、信用证项下汇票贴现、信用证项下应收款买入、福费廷等)、买入返售资产(含买入返售票据、买入返售证券、买入返售信贷资产等)。

8. 可供出售金融资产

可供出售金融资产(available-for-sale securities,AFS securities)是指交易性金融资产和

持有至到期投资以外的其他的债权证券和权益证券。商业银行购入可供出售金融资产的目的是获取利息、股利或市价增值。其会计处理时以公允价值计量且其变动计入其他综合收益。

9. 持有至到期投资

持有至到期投资指商业银行有明确意图并有能力持有至到期，到期日固定、回收金额固定或可确定的非衍生金融资产。其是期初计量采用历史成本法，后续计量采用实际利率法，以摊余成本计量且其变动计入当期损益的金融资产。

其中，实际利率法是用实际利率计算摊销额的方法。而实际利率是指将金融资产或金融负债在预期存续期间或适用的更短时间内的未来现金流量，折现为该金融资产或金融负债当前账面价值所使用的利率。总之，在确定实际利率时，应当在考虑金融资产或金融负债所有合同条款（包括提前还款权、看涨期权、类似期权等）的基础上预计未来现金流量，但不应当考虑未来信用损失。实际利率应在取得金融资产或金融负债时确定，在该金融资产或金融负债的预期存续期间或适用的更短期间内保持不变。

摊余成本是指金融资产或金融负债的初始确认金额减去偿还的本金，加上或减去使用实际利率法对初始金额和到期金额之间差额的累计摊销额，再减去因资产减值或不可收回而减记的金额。计算公式如下：

摊余成本＝初始确认金额－已偿还的本金±按实际利率法将初始确认金额与到期日金额之间的差额进行摊销形成的累计摊销额－已发生的金融资产减值损失（或不可收回而减记的金额）

10. 长期股权投资

长期股权投资主要是指通过投资可以对被投资企业实施控制、共同控制或重大影响的权益性投资，以及投资企业持有的对被投资企业不具有共同控制或重大影响，且其在活跃市场中没有报价、公允价值不能可靠计量的权益性投资。权益法的适用范围为投资企业对被投资企业具有共同控制或重大影响的长期股权投资。成本法适用于对被投资单位实施控制的长期股权投资以及投资企业对被投资单位不具有共同控制或重大影响，且在活跃市场没有报价、公允价值不能可靠计量的长期股权投资。一般情况下，投资企业在取得投资当年从被投资单位分得的现金股利或利润作为投资成本的收回。以后年度，被投资单位累积分派的现金股利或利润超过投资以后至上年末止被投资单位累计实现净损益的，投资企业把按照持股比例计算应享有的部分，可作为投资成本的收回。

投资成本收回的计算公式为

应冲减初始投资成本的金额＝［投资后至本年末（或本期末）止被投资单位分派的现金股利或利润－投资后至上年末止被投资单位累计实现的净损益］×投资企业的持股比例－投资企业已冲减的初始投资成本

应确认的投资收益＝投资企业当年获得的利润或现金股利－应冲减初始投资成本的金额

在实际中，也可能会出现权益法与成本法的转换。①成本法转换成权益法。原持有的对被投资单位不具有控制、共同控制或重大影响，在活跃市场中没有报价、公允价值不能可靠计量的长期股权投资，因追加投资导致投资比例上升，能够对被投资单位施加重大影响或是实施共同控制的，应将成本法核算转化为按权益法核算，同时区分原持有的长期股权投资以及新增长期股权投资两部分分别处理。②权益法转换为成本法。因收回投资等原因导致长期股权投资的核算由权益法转换为成本法的，应以转换时长期股权投资的账面价值作为按照成本法核算的基础。

任何长期投资,资产的减值是在所难免的。长期股权投资应当按《企业会计准则第 8 号准则——资产减值》的要求,在资产负债表日判断资产是否存在可能发生减值的迹象:

如果资产的市价当期大幅度下跌,其跌幅明显高于因时间的推移或者正常使用而预计的下跌;商业银行经营所处的经济、技术或者法律等环境以及资产所处的市场在当期或者将在近期发生重大变化,从而对商业银行产生不利影响;市场利率或者其他市场投资报酬率在当期已经提高,从而影响商业银行计算资产预计未来现金流量现值的折现率,导致资产可收回金额大幅度降低,应当估计其可收回金额。

当长期股权投资的可收回金额低于其账面价值,则应将可收回金额低于账面价值的差额,计提长期股权投资减值准备。

11. 投资性房地产

投资性房地产是商业银行为赚取租金或资本增值,或两者兼有而持有的房地产,其特点是应当能够单独计量和出售。投资性房地产主要包括已出租的土地使用权、持有并准备增值后转让的土地使用权及已出租的建筑物。自用房地产和作为存货的房地产均不属于投资性房地产。

12. 固定资产

固定资产是指商业银行为经营管理而持有的、使用寿命超过一个会计年度且单位价值在 2000 元以上(不含)的有形资产(银行大楼、计算机、数据处理设备、自动取款机等)。商业银行固定资产预计弃置费用通常为零。其中,弃置费用通常是指根据国家法律和行政法规、国际公约等规定,企业承担的环境保护和生态恢复等义务所确定的支出,如核电站设施等的弃置和恢复环境义务等。

按照《企业会计准则第 4 号——固定资产》的规定,商业银行的固定资产是必须同时具有以下特征的有形资产:①为生产商品、提供劳务、出租或经营管理而持有的;②使用寿命超过一个会计年度。固定资产使用寿命超过一个会计年度,意味着固定资产属于非流动资产,随着使用和磨损,通过计提折旧方式逐渐减少账面价值。

13. 无形资产

商业银行的无形资产是指商业银行拥有或控制的没有实物形态的可辨认非货币性资产。

1)商业银行无形资产确认的条件

无形资产同时满足下列条件的,才能予以确认:①与该无形资产有关的经济利益很可能流入企业;②该无形资产的成本能够可靠地计量。

2)商业银行无形资产的特征

其与有形资产相比较具有如下特征:①无形资产没有实物形态;②无形资产属于非货币性资产;③无形资产是为企业使用而非出售的资产;④无形资产在创造经济利益方面存在较大不确定性;⑤无形资产具有可辨认性。

3)商业银行无形资产的内容

商业银行无形资产主要包括专利权、非专利技术、商标权、著作权、土地使用权、特许权、商誉等。

(1)专利权是指国家专利主管机关依法授予发明创造专利申请人对其发明创造在法定期限内所享有的专利权利。

（2）非专利技术也称专有技术，它是指不为外界所知、在生产活动中已采用了的、不享有法律保护的各种技术和经验。

（3）商标是用来辨认特定的商品和劳务的标记。商标权是指专门在某类指定的商品或产品上使用特定的名称或图案的权利。

（4）著作权又称版权，是指作者对其创造的文学、科学和艺术作品依法享有的某些特殊权利。

（5）土地使用权指国家准许某些企业在一定期间内对国有土地享有开发、利用、经营的权利。《中华人民共和国土地管理法》第二条规定："中华人民共和国实行土地的社会主义公有制，即全民所有制和劳动群众集体所有制。全民所有，即国家所有土地的所有权由国务院代表国家行使。任何单位和个人不得侵占、买卖或者以其他形式非法转让土地。土地使用权可以依法转让。"

（6）特许权也称特许经营权，指企业在某一地区经营或销售某种特定商品的权利或是一家企业接受另一家企业使用其商标、商号、技术秘密的权利。

（7）商誉。当一家公司以高于其净资产（资产减去负债）的市场价值兼并另一家公司时，就出现了商誉。商誉是指商业银行合并所形成的不能单独确认的可以形成未来收益的特殊资产。它具有附着性特征，与商业银行的有形资产和经营环境紧密相连。它既不能单独转让、出售，也不能以独立的一项资产作为投资，不存在单独的转让价值。它只能依附于商业银行整体，商誉的价值是通过商业银行整体收益水平来体现的。在购买日，购买方对合并成本大于合并中取得的被购买方可辨认净资产公允价值份额的差额，应当确认为商誉。若购买方的合并成本小于确认的各项可辨认资产、负债的公允价值净额的差额时，在对取得的被购买方各项可辨认资产、负债的公允价值进行复核后，计入当期损益。

14. 递延所得税资产

递延所得税资产（deferred tax asset），就是递延到以后缴纳的税款。递延所得税是时间性差异对所得税的影响，在纳税影响会计法下才会产生递延税款。它是根据可抵扣暂时性差异及适用税率计算、影响（减少）未来期间应交所得税的金额。

15. 其他资产

其他资产是指除上述资产以外的其他资产，如长期待摊费用、抵债资产、应收席位费、其他应收款等。其中，长期待摊费用是指商业银行已经支出但摊销期限在 1 年以上的各项费用。如金融债券发行费用、商业银行在筹建期间发生的费用，除构建固定资产以外，应当先在长期待摊费用中归集，待商业银行开始经营后逐月摊销。抵债资产是指商业银行依法行使债权或担保物权而受偿于债务人、担保人或第三人的实物资产或财产权利。简单来讲，其就是指商业银行收到债务人的以物抵债的非货币性资产，包括土地使用权、房屋及建筑物、机器设备和权利凭证等。应收席位费是商业银行向法定交易场所支付的交易席位费用，按 10 年期限平均摊销。

通过以上介绍，可以看出，资产项目为我们提供了如下信息：①提供了商业银行变现能力的信息；②提供了商业银行资产结构信息；③提供了反映商业银行资产管理水平的信息。如资产负债表中的资产减值准备金、垫款、应收利息等项目的状况，可在一定程度上反映商业银行资产和应收利息管理的水平。

2.2.3 负债主要项目及解读

1. 同业及其他金融机构存放款项

本项目包括商业银行同业存放款项和其他金融机构存放款项。其中商业银行同业将资金存放在本行,主要是为运用其代理行的服务。正如米什金所讲:"许多小银行持有大银行的存款,目的是要获取一些服务,例如支票托收、外汇交易与帮助购买债券,这是代理银行业务的一个方面。"它在经营管理方面具有特殊性,如期限短、灵活性大。而商业银行对其他金融机构存放款项的管理则同于对企业存款的经营管理。

2. 向中央银行借款

向中央银行借款(borrowing from the central bank),是指商业银行向中央银行借入的临时周转资金、季节性资金、年度性资金以及因特殊需要经批准向中央银行借入的特种借款等。它是中央银行在履行最后贷款人职能。向中央银行借款按借款方式主要包括直接借款和间接借款两种。直接借款也称再贷款,是中央银行向商业银行的信用放款。在商业票据信用不普及的国家,中央银行则主要采取再贷款的方式给商业银行融资。间接借款也称再贴现,指经营票据贴现业务的商业银行将其买入的未到期的贴现汇票(主要包括商业承兑汇票和银行承兑汇票)向中央银行再次申请贴现,以此来融通资金的行为。在市场经济发达的国家,再贴现是商业银行向中央银行借款的主要渠道。

3. 拆入资金

拆入资金指同业拆借业务中,拆入行的业务活动。拆入资金应按实际借入的金额入账。拆入资金是套做,循环使用,短借长用。比如说,甲银行给乙银行30亿拆借授信额度。乙银行在15亿拆借资金到期的当天上午发出拆借第二笔15亿资金指令,当第二笔拆借资金在这天下午1点到账后,即可归还到期的15亿拆借贷款。《同业拆借管理办法》规定,同业拆借限额核定商业银行为主要负债的8%;拆入资金不得用于固定资产贷款及投资。具体内容请看"拆出资金"项目解释。

4. 交易性金融负债

交易性金融负债是商业银行承担的交易性金融负债的公允价值。符合以下条件之一的金融负债,商业银行应当划分为交易性金融负债:①承担金融负债的目的,主要是为了近期内出售或回购,如应付短期债券;②金融负债是商业银行采用短期获利模式进行管理的金融工具投资组合中的一部分;③属于衍生金融工具。

5. 衍生金融负债

衍生金融负债是金融衍生工具交易中形成的债务。衍生金融工具是指从传统金融工具中派生出来的新型金融工具。其价值依赖于标的资产价值变动的合约。这种合约可以是标准化的,也可以是非标准化的。标准化合约是指其标的资产(基础资产)的交易价格、交易时间、资产特征、交易方式等都是标准化的,因此此类合约大多在交易所上市交易,如期货。非标准化合约是指以上各项由交易的双方自行约定,因此具有很强的灵活性,比如远期合约。同一个衍生金融工具,资产负债表日公允价值是正的,就是衍生金融资产;资产负债表日公允价值是负的,就形成衍生金融负债。

6. 卖出回购金融资产款

卖出回购金融资产款是用于核算商业银行按回购协议卖出票据、证券、贷款等金融资产所融入的资金。本科目应当按照卖出回购金融资产的类别和融资方进行明细核算;也可以按卖出回购证券的类别,分为"质押式"和"买断式"进行明细核算。

7. 吸收存款

存款是商业银行最重要的资金来源。吸收存款是负债类科目,它列示商业银行吸收的除了同业存放款项以外的其他各种存款,即收到的除金融机构以外的企业或者个人、组织的存款。存款包括单位存款(企业、事业单位、机关、社会团体等)、个人存款、信用卡存款、结算中形成的临时存款(保证金存款和汇出及应解汇款)、特种存款、转贷款资金和财政性存款等。在日常核算时,以上存款采用比较实用的科目,但在资产负债表日其余额合计列示在本项目。其中:保证金存款是商业银行为客户出具具有结算功能的信用工具,或提供资金融通后,按约履行相关义务,从而要求客户将一定数量的资金存入特定账户所形成的存款。在客户违约后,商业银行有权直接扣划该账户中的存款,以最大限度地减少商业银行损失。它按照保证金担保的对象不同,可分为银行承兑汇票保证金、信用证保证金、保函保证金、黄金交易保证金、远期结售汇保证金等。汇出及应解汇款包含商业银行开出银行汇票吸收的临时性存款和结算中形成的应该解付尚未解付的临时性存款。

8. 预计负债

预计负债是指商业银行按照会计准则的要求,对与或有事项相关的义务在同时满足以下条件时所确认的一项负债:①该义务是企业可能承担的义务;②履行该义务很可能导致经济利益流出企业;③该义务的金额能够可靠地计量。或有事项是指由过去的交易或事项形成的,其结果须由未来某些事项的发生或不发生才能决定的不确定事项。

"预计负债"账户核算各项预计的负债,包括对外提供担保、商业承兑汇票贴现、产品质量保证、未决诉讼等很可能产生的负债。

9. 应付债券

应付债券项目列示商业银行发行债券后并未到期兑付的金融债券。所谓金融债券是指金融机构依照法定程序发行并约定在一定期限内还本付息的有价证券。其与存款负债相比较具有以下特征:①专用性;②集中性;③高利性;④流动性;⑤主动性;⑥高效性。因此,金融债券的发行对商业银行负债经营的发展有着重要的意义。发行债券一般具有较长的还本期,但到期时仍按照面值归还本金。这一面值实质上是债券到期时清偿的价值,即债券的终值。这就有可能出现债券发行时的市场利率与票面利率往往不相等,所以债券的面值(终值)一般不等于债券发行时的实际价值(现值)。因此,在债券终值既定的条件下,发售债券的价格就应该依据发债时的市场利率,按照货币的时间价值(即同一金额的货币在不同时间上的价值)要求,将其终值折算为现值发售。而现值是指将来支付或收到的既定款额按一定利率折算的现在价值。这样,债券发售价格就由两部分所构成,一部分是按市场利率计算的票面未来本金偿还额的现值,另一部分是按市场利率计算的票面未来债券利息的现值。其计算公式为

$$债券发行价格 = P \cdot (1+i)^{-n} + P \cdot r \cdot \frac{1-(1+i)^{-n}}{i}$$

或者

$$债券发行价格 = P \cdot (1+ni)^{-1} + P \cdot r \cdot \frac{1-(1+ni)^{-1}}{i}$$

式中:P 为面值;i 为市场利率;r 为票面利率;n 为在债券持有期中的付息次数。

10. 递延所得税负债

递延所得税负债是指根据应纳税暂时性差异计算的未来期间应付所得税的金额。虽然应

纳税暂时性差异会导致未来期间产生应纳税金额,会有经济利益的流出,但若企业能够决定这项经济利益是否流出和流出的时间,甚至可以使该项经济利益在未来期间内不流出企业,则其就不是企业的一项不可推卸的责任,就不符合负债的定义,不应确认为一项递延所得税负债。

综上所述,负债项目提供的信息如下:

(1)提供了反映商业银行总体债务水平的信息。商业银行的负债水平问题是关系到商业银行经营战略、经营状况和效果的一个重要问题。商业银行债务规模的大小,反映了风险的大小。而这种风险对于商业银行的债权人、投资者和经营者都是存在的。

(2)提供了反映商业银行债务结构的信息。商业银行经营者通过合理调整负债结构,一方面保证正常经营的资金需要;另一方面降低资金成本,提高经济效益。商业银行的债权人,通过对债务结构的分析,可判断商业银行的偿债能力,特别是可掌握商业银行的短期偿债能力和长期偿债能力。

(3)提供了商业银行成本管理方向的信息。负债是商业银行主要资金来源,一般占到商业银行资金来源的90%以上。所以,对负债成本的管理就成为商业银行成本管理的主要内容之一。而负债成本不仅会侵蚀利润,还会抬高资产价格,造成商业银行在市场上缺乏竞争力。

2.2.4 所有者权益主要项目及解读

所有者权益是商业银行资本的重要构成部分,它是指商业银行资产扣除负债后由所有者享有的剩余权益。其来源构成主要包括:①所有者投入的资本;②直接计入所有者权益的利得和损失;③留存收益。

1. 股本(普通股)

股本指股东在银行中所占的权益,多用于指股票。股本在量上等于股票面值与股份总数的乘积。上市银行与其他银行比较,最显著的特点就是将上市银行的全部资本划分为等额股份,并通过发行股票的方式来筹集资本。股东以其所认购股份对银行承担有限责任。股份是很重要的指标。股本应等于该银行的注册资本,所以,股本也是很重要的指标。为了直观地反映这一指标,上市商业银行应设置"股本"科目。

上市银行的股本应在核定的股本总额范围内发行股票取得。但值得注意的是,上市银行发行股票取得的收入与股本总额往往不一致,上市银行发行股票取得的收入大于股本总额的,称为溢价发行;小于股本总额的,称为折价发行;等于股本总额的,称为面值发行。我国不允许公司折价发行股票。在采用溢价发行股票的情况下,上市银行应将相当于股票面值的部分记入"股本"科目,其余部分在扣除发行手续费、佣金等发行费用后记入"资本公积"科目。

2. 资本公积

资本公积是商业银行收到投资者超出其在注册资本(或股本)中所占份额的投资,以及直接计入所有者权益的利得和损失等。资本公积包括资本溢价(或股本溢价)和直接计入所有者权益的利得和损失等。资本公积的用途可用于转增资本,但不能用于分配利润。

3. 盈余公积

盈余公积是按税后利润的一定比例提取而形成的,主要包括法定盈余公积(10%)、任意盈余公积(5%)以及法定公益金(5%),分别可用于弥补亏损、转增资本金、职工福利设施建设等。法定盈余公积累计达到注册资本的50%,可不再提取;法定盈余公积转增资本后,留存部分不能少于注册资本的25%。

4. 一般风险准备

一般风险准备是商业银行以风险资产为依据,按照一定比例从净利润中提取的、用于部分弥补尚未识别的可能性损失的准备。一般风险准备是所有者权益的组成部分,可用于弥补亏损,但不得用于分红,需经股东大会决议批准后由总行支用。商业银行应当于每年年度终了对承担风险和损失的资产计提一般风险准备。一般风险准备由商业银行总行(总公司)统一计提和管理。

财政部 2012 年 3 月 30 日颁布,并于 2012 年 7 月 1 日起施行的《金融企业准备金计提管理办法》明确规定,一般风险准备余额原则上不得低于风险资产期末余额的 1.5%。金融企业应当根据自身实际情况,选择内部模型法或标准法对风险资产所面临的风险状况定量分析,确定潜在风险估计值。对于潜在风险估计值高于资产减值准备的差额,计提一般风险准备。当潜在风险估计值低于资产减值准备时,可不计提一般风险准备。《金融企业准备金计提管理办法》明确规定,具备条件的金融企业可采用内部模型法确定潜在风险估计值。

金融企业不采用内部模型法的,应当根据标准法计算潜在风险估计值,按潜在风险估计值与资产减值准备的差额,对风险资产计提一般风险准备。其中,信贷资产根据金融监管部门的有关规定进行风险分类,标准风险系数暂定为正常类 1.5%,关注类 3%,次级类 30%,可疑类 60%,损失类 100%;对于其他风险资产可参照信贷资产进行风险分类,采用的标准风险系数不得低于上述信贷资产标准风险系数。

$$标准法下一般风险准备计提额度＝潜在风险估计值－资产减值准备$$

式中

$$潜在风险估计值＝正常类风险资产×1.5\%＋关注类风险资产×3\%＋次级类风险资产×30\%＋可疑类风险资产×60\%＋损失类风险资产×100\%$$

其中,风险资产具体包括贷款(含抵押、质押、担保等贷款)、银行卡透支、贴现、信用垫款(含银行承兑汇票垫款、信用证垫款、担保垫款等)、进出口押汇、股权投资和债权投资(不含采用成本与市价孰低法或公允价值法确定期末价值的证券投资和购买的国债本息部分的投资)、拆借(拆出)、存放同业款项、应收利息(不含贷款、拆放同业应收利息)、应收股利、应收租赁款、其他应收款等资产,还包括由商业银行转贷并承担对外还款责任的国外贷款,即国际金融组织贷款、外国买方信贷、外国政府贷款、日本国际协力银行不附条件贷款和外国政府混合贷款等资产,不包括委托贷款等资产。这里的资产均指未扣除减值准备的资产原值。

5. 未分配利润

本项目列示当期实现的净利润加上年初未分配利润(或减去年初未弥补亏损)和其他转入后的余额,均为可供分配的利润。除国家另有规定外,商业银行可供分配的利润按以下顺序分配:①按照当年净利润的 10% 提取法定盈余公积金,提取法定盈余公积金累计金额达到本行注册资本的 50% 时可以不再提取。②提取一般风险准备。原则上一般风险准备不应少于资产负债表日承担风险和损失资产的余额(未扣除减值或坏账准备前)的 1.5%。③提取任意公积金。经过上述分配后,可对股东进行分红,也可作为未分配利润留待以后年度进行分配。④如发生全行亏损,可以按规定由以后年度利润进行弥补,也可以在股东大会批准后用法定和任意公积金弥补亏损。

综上所述,股东权益项下的资金规模常常被看作一个银行实力的象征。它是商业银行资本的重要构成部分,体现抵御不可预测风险的能力、保护存款人利益的能力。但在现实中,这部分在商业银行资金来源中占比一般小于10%，所以，增加所有者权益，以资本约束商业银行经营发展具有迫切性。资产负债表中所有者权益项目为信息使用者提供了如下信息：

（1）提供了反映商业银行所有者权益内部结构的信息。所有者权益内部结构反映了商业银行自有资金的来源构成，这个结构的合理性对于商业银行投资者或所有者的利益有着重要的影响。

（2）提供了商业银行收益分配情况的信息。商业银行收益的分配主要指利润的分配，它的分配程序和方法应按国家的有关规定进行。盈余公积和未分配利润等项目的变动可反映出利润分配的状况。这些不仅是投资者所关心的，政府管理的监督部门也对利润分配情况感兴趣。

（3）提供了商业银行增资扩股计划的信息。当一家商业银行想要扩大资产规模时，从资本视角考虑，首先受到的限制是资本金规模的限制，其次受到的是资本结构的限制，同时还受到资本质量的限制。而这些信息从资产负债表现有所有者权益数据便可以获得。

2.2.5　资产负债表提供的综合信息

1. 分析商业银行偿债能力的信息

分析商业银行偿债能力实际上是将商业银行的债务状况与相应的资产保证相比较。资产负债表完整地提供了这方面的信息，包括短期偿债能力分析的信息和长期偿债能力分析的信息。通过进一步分析还可获得银行的流动性信息。

2. 获得商业银行资产负债期限结构的信息

其具体涉及以下几个方面：①资产负债各自的期限结构信息；②资产负债两者对比的期限结构信息；③管理者可能面临的流动性问题。

3. 分析商业银行权益结构的信息

所谓权益是指负债与所有者权益的统称，权益结构就是指负债和所有者权益在总资产或在权益中的比重，它对于研究商业银行的财务风险以及长期偿债能力和稀缺资源的合理配置都有着重要的意义。

2.3　商业银行利润表解读

2.3.1　利润表的概念及结构

1. 利润表的概念

利润表是依据权责发生制会计核算基础编制的，反映商业银行在一段时期内各项业务收入和支出情况的财务报表。报表中记载的数据和信息反映了商业银行的盈亏状况，揭示了银行的经营效率、管理效率和盈利能力。

2. 利润表的结构

商业银行利润表的结构如表2-5所示。

表 2 - 5　利润表

2018 年

项目	行次	本期数	本年累计
一、营业收入	1		
（一）利息净收入	2		
利息收入	3		
利息支出	4		
（二）手续费净收入	5		
手续费及佣金收入	6		
手续费支出	7		
（三）投资收益	8		
（四）公允价值变动收益（损失以"－"号填列）	9		
（五）汇兑收益	10		
（六）其他业务收入	11		
二、营业支出	12		
（一）税金及附加	13		
（二）业务及管理费	14		
（三）资产减值损失	15		
（四）其他业务成本	16		
三、营业利润（亏损以"－"号填列）	17		
加：营业外收入	18		
减：营业外支出	19		
四、利润总额（亏损总额以"－"号填列）	20		
减：所得税费用	21		
五、净利润	22		
六、其他综合收益	23		

3. 利润表的内容构成

从商业银行利润表可知，其内容概括起来讲主要由四个部分组成，即利息净收入、资产减值准备、净非利息收入、税收。

(1)利息净收入。利息净收入列示商业银行利息净收入的规模，同时也揭示了商业银行利润对利差的依赖程度。

利息净收入＝利息收入－利息支出

(2)资产减值准备。商业银行提取的各种资产减值准备的数量，一方面说明商业银行建立了相应预警机制，另一方面也揭示了商业银行当前资产的质量。

(3)净非利息收入。净非利息收入揭示了非利息收入抵补非利息成本的状况。其中，非利息收入列示了商业银行提供劳务、出售信用等中间业务收入规模。

$$净非利息收入＝非利息收入－非利息支出$$

因为大部分商业银行该项计算出来均为负数,所以,它被看成是"负担"。

(4)税收。税收列示商业银行纳税额,它是依法强制执行的,所以不会作为管理者降低费用的选择项目。

综上分析可知,剔除税收后,前三个部分体现了商业银行的风险。

①利息净收入代表了利率风险和流动性风险;

②资产损失准备金反映了信用风险或资产质量;

③"负担"既体现了付费收入或非利息收入的产生,又体现了对经营支出或非利息支出的控制。

2.3.2 利润表收入项目的解读

1. 收入的概念及其确认

按照会计准则的规范,收入是指企业在日常活动中形成的、会导致所有者权益增加的、与所有者投入资本无关的经济利益的总流入,主要包括销售商品收入、提供劳务收入和让渡资产使用权收入。

(1)提供劳务收入确认条件为:①收入的金额能够可靠计量;②相关的经济利益很可能流入企业;③交易中已发生和将发生的成本能够可靠地计量;④在向客户提供相关服务时确认。

(2)让渡资产使用权收入确认的条件为:①相关的经济利益很可能流入企业;②收入的金额能够可靠计量;③各项放款所产生的收入,在贷款合同或协议生效之后即可予以确认。

(3)让渡资产使用权收入计量的相关规定:①利息收入金额,按照他人使用本企业货币资金的时间和实际利率计算确定;②使用费收入金额,按照有关合同或协议约定的收费时间和方法计算确定。让渡资产使用权收入包括利息收入、使用费收入等。

具体到商业银行这个特殊的企业,其收入主要包括营业收入和营业外收入。

2. 商业银行营业收入

商业银行营业收入是指商业银行办理放款、结算业务以及从事租赁、信托投资、证券交易、房地产开发、金银和外汇及证券买卖等项业务而取得的利息、利差补贴、手续费、价差等收入的总和。营业收入是与商业银行的经营活动密切相关的,它反映了商业银行的经营活动内容。

《企业会计准则》规定:商业银行提供金融商品或服务所取得的收入称为营业收入,主要包括利息收入、手续费及佣金收入、其他业务收入、汇兑损益、公允价值变动损益、投资收益等。而这些收入按照经营业务的主次,又可分为主营业务收入和其他业务收入。一般说来,主营业务收入占商业银行营业收入的比重较大,会对商业银行经济效益产生较大的影响。

1)商业银行主营业务收入

(1)利息收入。利息收入是指商业银行根据收入准则确认的利息收入,包括发放的各类贷款(包括银团贷款、贸易融资、贴现和转贴现融出资金、协议透支、信用卡透支和垫款等)、与其他金融机构(包括中央银行、同业等)之间发生资金往来业务、买入返售金融资产等所取得的利息收入等。

(2)手续费及佣金收入。手续费及佣金收入是商业银行根据收入准则确认的手续费及佣金收入,包括办理结算业务、咨询业务、担保业务、代保管等代理业务以及办理受托贷款及投资业务等取得的手续费及佣金。其中:①结算业务收入,是指商业银行经营以信用收付代替现金收付业务中所获得的劳务收入。②咨询收入,是指商业银行通过对资金运动以及对相关资料进行归纳分析向社会企事业以及集体个人提供信息收取一定的费用(作为有偿性服务)。③担保收入,是指为使客户的结算能够顺利进行,商业银行利用自身的信誉为各类客户提供信用担保过程中取得的收入。④代保管收入,是指商业银行代其他企业或个人客户保管各类资产而取得的收入。⑤信托业务收入,是指商业银行作为受托人接受委托人的委托代为保管、营运或处理委托人托管财产的过程中依法取得的信托收入。

(3)汇兑收益。汇兑收益是指商业银行的外币货币性项目因汇率变动而形成的收益,具体指商业银行在从事外汇交易(包括即期交易和远期交易)的过程中,由于不同期限、不同货币之间及国家之间利率、汇率水平的差异而获得的收入。

(4)公允价值变动损益。公允价值变动损益是指商业银行在初始确认时划分为以公允价值计量且其变动计入当期损益的金融资产或金融负债(包括交易性金融资产或金融负债和直接指定为以公允价值计量且其变动计入当期损益的金融资产或金融负债),以及采用公允价值模式计量的衍生工具、套期业务中公允价值变动形成的应计入当期损益的利得或损失。

(5)投资收益。投资收益是指商业银行根据长期股权投资准则确认的投资收益。

(6)证券买卖收入。证券买卖收入是指商业银行出售未到期的投资性有价证券所获得的收益。

2)其他业务收入

其他业务收入是指商业银行根据收入准则确认的除主营业务以外的其他经营活动实现的收入,包括出租固定资产、出租无形资产、收兑配售贵金属等实现的收入。

(1)租赁收入。租赁收入指商业银行在办理租赁业务中作为财产所有者(出租人),租给使用者使用,按照合同、协议的规定向承租人收取的租金收入。其具体是指商业银行对固定资产、抵债资产等进行租赁后取得的租赁收入,包括收取系统外部单位和个人的租赁收入、收取行内员工的租赁收入、抵债资产保管期间的租赁收入。

(2)房地产开发收入。房地产开发收入是商业银行从事房地产开发业务而取得的收入。

(3)金银买卖收入。金银买卖收入是商业银行根据国家有关政策规定依法经营金银买卖业务而取得的收入。

3. 商业银行营业外收入

凡是与商业银行的经营活动无关的收入,不作营业收入,而应列为商业银行的营业外收入。它是指商业银行取得的与所经营的业务无直接关系的各项利得。营业外收入包括处置固定资产净收益、处置在建工程净收益、处置无形资产净收益、员工违约罚款收入、供应商违约收入、出纳长款及结算长款收入、清理睡眠户收入、抵债资产溢价收入、教育费附加返还款、预计负债转回和其他营业外收入等。

其他营业外收入包括接受捐赠利得、政府对于商业银行办理助学贷款和中小企业贷款等给予的补助等项目。

2.3.3　利润表成本、费用项目的解读

1. 成本、费用、支出的概念

按照我国现行的《企业会计准则》规定,"成本是指企业为生产产品、提供劳务而发生的各种耗费"。成本是商品经济的价值范畴,是商品价值的组成部分。人们要进行生产经营活动或

达到一定的目的,就必须耗费一定的资源,其所耗费资源的货币表现及其对象化称为成本。所以,它总与具体的生产过程、具体的产品联系在一起。它是与生产产品、提供劳务的数量同向变动的费用。"费用是指企业在日常活动中发生的、会导致所有者权益减少的、与向所有者分配利润无关的经济利益的总流出。"费用都是当期损益,就是企业经营发生的一些必要或者不必要的支出,和生产出来的产品并没有直接关联的各项费用。比如水电费、运费、电话费、汽车费、管理人员工资等。按照《企业会计准则第 30 号——财务报表列报》规定,费用应当按照功能分类,可分为从事经营业务发生的成本、管理费用、销售费用、财务费用等。支出泛指企业的一切开支及耗费,一般情况下可分为资本性支出、收益性支出、营业外支出和利润分配支出四大类。

综上所述,费用是资产的耗费,其目的是为了取得营业收入,获得更多的新资产;成本则是对象化了的费用;费用有时有支出相伴随,但支出却不一定是当期的费用。

2. 商业银行营业支出

商业银行营业支出是指商业银行在经营业务过程中发生的与业务经营有关的各项支出。营业支出主要包括利息支出、手续费支出、投资损失、汇兑损失、业务及管理费、流转税金及附加、监管费、资产减值损失、其他营业支出等。

1)利息支出

利息支出是指商业银行按照约定的利率,以货币的形式向存款人或闲置货币资金的持有者支付的报酬。其包括存款利息、向中央银行借款的利息、同业拆借的利息、发行金融债券的利息等,是商业银行负债成本的重要组成部分。

2)非利息支出

非利息支出是指商业银行在筹集资金过程中发生的除利息以外的所有开支,包括筹资的广告宣传费、筹资人员的工资、筹资所需设备和房屋的折旧费摊销、筹资过程中的管理费用以及为客户提供服务所发生的费用等。

(1)税金及附加。自 2016 年 5 月 1 日起,商业银行所属的金融业开始实施全面营改增。金融服务业统一适用 6% 的税率,税率较原来营业税 5% 有所提升,但计税方式也从营业收入全额征税变为差额征税(销项税-进项税)。营改增后,城市维护建设税(7%)、教育费附加(3%)、地方教育费(1%)依据增值税额计算。

(2)业务及管理费。业务及管理费是指商业银行在经营管理过程中所发生的各项费用支出。业务及管理费包括工资、福利费用、劳务用工费、房屋相关费用、计算机相关费用、交通费用、其他设备费用、市场费用、专业服务费用、运营费用、行政费用、研究开发费、资产折旧费和资产摊销费等。其中,工资性支出包括基本工资、绩效工资和其他津贴、补贴等支出。各银行所有工资性支出必须全额纳入工资科目核算,下级行管理层的工资原则上由上级行核定标准并统一发放,员工工资由所在经费共享中心集中发放。其具体项目如表 2-6 所示。

(3)资产减值损失。资产减值损失是指商业银行计提各项资产减值准备所形成的损失准备金,包括贷款损失准备、坏账准备、固定资产减值准备、在建工程减值准备、无形资产减值准备、商誉减值准备、抵债资产减值准备和投资类资产减值准备等。这部分准备金主要用于弥补商业银行的预期损失。

表 2 - 6　某商业银行业务及管理费项目　　　　　　单位:万元

项目	截至 2018 年 12 月 31 日	截至 2017 年 12 月 31 日
1. 员工成本		
工资、奖金、津贴和补贴	15592	12535
基本养老保险及年金缴费	2091	1817
其他社会保险及员工福利	2632	2428
住房公积金	1220	1077
工会经费和职工教育经费	539	419
补充退休福利	—	288
合计	22074	18564
2. 因解除劳动关系给予的补偿	19	12
3. 物业及设备支出		
折旧费	3689	3141
租金和物业管理费	1718	1521
维护费	599	338
水电费	596	516
其他	326	326
合计	6928	5842
4. 摊销费	798	713
5. 审计费	82	61
6. 其他业务及管理费	8061	6137
合计	37962	31329

(4)其他业务支出。其他业务支出是指商业银行支付的除利息支出、手续费及佣金支出、投资损失、公允价值变动损失、汇兑损失、流转税金及附加、业务及管理费、监管费、资产减值损失等以外的其他营业支出,主要包括抵债资产保管期间发生的费用、转让无形资产使用权发生的税费、银团贷款发生的贷款安排费等支出。

3. 营业外支出

营业外支出是指商业银行发生的与所经营的业务无直接关系的各项支出,包括固定资产盘亏净损失、处置固定资产等净损失、赔偿金违约金罚款支出、出纳短款及结算赔款、证券交易差错损失、睡眠户返还支出、处置抵债资产净损失、院校经费支出、公益救济性捐赠支出、非常损失、审计检查上交款项、违法经营交纳罚款及被没收财产、税收滞纳金及罚款、预计负债支出和其他营业外支出等。

2.3.4　利润的计算及结转

1. 计算公式

(1)收入—成本、费用(支出)=利润(或亏损)

(2)利润总额=营业利润+营业外收入—营业外支出

(3)营业利润＝利息净收入＋手续费净收入＋其他经营净收益－营业支出及损失

(4)净利润＝利润总额－所得税费用

其中：企业所得税是对我国企业和经营单位的生产经营所得和其他所得征收的一种税。所得税是财政收入的重要来源，取之于民、用之于民，同时也是商业银行履行社会责任的具体体现。其计算缴纳公式如下：

应纳税所得额＝(税收)收入－(税收)费用(即允许扣除数)

＝会计利润＋纳税调整增加额(如罚款，滞纳金，超过规定的工资性支出、业务招待费支出等)－纳税调整减少额(如前五年为弥补亏损、国债利息收入等)

通常公式(4)也可以表示为

净收入＝总收入－总费用

其中，总收入项目的计算公式为

总收入＝现金资产×现金资产平均收益率＋证券投资×证券投资平均收益率＋发放的贷款×贷款平均收益率＋其他资产×其他资产平均收益率＋中间业务收入

总费用项目计算公式为

总费用＝总存款×存款平均利息成本＋非存款借款平均利息成本＋股东权益×股东权益平均成本＋雇员的薪金及福利金＋管理费用＋贷款损失预提＋其他费用＋应交税费

2. 本年利润的结转

在年度终了，各商业银行应将各项收入结转于"本年利润"的贷方，将各项成本费用结转于"本年利润"的借方。最终的差额若在贷方，为盈利；若在借方则为亏损。无论是哪种情况，最终的结果都应该结转于"利润分配——未分配利润"科目，供商业银行进行分配。

3. 利润分配的处理

利润分配的处理流程如图 2－3 所示。

利润分配的程序

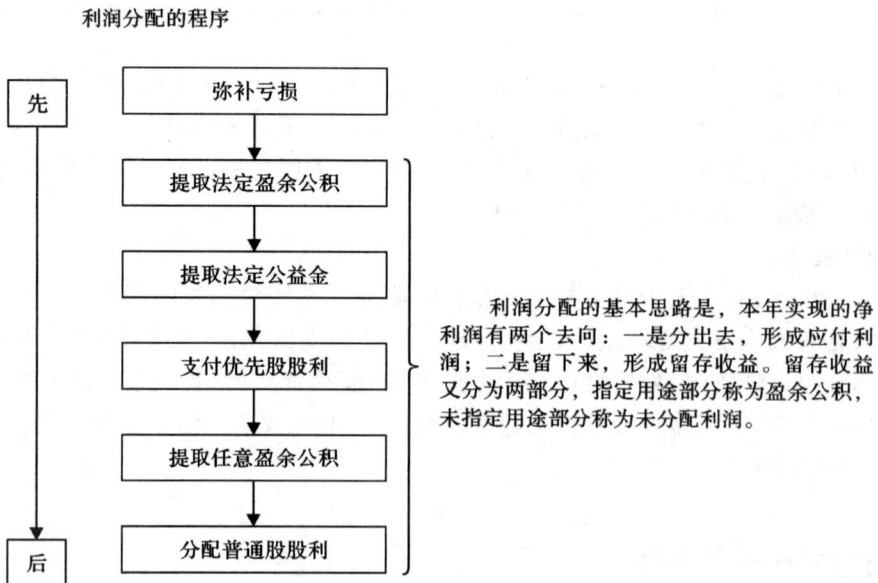

利润分配的基本思路是，本年实现的净利润有两个去向：一是分出去，形成应付利润；二是留下来，形成留存收益。留存收益又分为两部分，指定用途部分称为盈余公积，未指定用途部分称为未分配利润。

图 2－3 利润分配的处理流程

2.3.5　利润表提供的信息

利润表的格式内容及基本勾稽关系,为商业银行财务分析和管理决策提供了有用的信息。从财务分析的不同角度看,利润表提供的信息及其作用主要有以下几点:

(1)提供了反映商业银行财务成果的信息。

(2)提供了反映商业银行盈利能力的信息。

(3)提供了反映商业银行营业收入、成本费用状况的信息。

(4)提供了反映商业银行管理水平的信息。

(5)提供了反映商业银行利润分配基础情况的信息。

2.4　商业银行现金流量表解读

2.4.1　现金流量表及结构

1. 现金流量表的概念

现金流量表是以现金为基础,根据现金收付实现制原则编制的,是指反映商业银行在一定会计期间现金和现金等价物流入和流出情况的报表。它揭示商业银行一定时期内(如月度、季度或年度)经营活动、投资活动和筹资活动对其现金及现金等价物所产生的影响。而商业银行现金及现金等价物主要由存放中央银行款项(不包括法定准备金)、原到期日在 3 个月内的存放同业款项及拆出资金、原到期日在 3 个月内的买入返售金融资产等所构成。而现金等价物是指商业银行持有的期限短、流动性强、易于转换为已知金额现金、价值变动风险很小的投资。现金等价物的特点主要有:

(1)期限等于或小于 3 个月,从购买日至到期日计算,如 3 个月内变现的短期债券投资。

(2)可以流通,能够交易变现。

(3)市场上利率对其影响小或可忽略不计。

2. 现金流量表的格式

商业银行现金流量表的格式如表 2-7 所示。

表 2-7　现金流量表

2018 年度　　　　　　　　　　　　　　　　　　　　单位:元

项目	2018 年	2017 年
一、经营活动现金流量		
向中央银行借款净增加额		
吸收存款和同业及其他金融机构存放款项净增加额		
拆入资金净增加额		
以公允价值计量且其变动计入当期损益的金融负债净增加额		
已发行存款证净增加额		
存放中央银行和同业款项净减少额		

项目	2018 年	2017 年
拆出资金净减少额		
买入返售金融资产净减少额		
收取的利息、手续费及佣金的现金		
收到的其他与经营活动有关的现金		
经营活动现金流入小计		
存放中央银行和同业款项净增加额		
拆出资金净增加额		
以公允价值计量且其变动计入当期损益的金融资产净增加额		
买入返售金融资产净增加额		
发放贷款和垫款净增加额		
向中央银行借款净减少额		
拆入资金净减少额		
卖出回购金融资产款净减少额		
支付利息、手续费及佣金的现金		
支付给职工以及为职工支付的现金		
支付的各项税费		
支付的其他与经营活动有关的现金		
经营活动现金流出小计		
经营活动产生的现金流量净额		
二、投资活动现金流量		
收回投资收到的现金		
收取的现金股利		
处置固定资产和其他长期资产收回的现金净额		
收回纳入合并范围的结构化主体投资收到的净现金		
投资活动现金流入小计		
投资支付的现金		
购建固定资产、无形资产和其他长期资产支付的现金		
取得子公司、联营和合并企业支付的现金		
对子公司增资支付的现金		
投资活动现金流出小计		
投资活动所用的现金流量净额		
三、筹资活动产生的现金流量		
发行债券收到的现金		
子公司吸收少数股东投资收到的现金		

项 目	2018 年	2017 年
发行优先股收到的现金		
筹资活动现金流入小计		
分配股利所支付的现金		
偿还债务支付的现金		
子公司购买少数股东权益支付的现金		
偿还债券利息支付的现金		
筹资活动现金流出小计		
筹资活动产生(所用)的现金流量净额		
四、汇率变动对现金及现金等价物的影响		
五、现金及现金等价物净增加(减少)额		
加：年初现金及现金等价物余额		
六、年末现金及现金等价物余额		

表 2－7 中，经营活动是指商业银行投资活动和筹资活动以外的所有交易和事项。投资活动是指商业银行长期资产的购建和不包括在现金等价物范围的投资及其处置活动。筹资活动是指导致商业银行资本及债务规模和构成发生变化的活动。

3. 现金流量表的结构特征

(1)上下结构。

(2)将现金流量分为三个部分：经营活动(主营、副营)，投资活动(对内、对外)，筹资活动(资本、发债等)。

(3)每个部分包括流入、流出、流量净额。

4. 现金流量表的关系式

(1)现金流量表各部分之间的关系：

①现金流入－现金流出＝现金净流量

②现金流量净增加额＝经营活动的现金流量净额＋投资活动的现金流量净额＋筹资活动的现金流量净额＋汇率变动对现金的影响

(2)汇率变动对现金的影响。该项目反映外币现金流量以及境外子公司的现金流量折算为人民币时所采用的现金流量发生日的即期汇率，或按照系统合理的方法确定的、与现金流量发生日即期汇率近似的汇率折算的人民币金额，同"现金及现金等价物净增加额"中外币净增加额按期末汇率折算的人民币金额之间的差额。

2.4.2　现金流量表提供的信息

1. 提供经营活动现金流量信息

(1)影响经营活动现金流量的因素。其包括流入和流出两个方面。①经营活动现金流入，包括贷款利息收入、金融企业往来收入、中间业务收入、其他营业收入、存款的增加额、贷款的减少额、同业拆借净额、同业存款净额。②经营活动现金流出，包括存款利息支出、金融企业往来支出、手续费支出、其他营业支出、支付工资、存款的减少额、贷款的增加额、支付各项税款、支付其他与经营活动有关的现金。

（2）经营活动现金流量分析。按照"以收抵支"这一基本运作要求来讲，商业银行经营活动产生的现金流入量与现金流出量的差额应该大于零，这样才能保证商业银行的偿债能力和正常经营。商业银行经营活动的现金净流量占其全部现金净流量的比例越大，说明其资金来源越稳定，财务状况也越安全。

2. 提供投资活动现金流量信息

（1）影响投资活动现金流量的因素。其包括现金流入和现金流出。①投资活动现金流入，具体包括：收回投资收到的现金，取得投资收益收到的现金，处置固定资产、无形资产及其他长期资产收回的现金净额，处置子公司及其他长期资产收回的现金净额，收到其他与投资活动有关的现金。②投资活动现金流出，具体影响因素包括：购建固定资产、无形资产和其他长期资产支付的现金，投资支付的现金，取得子公司及其他营业单位支付的现金净额，支付其他与投资活动有关的现金。

（2）投资活动现金流量分析。主要了解商业银行投资规模的变动可能对未来产生的影响。例如：处置固定资产、无形资产的现金净额"异常"增加，一方面有可能是为了增加现金流，支付到期债务，另一方面是经营规模急剧萎缩所致。从目前看是现金流入，但未来现金流出会大幅度增加。

3. 提供筹资活动现金流量信息

（1）影响筹资活动现金流量的因素。其包括流入和流出两个方面。①筹资活动的现金流入，包括：吸收投资流入的现金，取得借款收到的现金，收到其他与筹资活动有关的现金。②筹资活动的现金流出，包括：偿还债务支付的现金，分配股利、利润或偿付利息支付的现金，发生筹资费用所支付的现金，支付其他与筹资活动有关的现金。如融资租赁所支付的现金、减少注册资本所支付的现金。

（2）筹资活动现金流量分析。筹资活动现金流量的变化，会直接影响商业银行的资本结构及偿债能力，也会对商业银行的经营规模产生明显的影响。如，贷款规模的资本限制。若商业银行一个时期筹资活动产生的现金流入量大于现金流出量，即净流量大于零。这时，要看是以吸收权益性投资所致，还是发行债券所致？如果属于前者，对后续偿债有正面影响；若属于后者，对以后的偿债带来负面影响。

4. 现金流量表提供的综合信息

（1）提供了商业银行资金（特别是现金，下同）来源与运用规模的信息。

（2）提供了商业银行现金增减变动原因的信息。

（3）提供了资产负债表和利润表相互关联的信息。

（4）提供了商业银行经营风险的信息。

如果商业银行经营活动现金净流量小于零，投资活动的现金净流量小于零，而筹资活动现金净流量大幅度增加，说明商业银行需要用借款来维持日常运营和扩大规模，财务状况相对较差，财务风险明显增加。

思考与练习

1.什么是商业银行资产负债表？其与企业资产负债表比较有哪些特征？

2.请举例说明资产负债表的平衡是一种动态平衡。

3.什么是银行二级准备？资产负债表上,哪些项目构成二级准备？假设一家银行持有库存现金 140 万元,短期政府债券 1240 万元,一级货币市场债券 520 万元,在央行存款 2010 万元,在途资金 60 万元,在其他银行存款 1640 万元。问该行持有的一级准备和二级准备各是多少？

4.回购交易对交易双方有怎样的好处？又面临着怎样的风险？

5.同业拆入资金和银行吸收存款相比较有何不同？

6.商业银行净值为负时,是否一定会倒闭？为什么？

7.商业银行在资金量充足的情况下,为什么还要增资扩股？

8.商业银行要想增加净收入,有哪些途径？

9.请对商业银行三张财务报表进行分析,并揭示它们之间的关系。

10.利息净收入是利息收入与利息支出的差额。目前这部分收入是商业银行经营收入的重要构成部分。其来源途径如表 2-8 所示。请计算利息净收入并填表。

表 2-8　某商业银行利息净收入来源途径

来源途径	2018 年	2017 年
利息收入来自：		
存放中央银行款项	8296	4923
存放同业款项	297	186
拆出资金	1218	583
交易性金融资产	371	133
买入返售金融资产	2497	706
客户贷款和垫款		
公司类贷款和垫款	90365	69849
个人贷款和垫款	26343	19726
票据贴现	3930	2700
投资性证券	38876	32091
合计	172193	130897
利息支出来自：		
同业及其他金融机构存放款项	(5135)	(2703)
拆入资金	(714)	(736)
交易性金融负债	(191)	(542)
卖出回购金融资产款	(396)	(728)

续表 2 - 8

来源途径	2018 年	2017 年
已发行存款证	(181)	(188)
客户存款		
公司客户存款	(25786)	(16934)
个人客户存款	(27705)	(18899)
应付债券	(1005)	(954)
合计	(61113)	(41684)
利息净收入		

11. 手续费及佣金净收入是商业银行经营中间业务中所获得的收入和支出相减后的差额。其具体来源途径如表 2-9 所示。请计算该商业银行手续费净收入并填表。

表 2 - 9 某商业银行手续费净收入来源途径   单位:万元

项目	截至 2018 年 12 月 31 日	截至 2017 年 12 月 31 日
手续费及佣金收入	20926	13271
代理业务手续费	6190	6046
顾问和咨询费	3562	1366
银行卡手续费	3258	2299
托管及其他受托业务佣金	2603	1219
结算与清算手续费	2238	1579
担保手续费及信用承诺手续费	1727	417
其他	1348	345
手续费及佣金支出	(758)	(611)
手续费及佣金净收入		

12. 某银行 2018 年初未分配利润借方余额 10 万元,为上年度亏损(符合税法用税前利润弥补亏损的规定),当年税前会计利润 100 万元,其中含国库券利息 5 万元,当年计税工资 20 万元,实际列支工资 22 万元,对外非公益性捐赠 10 万元,该银行按 10% 计提法定盈余公积,按 8% 计提公益金,按 5% 计提任意盈余公积,按 60% 计算应付投资者利润。

要求:

(1)计算该银行应缴所得税。

(2)写出该银行利润分配的计算过程。

13. 试对我国商业银行的负债结构进行分析和解释。

14. 商业银行非存款负债的获取方式有哪些?

15. 近年来为什么商业银行的非存款负债规模在不断增加?

第3章 商业银行资本金管理

本章提要

资本金是商业银行稳健经营的重要基础,随着《巴塞尔新资本协议》的实施和市场约束的加强,商业银行资本金业务越来越受到重视。资本金业务的内容非常丰富,包括资本规划、资本筹集、股利政策、监管资本要求、经济资本应用、资本配置等。本章将通过案例详细分析监管资本要求以及监管资本的计量方法、资本规划、经济资本配置与应用等方面的内容。本章学习对于掌握相关制度和实务操作有着重要意义。

3.1 商业银行资本金管理概述

3.1.1 商业银行资本金的定义与作用

1. 商业银行资本金的定义

为了更好地分析银行资本管理业务,我们首先要区分几个与资本相关的概念,如通常提到的账面资本(book capital)、监管资本(regulatory capital)、经济资本(economic capital)。

(1)账面资本,也称会计资本,是指商业银行投资者为了正常的经营活动及获取利润而投入的货币资金和保留在银行的利润。它基于《企业会计准则》计量,在银行资产负债表上反映为所有者权益,等于资产减去负债之后的资产净值,主要用于反映银行的经营成果和账面偿付能力。账面资本包括实收资本、资本公积、盈余公积和未分配利润等内容,是银行资本的静态反映,也是商业银行现有可用的资本。

(2)监管资本,是监管当局为了满足监管要求,促进银行审慎经营,维持金融体系稳定,要求商业银行必须持有的资本。监管资本的需求是基于商业银行各项业务的风险,根据监管机构制定的标准计算的最低资本要求。它由一级资本和二级资本所构成。

(3)经济资本,也称风险资本,是银行管理层根据其实际业务承担的风险而要求持有的资本。它是为了防止银行的偿付能力水平低于目标水平所需要的资本水平,该目标可能是维持一定的外部评级级别,或者是一年期内一定置信度水平上(例如99%)银行的非预期损失金额。经济资本根据银行各业务部门、各产品的实际风险计量而得,主要用于内部的资本管理和风险管理。

综上所述,账面资本、监管资本和经济资本在资本定义、具体内涵以及应用范围等方面均存在一定的差异。账面资本是计算后两种资本的基础。经济资本是银行内部根据实际承担的风险计算的资本需求,是一种虚拟的资本,而不是实际持有的资本。监管资本是监管机构从外部对银行的约束,根据统一的标准计算,但不像经济资本那么精细化,对风险敏感度也不如经济资本。尽管近年来监管机构和银行都朝着使监管资本与经济资本收敛的目标努力,但是由于两者目标和标准不同,两者的差异将始终存在。当然,以上三种概念的资本代表了不同的资本观。账面资本概念是股东的资本观,它关注于资本的结构与组成、降低资本成本、资本筹集和补充等;监管资本是监管当局的资本观,它基于《巴塞尔协议》要求,关注商业银行经营管理是否足够稳健、资本充足率是否满足监管要求;经济资本是风险管理者、管理层的资本观,它关注于资本水平是否足以覆盖银行实际业务中的风险、资本的绩效与回报是否合理等。

2. 商业银行资本金的构成

根据资本的损失吸收能力,监管规则将资本分为一级资本和二级资本。一级资本是在银行持续经营状况下吸收损失的资本,而一级资本中又根据吸收损失能力的强弱区分为核心一级资本和其他一级资本;二级资本是银行破产清算状况下吸收损失的资本。同时还规定了各级资本相应的标准和扣除项。

1) 一级资本

商业银行一级资本主要由投资人投入的资本和其在运营过程中的增值部分来满足。它包括核心一级资本和其他一级资本,具体内容如表 3-1 所示。

①核心一级资本。核心一级资本是商业银行资本中的主要部分,包括实收资本或普通股、资本公积、盈余公积、一般风险准备、未分配利润、少数股东资本可计入部分。

②其他一级资本。其他一级资本是指在持续经营的状况下吸收损失的资本,包括其他一级资本工具及其溢价、少数股东资本可计入部分。商业银行可以通过发行符合条件的优先股和永续债补充一级资本。因此,其他一级资本,必须是银行发行并实缴的且受偿顺序列在存款人、一般债权人和次级债务之后,发行人及其关联方不得为其提供保证,以此来保证其他一级资本满足能够避免违约风险、避免资不抵债的银行破产、在持续经营假设下吸收损失这三个重要条件,从而保证了一级资本的完整性。

表 3-1　一级资本构成

项目
实收资本
资本公积
盈余公积
一般风险准备
未分配利润
归属于母公司所有者权益合计
少数股东权益
所有者权益合计

其中:

①实收资本。如果银行是股份有限公司,则指普通股股本,如果不是股份有限公司,则指

等同于普通股的实收资本。

②资本公积。银行收到投资者投入的资金,超过其在注册资本中所占份额的部分,一般作为资本溢价或普通股股本溢价记入资本公积。

③盈余公积。银行从利润中提取的盈余公积,包括法定盈余公积、任意盈余公积以及法定公益金。

④一般风险准备。即银行按照《金融企业财务规则》要求,按照风险资产一定比例从净利润中提取,用于弥补尚未识别的可能性损失的准备。

⑤未分配利润。即将银行历年积存的未分配利润(或未弥补亏损)。

⑥少数股东权益。其反映除母公司以外的其他投资者在子公司中的权益,表示其他投资者在子公司所有者权益中所拥有的份额。在母公司拥有子公司股份不足 100%,即只拥有子公司净资产的部分产权时,子公司股东权益的一部分属于母公司所有,即多数股权,其余部分仍属外界其他股东所有,由于后者在子公司全部股权中不足半数,对子公司没有控制能力,故被称为少数股权。

2)二级资本

商业银行二级资本主要由债务资本来满足,包括二级资本工具及其溢价、超额贷款损失准备。

(1)二级资本工具主要由次级债和混合资本工具构成。其中:次级债是"商业银行发行的,本金和利息的清偿顺序列于商业银行其他负债之后、先于商业银行股权资本的债券"(依据《商业银行次级债券发行管理办法》中的定义)。

(2)超额贷款损失准备。超额贷款损失准备是指商业银行实际计提的贷款损失准备超过预期损失的部分,也可以说是商业银行实际计提的贷款损失准备超过最低要求的部分。

3. 商业银行资本金的作用

在经济学意义上,资本指的是用于生产商品或服务的基本生产要素,即资金、厂房、设备、材料等物质资源。就商业银行来说,资本是商业银行所有者投入银行的,用以承担风险损失、保护存款人和一般债权人的资金。商业银行资本金的主要作用体现在以下几方面:

(1)确定和让渡所有权功能。资本首先具有确权的功能,它代表着股东对企业的控制权和剩余索取权;其次通过股份买卖和转移,能够实现所有权的转移。

(2)为经营活动提供资金的功能。资本通常被视为企业筹集资金的重要渠道。以一家资产负债率达到 50% 的企业为例,其 50% 的经营活动资金来源于资本投资。但对于银行来说该功能相对较弱,商业银行主要靠吸收存款来满足日常经营活动的资金需求,负债占其经营活动资金的绝大部分。

(3)承担风险和吸收损失功能。商业银行很多业务的价值都有赖于其持续经营,以贷款为例,贷款发放之后银行通常需要较长的时间才能收回本息和实现收益。银行资本的功能在于吸收和缓冲未来不确定的损失,使银行保持持续经营的能力。由于经营和管理风险是银行主要的经营活动,因此资本金管理也是银行经营活动的重要构成部分。

(4)提升银行信誉和安全象征的功能。由于商业银行高杠杆、借短贷长等特殊性,一家经营状况良好的银行也可能因为公众挤提而破产,因此,信誉对于商业银行来说非常重要,而资本就提供了一种银行安全的信号。资本越多,银行的安全系数越高。

3.1.2　商业银行资本金管理的重要性及目标

1. 商业银行资本金管理的重要性

随着《巴塞尔新资本协议》实施的推进，特别是国内《商业银行资本管理办法（试行）》的发布，商业银行面临的资本约束不断增强。《商业银行资本管理办法（试行）》全面引入了《巴塞尔协议Ⅲ》确立的资本质量标准及最新的资本监管要求，涵盖了最低资本要求、储备资本要求和逆周期资本要求、系统重要性银行附加资本要求等多层次监管要求。该办法实施后，商业银行若不能达到最低资本要求，将被视为严重违规和重大风险事件，并被采取严厉的监管措施。

与此同时，随着越来越多的银行在资本市场上市，并通过资本市场筹集和补充资本，市场约束也在不断强化。上市银行在获得资本的同时，也面临着投资者对资本回报的要求，投资者用脚投票的机制也给银行管理层更强的市场约束和压力。

在这种情况下，商业银行加强资本金管理，通过准确计量各项业务的风险和资本需求，合理地规划业务和配置资本，以此满足监管当局关于资本充足率的要求和最大化资本回报水平，就显得尤为重要了。

2. 商业银行资本金管理的目标

如前所述，对于一般企业而言，资本金的主要作用在于提供资金，而商业银行资本金则主要是承担风险和吸收损失，资本管理背后的实质是风险计量与管理。商业银行资本管理要比一般企业复杂得多，除了一般企业资本管理中的资本结构、资本筹措、资本成本、股利分配等内容之外，还包括监管资本计量、资本充足率达标、经济资本计量、经济资本配置与应用等非常丰富的内容。它贯穿银行整个业务经营过程，将银行每一笔业务都通过资本要求这一纽带与风险挂钩。因此，一般财务管理教材中关于资本管理的方法并不一定适用于银行资本管理。

在本章3.1.1小节中我们介绍了不同的资本定义，实质上是商业银行不同的利益相关方从自身角度提出的资本金需要量观点。这些利益相关方包括股东、存款人、债券持有人、监管机构、评级机构、管理层等，他们对于商业银行资本金管理的要求有一致的地方，但也存在一些本质上的冲突。例如：一方面，股东希望资本回报或者经风险调整后的资本回报越高越好，如果单纯从这一目标考虑，商业银行应该降低资本水平；而另一方面，监管机构、存款人、债券持有人和评级机构则希望银行风险越低越好，相应地要求商业银行提高资本水平。

所以，商业银行资本金管理的目标就是在满足一定约束前提下，保证商业银行的总体资本水平符合一系列要求，包括评级机构的期望、内部评估的风险水平、监管当局的规定、股东的风险偏好与预期收益等，并充分利用各种资本管理工具和资本管理措施，使得股东价值最大化。

3.1.3　商业银行资本金管理的重要依据

1.《巴塞尔协议》

《巴塞尔协议》是由巴塞尔委员会出台的一系列文件的总称。巴塞尔银行监管委员会（The Basel Committee on Banking Supervision）简称巴塞尔委员会，是由美国、英国、法国、德国、意大利、日本、荷兰、加拿大、比利时、瑞典十大工业国的中央银行于1974年底共同成立的，作为国际清算银行的一个正式机构，以各国中央银行官员和银行监理当局为代表，总部设在瑞士巴塞尔的国际组织。巴塞尔委员会的宗旨：为国际银行业的监管问题提供一个正式的讨论场所，以加强各国金融监管当局间的合作，堵塞国际监管中的漏洞。到目前为止，巴塞尔委员会的成员扩展到包括我国在内的世界上27个主要国家和地区。下面我们主要介绍与监管资本有关的三个《巴塞尔协议》。

1)《巴塞尔协议Ⅰ》

1988 年 7 月 15 日,国际清算银行(BIS)下的巴塞尔委员会通过了《关于统一国际银行的资本计量和资本标准的协议》(简称《巴塞尔协议》)。该协议第一次建立了一套完整的国际通用的、以加权方式衡量表内与表外风险的资本充足率标准,有效地扼制了与债务危机有关的国际风险。1988 年的《巴塞尔协议》主要有四部分内容:

一是确定了资本的构成,即银行的资本分为核心资本和附属资本两大类,且附属资本规模不得超过核心资本的 100%。

二是根据资产信用风险的大小,将资产分为 0、20%、50% 和 100% 四个风险档次。

三是通过设定一些转换系数,将表外授信业务也纳入资本监管范畴。

四是规定银行的资本与风险加权总资产之比不得低于 8%,其中核心资本与风险加权总资产之比不得低于 4%。

2)《巴塞尔协议Ⅱ》

2004 年 6 月 26 日,巴塞尔委员会通过并发布了《资本计量和资本标准的国际协议:修订框架》,即《巴塞尔新资本协议》。《巴塞尔新资本协议》以国际活跃银行的实践为基础,详细地阐述了监管当局对银行集团的风险监管思想,同时通过对商业银行计算信用风险加权资产、市场风险加权资产和操作风险加权资产的规范,来约束商业银行内部建立完整而全面的风险管理体系,以达到保证全球银行体系稳健经营的目的。

根据《巴塞尔新资本协议》的初衷,资本要求与风险管理紧密相连。《巴塞尔新资本协议》作为一个完整的银行业资本充足率监管框架,强调了三点内容:一是最低资本要求;二是监管当局对资本充足率的监督检查(外部监管);三是银行业必须满足的信息披露要求(市场约束)。这三点也被称为《巴塞尔新资本协议》的三大支柱,通常概括为最低资本要求、监督检查和市场纪律。

(1)最低资本要求,从这一点可以看出,资本充足率仍将是国际银行业监管的重要内容。新协议进一步明确了资本金的重要地位,称为第一支柱,其他两项是对第一支柱的辅助和支持。巴塞尔委员会认为"压倒一切的目标是促进国际金融体系的安全与稳健",而充足的资本水平被认为是服务于这一目标的中心因素。《巴塞尔新资本协议》对此增加了两个方面的要求。

第一,要求大银行建立自己的内部风险评估机制,运用自己的内部评级系统,决定自己对资本的需求。但这一定要在严格的监管之下进行。第二,委员会提出了一个统一的方案,即"标准化方案",建议各银行借用外部评级机构特别是专业评级机构对贷款企业进行评级,根据评级决定银行面临的风险有多大,并为此准备多少风险准备金。一些企业在贷款时,由于没有经过担保和抵押,在发生财务危机时会在还款方面发生困难。通过评级银行可以降低自己的风险,事先预备相应的准备金。

(2)加大对银行监管的力度,监管者通过监测决定银行内部能否合理运行,并对其提出改进的方案。监管约束第一次被纳入资本框架之中。基本原则是要求监管机构应该根据银行的风险状况和外部经营环境,保持高于最低水平的资本充足率,对银行的资本充足率有严格的控制,确保银行有严格的内部体制,有效管理自己的资本需求。银行应参照其承担风险的大小,建立起关于资本充足整体状况的内部评价机制,并制订维持资本充足水平的战略;同时监管者有责任为银行提供每个单独项目的监管。

（3）市场对银行业的约束，要求银行提高信息的透明度，使外界对它的财务、管理等有更好的了解。《巴塞尔新资本协议》第一次引入了市场约束机制，让市场力量来促使银行稳健、高效地经营以及保持充足的资本水平。稳健的、经营良好的银行可以以更为有利的价格和条件从投资者、债权人、存款人及其他交易对手那里获得资金，而风险程度高的银行在市场中则处于不利地位，它们必须支付更高的风险溢价、提供额外的担保或采取其他安全措施。市场的奖惩机制有利于促使银行更有效地分配资金和控制风险。《巴塞尔新资本协议》要求市场对金融体系的安全进行监管，也就是要求银行提供及时、可靠、全面、准确的信息，以便市场参与者据此做出判断。根据《巴塞尔新资本协议》，银行应及时公开披露包括资本结构、风险敞口、资本充足比率、对资本的内部评价机制以及风险管理战略等在内的信息。

3）《巴塞尔协议Ⅲ》

为了全面应对全球金融危机中暴露出来的问题，在保留《巴塞尔新资本协议》的监管标准及良好做法的基础上，2010年巴塞尔委员会推出了《巴塞尔协议Ⅲ》。其主要改进内容包括：提高资本质量要求，严格资本监管；在资本标准基础上，提出流动性监管标准；解决金融机构太大和太复杂不能倒问题；等等。

同时，随着资本工具的创新，结构化的混合债务资本工具在欧美银行总资本中的占比不断提高，但是银行实际清偿能力并未相应地提高。始于2007年的全球金融危机也表明，资本质量对于银行安全和稳健非常重要。为此，《巴塞尔协议Ⅲ》对1988年《巴塞尔协议》确定的资本定义和构成进行了大刀阔斧的修改，以切实提高银行资本吸收损失的能力，增强银行体系的稳健性。其中的改革措施包括：①将普通股作为监管资本的基础，提升资本质量；②简化资本结构，取消了用于吸收市场风险损失的三级资本；③严格各级资本的扣除项。《巴塞尔协议Ⅲ》要求，截至2015年1月，全球各商业银行的一级资本充足率下限将从4%上调至6%。其中，由普通股构成的核心一级资本占银行风险资产的下限将从2%提高至4.5%；此外，各银行还需增设"资本防护缓冲资金"，总额不得低于银行风险资产的2.5%，商业银行的核心一级资本充足率将提高至7%。该规定将在2016年1月至2019年1月间分阶段执行。

纵观整个资本协议变迁的过程，我们可以看到它主要呈现出如下变动趋势：覆盖面和敏感度不断上升；不断提升资本对损失的吸收能力；强化监管当局对风险的判断和干预能力；不断强化市场的约束和监督作用。

2.《商业银行资本管理办法（试行）》

为加强商业银行资本监管，维护银行体系稳健运行，保护存款人利益，2012年6月7日，中国银监会根据《巴塞尔协议》《中华人民共和国银行业监督管理法》《中华人民共和国商业银行法》《中华人民共和国外资银行管理条例》等法律法规，制定并颁布《商业银行资本管理办法（试行）》。该办法分总则、资本充足率计算和监管要求、资本定义、信用风险加权资产计量、市场风险加权资产计量、操作风险加权资产计量、商业银行内部资本充足评估程序、监督检查、信息披露、附则10章180条，自2013年1月1日起施行。这是我国商业银行资本金管理的重要依据之一，当然也是本教材资本管理的重要依据。

如前所述，一方面，监管资本的范围要比账面资本大，因为除了账面资本外，监管资本还包括一些经监管部门认可的、可以在特殊情况下承担监管资本职责的损失准备金和某些长期债务，包括长期次级债、可转换债券、混合资本工具、贷款损失准备金等。出现这种差异的主要原因在于,会计学对资本的界定强调产权性质,而监管当局更关注商业银行资本金吸收银行损失,保护存款者利益的功能。另一方面,监管资本的标准又要严于账面资本,根据资本项的实际风险吸收能力,扣除一些风险吸收能力不强的工具。

从国内情况来看,由于债务性资本工具市场不发达,我国商业银行的资本主要以普通股股本为主,普遍占80%以上。下面根据我国《商业银行资本管理办法(试行)》的规范来介绍各级监管资本工具的合格性标准、构成内容与扣除项。

(1)各级监管资本工具合格性标准。各级监管资本工具的合格性标准如表 3 - 2 所示,从表中明显可以看出,核心一级资本的标准要严于其他一级资本和二级资本,吸收损失的能力也强于后两者。

表 3 - 2　各级监管资本工具的合格性标准

项目	核心一级资本	其他一级资本	二级资本
工具属性	权益	权益或负债	负债
收益权	收益分配不是义务;不享有优先收益分配权	收益分配不是义务,非积累性;不与自身评级挂钩	不与自身评级挂钩
发行方式	直接发行且实缴;需股东大会或董事会的授权;发行银行或关联机构不得提供抵押或保证	实缴;发行银行或关联机构不得提供抵押或保证;若非直接发行,发行所筹资金必须无条件立即转移给经营实体或控股公司	实缴;发行银行或关联机构不得提供抵押或保证;若非直接发行,发行所筹资金必须无条件立即转移给经营实体或控股公司
存续期限	没有到期日	没有到期日;5 年后方可赎回,赎回需中国监管当局事先批准	至少 5 年;5 年后方可赎回,赎回需中国监管当局事先批准
清偿顺序	排在最后,不得通过任何方式形成优先受偿权	在存款、一般债权和次级债之后,不能形成优先受偿权	在存款和一般债权之后,不得形成优先受偿权
赎回激励	不能形成提前赎回的激励	不能形成提前赎回的激励;不含赎回激励和利率跳升机制	不能形成提前赎回的激励;不含赎回激励和利率跳升机制
减计转股	无	必须含有减记或转股条款	必须含有减记或转股条款
其他限制	不得直接或间接为购买该工具提供融资	不得直接或通过关联方持有;不得直接或间接为购买该工具提供融资	不得直接或通过关联方持有;不得直接或间接为购买该工具提供融资
资本构成	实收资本或普通股;资本公积;盈余公积;一般风险准备;未分配利润;少数股东资本可计入部分	一级资本工具及其溢价、少数股东资本可计入部分	长期次级债、可转债、超额贷款损失准备等

资料来源:《商业银行资本管理办法(试行)》附件 1:资本工具合格标准,经整理。

（2）各级资本调整和扣除。为了夯实各级资本基础，客观地反映银行实际清偿能力，商业银行在计算各级合格监管资本时还要执行严格的资本扣除标准。不同资本项目由于其属性和清偿能力不同，扣除的方法也不相同，详细内容如表3-3所示。全额扣除是指将某项工具全部从监管资本中扣除，大部分扣除项是从核心一级资本中全额扣除，例如商誉、除土地使用权外的无形资产、由经营亏损引起的递延税资产、贷款损失准备金缺口等。对应扣除是指从银行自身相应层级资本中扣除，即持有核心一级资本工具则从银行自身核心一级资本工具中扣除，如果某一级资本净额小于应扣除数额的，缺口部分应从更高一级的资本净额中扣除，以此类推。对应扣除主要适用于持有本行发行的各级资本工具、商业银行之间互惠持有的各级资本工具、对有控制权但不并表的金融机构（如保险公司）的各级资本投资等。门槛扣除是指达到了一定的数量标准（门槛）之后，将超出门槛部分的资本投资予以扣除。

表3-3 资本调整和扣除方法

项目	扣除方法
商誉	从核心一级资本中全额扣除法
其他无形资产（除土地使用权）	
由经营亏损引起的净递延税资产	
贷款损失准备缺口	
资产证券化销售利得	
确定受益类的养老金资产净额	
直接或间接持有本银行发行的各级资本工具	对应扣除法
商业银行间通过协议相互持有的各级资本工具	
有控制权但不并表的金融机构的各级资本投资和资本缺口	
对并表范围外金融机构小额少数资本投资	门槛扣除和对应扣除法
对并表范围外金融机构大额少数资本投资	门槛扣除和全额扣除法
其他依赖于银行未来盈利的净递延税资产	
少数股东资本	分层计入
未按公允价值计量的项目进行现金流套期形成的储备	剔除影响
自身信用风险变化导致其负债公允价值变化带来的未实现损益	

资料来源：《商业银行资本管理办法（试行）》，经整理。

（3）资本项目调整和扣除中需注意的其他事项。

其一，递延税资产。银行根据递延税资产的实现是否依赖未来盈利分为依赖未来盈利的递延税资产和不依赖未来盈利的递延税资产，其中依赖未来盈利的部分又区分为由经营亏损引起的和其他依赖于未来盈利的部分。依赖未来盈利的由经营亏损引起的递延税资产应全额从核心一级资本中扣除，其他依赖于未来盈利的递延税资产采用门槛扣除（即超出核心一级资本净额10%的部分从核心一级资本中扣除）；不依赖未来盈利的递延税资产不需要从资本中扣除，而是采用100%权重计入风险加权资产中。

其二,贷款损失准备缺口。采用权重法计量信用风险加权资产的银行,贷款损失准备缺口是实际计提的贷款损失准备低于贷款损失准备最低要求(即 100％拨备覆盖率对应的贷款损失准备)的部分;采用内部评级法计量信用风险加权资产的银行,贷款损失准备缺口是实际计提的贷款损失准备低于预期损失的部分。贷款损失准备缺口全额扣除,和其相对应的则称为超额贷款损失准备,是指商业银行实际计提的贷款损失准备超过最低要求(100％拨备覆盖率对应的贷款损失准备和应计提的贷款损失专项准备两者中的较大者)的部分。根据《商业银行资本管理办法(试行)》,采用权重法时,超额贷款损失准备可计入二级资本,但不得超过信用风险加权资产的 1.25％;采用内部评级法时,超额贷款损失准备可计入二级资本,但不得超过信用风险加权资产的 0.6％。

其三,对未并表金融机构的资本投资。商业银行对金融机构各级资本投资(包括直接和间接投资)占该被投资金融机构实收资本 10％(不含)以下的资本投资为小额少数资本投资;10％(含)以上的资本投资为大额少数资本投资。

对未并表金融机构的小额少数资本投资,合计超出本银行核心一级资本净额 10％的部分,从各级监管资本中对应扣除。对未并表金融机构的大额少数资本投资中,核心一级资本投资合计超出本行核心一级资本净额 10％的部分从本银行核心一级资本中扣除。大额少数资本投资中其他一级资本投资和二级资本投资从相应层级资本中全额扣除。在单独做完门槛扣除之后,大额少数资本投资中核心一级资本未扣除部分和其他依赖于银行未来盈利的净递延税资产的未扣除部分,合计金额不得超过本行核心一级资本净额的 15％,超过部分在核心一级资本中扣除。

其四,少数股东资本。如果银行的附属公司也适用资本充足率监管,则其附属公司直接发行且由第三方持有的少数股东资本可以采用分层计入法,部分地计入监管资本。分层计入是指,附属公司少数股东资本中用于满足核心一级资本最低要求的部分,可计入并表核心一级资本;用于满足一级资本最低要求的部分,扣除已计入并表核心一级资本的部分后,剩余部分可以计入并表其他一级资本;用于满足总资本最低要求的部分,扣除已计入并表一级资本的部分后,剩余部分可以计入并表二级资本。

其五,“未按公允价值计量的项目进行现金流套期形成的储备”和“自身信用风险变化导致其负债公允价值变化带来的未实现损益”两项,主要适用剔除影响方法,即如果该项形成正收益或导致银行权益增加,则将该项扣除;如果该项形成负收益或导致银行权益减少,则应将该项加回。

3.2　商业银行资本规划与筹集

3.2.1　商业银行资本规划的含义

商业银行到底需要持有多少资本取决于多方面因素。一方面,资本需求取决于商业银行的发展战略、业务计划和内外部环境等因素,业务发展越快,对资本的消耗和需求就越大。另一方面,资本需求量也取决于商业银行各利益相关者,不同利益相关者目标不同,对资本的需求也不同。例如,存款人和监管机构希望商业银行持有更多的资本,特别是普通股权益,因为这将使商业银行经营更加安全;而股东却希望持有更少的资本,增大杠杆效应以提升资本的投资回报率。最终的结果只可能在股东和债权人等利益相关者之间寻找一个平衡点。

商业银行资本规划的实质就是实现资本供给和资本需求的平衡,它的内容包括资本需求预测、可用资本分析、目标资本水平设定、资本缺口与资本补充计划等,更广义的资本规划还包括资产增长计划和业务计划。银行在制订资本规划时,应当确保目标资本水平与业务发展战略、风险偏好、风险管理水平和外部经营环境相适应,兼顾短期和长期资本需求,同时考虑各种资本补充来源的长期可持续性。资本规划的时间一般较长,根据我国监管当局规定,银行应该至少设定内部资本充足率三年目标。由此可见,资本规划非常重要,它通常需要由银行管理层或者董事会审批。案例银行的资本规划示例如专栏 3-1 所示。

专栏 3-1

A 银行资本管理规划(示例)

一、资本规划的原则

(1)保持较高的资本质量和资本充足水平,满足监管要求。

(2)充分识别和计量实际业务中的各类风险,确保资本水平与风险水平相适应。

(3)优化资产结构,合理配置资本,保障银行可持续健康发展。

二、资本需求预测

根据本行风险偏好、资产增长和业务计划、内部管理能力、外部监管、市场环境等情况,本行资本需求为××亿元,最低资本充足率应为××%(略)。

三、资本规划的目标

(1)资本充足率目标 10.5%,并以 11% 为预警指标。

(2)核心一级资本充足率目标 7.5%,并以 8% 为预警指标。

四、资本补充机制

为确保资本充足率水平达到管理目标要求,在增强内部资本积累基础上,综合考虑各融资工具的融资成本和效率,把握有利市场时机,择机采用股本融资、次级债、可转债等多种外部资本补充渠道满足资本需求。

五、资本管理措施

当资本充足率接近或实际低于预期目标时,优先考虑通过优化资产结构、提高盈利能力、调整股息分派政策、调节风险资产增长节奏等措施提高资本充足率。

在接近或者实际达到规定的触发条件(如资本充足率低于预设的管理目标)时,通过合适的外部融资渠道补充资本金。

3.2.2 商业银行资本筹集及其选择

随着《商业银行资本管理办法(试行)》的实施,资本监管对商业银行的硬约束不断加强。一方面,如果商业银行资本充足率水平达不到监管要求,轻则面临监管警告,重则被限制业务范围和接管整顿。另一方面,国内以间接融资为主的特殊的投融资结构也意味着,在经济保持较快增长的同时,商业银行的资产规模也必须同步快速增长,在较长的时期内资本需求压力非常明显。因此,商业银行面临着持续筹集和补充资本的需求。

1. 商业银行资本筹集渠道

商业银行资本金的筹集包括内部筹集和外部筹集两种途径,也称为内源资本策略和外源资本策略。

1) 内源资本策略

内部筹集,一般采取收益留存或提取准备方法实现,这是最廉价和便捷的增加资本的途径。其成本低于发行股票、长期债券等外源资本策略的成本。但是由于商业银行的税后利润首先要支付优先股股息,然后在留存盈余和普通股股息两者之间进行分配,所以有一定的限制。其具体受以下几个条件的制约:①利润规模;②分红的政策、规模、形式;③税收政策;④资产增长速度。对于这一点,美国经济学家戴维·贝勒1978年就提出了"银行资产增长模型",并强调指出,由内源资本所支持的银行资产年增长率为持续增长率,资产增长速度与盈利能力、分红政策和资产负债结构存在直接关系。

根据"银行资产增长模型",设最低资本充足率要求为 CAR,而商业银行的目标为满足最低资本充足率要求,其他信息假设如下:

(1)资产的平均风险权重 RW 保持不变;

(2)资产收益率是 ROA;

(3)股息发放比率是 DR;

(4)起始资产总额是 A,计划资产增长率是 SG;起始资本为 E。

根据假设,有 $E=A\times RW\times CAR$,从而可以得到 $\dfrac{E}{A}=RW\times CAR=r$,由于 RW 和 CAR 都假定不变,因此 r 为固定的资本资产比。假定银行仅仅依靠内源融资方式来补充资本,则有以下等式:

$$\frac{A\times RW\times CAR+A\times ROA\times(1-DR)}{A\times(1+SG)\times RW}=CAR$$

简化以后得到:

$$SG=\frac{ROA\times(1-DR)}{RW\times CAR}=\frac{ROA\times(1-DR)}{r}$$

上式说明,在保持固定资本资产比率并且没有外源资本的情况下,商业银行的资产增长率直接取决于资产收益率、利润留存率(1-股息发放比率)和资本资产比率。如果要保持更高的资产增长率,就会要求更高的资产收益率和更低的分红比例。

2) 外源资本策略

(1)发行普通股策略。普通股是银行资本的基本形式,普通股持有者对商业银行拥有所有权。因此,普通股票也是一种权利证书,这种权利包括盈余分配权和商业银行控制权。其中,盈余分配权是指普通股股东有权分配和处置商业银行的税后利润。商业银行控制权是指普通股的股东有权选举董事,对商业银行的各项决策有投票权。因此,可以说普通股股东是商业银行利益的主要代表。发行普通股的优点主要体现在以下几个方面:①没有固定的股息负担,多利多付息,比较灵活。②与其他资金来源相比,更稳定可靠。因为它是可供商业银行永久使用的资本,不必向股东偿还本金。当然,它同时也存在以下不足:①会稀释银行控制权;②会提高银行经营成本(红利随着银行盈利的增加而增加,其成本比其他负债高出20%~30%);③短期内可能影响股票的市场表现(因为股本增加后,盈利能力不可能很快地同步改善,每股收益可能下降)。

(2)发行优先股策略。优先股是指对银行的收益和资产分配权先于普通股的股票,是类似债券的一种股权形式。与债权人相似,银行优先股持有人按固定利率取得股息,但偿还顺序排在债权人之后。常见的优先股有三种形式:固定股息率优先股、可调整股息的优先股和可转换优先股。其优点主要体现在以下几个方面：①对投资者有可靠的预期收入；②不会影响原有股东的利益；③不会稀释银行控制权。但其缺点也非常突出，例如成本高于债券，分享普通股的剩余所有权并稀释每股收益，等等。

（3）筹集债务资本策略。债务资本是指各种在将来时间支付固定（或浮动）利息的计息债务，主要形式是资本票据和资本债券。资本票据是指那些有固定利息、期限较短、面额较小的银行债务凭证。资本债券是指那些期限较长、发行面额较大的债务凭证。由于这类债务在银行盈利时，必须先支付它们的利息，余下的才能在优先股和普通股中分配，而且在银行破产清算时，银行资产只在偿还存款人和贷款人的资金后，才偿还这类债务。因此，资本票据和资本债券又称为附属债务。相比于普通股和优先股筹资方式，债务资本筹资方式的优点非常明显：一是债务利息税前列支，具有抵税效应；二是增加这类资本不会影响股东对银行的控股权；三是有助于提高银行的财务杠杆率，从而提高权益收益率。但是，由于债务资本具有法定到期偿还性，故银行应注意支付能力，以免发生债务违约。

因此，在运用外源资本策略时，应综合资本需求与缺口、各类筹资工具特点、现有资本结构等因素。具体可考虑：①内部筹集资本的结果；②不同外部筹资方式的优劣；③再次进行外部筹集资本的灵活性；④最佳的证券发行时机；⑤合理的证券发行价格。

2. 商业银行筹集资本金策略的选择

（1）小银行为吸引投资者、增强其筹资灵活性，应力求以普通股筹措资本；而大银行则可相对扩大资本性债券，以降低筹资成本。

（2）当贷款需求不足而存款供给相对充分时，银行增资的方式应以增加债务资本为主；反之，应采取增加银行一级资本的做法。

（3）资本筹集的宗旨。以增加筹资的灵活性、降低资本成本以及不影响或较少影响股东的利益为宗旨。而银行资本成本一般是指商业银行为筹集资本所花费的各种支出和费用。例如股票的股息和红利、二级资本中债券的利息以及银行为筹措这些资本所花费的费用。

资本成本是银行进行资本投资的机会成本，通常也被当成是最低的资本回报率要求。普通股资本成本通常采用资本资产定价模型（capital asset pricing model，CAPM），其计算公式为

$$r_s = r_f + \beta \times (r_m - r_f)$$

式中：r_f 为无风险利率；β 为银行的系统性风险系数；r_m 为市场平均回报率。

3. 案例及分析

【案例 3 - 1】假设某银行 r_f 为 4%，r_m 为 10%，β 值为 1.5，要求计算该银行的资本成本。

【案例分析】$r_s = r_f + \beta \times (r_m - r_f) = 13\%$

该银行的资本成本为 13%。

【案例 3 - 2】假定案例银行 A 现有资产规模为 2402507 万元，资产收益率为 1.2%，红利分配率为 30%，资本充足率要求为 8%。若要保持 12% 的资产增长速度，案例银行 A 风险加权资产应该控制在什么水平？

【案例分析】依公式：$SG = \dfrac{ROA \times (1 - DR)}{RW \times CAR} = \dfrac{ROA \times (1 - DR)}{r}$

我们可以得到 $RW = ROA \times (1 - DR)/(SG \times CAR)$。

其中 $CAR = 8\%$，$ROA = 1.2\%$，$DR = 30\%$，$SG = 12\%$。

代入计算，RW＝1.2％×(1－30％)/(8％×12％)＝87.5％

风险加权资产＝A×RW＝2402507×87.5％＝2102193.625(万元)

按照前述假设条件，案例银行 A 风险加权资产应控制在 2102193.625 万元才能满足 8％的最低资本充足率要求。

【案例 3－3】如若案例银行 A 需要增加 1000 万元的资本，且该银行原有上市普通股 800万股，每股面值 1 元。银行约有总资产 20 亿元，净资产 1 亿元。如果银行产生 2 亿元的收入，费用开支大约占 85％。可供选择的方案有：①发售普通股 40 万股，每股 25 元；②发行优先股100 万股，每股 10 元，收益率 10％；③发行利率为 8％的 10 年期资本债券 10 万张，每张面值100 元。若所得税税率为 25％，哪种方案对股东最有利？

【案例分析】按照以上资料，经过计算得到结果，如表 3－4 所示。

表 3－4　不同增资方式对普通股收益的影响　　　　　　单位：万元

项目	未增加资本	以普通股增资	以优先股增资	以资本债券增资
收入	20000	20000	20000	20000
减利息				80
费用开支	17000	17000	17000	17000
税前净收入	3000	3000	3000	2920
纳税额(25％)	750	750	750	730
税后净收入	2250	2250	2250	2190
优先股股息			100	
普通股收益总额	2250	2250	2150	2190
普通股股数	800(万股)	840(万股)	800(万股)	800(万股)
每股收益	2.8125	2.6786	2.6875	2.7375

从表 3－4 计算结果来看，无论采取哪种方式，都会对股东带来影响。其中，以普通股方式增加资本，每股收益从 2.8125 万元降低至 2.6786 万元，下降了 4.76％；以优先股方式增加资本，每股收益从 2.8125 万元降低至 2.6875 万元，下降了 4.44％；以资本债券方式增加资本，每股收益从 2.8125 万元降低至 2.7375 万元，下降了 2.67％。这说明增加资本的方式不同，对银行普通股收益的影响不同。当一家商业银行需要增加资本时，必须考虑多种因素，选择适当方式。

综上所述，资本规划和筹集的主要任务包括：①确保可用资本总量与银行当前和计划的活动水平以及目标资本充足率相匹配；②选择适当的资本工具组合筹集资本，尽可能降低资本成本；③确保筹集来的资金以合适的方式进行投资和运用；④增加筹资的灵活性；⑤不过分影响原有股东的利益。

3.3 商业银行资本金需要量及其计算

3.3.1 商业银行资本金需要量

1. 可用监管资本和监管资本需要量

我们首先区分可用监管资本和监管资本需要量两个概念。可用监管资本是商业银行实际持有的,符合监管相关标准和要求的合格监管资本。监管资本需要量是基于商业银行各项业务的风险状况,为满足监管资本充足率要求,而必须要持有的资本数量。它是指银行"至少需要的"或"应该有"的资本,而不是银行实际持有的资本,在数值上等于银行风险加权资产与资本充足率要求的乘积。在实际经营中,银行的可用监管资本和监管资本需要量可能不等,如果银行可用监管资本低于监管资本需要量,就存在超出监管合规范围的风险。

2. 商业银行资本金需要量的不同观点

1)股东的观点

股东们对于资本的观点是要求在不影响股东利益的情况下持有资本金。对于这一观点,我们用案例来予以证明。1972 年大卫·科尔(David Cole)运用公司财务分析中杜邦模型(Du Pont model)总结了一套通过比率分析来评估银行经营状况的方法。其核心是通过分解银行的普通股投收益率(return on equity,ROE)来分析影响银行盈利水平的各种因素,银行盈利能力一般根据股权收益率(ROE)和资产收益率(return on assets,ROA)进行分析和比较。该模型反映了银行的股权资本收益、资产收益率及股权乘数三者之间的内在关系,即 ROE = ROA×EM。其中:EM(equity multiplier)代表股权,$EM = \dfrac{总资产}{股权资本}$;资产收益率(ROA)是衡量资产带来的净收益;股本乘数(EM)是对银行财务杠杆率的直接衡量,表示一元股本能支持多少钱的资产以及债务占资产的比例。因为股本必须吸收资产上的损失,所以,一般情况下,乘数越大,银行给股东带来高额回报的潜力也越大。当银行能够盈利时,杠杆率越高,对银行就越有利;但是当银行亏损时,杠杆率越高,亏损就越多,因此,要提高股权收益率就必须提高资产收益率或杠杆率。公式告诉我们,当银行资产既定时,银行持有较少的资本金,股权回报率就会增高。

【案例 3-4】设甲、乙两行的资产规模均为 1000 万元。其中甲行的股权资本是 100 万元,乙行的股权资本是 40 万元。两行的资产回报均为 1%。问:两行的股权回报各是多少? 做简短分析。

【案例分析】

依题意:甲行的股本乘数 EM=1000/100=10

乙行的股本乘数 EM=1000/40=25

因甲、乙两行的 ROA 同为 1%,所以:

甲行的 ROE=10×1%=10%

乙行的 ROE=25×1%=25%

从计算结果看,低资本金银行的股东们要比高资本金银行的股东们高兴得多。因为他们的收益比后者高出两倍多。因此,在资产回报率给定时,银行资本金越低,银行股东的回报率越高。

2)监管当局的观点

商业银行资本应抵御其所面临的风险,包括个体风险和系统性风险。监管当局为了实现促进银行业的合法、稳健运行,最大限度减少存款者的损失和维护公众对银行系统的信心的目标,希望银行的资本金越多越好。其主要原因如下:首先,商业银行遭遇大规模的挤提甚至破产,会引起货币供给的紧缩效应。其次,银行业的严重危机会使国家的支付系统受到损害。再次,银行挤提还会增加银行业危机的社会成本。最后,银行破产将引起银行存户和其他债权人的资金损失。因此,监管当局往往通过立法来维持稳定、健全、竞争性的银行体系。而稳定性和竞争性目标又是相互矛盾的,监管当局一般优先考虑银行体系的稳定性,并把防止银行破产、破产时最大限度减少存款者的损失和维护公众对银行系统的信心作为监管的首要目标。所以,要求商业银行拥有充足的资本金,并对商业银行的资本金需要量制定出最低标准。

3)银行家对资本金的观点

银行家也愿意接受这一事实。但由于贷款损失的不确定性和监管者的要求,银行家通常要求资本刚好满足以下三方面的最低限度:①满足最低放款损失准备金的最低要求;②满足存款安全所需要的最低资本量;③满足长期负债所需要的最低资本量。

一般认为,稳健型的银行家为增强公众的信心,乐意保持更多一些的资本,而风险型的银行家的态度正好相反。

综上所述,不同的人站在不同的角度,对资本金持有量会有不同的观点。但总体上来说,商业银行保持的资本金既不能过多,又不能过少,应当保持适度。因为资本过多,一方面会加大成本,另一方面会影响股权回报率。反之,监管当局不答应,也会失掉大额存款人选择的机会。所以,现行一般考虑以下三个因素:金融监管当局对银行资本的有关规定,银行资本的作用,银行资本的杠杆作用。

3.3.2　商业银行监管资本充足率及其要求

1. 商业银行资本充足率及资本充足性

(1)商业银行资本充足率。商业银行资本充足率是指商业银行持有的符合《商业银行资本管理办法(试行)》规定的资本与风险加权资产之间的比率。

(2)商业银行资本充足性。商业银行资本充足性是指银行资本数量必须超过金融管理当局所规定的能够保障正常营业并足以维持充分信誉的最低限度;同时,银行现有资本或新增资本的构成,应该符合银行总体经营目标或需增加资本的具体目的。因此银行资本充足性有数量和结构两个层面的含义。其中,资本结构的合理性是指各种资本在资本总额中应占有合理的比重,以尽可能降低商业银行经营成本与经营风险。具体要求核心一级资本、一级资本、二级资本及普通股、优先股、留存盈余、债务资本等各自应在资本总额中占有合规的比重。特别强调,金融监管部门规定的资本最低限额必须由核心一级资本(或自有资本)来满足。因此,核心一级资本在资本总额中所占的比重直接影响银行对经营风险的抵补。

综上所述,商业银行资本充足率主要是数量方面的要求,而资本充足性不仅有数量要求,还有质量和结构要求。所以,资本充足性不仅是银行安全经营、追求更多利润的保障,而且无论从银行履行社会责任角度讲,为了保证存款人、社会公众的利益,还是从外部监管的强制性方面讲,商业银行也必须满足此要求。现行对银行资本充足性测定方法有最为直观的比率分析法以及综合诸多因素的综合分析法。

2. 商业银行监管资本充足率的要求

目前,国内监管当局对国内商业银行资本充足率监管要求包括最低资本要求、储备资本要求、逆周期资本要求、系统重要性银行附加资本要求以及第二支柱资本要求共五个层次。监管资本充足率的构成如表3-5所示。

表3-5 监管资本充足率的构成

项目		《巴塞尔协议Ⅲ》资本达标比率	我国资本达标比率
最低资本要求	核心一级资本充足率	5%	7.5%
	一级资本充足率	6%	8.5%
	资本充足率	8%	10.5%
储备资本要求		2.5%	2.5%
逆周期资本要求		0~2.5%	—
系统重要性银行附加资本要求		1%	1.0%
第二支柱资本要求		据情况而定	据情况而定

(1)最低资本要求。监管机构规定各级资本充足率的最低要求为核心一级资本充足率不得低于5%,一级资本充足率不得低于6%,资本充足率不得低于8%。

$$核心一级资本充足率 = \frac{核心一级资本-对应资本扣减项}{风险加权资产} \times 100\%$$

这一指标揭示商业银行存款人和债权人的资产遭受损失之前,该银行能以自有资本承担损失的程度。

$$一级资本充足率 = \frac{一级资本-对应资本扣减项}{风险加权资产} \times 100\%$$

$$资本充足率 = \frac{总资本-对应资本扣减项}{风险加权资产} \times 100\%$$

(2)储备资本要求。在最低资本要求的基础上计提储备资本。储备资本要求为风险加权资产的2.5%,由核心一级资本来满足。

(3)逆周期资本要求。特定情况下,商业银行需在最低资本要求和储备资本要求之上计提逆周期资本,逆周期资本要求为风险加权资产的0~2.5%,由核心一级资本来满足。

(4)系统重要性银行附加资本要求。除最低资本要求、储备资本要求和逆周期资本要求外,系统重要性银行还需计提附加资本。国内系统重要性银行附加资本要求为风险加权资产的1%,由核心一级资本来满足。若国内银行被认定为全球系统重要性银行,所适用的附加资本要求不得低于巴塞尔委员会的统一规定。

(5)第二支柱资本要求。除上述资本要求以外,监管部门可在第二支柱框架下提出更审慎的资本要求,确保资本充分覆盖风险,包括:根据风险判断,针对部分资产组合提出的特定资本要求;根据监督检查结果,针对单家银行提出的特定资本要求。

在实际执行中,我国监管当局对于逆周期资本要求还没有提出明确的规则,加之储备资本要求和银行附加资本要求需要以核心一级资本来满足,因此对于国内系统重要性银行,核心一级资本充足率、一级资本充足率和总资本充足率要求分别为 8.5％、9.5％和 11.5％;对于国内非系统重要性银行,核心一级资本充足率、一级资本充足率和总资本充足率要求分别为7.5％、8.5％和 10.5％。

3. 商业银行实现资本充足率的选择

在实际业务中,商业银行补充资本、实现资本充足率水平达标的主要策略有分子对策、分母对策和分子分母对策。

(1)分子对策。该策略针对资本充足率计算公式的分子而言,即在风险加权资产不变的条件下,商业银行通过提高资本总量、改善和优化资本结构等措施来满足资本充足率要求。具体措施包括:①内源资本策略(增加留存收益、提取一般风险准备金),这需要银行在构建合理的资本缓冲和为股东创造良好回报之间进行平衡。②外源资本策略(发行普通股、优先股或债务性资本)。

(2)分母对策。该策略旨在通过优化资产结构,降低风险权重高的资产在总资产中的比重,提高资产质量;同时加强表外业务管理,尽可能选择转换系数较小以及风险权重较小的表外资产使分母减小,最终满足资本充足率要求。这种方法比分子对策更难,且对管理者要求更高。总之,分母对策要求商业银行摆脱粗放式发展道路,不再纯粹地追求资产规模,而是走一条规模与效益相结合、风险与收益相平衡、结构优化的增长道路。

(3)分子分母对策。这种策略是在实现分子端资本规模扩大的同时,加强分母端资产的管理,优化资产结构,降低风险加权资产规模。

3.3.3　商业银行风险加权资产计算

风险加权资产(risk weighted assets,RWA),是指对银行的资产加以分类,根据不同类别资产的风险性质确定不同的风险系数,并以这种风险系数为权重求得的资产。它在数量上等于信用风险加权资产、市场风险加权资产和操作风险加权资产之和。银行的监管资本需求取决于其业务中承担的风险以及与之相对应的风险加权资产。在介绍风险加权资产计算方法之前,我们首先区分两个容易混淆但又不同的概念:资金需求和资本需求。对于一般企业而言,支持企业运营所需要的资金大部分来自资本,资金需求和资本需求关系密切。但商业银行有所不同,商业银行所需要的大部分资金来自负债,资本的主要用途在于承担风险和吸收损失。所以对于银行而言,资金需求与资本需求几乎毫无关系。而且需要资金支持的交易或资产并不一定都需要资本,例如对于中央政府债券的投资;相反,需要资本的交易并不一定需要资金支持,例如履约担保。但是如果有风险,且有可能有损失,就离不开资本。下面来介绍风险加权资产的计算。

1. 信用风险加权资产计算

银行可以选择采用权重法或者内部评级法来计量信用风险加权资产。选择采用内部评级法计量信用风险加权资产的,应该满足内部评级体系建设的相关规定和要求,并且经监管当局核准,同时对于内部评级法未覆盖的风险暴露应采用权重法计量信用风险加权资产。

信用风险加权资产由两部分构成:表内业务信用风险加权资产和表外业务信用风险加权资产。表外业务信用风险加权资产的计算采用两步转换法,即先将表外项目名义金额乘以信用转换系数得到等值的表内风险暴露,再按表内风险暴露的处理方式(权重法或者内部评级法)计量风险加权资产。在计算信用风险加权资产时,抵质押、保证等风险缓释工具的使用,能够在一定程度上降低信用风险加权资产的金额,对计算结果产生影响。但是信用风险缓释资本计量规则相对复杂,出于简化计算考虑,本节不考虑信用风险缓释作用。

1)权重法下信用风险加权资产的计算

(1)风险加权资产总额=表内风险加权资产总额+表外项目风险加权资产总额。

(2)表内信用风险加权资产总额的计算。如果银行采用权重法计算各类表内资产的信用风险加权资产,应先从资产账面价值中扣除其减值准备,然后再乘以相应的信用风险权重,最后把所有单项结果加总就得到权重法下表内资产的信用风险加权资产总额。

其计算公式如下:

$$表内信用风险加权资产总额=\sum 表内资产\times 信用风险权重$$

各类资产的风险权重如下:

其一,对现金类资产的风险权重。现金及现金等价物的风险权重为0。

其二,对主权和中央银行的风险权重。对我国中央政府和中国人民银行债权的风险权重为0。对境外主权和中央银行的风险权重,以所在国家或地区的外部信用评级结果(一般采用标准普尔、穆迪评级与惠誉评级三家评级公司的评级结果,此处采用标准普尔评级)为基准。详细情况如表3-6所示。

表3-6 对境外主权、公共部门实体和金融机构的风险权重

外部评级	对境外主权和其中央银行债权的风险权重	对境外商业银行和公共部门实体债权的风险权重
AA-(含)以上	0	25%
AA-以下,A-(含)以上	20%	50%
A-以下,BBB-(含)以上	50%	100%
BBB-以下,B-(含)以上	100%	
B-以下	150%	150%
未评级	100%	100%

其三,对境外金融机构的风险权重。对境外商业银行债权的风险权重,以主权风险权重为基础下调一个档次,具体情况见表3-6。对多边开发银行、国际清算银行和国际货币基金组织债权的风险权重为0。对境外其他金融机构债权的风险权重为100%。

其四,对公共部门的风险权重。对境外公共部门实体债权的风险权重与对所在国家或地区注册的商业银行债权的风险权重相同(具体见表3-6)。对我国公共部门实体债权的风险权重为20%。我国公共部门实体具体包括:除财政部和中国人民银行以外、其他收入主要源于中央财政的公共部门;省级(直辖市、自治区)以及计划单列市人民政府。

其五,对境内金融机构的风险权重。对我国政策性银行债权的风险权重为0,次级债权(未扣除部分)风险权重为100%。我国中央政府投资的金融资产管理公司为收购国有银行不良贷款而定向发行的债券的风险权重为 0,其他债权的风险权重为 100%。对我国其他商业银行债权的风险权重为 25%,其中原始期限 3 个月以内(含)债权的风险权重为 20%,对我国其他商业银行的次级债权(未扣除部分)的风险权重为 100%。对我国其他金融机构债权的风险权重为 100%。

其六,对企业债权的风险权重。对一般企业债权的风险权重为 100%。对符合以下条件的微型和小型企业债权的风险权重为 75%:符合国家相关部门规定的微型和小型企业认定标准;对单家企业(或企业集团)的风险暴露不超过 500 万元;对单家企业(或企业集团)的风险暴露占本行信用风险暴露总额的比例不高于 0.5%。

其七,对个人债权的风险权重。个人住房抵押贷款的风险权重为 50%。对已抵押房产,在购房人没有全部归还贷款前,商业银行以再评估后的净值为抵押追加贷款的,追加部分的风险权重为 150%。对个人其他债权的风险权重为 75%。

其八,对股权投资的风险权重。对金融机构的股权投资(未扣除部分)的风险权重为 250%。被动持有的对工商企业股权投资在法律规定处分期限内的风险权重为 400%。因政策性原因并经国务院特别批准的对工商企业股权投资的风险权重为 400%。对工商企业其他股权投资的风险权重为 1250%。

其九,对其他资产的风险权重。租赁业务的租赁资产余值的风险权重为 100%。依赖于银行未来盈利的净递延税资产(未扣除部分)的风险权重为 250%。非自用不动产的风险权重为 1250%。商业银行因行使抵押权而持有的非自用不动产在法律规定处分期限内的风险权重为 100%。其他资产的风险权重为 100%。

(3)表外信用风险加权资产总额 = $\sum$ 表外项目×信用转换系数×相应表内资产信用风险权重。其中,信用转换系数是把各类表外业务折算成资产负债表内业务金额的系数。信用转换系数如表 3-7 所示。

表 3-7　表外项目信用转换系数

信用转换系数	内容
100%	(1)直接信用代用工具,如一般负债保证(包括为贷款和证券提供财务保证的备用信用证)和承兑(包括具有承兑性质的背书); (2)销售和回购协议以及有追索权的资产销售(此类资产的信用风险仍在银行); (3)远期资产购买、超远期存款和部分缴付款项的股票和代表承诺一定损失的证券
50%	(1)某些与特定交易相关的或有负债(如履约担保书、投标保证书、认股权证和某些为特别交易开出的备用信用证); (2)票据发行便利和循环包销便利; (3)其他初始期限在 1 年期以上的承诺(如正式的备用便利和信贷额度)
20%	短期可自动清偿与贸易相关的、由于货物的移动所产生的或有负债(如有优先索偿权的装运货物抵押的跟单信用证)
0	类似初始期限为 1 年期之内的,或者是可以在任何时候无条件取消的承诺

（4）商业银行最低资本需要量＝风险加权资产总额×8％。

2）内部评级法下信用风险加权资产的计算

（1）计算方法。内部评级法允许商业银行对债务人进行评级，自行估计违约概率（probability of default，PD）、违约损失率（loss given default，LGD）、违约风险暴露（exposure at default，EAD）、期限（M）等信用风险参数，并由此得出相关资产的信用风险权重。根据实施的难易程度，它又分为初级内部评级法和高级内部评级法。在初级内部评级法下，债务人评级和违约概率由商业银行自行估计，违约损失率、期限等其他参数由监管机构给定。在高级内部评级法下，上述所有参数均由银行自行估计。为了简化起见，本节以初级内部评级法为例来计算信用风险加权资产。

内部评级法将银行承担的风险暴露（银行账户资产）分为六大类，分别是主权风险暴露、金融机构风险暴露、公司风险暴露、零售风险暴露、股权风险暴露和其他风险暴露，其中，主权风险暴露、金融机构风险暴露和公司风险暴露统称为非零售信用风险暴露。不同的风险暴露由于风险特征不同，计算信用风险加权资产的方式存在一定的区别。

（2）非零售信用风险暴露信用风险加权资产计算步骤。

①计算信用风险暴露的相关性。

主权、一般公司风险暴露的相关性为：

$$R=0.12\times\frac{1-\frac{1}{e^{(50\times\mathrm{PD})}}}{1-\frac{1}{e^{50}}}+0.24\times\left[1-\frac{1-\frac{1}{e^{(50\times\mathrm{PD})}}}{1-\frac{1}{e^{50}}}\right]$$

金融机构风险暴露的相关性为：

$$R_{\mathrm{FI}}=1.25\times\left\{0.12\times\frac{1-\frac{1}{e^{(50\times\mathrm{PD})}}}{1-\frac{1}{e^{50}}}+0.24\times\left[1-\frac{1-\frac{1}{e^{(50\times\mathrm{PD})}}}{1-\frac{1}{e^{50}}}\right]\right\}$$

中小企业风险暴露的相关性为：

$$R_{\mathrm{SME}}=0.12\times\left[\frac{1-\frac{1}{e^{(50\times\mathrm{PD})}}}{1-\frac{1}{e^{50}}}\right]+0.24\times\left[1-\frac{1-\frac{1}{e^{(50\times\mathrm{PD})}}}{1-\frac{1}{e^{50}}}\right]-0.04\times\left(1-\frac{S-3}{27}\right)$$

其中，S 为中小企业在报告期的年营业收入，单位为千万元人民币，低于 3 千万元人民币的按照 3 千万元人民币来处理。巴塞尔委员会制定监管规则时将中小企业从一般企业中单独处理，主要是体现支持中小企业发展的监管政策导向。

②计算期限调整因子。

期限调整因子为 $\dfrac{1+(M-2.5)\times b}{1-1.5\times b}$

式中 $b=[0.11852-0.05478\times\ln(\mathrm{PD})]^2$

③计算信用风险暴露的资本要求（K）。

$$K=\left[\mathrm{LGD}\times N\left(\sqrt{\frac{1}{1-R}}\times G(\mathrm{PD})+\sqrt{\frac{R}{1-R}}\times G(0.999)\right)-\mathrm{PD}\times\mathrm{LGD}\right]\times$$
$$\left\{\frac{1}{1-1.5\times b}\times[1+(M-2.5)\times b]\right\}$$

式中：$N(\cdot)$ 是标准正态分布函数；$G(\cdot)$ 是标准正态分布的逆函数。该式是采用渐近单风险因子（asymptotic single risk factor，ASRF）模型，假设信用损失呈现正态分布、信贷组合充分分散、采用 99.9% 的置信水平等条件下，得到单笔资产的资本要求。它的假设相对较强，而且不考虑不同资产之间的违约相关性，所以相对较为保守。

④计算信用风险暴露的风险加权资产。

$$RWA = K \times 12.5 \times EAD$$

（3）零售风险暴露信用风险加权资产计算步骤。

零售业务一般采用高级内部评级法计量监管资本，且自行估计违约损失率，不需要对期限因素进行考虑。基于单个资产池风险暴露的违约概率、违约损失率、违约风险暴露和相关性，计算信用风险加权资产，主要步骤有：

①计算信用风险暴露的相关性。

个人住房抵押贷款 $R_{r_1} = 0.15$，合格循环零售贷款 $R_{r_2} = 0.04$，其他零售贷款：

$$R_{r_3} = 0.03 \times \frac{1 - \dfrac{1}{e^{(35 \times PD)}}}{1 - \dfrac{1}{e^{35}}} + 0.16 \times \left[1 - \frac{1 - \dfrac{1}{e^{(35 \times PD)}}}{1 - \dfrac{1}{e^{35}}} \right]$$

②计算信用风险暴露的资本要求（K）。

$$K = LGD \times N\left(\sqrt{\frac{1}{1-R}} \times G(PD) + \sqrt{\frac{R}{1-R}} \times G(0.999) \right) - PD \times LGD$$

③计算信用风险暴露的风险加权资产。

$$RWA = K \times 12.5 \times EAD$$

【案例 3-5】以一笔公司贷款为例解析内部评级法信用风险加权资产的具体计算过程：设该客户近三年平均营业收入为 300000 万元，客户评级为 AA，对应违约概率为 0.12%，违约风险显露为 100000 万元，违约损失率为监管给定值 45%。

【案例分析】

①计算相关性。

将下述计算式代入 Excel 中（下同），就可以得到结果。

R＝0.12 * (1－EXP(－50 * PD))/(1－EXP(－50))＋0.24 * (1－(1－EXP(－50 * PD)))/(1－EXP(－50))＝0.12 * (1－EXP(－50 * 0.12%))/(1－EXP(－50))＋0.24 * (1－(1－EXP(－50 * 0.12%)))/(1－EXP(－50))＝23.30%

②计算期限调整系数。

b＝POWER((0.11852－0.05478 * LN(PD)),2)＝POWER((0.11852－0.05478 * LN(0.12%)),2)＝0.237

③计算资本要求 K。

K＝(LGD * NORMSDIST((1－R)^(－0.5) * NORMSINV(PD)＋(R/(1－R))^(0.5) * NORMSINV(0.999))－PD * LGD)/(1－1.5 * b) * (1＋(2.5－2.5) * b)＝(45% * NORMSDIST((1－23.30%)^(－0.5) * NORMSINV(0.12%)＋(23.30%/(1－23.30%))^(0.5) * NORMSINV(0.999))－45% * 0.12%)/(1－1.5 * 0.237) * (1＋(2.5－2.5) * 0.237)＝0.026366

④计算风险加权资产。

RWA＝EAD×K×12.5＝100000×0.026366×12.5＝32957(万元)

2. 市场风险加权资产计算

市场风险是指因市场价格(利率、汇率、股票价格和商品价格)的不利变动而使商业银行表内和表外业务发生损失的风险,包括银行交易账户中的利率风险和股票风险,以及全部账户(银行账户和交易账户)的汇率风险和商品风险。市场风险加权资产为市场风险资本要求的12.5倍,即市场风险加权资产＝市场风险资本要求×12.5。银行可以根据其管理水平和内部模型建设情况,选择采用标准法或内部模型法计量市场风险资本要求。

1)标准法

银行采用标准法时,基本逻辑是通过将银行各类市场风险净暴露与监管给定的转换系数相乘,得到利率风险、汇率风险、商品风险和股票风险的资本要求,并单独计量以各类风险为基础的期权风险的资本要求。同时,利率风险资本要求和股票风险资本要求为一般市场风险资本要求和特定风险资本要求之和。

2)内部模型法

市场风险内部模型法相对复杂,它要求银行满足一系列监管要求,并经监管部门核准后才能使用。采用内部模型法的银行,一般市场风险资本要求为一般风险价值与压力风险价值之和,即

$$K＝\max(\mathrm{VaR}_{t-1},\mathrm{mc}\times\mathrm{VaR}_{\mathrm{avg}})+\max(\mathrm{sVaR}_{t-1},\mathrm{ms}\times\mathrm{sVaR}_{\mathrm{avg}})$$

其中:

(1)一般风险价值取以下两项中的较大值:

①根据内部模型计量的上一交易日的风险价值(VaR_{t-1})。风险价值是在特定持有期和置信度内由于市场变动而导致损失的情况,它可以计量在一般市场环境下市场不利波动可能造成的潜在损失。用于监管资本计算的一般风险价值,使用单尾、99%的置信区间,持有期为10个交易日。

②最近60个交易日风险价值的均值($\mathrm{VaR}_{\mathrm{avg}}$)乘以乘数因子(mc)。乘数因子是最小乘数和附加因子的和,最小乘数是3,附加因子由监管机构根据返回检验的突破次数确定。所谓返回检验是银行将每日的损益数据与内部模型产生的风险价值数据进行比较,如果损失超过风险价值则视为发生1次突破。突破次数越多,说明模型的可靠性和可预测性越差,附加因子越高,因此监管要求计提的资本越高。监管根据过去250个交易日的返回检验突破次数确定市场风险资本计算的附加因子。

(2)压力风险价值为以下两项中的较大值:

①根据内部模型计量的上一交易日的压力风险价值(sVaR_{t-1})。压力风险价值是假设的压力情景下的风险价值,计算监管资本时要求选用给银行造成重大损失的连续的12个月期间作为显著金融压力情景。

②最近60个交易日压力风险价值的均值($\mathrm{sVaR}_{\mathrm{avg}}$)乘以乘数因子(ms),ms最小值为3。

3. 操作风险加权资产计算

操作风险是指由不完善或有问题的内部程序、员工和信息科技系统,以及外部事件所造成损失的风险,包括法律风险,但不包括策略风险和声誉风险。根据《商业银行资本管理办法(试行)》要求,商业银行可采用基本指标法、标准法或高级计量法计量操作风险资本要求。采用标

准法或高级计量法计量操作风险资本要求,应满足一定的内部管理要求,并得到监管当局核准。由于高级计量法相对复杂,需要商业银行基于内部损失数据、外部损失数据、情景分析、业务经营环境和内部控制因素建立操作风险计量模型。本节只介绍相对简单的基本指标法和标准法。

1)基本指标法

基本指标法以总收入为基础计量操作风险资本要求,按照以下公式计算:

$$K_{\mathrm{BIA}} = \frac{\sum_{i=1}^{n}(\mathrm{GI}_i \times \alpha)}{n}$$

式中:K_{BIA} 为按基本指标法计量的操作风险资本要求;GI 为过去三年中每年正的总收入;n 为过去三年中总收入为正的年数;α 为 15%。

2)标准法

在标准法下,银行按照资本管理办法规定将全部业务划分为公司金融、交易和销售、零售银行、商业银行、支付和清算、代理服务、资产管理、零售经纪和其他业务等九个业务条线,以各业务条线的总收入为基础,按照以下公式计量操作风险资本要求:

$$K_{\mathrm{TSA}} = \left\{ \sum_{i=1}^{3} \max\left[\sum_{i=1}^{9}(\mathrm{GI}_i \times \beta_i),0 \right] \right\}/3$$

式中:K_{TSA} 为按标准法计量的操作风险资本要求。$\max\left[\sum_{i=1}^{9}(\mathrm{GI}_i \times \beta_i),0 \right]$ 是指各年为正的操作风险资本要求。GI_i 为各业务条线总收入。β_i 为各业务条线的操作风险资本系数,其中:零售银行、资产管理和零售经纪业务条线的操作风险资本系数为 12%;商业银行和代理服务业务条线的操作风险资本系数为 15%;公司金融、支付和清算、交易和销售以及其他业务条线的操作风险资本系数为 18%。

商业银行操作风险加权资产为操作风险资本要求的 12.5 倍,即操作风险加权资产=操作风险资本要求×12.5。

3.3.4 商业银行资本充足率的计算

资本充足率是监管当局最看重的商业银行安全性指标。当我们计算出一个商业银行的风险加权资产总额后,不仅可计算其实际资本需要量,也可计算其实际资本充足率,以便考核和监管商业银行的安全性情况。其计算公式如下:

(1)资本充足率=(资本-扣除项)/(信用风险加权资产+12.5 倍的市场风险资本+12.5 倍的操作风险资本)≥8%

(2)核心一级资本充足率=(核心一级资本-扣除项)/(信用风险加权资产+12.5 倍的市场风险资本+12.5 倍的操作风险资本)≥5%

【案例 3-6】设一家银行的总资本规模为 100 万美元,表内资产规模为 1500 万美元。该银行的表内资产项目和表外项目如表 3-8 所示。若该银行的操作风险资产为 8.68 万美元,市场风险资产为 10 万美元。请计算该行的资本充足率。

表 3-8　该行表内和表外项目及风险权重

项目	规模/万美元	风险权重/%	信用转换系数/%
(1)表内资产项目			
现金	75	0	
短期政府债券	300	0	
国内银行存款	75	20	
家庭住宅抵押贷款	75	50	
企业贷款	975	100	
合计	1500		
(2)表外项目			
用来支持政府发行债券的备用信用证	150	20	100
对企业的长期信贷承诺	300	100	50
合计	450		

【**案例分析**】依表 3-8 数据进行以下计算分析。

(1)计算银行表内项目风险加权资产总额：

$75×0+300×0+75×20\%+75×50\%+975×100\%=1027.5$(万美元)

(2)计算表外项目的对等信贷额：

用来支持政府发行债券的备用信用证对等信贷额$=150×100\%=150$(万美元)

对企业的长期信贷承诺$=300×50\%=150$(万美元)

(3)计算表外项目的风险加权资产：

表外项目的风险加权资产$=(150×100\%×20\%)+(300×50\%×100\%)$

$=30+150=180$(万美元)

(4)该银行风险加权资产总额$=1027.5+180=1207.5$(万美元)

(5)该行资本充足率$=100/(1207.5+12.5×10+12.5×8.68)×100\%=6.94\%$

3.4　商业银行经济资本及其应用

根据前文所述,商业银行资本的主要作用在于承担风险和吸收损失。本章 3.3 节中已经分析了在给定资产结构和业务风险水平条件下,银行应该持有多少监管资本。但是监管资本的计量是基于一些相对保守的假设,不能够真正反映银行风险大小与资本需求。本节将进一步分析经济资本,它是银行管理层和风险管理人员的资本观,是根据实际所承担风险计量的、用于吸收银行非预期损失的资本。本节的内容包括经济资本相关概念、经济资本计量以及经济资本应用。由于经济资本应用的领域非常广泛,包括风险定价、绩效考核、限额设置、组合管理、资本配置等,本节主要介绍经济资本在绩效管理和资本配置领域的应用。

3.4.1　经济资本的定义

经济资本是在一定的置信度水平上(例如 99%)、一定时间内(例如一年),为了弥补银行的非预期损失(unexpected losses,UL)所需要持有的资本,它是一种虚拟的资本,是根据银行实际业务的风险计算出来的资本需求。

为了更深入地理解经济资本的概念,我们首先要对银行所面临的三种损失(预期损失、非预期损失和极端损失)的概念、计量与处理方法进行区分。假定银行一个资产组合的损失分布情况如图 3-1 所示,横轴表示损失金额,纵轴表示损失发生的概率。

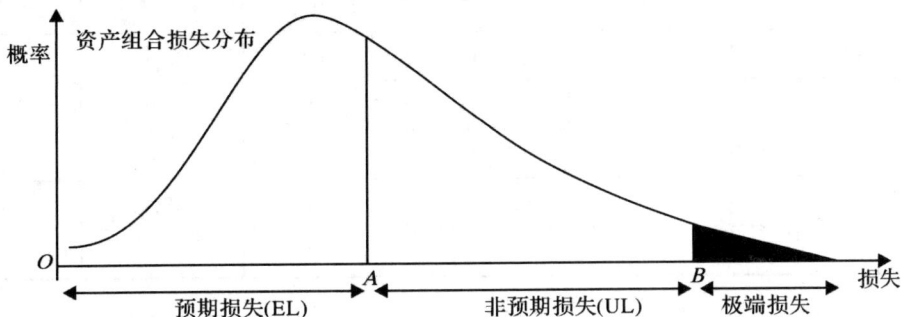

图 3-1　银行资产组合的损失分布图

图 3-1 中 OA 部分代表银行资产组合的预期损失,它是银行资产组合损失分布的均值,由贷款损失准备金来弥补,构成银行的信贷成本。

AB 部分代表非预期损失,由资本来覆盖,构成银行的资本成本。

从 B 往右部分代表极端损失,是超出银行正常承受能力的损失,通常发生概率极小,一旦发生则损失巨大,它既不能用准备金也不能用资本来弥补,只能通过压力测试或者存款保险制度等手段应对。

3.4.2　经济资本计量

银行通常先计量出信用风险、市场风险、操作风险以及其他类型风险的经济资本,并通过一定的加总方法,加总得到整体经济资本需求。由于篇幅限制,本节仅介绍信用风险经济资本计量方法,并辅之以相关案例说明。

信用风险经济资本的计量方法主要有系数法、收入波动法和资产波动法等。由于资产波动法考虑到银行的置信度和各类资产间的相关性,对风险的考虑更加敏感,计量更加精细,因此本节侧重介绍资产波动法。

1. 系数法

系数法是一种相对简单的方法,它假定授信资产的经济资本是信用等级、授信期限等因素的函数,即 EC=f(信用等级,授信期限,……)。经济资本系数与信用等级、授信期限等因素的对应关系根据银行内部的历史数据测算得到。假定案例银行的参数表如表 3-9 所示。

表 3 - 9　系数法下经济资本对应表（示例）

信用等级	授信期限				
	1 年	2 年	3 年	4 年	5 年
AAA	0.30%	0.55%	0.85%	1.60%	1.70%
AA	0.70%	1.20%	1.70%	2.30%	2.80%
A	1.60%	2.30%	2.50%	3%	4%
BBB	3%	3.50%	4.50%	6.60%	8%
BB	5.50%	6%	7.50%	9%	11%
B	10.50%	11.40%	13%	14.50%	17%
CCC	16%	17.60%	19%	22%	25%
CC	24%	26%	29%	33%	38%
C	35%	39%	44%	50%	55%

以一笔某公司 3 年期 200 万人民币的贷款为例，假设该公司内部信用评级为 A，那么这笔业务的经济资本占用为 5 万元人民币，即经济资本占用＝200 万元×2.5%＝5 万元。

2. 资产波动法

在资产波动法下，资产价值潜在的波动性被用于衡量银行可能面临的损失，从而决定需要的资本数量。具体来说，资产波动法是基于风险暴露、客户违约概率、债项违约损失率等风险要素来计量每一个交易或每一类业务的经济资本占用，然后自下而上汇总，在考虑资产相关性的基础上，计量出整个资产组合的经济资本。

资产波动法在具体计算上有解析法和模拟法两种方法。解析法是假定资产组合分布服从单尾贝塔分布等极值分布，然后通过数学表达式把经济资本需求算出来。模拟法是采用蒙特卡罗模拟方法，通过几万次乃至几十万次的计算模拟，把经济资本需求计算出来。为了便于理解经济资本的原理，本节介绍解析法，其计算流程如下：

（1）计算资产组合中单笔资产的非预期损失（UL）。假设风险服从单尾贝塔分布，通过交易对手的违约概率（PD）、违约损失率（LGD）和风险暴露（EAD）等指标，计算出该笔资产损失的标准差和数学期望。

$$\mathrm{UL}_{i,k} = \mathrm{EAD}_{i,k} \times \sqrt{\mathrm{PD}_i \times \sigma^2_{\mathrm{LGD}(i,k)} + \mathrm{LGD}^2_{i,k} \times \sigma^2_{\mathrm{PD}(i)}}$$

式中：$\mathrm{UL}_{i,k}$ 是指客户 i 项下第 k 个债项的非预期损失。

如果假定 LGD 为常数，其方差就为 0，上式可以简单近似为：

$$\mathrm{UL}_{i,k} \approx \mathrm{EAD}_{i,k} \times \sqrt{\mathrm{PD}_i \times (1 - \mathrm{PD}_i)} \times \mathrm{LGD}_{i,k}$$

（2）加总客户的所有债项的非预期损失，得出该客户的非预期损失。

$$\mathrm{UL}_i = \sum_k \mathrm{UL}_{i,k}$$

（3）根据历史数据及相关外部数据，测算客户的违约相关系数 ρ_{ij}，并得到违约相关系数矩阵。

（4）在违约相关系数矩阵基础上，计算资产组合的标准差和数学期望。

$$\mathrm{UL}_P = \Big[\sum_i \sum_j \rho_{ij}\, \mathrm{UL}_i \mathrm{UL}_j\Big]^{1/2}$$

(5)测算一定置信度水平下的经济资本乘数(capital multiplier, CM)。该系数取决于银行战略决策层的风险偏好,如图3-2所示,假设资产组合损失分布服从贝塔极值分布,不同的风险偏好和置信度水平下,银行的经济资本乘数和经济资本需求不同。银行经营越保守,置信度水平越高,经济资本乘数就越高,经济资本需求就越大。

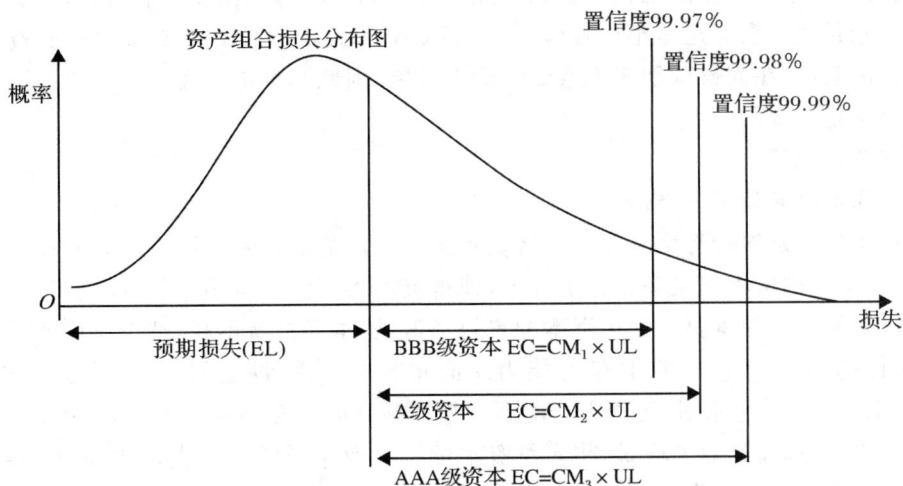

图 3-2　不同风险偏好和置信度水平下的经济资本需求

(6)将资产组合损失标准差乘以经济资本乘数,得到该组合的经济资本需求(economic capital, EC)。

$$\mathrm{EC} = \mathrm{CM} \times \mathrm{UL}_P$$

3.4.3　经济资本在银行经营管理中的应用

1. 经济资本下的绩效管理

随着银行资产规模的增大以及业务领域的不断扩展,各机构、各业务条线之间的业绩比较与考核成为一个重要问题,不同业务之间往往无法直接比较。例如:贷款业务与结算业务,如果以业务规模为考核指标,结算业务无疑占优,但它没有考虑利润因素;如果以净利润为考核指标,贷款业务可能占优,但它没有考虑到该业务所承担的风险与占用的资本。业界通常使用风险调整后的资本回报率方法(risk adjusted return on capital, RAROC)及经济增加值来进行绩效考核与资源配置。

1)风险调整后的资本回报率(RAROC)

风险调整后的资本回报率是考虑了风险成本之后的资本回报率,它是用每笔业务的净收益除以该业务的经济资本需求计算得到。净收益是在全面考虑该笔业务的资金成本、经营成本、信用成本、税收等支出之后的收益。RAROC具体计算方法如下:

$$\mathrm{RAROC} = \frac{收入-资金成本-经营成本-预期损失-税收}{经济资本占用}$$

2)经济资本增加值(EVA)

经济资本增加值是指使用经济资本支持该业务所获得的价值增加值。计算公式如下:

$$EVA = 收入 - 资金成本 - 经营成本 - 预期损失 - 税收 - 经济资本成本$$
$$= (RAROC - 最低回报要求) \times 经济资本占用$$

3)风险调整后的资本回报率与经济资本增加值的比较

RAROC 和 EVA 是银行配置资源、评估经营绩效的主要工具。RAROC 是一个效益指标,考虑了单位风险收益,但是没有考虑规模因素。EVA 是一个规模指标,考虑了贷款规模因素,但是没有体现单位风险的收益。从银行业务经营和风险管理角度来看,两种工具的内涵是一致的。不论是业务层面还是银行整体层面,当 RAROC 高于投资者要求的最低资本回报率时,EVA 为正值,它在为银行创造价值而非毁灭价值,因此两个指标在对某一业务进行投资决策时的结论总是一致的。

2. 经济资本配置

1)经济资本配置的基本概念

经济资本配置是银行将可分配的经济资本按照一定的路径和规则分配到各项业务中去的过程,在满足既定的资本充足率目标条件下,使得资本得到高效运用。资本配置对于商业银行的稳健经营和发展非常重要。如果资本配置效率低,资本回报就不高,甚至还可能带来资本损失,影响银行防范风险和长期生存的能力。简单比较三种假定的资本配置方式:①按照 RAROC 和 EVA 最大化原则,将资本分配到回报率最高的业务领域;②随机分配;③继续维持传统的垒大户、冲规模的业务模式,将大量资本配置在效率低的业务上。明显可以看出,第一种方式的资本配置效果最优,第三种资本配置方式不可持续,将不断侵蚀银行长期稳健经营的基础。

2)经济资本配置的路径

在经济资本配置路径方面,存在自上而下、自下而上和双向组合三种方法。自上而下方法是先由总行确定经济资本总量,然后再按管理维度进行配置,包括按机构配置、按业务条线配置、按产品配置、按行业配置等。这种方法的优点在于全行的战略意图能够得到快速有效的贯彻,经济资本使用可控,缺点在于约束性较强。自下而上方法是先确定每个业务单位的资本需求,再由底层向上逐级汇总,形成全行配置方案。这种方法的优点在于贴近市场,经营目标较容易实现,缺点在于配置周期长,总行对配置过程的控制力较弱。现行管理实践中使用较多的是双向组合方法,综合自上而下方法和自下而上方法的优点,该方法是由总行确定经济资本总量,自上而下进行资本配置,业务单位自下而上报告资本需求,总行进行权衡,充分沟通后再双向调节。

3)经济资本配置的方法

在配置方法上,银行确定了整个资产组合或者整个银行可分配资本的数量之后,就可以确定资本分配系数,将经济资本配置到各个风险敞口上去。经济资本分配系数的计算方法较多,本节简单介绍规划求解法、风险敞口分配法、边际贡献法、非预期损失分配法等方法。

(1)规划求解法。银行在确定了可分配经济资本总量之后,就可以通过以下规划求解过程,将经济资本分配到各个风险敞口。

设 $X_1, X_2, \cdots, X_n$ 为各个风险敞口的规模;$\alpha_1, \alpha_2, \cdots, \alpha_n$ 为相应经济资本分配系数(待求解变量);EC 为可用经济资本总量;$R_1, R_2, \cdots, R_n$ 为各个风险敞口的经济资本回报率。

规划求解目标:最大化经济资本回报水平,即 $\max \sum_{i=1}^{n} X_i \alpha_i R_i$。

规划求解约束条件：①各风险敞口经济资本之和等于经济资本总量，即 $\max\sum\limits_{i=1}^{n}X_i\alpha_i=$ EC；②满足最低监管资本充足率要求；③经营管理的其他目标。

规划求解：通过线性规划求解的方法，解出各个敞口的经济资本分配系数。

（2）风险敞口分配法。风险敞口分配法是一种非常简单的分配方法，各风险敞口的经济资本分配系数为该敞口规模在总敞口中的占比，计算公式为：

$$\alpha_i=\frac{\text{EAD}_i}{\sum\limits_i\text{EAD}_i}$$

这种方法最大的优点在于简单易行，但缺点也很突出，它没有考虑到各业务实际风险的差异。

（3）边际贡献法。边际贡献法是根据资产对组合非预期损失的边际贡献来分配资本。由于违约相关性的存在，组合非预期损失并不一定等于单个资产非预期损失的简单加总：

$$\text{UL}_P\neq\sum\limits_i\text{UL}_i$$

而应该是考虑不同资产间违约相关性的加总：

$$\text{UL}_P=\Big[\sum\limits_i\sum\limits_j\rho_{ij}\text{UL}_i\text{UL}_j\Big]^{1/2}$$

资产 i 对组合非预期损失的边际贡献为

$$\text{RC}_i=\frac{\partial\text{UL}_P}{\partial\text{UL}_i}\text{UL}_i$$

可以证明，单个资产对非预期损失的边际贡献之和等于组合的非预期损失：

$$\sum\limits_{i=1}^{n}\text{RC}_i=\text{UL}_P$$

因此，我们可以用计算组合经济资本的方法，来计算单项资产应分配的经济资本，它等于经济资本乘数（CM）乘以该项资产对组合非预期损失的边际贡献。

$$\text{EC}_P(\alpha)=\text{MC}(\alpha)\text{UL}_P$$

$$\text{EC}_i(\alpha)=\text{MC}(\alpha)\text{RC}_i$$

这种方法在理论上是比较完善的，它合理地考虑了资产之间的违约相关性。但是在实际操作中，也可能由于违约相关性问题，出现某些业务单元的经济资本分配金额为负的情况。因此，实际业务中也可以采用另一种相对更实用的方法——非预期损失分配法。

（4）非预期损失分配法。非预期损失分配法与风险敞口分配法有些类似，经济资本分配系数等于单项资产的非预期损失在非预期损失总和中的占比：

$$\alpha_i=\frac{\text{UL}_i}{\sum\limits_i\text{UL}_i}$$

这种方法既考虑了各业务单元的风险，又能避免出现经济资本分配金额为负的情况，因此在实务中使用较多。

思考与练习

1. 综合案例分析。

(1)案例介绍。

银行 B 为一家区域性城市商业银行,基本数据和假设如表 3-10 所示。

表 3-10 银行 B 资产负债表简表 单位:万元

资产		负债与所有者权益	
现金	51000	负债	
存放中央银行款项	211238	客户存款	1416939
存放同业款项	125462	长期次级债	15100
拆出资金及买入返售金融资产	149385	其他负债	286441
交易性金融资产	6500	负债合计	1718480
贷款和垫款总额	1057571	所有者权益	
贷款减值准备	−19848	股本	26715
可供出售金融资产	35067	资本公积	38936
长期股权投资	125	盈余公积	5903
持有至到期投资	128610	一般准备	13822
固定资产及在建工程净额	8119	未分配利润	19881
无形资产	25314		
商誉	11100		
投资性房地产	20000		
其他资产	14094	所有者权益合计	105257
资产合计	1823737	负债与所有者权益合计	1823737

①贷款和垫款项(扣减贷款损失准备后的净额)为 1037723 万元,其中 541000 万元为企业贷款,496723 万元为零售贷款。假定不良贷款金额为 15000 万元。假定公司贷款的分布如表 3-11 所示,零售贷款的分布如表 3-12 所示。

表 3-11 公司贷款的分布表

企业贷款	金额	内部评级	近三年平均营业收入
贷款人 1——一般贷款	100000	AA	300000
贷款人 2——一般贷款	100000	AAA	300000
贷款人 3——一般贷款	100000	AA	300000
贷款人 4——一般贷款	50000	B	150000

续表 3-11

企业贷款	金额	内部评级	近三年平均营业收入
贷款人 5——一般贷款	50000	AAA	150000
贷款人 6——一般贷款	50000	BB	150000
贷款人 7——一般贷款	50000	BBB	150000
贷款人 8——中小企业	6000	CC	20000
贷款人 9——中小企业	6000	CCC	20000
贷款人 10——中小企业	6000	BB	20000
贷款人 11——中小企业	6000	A	20000
贷款人 12——中小企业	6000	A	20000
贷款人 13——中小企业	6000	BBB	20000
贷款人 14——中小企业	5000	AA	20000

表 3-12　零售贷款分布表

零售贷款	金额	PD	LGD
分池 1——个人住房抵押贷款	100000	1.10%	30%
分池 2——个人住房抵押贷款	100000	1.50%	25%
分池 3——个人住房抵押贷款	100000	2.14%	40%
分池 4——合格循环零售贷款	100000	1.36%	15%
分池 5——其他零售贷款	50000	0.87%	20%
分池 6——其他零售贷款（微小企业）	46723	3.20%	35%

②存放和拆放同业款项、买入返售金融资产合计金额为 274847 万元,假定均为银行 B 与同业银行或其他金融机构的往来业务,而且分布如表 3-13 所示,其中对银行风险暴露的原始期限在括号中显示。

表 3-13　金融机构风险暴露分布表

金融机构	金额	内部评级	外部评级
银行风险暴露 1(3 个月以内)	50000	AA	AA-
银行风险暴露 2(3 个月以内)	50000	AAA	AA+
银行风险暴露 3(3 个月以上)	50000	AA	A
银行风险暴露 4(3 个月以上)	30000	BBB	A-
其他金融机构风险暴露 5	30000	AA	AA
其他金融机构风险暴露 6	30000	A	BBB+
其他金融机构风险暴露 7	34847	BB	BBB

③可供出售金融资产以及持有至到期投资合计 163677 万元,假定均为债券投资,其分布如表 3-14 所示。

表 3-14　债券投资分布表

债券投资明细表	金额	内部评级	外部评级
债券 1——中国国债	50000	AAA	AA+
债券 2——央行票据	30000	AAA	AA+
债券 3——国外主权债务	20000	AA	A
债券 4——资产管理公司债券	20000	A	BBB
债券 5——商业银行普通债券	20000	AAA	AA+
债券 6——商业银行次级债券	23677	BB	BBB

④长期股权投资为 125 万元,全部为对工商企业的股权投资。

⑤假定案例银行的主标尺如表 3-15 所示。

表 3-15　银行主标尺

内部评级	AAA	AA	A	BBB	BB	B	CCC	CC	C	D
PD 值	0.05%	0.12%	0.29%	0.68%	1.6%	3.79%	8.99%	21.33%	65%	100%

⑥假定市场风险加权资产为 10000 万元,操作风险加权资产为 60000 万元。

(2)计算要求。

①二级资本的超额贷款准备金为多少?

②计算权重法下信用风险加权资产。权重法下银行 B 的总资本充足率水平是多少?该银行的总资本缺口为多少?

③计算内部评级法下信用风险加权资产。内部评级法下银行 B 的总资本充足率水平是多少?该银行的总资本缺口为多少?

④该行实施信用风险内部评级法后,共节约多少资本?

⑤假定由表 3-11 中贷款人 1 和贷款人 2 的一般公司贷款构成一个组合,两笔贷款的违约相关性为 20%,违约损失率均为 45%,经济资本乘数为 3。求组合的经济资本占用以及每笔贷款的经济资本占用。

⑥假定贷款人 1 贷款利率为 6.5%,内部资金成本为 4.2%,营业成本为 0.5%;增值税税率为 6%,所得税税率为 25%,银行最低资本回报要求为 15%。求风险调整后的资本回报率(RAROC)和经济资本增加值(EVA)。

2.资本金筹集案例分析。

某家商业银行目前的总资产为 10 亿元,资本总额 6000 万元,其中普通股 800 万元,每股面值 4 元。当年银行实现收入 1 亿元,经营费用支出 8000 万元(设所得税税率为 25%)。为了达到 8% 的资本充足率,该银行正在制订增资扩股计划,现有以下方案可供选择,请选择对普通股股东影响最小的筹资方案。

(1)增发普通股:以每股 10 元发行 200 万股。

(2)增发优先股:以每股 20 元,年息 8%,发行 100 万股。

(3)发行资本债券:以票面年息 10%,发行 2000 万元银行资本债券。

3.在当前环境下,我国商业银行应如何实现资本充足率?

4.某银行预测本年度资产增长率为 11.73%,资产收益率为 0.99%,红利支付比率为 30%,并认为降低红利分配比率会引起银行股票价格下跌,银行能否达到 8% 的资本充足率? 请提出你的设计方案。

5.假设某银行的资本与资产比率为 8%,上一期的资产额为 100 亿元,红利分配率为 45%。在其他条件不变的情况下,要使该银行下一期的资产增长率为 10%,则该银行的资产 收益率是多少? 当该银行资本与资产比率、红利分配率、资产收益率都不变时,要使银行资产 增长为 13% 时,所需外源资本的数量是多少?

6.假设 M 银行 2010—2018 年的资产收益率、股本乘数资料如表 3 - 16 所示。请计算出 该银行历年的股权资本收益率,并进行简短分析。

表 3 - 16　M 银行的相关数据资料(2010—2018 年)

年份	资产收益率	股本乘数
2010	0.46%	15.08
2011	0.32%	15.44
2012	0.63%	14.89
2013	0.54%	15.09
2014	0.53%	14.38
2015	0.58%	13.66
2016	0.74%	12.27
2017	0.96%	11.63
2018	0.95%	11.61

第4章　商业银行存款业务管理

本章提要

存款业务是商业银行最主要的负债业务,它是商业银行经营业务的基础,也是其与客户连接的纽带。本章主要围绕积极增加存款规模、降低存款成本等内容展开研究,具体介绍商业银行存款业务管理概述、存款成本管理、存款营销管理和存款安全性管理等内容。本章的学习,对于掌握存款负债经营管理有一定的指导意义。

4.1　商业银行存款业务管理概述

4.1.1　商业银行存款及种类划分

1.商业银行存款的概念

存款是商业银行最主要的负债,是商业银行以信用方式吸收社会上闲置待用货币资金的一种活动。存款资金来源是商业银行业务经营的基础,因此,商业银行通常又被称为存款银行(或存款货币银行)。

(1)从管理角度看,存款具有三大特性:被动性、波动性和派生性。

(2)从市场经济的角度看,存款是商业银行提供给社会的一种特殊的商品,它不同于一般的实物商品。因为,顾客对实物商品的购买是一种买卖关系,而商业银行的存款商品所导致的顾客和商业银行之间的关系则是一种借贷关系。在这种关系中,商业银行成为债务人,存款人成为债权人,这种债权债务关系直到客户提走全部存款才宣告结束。

2.商业银行存款种类划分

(1)按存款的期限划分,存款可分为活期存款和定期存款两大类。活期存款是指可由存户随时存取和转让的存款,它没有确切的期限规定,商业银行也无权要求客户取款时做事先的书面通知(对大额有要求),支取时按当日挂牌公告利率计算利息。定期存款是客户和商业银行预先约定存款期限、利率的存款,其利率高于活期,若提前支取,应按当日挂牌公告活期利率计付利息。

(2)按存款来源途径划分,存款可分为企业存款(见表4-1)、储蓄存款(见表4-2)和财政性存款三大类。企业存款是企业单位将暂时不用或待用货币资金存入银行形成的存款。储蓄存款是银行负债的一个重要部分,在我国专指居民个人在银行的存款。在美国,居民个人、政府和非营利企业都可以合法持有储蓄存款。财政性存款是指各级财政部门代表本级政府掌管和支配的一种财政资产,其构成包括国库存款和其他财政存款。国库存款是指在国库的预算资金(含一般预算和基金预算)存款。其他财政存款是指未列入国库存款的各项财政在商业银行的预算资金存款以及部分由财政部指定存入商业银行的专用基金存款等。

表 4 - 1　企业单位存款种类

机构	种类	基本规定	优缺点	适用范围
金融同业存款	其他商业银行存款	是指他行存放在本行的存款	—	同业存款是指针对商业银行、信用社以及财务公司、信托公司等非银行金融机构开办的存款业务。属于对公存款种类,一般情况都会对其进行利率浮动,浮动比例与银行协商
	证券公司存款	是指证券公司存放在商业银行的存款	—	
	保险公司存款	是指保险公司存放在商业银行的存款	—	
	期货结算存款	是指用作期货交易所和期货经纪公司期货交易结算款项而在商业银行的存款	—	
	其他非银行金融机构存款	城市信用社、农村信用社、财务公司、信托投资公司、金融租赁公司等存放在商业银行的资金	—	
其他企业单位存款	活期存款	是指不规定存款期限,客户可以随时存取,并依照活期存款利率按季结计利息的存款	灵活方便,利率较低	客户有资金收付结算需要的,均可开立单位活期存款账户
	定期存款	单位定期存款(corporate deposit)是各级财政金库和机关、企业、事业单位、社会团体、部队等机构,将货币资金存入商业银行或非银行金融机构所形成的存款。单位定期存款的期限分三个月、半年、一年。起存金额 1 万元整(含),多存不限	有固定期限,利率相对较高	有预见性在三个月以上不会动用的资金

机构	种类	基本规定	优缺点	适用范围
其他企业单位存款	协议存款	协议存款是商业银行根据中国人民银行或中国银行保险监督管理委员会的规定,针对部分特殊性质的中资资金如保险基金、社保基金、养老保险基金等开办的存款期限较长,起存金额较大,利率、期限、结息付息方式、违约处罚标准等由双方商定的人民币存款品种	金额起点高,在 5 亿元以上,期限一般在 5 年以上,安全性和利率相对较高,不够灵活	适用于长期不用的大额资金等
	大额定期存单	2015 年 6 月 2 日中国人民银行公布《大额存单管理暂行办法》,允许银行业存款类金融机构向个人、非金融企业、机关团体等发行大额存单。企业此项存款的金额起点为 1000 万元。大额存单期限包括一个月、三个月、六个月、九个月、一年、十八个月、两年、三年、五年,共 9 个品种	(1)利率较高。(2)风险极低。(3)流动性好,若提前支取和赎回,会按原利率和期限计算利息;可用于质押,甚至可以转让	适用于金额起点以上的相对稳定的资金

表 4 - 2　储蓄存款种类

种类	基本规定	优缺点	适用范围
活期	1 元起存,由储蓄机构发给存折(卡),凭存折(卡)存取,开户后可以随时支取。支取时,按当日挂牌公告利率计算利息	不受时间限制,但利率最低	经常性生活用款或一般性开支
整存整取	一般 50 元起存;存期分三个月、半年、一年、两年、三年、五年等多种,本金一次性存入,由储蓄机构发给存单(折、卡),到期凭存单(折、卡)支取本息	利率较高,但受时间限制,一旦提前支取,损失较大	有预见性使用的资金或长期不用的资金
零存整取	每月固定存款,一般 5 元起存;存期分为一年、三年、五年;存款金额由储户自定,每月存入一次,中途如有漏存,应在次月补齐,未补齐者,到期支取时按实存金额和实际存期计算利息	便于计划消费;亦受时间限制,每月存入	适用于工薪族为将来的开支积累资金

种类	基本规定	优缺点	适用范围
存本取息	本金一次存入，一般 5000 元起存，存期同上；到期一次支取本金，利息凭存单分期支取，可以一个月或几个月取息一次，由储户与储蓄机构协商确定。如到取息日未取息，以后可以随时取息。如果储户需要提前支取本金，应扣回多支付的利息	利率同上，本金受时间限制，利息可分期支取	—
整存零取	本金一次存入，一般 1000 元起存，存期同上，由储蓄机构发给存单，凭存单分期支取本金，支取期分一个月、三个月、半年一次，由储户与储蓄机构协商确定，利息于期满结清时支取	—	适用于固定开支，如专门用途基金等
定活两便	是一种事先不约定存期，一次性存入，一次性支取的储蓄存款。起存金额为人民币 50 元或者不低于人民币 100 元的等值外币。存期超过整存整取最低档次且在一年以内的，分别按同档次整存整取利率打六折计息；存期超过一年（含一年）的，一律按一年期整存整取利率打六折计息；存期低于整存整取最低档次的，按活期利率计息	既有活期之便，又有定期之利的存款	适用于不确定时间支用的资金
通知存款	指在存入款项时不约定存期，支取时事先通知银行，约定支取存款日期和金额的一种个人存款方式。最低起存金额为人民币 5 万元（含）或外币等值 5000 美元（含）。且按存款人选择的提前通知的期限长短划分为一天通知存款和七天通知存款两个品种。其中一天通知存款需要提前一天向银行发出支取通知，并且存期最少需两天；七天通知存款需要提前七天向银行发出支取通知，并且存期最少需七天	灵活方便	适用于在三个月以下不确定时间支用的大额资金
大额定期存单	个人起点为 30 万元，是记账式大额存款凭证。利息有一次还本付息、定期付息和到期还本付息多种。利率分为固定利率和浮动利率。期限有：一个月、三个月、六个月、九个月、一年、十八个月、两年、三年、五年，共 9 个品种	灵活，可质押、可转让；属于一般存款，纳入存款保险范畴	适用于在金额起点以上，相对比较稳定的资金

（3）按缴存法定准备金的范围划分，存款可分为财政性存款和一般存款两大类。这是按存款准备金制度划分的。存款准备金制度是指中央银行通过法律形式规定商业银行和其他金融机构必须按存款的一定比例向中央银行缴存存款准备金的制度。财政性存款属于中央银行信贷资金的来源，商业银行要 100% 缴存中央银行，不得挤占挪用。一般存款属于商业银行的信贷资金来源，中央银行为了控制贷款规模和派生存款的不合理增长，增加资金流动性，规定商业银行应按存款总额的一定比例缴存法定准备金，也可根据宏观调控的需要对缴存比例进行

调整。商业银行向中央银行缴存存款的时间,除第一次按规定时间缴存外,银行应每旬调整缴存一次,于旬后 5 日内办理。缴存范围自 2011 年 8 月起主要包括企业存款、个人储蓄存款以及保证金存款中的信用证保证金存款、保函保证金存款、银行承兑汇票保证金存款等。

(4)按存款的衍生关系划分,存款可分为原始存款和派生存款两大类。原始存款(又称初始存款),从一家银行角度看,它来源于现金存款和他行转来的支票存款。派生存款,是商业银行发放贷款转为存款后而产生的。它是相对于原始存款而言的,其产生的前提是部分准备金制度和非现金结算制度。同时,派生存款在整个商业银行体系形成数倍于原始存款的存款。

(5)按存款的形式划分,存款可分为现金存款和转账存款两种形式。前者是指客户以现金到商业银行柜台或自助银行工具存款;后者是指客户采取各种非现金结算工具以转账形式增加银行存款。虽然两种形式的最终结果均带来客户在商业银行的存款增加,但后者的运用意义更大。

4.1.2　商业银行存款管理的目标及原则

1. 商业银行存款管理的目标

商业银行存款管理目标是存款经营活动所应达到的标准和要求。由于商业银行经营管理目标是在安全性、流动性和效益性三者协调统一的基础上,达到收益最大化,因此,商业银行存款管理目标应该是根据这一要求来确定的。现阶段商业银行存款组织管理目标可概括为在大力吸收存款的基础上,扩大存款的增长率,提高存款的稳定率,降低存款的成本率。

2. 商业银行存款管理的原则

商业银行存款是其重要的负债业务,所以管理的原则同于负债管理原则,主要包括:

(1)依法筹集存款原则。存款对商业银行来说固然重要,但不能因为其重要,在经营中就丧失原则或者违法而扰乱金融秩序。所以,一是依照《中华人民共和国反洗钱法》,采取预防、监控措施,建立健全客户身份识别制度、客户身份资料和交易记录保存制度、大额交易和可疑交易报告制度,履行反洗钱义务。二是依照《中华人民共和国商业银行法》第四十七条规定:"商业银行不得违反规定提高或者降低利率以及采用其他不正当手段,吸收存款,发放贷款。"三是依法规缴存存款准备金。存款准备金是商业银行依据法律和中央银行的规定,按吸收存款的一定比例缴存于中央银行的存款,其目的是为了应付存款人的提款。

(2)成本控制原则。要求在存款经营中,应尽最大努力以最少的人力、物力耗费和利息成本,取得最大的存款资金来源。

(3)量力而行原则。根据自身的基础条件、实力,合理适时地筹措资金,同时要及时运用。

(4)结构合理原则。注意一方面保持存款期限结构、种类结构合理,另一方面保持资产负债结构对称,以保证存款负债的安全性。

4.1.3　商业银行存款管理的着重点

1. 存款成本管理

存款成本是指商业银行为吸收存款而进行的必要开支,它一方面会抵减利润,直接关系到商业银行的经营管理绩效和经营效益的好坏;另一方面会抬高后续资金运用的价格,使商业银行失掉竞争力。所以,对存款成本管理构成了存款管理的重要内容。存款成本管理的核心就是合理配置存款结构,达到存款成本最小化。

2. 存款账户的种类与管理

1) 存款账户及种类

存款账户是商业银行经营存款的基础性工具,是商业银行为了核算和管理客户存款以及办理结算的账簿。存款人应以实名开立银行存款账户,并对其出具的开户申请资料实质内容的真实性负责,法律、行政法规另有规定的除外。商业银行应负责对存款人开户申请资料的真实性、完整性和合规性进行审查。商业银行给客户开设的存款账户种类如表 4-3 所示。

表 4-3　存款账户种类

种类划分的依据	细分及说明
(1) 银行按存款对象设置存款账户	如××企业存款账户、××同业结算账户、××个人储蓄存款账户等
(2) 银行按存款人目的和管理要求设置存款账户	包括交易类账户和非交易类账户。交易类存款账户,也称为结算账户,是指存款人为了获得银行支付结算服务而在银行开立的账户。非交易类账户,是相对于交易账户而言的,是指存款人以保值、增值为目的而在银行开立的存款账户,如单位定期存款账户、定期储蓄存款账户
(3) 银行按用途设置存款账户	企业结算账户包括基本存款户、一般存款户、临时存款户、专用存款户
	根据 2015 年 12 月 25 日中国人民银行发布的《中国人民银行关于改进个人银行账户服务加强账户管理的通知》规定,存款人可在银行开立以下三类银行结算账户:① I 类账户,全功能的银行结算账户,存款人可通过此办理存款、购买投资理财产品、支取现金、转账、消费及缴费支付等;② II 类账户,办理存款、购买投资理财产品、办理限定金额的消费和缴费支付(单日 10000 元以内);③ III 类账户,办理小额消费和缴费支付(单日 1000 元以内)

(1) 依据中国人民银行 2003 年 4 月 10 日颁布,并于 2003 年 9 月 1 日起施行的《人民币银行结算账户管理办法》规定,银行结算账户是指银行为存款人开立的办理资金收付结算的人民币活期存款账户。它按存款人分为单位银行结算账户和个人银行结算账户。而存款人则是指在中国境内开立银行结算账户的机关、团体、部队、企业、事业单位、其他组织(以下统称单位)、个体工商户和自然人。

(2) 商业银行按用途给企业设置的四类账户具体如下:①基本存款账户。基本存款账户是存款人因办理日常转账结算和现金收付需要开立的银行结算账户。存款人日常经营活动的资金收付及其工资、奖金和现金的支取,应通过该账户办理。凡开立基本存款账户的单位,必须是独立核算的单位。单位银行结算账户的存款人只能在银行开立一个基本存款账户。基本存款账户是存款人的主办账户。中国人民银行应负责对银行报送的核准类银行结算账户的开户资料的合规性以及存款人开立基本存款账户的唯一性进行审核。②一般存款账户。一般存款账户是存款人因借款或其他结算需要,在基本存款账户开户银行以外的银行营业机构开立的银行结算账户。一般存款账户用于办理存款人借款转存、借款归还和其他结算的资金收付。该账户可以办理现金缴存,但不得办理现金支取。需要强调的是,该账户不能在存款人基本存款账户的开户银行(指同一营业机构)开立。③临时存款账户。临时存款账户是存款人因临时需要并在规定期限内使用而开立的银行结算账户。如设立临时机构、异地临时经营活动、注册验资等。存款人可以通过该账户办理转账结算和根据国家现金管理的规定办理少量现金收付。临时存款账户需要确定有效期,在使用中需要延长期限的,应在有效期限内向开户银行提出申请。注册验资的临时存款账户在验资期间只收不付。注册验资核准后,应按规定向开户银行申请办理账户用途变更手续。④专用存款账户。专用存款账户是存款人按照法律、行政法规和规章,对其特定用途资金进行专项管理和使用而开立的银行结算账户。如企业的社保基金账户、住房公积金账户。

2)存款账户的管理

凡在中国境内开立人民币存款账户的机关、团体、部队、企业、事业单位、个体经济户和个人(以下简称存款人)以及银行和非银行金融机构(以下简称银行),必须遵守《人民币银行结算账户管理办法》的规定。

(1)外汇存款账户的开立、使用和管理,按照国家外汇管理局颁发的外汇账户管理规定执行。

(2)存款人在其账户内应有足够资金保证支付。

(3)银行对存款人开立或撤销账户,必须向中国人民银行分支机构备案。①2018年5月23日,中国人民银行发布《关于试点取消企业银行账户开户许可证核发的通知》,经国务院批准同意。央行决定试点取消企业银行账户开户许可证核发,试点地区人民银行分支机构对银行为企业开立基本存款账户由核准制调整为备案制,不再核发基本存款账户开户许可证。②2018年8月14日,《国务院办公厅关于印发全国深化"放管服"改革转变政府职能电视电话会议重点任务分工方案的通知》(国办发〔2018〕79号)发布,通知要求2018年底前完成取消企业银行开户行政许可试点,2019年修订《人民币银行结算账户管理办法》及相关配套制度,尽快在全国范围内将银行开户核准改为备案。③企业在银行开立的基本存款账户,自开立之日即可办理收付款业务。④企业开立基本存款账户实行面签制度,将由银行两名以上工作人员共同亲见企业法定代表人或单位负责人在开户申请书和银行结算账户管理协议上签名确认,并留存面签的视频、音频等资料。

(4)存款人不得违反规定在多家银行机构开立基本存款账户。

(5)存款人不得在同一家银行的几个分支机构开立一般存款账户。

(6)存款人的账户只能办理存款人本身的业务活动,不得出租和转让账户。

(7)开户银行负责按《人民币银行结算账户管理办法》规定对开立、撤销的账户进行审查,正确办理开户和销户,建立、健全开销户登记制度,建立账户管理档案,定期与存款人对账。

(8)商业银行对一年未发生收付活动且未欠开户银行债务的单位银行结算账户,应通知单位自发出通知之日起30日内办理销户手续,逾期视同自愿销户,未划转款项列入久悬未取专户管理。

3. 存款规模和结构管理

1)存款规模的分析

存款的多与少是一家银行规模和实力的象征。但从科学的角度研究"存款越多越好"的观念是值得推敲的。

从宏观看,一国存款的供给总量主要取决于该国国民经济的发展的总体水平,存款总量的增减要取决于多方面的客观因素。如储蓄存款的增减变动,要取决于居民的货币收入水平和消费支出结构,取决于商品的供给状况、市场物价水平等因素;而一国的企业存款的增减变化,要取决于社会再生产的规模、企业经济情况、金融政策等多种因素。

从银行经营管理的角度看,一家银行的存款量应限制在其贷款的可发放程度、已经吸收存款的成本和管理负担之承受能力范围内。国际上一些银行通过存款成本变化来控制存款量,努力寻求边际成本曲线和实际收益曲线的相交点,是较科学的存款规模控制模式。如超越合理的"承受能力",不顾这些客观因素的制约,盲目扩大存款只会最终造成银行经营成本增大。

2)存款结构的分析

在存款总量适度的前提下,存款结构也要合理。较有经营意义的结构是期限结构、客户结构和种类结构保持合理。长期性存款和短期存款适当搭配是期限结构的主要要求;客户存款结构既有宏观上的政策分析意义,也有微观上的经营策略意义,就后者而言,主要是对不同性质的客户的存款行为特征的把握,以便更主动地管理自己的存款负债;种类结构强调的是各种存取款方式的合理搭配,旨在满足公众的多样化需要和贷款结构的管理要求。

4. 存款安全性及稳定性管理

存款安全与否不仅关系到存款人的利益,也关系到社会的稳定,所以一直都是各国监管当局关注的重要问题。存款的稳定性关系到银行业的稳定,关系到金融经济的安全,因此,构成银行存款管理的重要内容。但此处的稳定性主要考虑的是商业银行运用廉价资金的能力。通常情况下,商业银行对存款稳定性的考核是用存款沉淀率指标来评价的。如果银行在充分考虑流动性的前提下,能够减少易变性存款的现金占用,那就会获得更大的盈利性。其计算公式如下:

$$活期存款稳定率 = (计算期活期存款最低余额 ÷ 计算期活期存款平均余额) × 100\%$$

$$活期存款平均占用天数 = (计算期活期存款平均余额 × 计算期天数) ÷ 计算期存款支付总额$$

以上比率越大,银行运用廉价资金的能力越强。因此,提高存款的稳定性,主要表现为提高活期存款的稳定率和延长存款的平均占用天数。

当然,商业银行存款稳定性并不仅仅是易变性存款问题,它经常受着诸多因素的影响。如存款的价格、服务质量、实力与信誉、品种、宣传的力度和广度、社会经济发展水平、居民货币收入的变化、经济周期、消费支出结构、商品供给状况、物价水平、市场利率、季节性因素、法规、人们的习惯与偏好等。所以,对存款稳定性管理,要将定性方法和定量方法相结合。

5. 存款产品和服务创新

菲利普·科特勒在《营销管理:分析、计划、执行和控制》中对产品的定义是"凡能提供给市场以引起人们注意、获取、使用和消费,从而满足人们的某种欲望或需要的一切东西"。同时,西方市场营销学界对银行产品也给出过两种不同的定义:第一种认为商业银行的每一次服务都构成一个独立的商品;第二种把商业银行的全部服务看作一个产品。可以看到,银行产品是服务,而就服务方式而言,很难分辨产品的差别。所以,银行产品的竞争艺术便是:①发挥优势,讲究特色;②着眼全局,注重效益;③敢于创新,善于联合。

所谓存款产品创新,指的是银行根据客户的动机和需求,创造并推出新的存款品种,以满足客户需求的过程。其创新要素包括结算方式创新、存款利率创新和金融服务创新。而产品是服务的载体,是银行服务产品化的结果,也是银行经营管理精细化的具体体现,二者不可区分。无论是过去、现在还是将来,银行业都是一种服务行业,为客户提供金融服务,不断满足客户的需求是商业银行的本质职能。做好银行服务工作、保护金融消费者利益,不仅是银行业金融机构的应尽义务,也是培育客户忠诚度、提升银行声誉、增强综合竞争实力的需要,更是银行履行社会责任、促进和谐社会建设的本质要求。

4.2 商业银行存款成本管理

4.2.1 存款成本的构成及相关概念

1. 商业银行存款成本的构成

存款成本作为商业银行经营存款的必要开支,其构成主要包括利息成本、非利息成本和相关成本。

(1)利息成本。利息成本是指银行按约定的存款利率,以货币形式的报酬付给存款人的开支。利息成本等于存款规模乘以该存款的时期及其利率。其中,存款利率有固定利率和浮动利率之分。固定利率是在一定的存款期内存款利率按约定利率计息并保持不变。我国的存款一般都按固定利率计息。浮动利率是在一定的存款期内存款利率以市场上的某种利率作基准并在一定范围浮动计息。西方国家普遍使用浮动利率计息办法。

(2)非利息成本(或经营成本)。非利息成本又叫经营成本,是指利息以外的所有开支。其构成为:①经营管理费用,是指商业银行为组织和管理存款所发生的各种人力和物力的付出。如员工工资、电子设备运转费、保险费等经营管理费用。②税费支出,包括随业务量的变动而变化的手续费支出、业务招待费、业务宣传费、流转税金及附加等。③补偿支出,包括固定资产折旧、无形资产摊销等。④准备金支出,是缴纳法定准备金、规定量的超额准备金等所加大的经营支出。

随着银行业务竞争的白热化,商业银行吸收存款的非利息成本会越来越大,如客户维护和营销等都加大了成本,而在这方面小规模银行付出会更多。这部分成本管理应成为存款成本管理的着重点。

(3)相关成本。相关成本是指吸收存款受相关因素的影响可能带来的支出,如风险成本、连锁反应成本。风险成本是指因利率敏感性存款增加相应带来的利率风险。连锁反应成本是指银行为吸收新存款所增加的服务和利息支出,而相应对原有存款增加的开支。

2. 影响商业银行存款成本的因素

影响商业银行存款成本的因素主要有:

(1)市场利率的水平;

(2)其他银行的定价策略;

(3)不同存款账户的利率需求弹性;

(4)存款的期限结构;

(5)银行的盈利性;

(6)贷款与存款成本的关系;

(7)客户与银行的关系。

3. 商业银行存款成本的相关概念

(1)资金成本。资金成本是指为吸收存款而支付的一切费用,即利息成本和经营成本之和。它通常用资金成本率考核。

$$资金成本率＝(利息成本＋经营成本)/吸收的存款额×100\%$$

　　(2)可用资金成本。银行吸收的存款资金不能全部用于贷款和投资业务,必须进行扣除。扣除的部分是法定存款准备金和必要的超额准备部分。经扣除后的资金才是银行可用的资金。可用资金成本是指银行可用资金所负担的全部成本。如果说资金成本是确定资金价格基础的话,那么可用资金成本就是资金的另一种价格形式,通常称之为资金的转移价格,它是确定银行可用资金价格的基础。

　　可用资金成本率=(利息成本+经营成本)/(吸收的存款额-法定存款准备金及必要的超额准备)×100%

　　【案例 4-1】M 银行计划通过发行一年期大额定期存单筹集 100 万元资金,年息 5%,上缴法定准备金比率为 20%,准备金存款利率为 1.62%,估计每吸收 1000 万元存单的平均工作成本为 20 元,试求出该银行的可用资金成本率。

　　【案例分析】依据题意,该银行该项存款可用资金成本率为

　　　可用资金成本率=(利息成本+经营成本)/(吸收的存款额-法定存款准备金及必要的超额准备)×100%
　　　　　　　　　　=(100×5%+100×20/1000-20×1.62%)/(100-20)×100%
　　　　　　　　　　=8.345%

　　计算结果表明,在上述条件下,该行每吸收 100 万元存款,可用资金应该负担的成本费用为 8.345 万元,也可以说银行应花费的成本费用为 8.345 万元。那么,在后续出售这些资金时,最低定价不能低于这个价格。

　　(3)盈利资金成本。银行可用资金减掉占用在现金及固定资产上的资金后所剩余的资金是可用于盈利的资金,而这部分资金所负担的成本就称为盈利资金成本。更确切地讲,盈利资金成本率才真正决定着资金的转移价格。

盈利资金成本率=(利息成本+经营成本)/(可用资金-现金占用资金-固定资产占用资金)×100%

　　【案例 4-2】引案例 4-1 资料,若该行决定放在现金上的资金为 5%,投到固定资产上的资金为 10%。请问盈利资金成本率为多少?

　　【案例分析】依据题意,该行盈利资金成本率=(5+2-20×1.62%)/[(100-20)-(100-20)×5%-(100-20)×10%]×100%=6.676/68×100%=9.82%

4.2.2　存款利息成本的控制

　　存款利息成本,是商业银行必须为之付出的筹资成本。它如果过低,会带来存款资金的大量流失;如果过高,会使银行成本压力加大。所以,适度管理是非常必要的。

　　1.存款利息成本的影响因素

　　银行存款利息成本与期限、规模、利率有关。其关系式表示如下:

$$存款利息=存款本金×时期×利率$$

　　其中,利率是货币借贷的价格,即商业银行借入资金和出借资金的交易价格。银行向公众或机构借入资金的价格称为银行的存款利率,具体指客户按照约定条件存入银行账户的货币,在一定时间内利息额同贷出金额即本金的比率。存款利率有活期利率和定期利率之分,也有年、月、日利率之分。银行向企业或个人出借资金的价格被称为贷款利率。利率水平是一种金融工具按照其内在价值确定的市场价格。从公式可知:①决定存款利率的因素主要有存款的规模、存款的期限和存款利率。因存款管理中,银行坚持存款自愿、取款自由的原则,所以,存

款规模、存款期限非银行所能决定,而存款利率经国务院批准,自 2015 年 10 月 24 日起,中国人民银行决定对商业银行和农村合作金融机构等不再设置存款利率浮动上限,利率市场化进入新阶段。因此,在存款利息管理中,银行主观作用发挥将会很少。②存款利息金额的大小因存款种类和期限的长短而异。存款的期限越长,存款人可获得的利息收入越多,由于活期存款最不稳定,所以存款人可获得的利息收入也最低。

2. 利率的决定因素

利率不是人为决定的,任何随意提高利率的行为,都会带来银行经营成本的上升、利润的下降、股东回报的降低。

凯恩斯理论认为,利率决定于货币供求数量,而货币需求数量又基本取决于人们的流动性偏好。除此之外,利率还受经济周期、通货膨胀、货币政策和财政政策、国际经济政治关系、货币的时间价值、货币市场利率等因素的影响。另外它还要受制于当地市场的竞争情况以及保持银行原有利差的影响。

综上所述,要降低存款的利息成本,就不能违背市场规律随意提高存款利率,而要使存款结构合理。利率过高会造成成本加大,资产定价基础抬高(导致"脱媒"现象发生);国际热钱流入套利;国债市场、商业银行经营状况受到影响。当然,它也会增加可贷资金,满足流动性需求。利率过低会使银行成本降低、其他投资增加、刺激消费,但也会带来民间借贷盛行、储蓄进一步分流。所以,应在考虑各种影响因素的情况下调整利率。

3. 活期存款利息成本控制

活期存款是指没有确定期限,随时存入,随时支取的存款。因此,其利息不是逐笔计算,而是以每季度末月的 20 日为结息日,按当日挂牌活期存款利率计算利息,并把利息作为 21 日的存款记入客户存款本金起息。如果不到结息日客户全部提取活期存款,应按清户日银行挂牌活期利率计算利息,算至清户前一天止。目前商业银行对活期存款计息有余额表计息和分户账计息两种方法。活期存款计息公式为:

某季度活期存款利息成本＝该季度累计未计息积数×日利率

【案例 4-3】某银行 2018 年第二季度结息时,M 储户每天的存款余额均为 1000 元,且当日挂牌公告的活期储蓄存款利率为 0.35％。要求计算结计的利息数。

【案例解析】由于银行活期存款是按季结息,且每季度末月的 20 日为结息日,按日历天数计算结息的天数。如,第一季度从上年的 12 月 21 日至本年的 3 月 20 日,平年 90 天;闰年 91 天。第二季度从 3 月 21 日至 6 月 20 日,92 天。第三季度从 6 月 21 日至 9 月 20 日,92 天。第四季度从 9 月 21 日至 12 月 20 日,91 天。故,

银行存款利息成本＝1000×92×0.35％÷360＝0.89(元)

4. 定期存款利息成本控制

定期存款是指有固定存期的存款。因为比较稳定,所以其利率相对于活期存款要高,银行支付的利息成本也较多。一般按事先约定的利率到期计算利息,可以自动转存,也可以选择不转存。若提前支取,无论存款多长时间,一律按支取日挂牌公告活期利率计算利息。在实际中,银行对定期存款利息成本的计算,若为个人客户,主要采取到期"利随本清"方式;若为企业客户,既有到期"利随本清",也有在存期中按季预提利息,以便将存款利息成本摊销并计入当期成本。

【案例 4-4】甲储户 2018 年 3 月 12 日到银行支取当日到期的 1 年期定期存款。若存款

本金 120000 元,利率为 3.3%。要求计算存款到期时该银行的利息成本。

【案例分析】该存款到期支取,银行采取"利随本清"的方式计算利息。

银行存款利息成本＝120000×1×3.3%＝3960(元)

【案例 4-5】某储户 2017 年 2 月 1 日存入整存整取储蓄存款 100000 元,定期一年,利率为 3.5%,该储户选择自动转存,并于 2019 年 2 月 1 日到银行支取本息,要求计算利息。

【案例分析】依题意,该存款到期后,若客户没有到银行支取,银行应该连本带息自动转存到下期,若利率没有调整,存款利率仍享受原定利率;若利率有调整,在下期执行新利率。

2018 年 2 月 1 日存款到期时,银行存款利息成本＝100000×1×3.5%＝3500(元)

2019 年 2 月 1 日支取时,银行存款利息成本＝103500×1×3.5%＝3622.5(元)

客户共提走存款本息 107122.5 元。

【案例 4-6】某单位于 2019 年 5 月 6 日来行支取到期存款 200000 元,该存款起存日为 2018 年 5 月 6 日,存期一年,利率为 2.25%,请按季预提应付利息。

【案例分析】

①2018 年 5 月 6 日至 2018 年 6 月 20 日,共 46 天,应付利息为

200000×46×2.25%÷360＝575(元)

②2018 年 6 月 21 日至 2018 年 9 月 20 日,共 92 天,应付利息为

200000×92×2.25%÷360＝1150(元)

③2018 年 9 月 21 日至 2018 年 12 月 20 日,共 91 天,应付利息为

200000×91×2.25%÷360＝1137.5(元)

④2018 年 12 月 20 日至 2019 年 3 月 20 日,共 90 天,应付利息为

200000×90×2.25%÷360＝1125(元)

⑤2019 年 3 月 21 日至 2019 年 5 月 6 日,共 46 天,应付利息为

200000×46×2.25%÷360＝575(元)

特别强调:存款到期后,该银行应将预提利息和当期计算的存款利息,连同本金一并转入该单位活期存款账户。

4.2.3　存款经营成本的控制

如前所述,存款经营成本是存款成本中的另一重要构成部分。但随着商业银行管理水平的提高,在可能情况下这部分成本会得到控制。其控制的方法和措施如下。

1. 授权审批控制

财务授权审批制度是商业银行财务成本控制的重要内容,是实现财务管理目标、规范财务管理行为、强化风险控制能力的重要手段,也是传导财务政策、提高管理效率、创造核心竞争力的重要途径。它包括纵向授权审批控制和横向授权审批控制。

纵向财务授权主要针对非经常性项目和重大财务事项,在确定授权权限时应综合考虑财务风险环境、风险控制能力、盈利能力、经营规模等因素核定,并做到控制成本与风险损失的平衡。其主要包括出纳短款及结算赔款、公益救济性捐赠、固定资产购建、固定资产装修、固定资产租赁年租金、固定资产报废、固定资产处置损失、以前年度损益调整项目、抵债资产损失列支、案件损失、赔偿金、违约金、罚款支出及其他资产损失等审批权。

横向授权财务事项除针对上述的项目外,还可以包括宣传用品费、会议费、外事费、研究和

开发费、招待费、差旅费、咨询费、诉讼费、办公用品费、低值易耗品、车辆租赁费、网络通信费、计算机租赁费、安全防卫费、电子设备运转费、保险费、取暖费、业务用车修理费、其他费用等费用开支。其具体由各级行根据本行实际情况确定。

2. 费用定额与支出标准控制

费用定额与支出标准是为取得成本管理的最佳效果,运用科学方法,对成本管理中的重复事项做出的统一性规定,是商业银行成本控制的手段之一。它是建立在标准成本控制法的基础上,对成本支出进行控制的方法,具有事前估算成本、事中及事后计算分析成本并揭露矛盾的功能。它是一种比较科学的成本控制方法,是加强商业银行成本管理的客观要求。而标准成本是针对实际成本的缺陷,尤其是针对实际成本不能提供有助于成本控制的确切信息的缺点而研究出来的。它通过精确的调查、分析与技术测定而制定,是用来评价实际成本、衡量工作效率的依据。在"标准成本"中,基本上排除了不应该发生的"浪费",因此被认为是一种"应该成本"。

费用定额与支出标准是通过精确的调研、分析与技术测定而制定的,是商业银行费用支出与资本性支出投入决策、管理的依据。

近年来,有些银行根据全行发展战略、资源配置整体要求和费用管理精细化的要求,考虑各分行业务、效益和所处经济环境的差异,先后制定了营业场所面积、装修及业务用车购置管理的控制标准,同时也设置了电费、电信费用和书报资料费用等三个费用项目定额,为进一步加强全行统一管理、控制成本和压缩不合理开支奠定了基础。

上述控制标准及费用定额的制定,使得下级行能够在总行资源配置政策和管理要求的基础上,结合本行实际,进一步细化控制标准及编制相关费用分项预算,为全行的费用支出与资本性支出提供决策的依据。此外,费用定额及支出标准的制定,结合授权、监控、考核等相关管理手段,有助于促使银行对现有不合理的费用结构和资本性占用结构进行相应的调整。

3. 其他管理控制措施

(1)强化内部控制,降低操作性风险损失。

(2)建立科学的激励与约束机制。

(3)建立业务宣传费、业务招待费与营业收入及利润的相关关系。

(4)引进管理会计制度。采用科学管理技术和灵活的管理思路,如:企事业单位存款中,活期存款的利息成本低,维护成本高;定期存款中利息成本高,维护成本低。而储蓄存款的利息成本低,维护成本相对也低。这就需要全面考虑,综合管理。

4.2.4　存款成本管理方法及应用

1. 历史加权平均成本法

历史加权平均成本指的是以往所有存款资金所承担的加权平均成本。主要考察以下方面:①银行存款平均成本的变动情况,以评价银行过去的经营业绩;②通过与本行历史数据和同等规模银行同期指标相比,分析存款业务的业绩或问题。

常用存款历史加权平均成本的计算公式为:

$$存款的历史加权平均成本 = \sum Xf / \sum f$$

式中:f 表示各类存款或负债的数量;X 为某类存款的单位成本。

【案例 4－7】假设案例银行的存款及利息成本情况如表 4－4 所示,若该银行估计筹集存款还会发生薪金、设备等经营费用 10 万元,而盈利资金假定为 710 万元。①请计算其历史加权平均利息成本。②计算盈亏临界点价格。

表 4－4　银行已筹集资金的成本情况表

负债种类	平均金额/万元	平均利率/%	利息总额/万元
活期存款	100	1	1
定期储蓄存款	300	5	15
单位定期存款	500	8	40
货币市场存款	100	6	6
总计	1000		62

【案例分析】

(1)存款与货币市场借款的平均利息成本率为

历史加权平均利息支出率＝利息支出总额/负债总额＝62/1000＝6.2%

计算结果说明该行现有存款平均利息成本率为 6.2%,但这只能作为控制利息成本的依据,并不能作为资金运用的定价依据。若进一步分析,可确定这一时期存款业务的盈亏临界点。

(2)根据题意,计算盈亏临界点如下:

盈亏临界点＝(利息支出＋其他经营支出)/盈利资金×100%
　　　　　＝(62＋10)/710×100%＝10.14%

综上分析,盈利资金的投资收益率最低达到 10.14%才可弥补所有成本。这一计算结果可以作为后续资金运用定价的依据。

通过以上分析可以看出,历史加权平均成本法对评价商业银行过去的经营状况有着重要意义。但这种分析也有不足之处,即没有考虑到未来利息成本的变动。因为假如未来利率上升时,可用资金的历史加权平均成本肯定要低于新吸收的存款的实际成本,这样以历史加权平均成本为基础确定的资产价格就会很低,银行盈利目标就无法实现;假如未来利率下降,情况正好相反,可用资金的历史加权平均成本肯定要高于新吸收的存款的实际成本,资产的价格就会过高,因此很可能使银行在价格方面失掉竞争力。所以这种方法还需谨慎使用。

2. 边际成本法

边际存款成本就是指银行在吸收的存款达到一定规模后,再新增一个单位的存款所要增加的成本。银行在确定资产价格时,只有当新增资产的边际收益大于或等于新增存款的边际成本时,银行才能获得适当的利润。所以,当银行资金边际成本已定时,银行只能选择那些边际收益等于或大于边际成本的资产。边际成本法涉及的知识点如下:

(1)银行可以通过比较资金的边际成本和边际资产收益来决定是否吸引新的资金。

(2)计算公式:

边际存款成本＝(新增利息＋新增经营成本)/新增存款资金×100%

(3)边际成本法存在的三大不足:①每种资金来源的风险不尽相同,但在计算边际成本时并没有将这种差别考虑在内。②在实践中由于资金来源不断变化,因此银行把边际成本最高的资金作为银行的边际资金成本,与现实有一定差距。③除利息成本以外的新增经营成本是难以确定的,加大了计量的难度。

【案例4-8】某银行以发行大额定期存单方式新吸收存款9000万元,该存款期限1年,利息成本为5.6%,其他成本率为2.0%。若新增资金的20%用于非盈利资产,要求计算银行边际成本率、盈利资金边际成本率。

【案例分析】该银行的边际成本计算如下:

资金边际成本率=9000×(5.6%+2.0%)/9000=7.6%

新增盈利资金边际成本率=[9000×(5.6%+2.0%)]/[9000×(1-20%)]=9.5%

计算结果说明,如果用该笔资金进行投资,其收益率不应低于9.5%。

3. 因素分析法

因素分析法是财务分析方法中非常重要的一种分析方法。它是依据分析指标与其影响因素的关系,从数量上确定各因素对分析指标影响方向和影响程度的一种方法。它包括因素替换分析法(连环替代法)、差额分析法、指标分解法、定基替代法等。其中最常见的是因素替换分析法,该方法是利用各个因素的实际数与标准数的连续替代来计算各因素脱离标准所造成影响的方法。

假设某一个财务指标及有关因素的关系由如下子式构成:

(1)实际指标:$P_0 = A_0 \times B_0 \times C_0$;

(2)标准指标:$P_s = A_s \times B_s \times C_s$;

(3)实际指标与标准指标的总差异为 $P_0 - P_s$。

这一总差异同时受到A、B、C三个因素的影响,它们各自的影响数可分别由以下子式计算求得:

①A因素变动的影响:$(A_0 - A_s) \times B_s \times C_s$;

②B因素变动的影响:$A_0 \times (B_0 - B_s) \times C_s$;

③C因素变动的影响:$A_0 \times B_0 \times (C_0 - C_s)$。

最后,可以将以上三大因素各自的影响数相加,应该等于总差异 $P_0 - P_s$。

【案例4-9】假设案例银行2017年吸收活期储蓄存款3800万元,资金成本率是2.3%;吸收定期储蓄存款5600万元,资金成本率是4.5%。2018年吸收活期储蓄存款4500万元,资金成本率是2.5%;吸收定期储蓄存款8000万元,资金成本率是5.1%。试计算并分析该银行存款总量变化和单位成本变化对存款总成本的影响。

【案例分析】

第一步,求总成本的增加额。

(1)2017年的存款总成本:3800×2.3%+5600×4.5%=339.4(万元)

(2)2018年的存款总成本:4500×2.5%+8000×5.1%=520.5(万元)

(3)2018年比2017年存款总成本增加520.5-339.4=181.1(万元)

第二步,分析影响因素及程度。

第一次替换:4500×2.3%+8000×4.5%=463.5(万元)

由于规模的变化,成本增加463.5-339.4=124.1(万元)

第二次替换:4500×2.5%+8000×5.1%=520.5(万元)

由于利率的变化,成本增加 520.5－463.5＝57(万元)

两项变化共增加总成本 124.1＋57＝181.1(万元)

综上分析:存款规模的变化使总成本增加了 68.53％,利率的变化使总成本增加了 31.47％。规模加大引致成本加大的速度快于利息成本加大的速度,这是管理者可以接受的。因为我们知道,在处理负债总量与负债成本的关系时,管理者最希望看到的是:①逆向组合模式。负债总量增加,负债成本下降。②总量单向变化模式。负债总量增加,负债成本保持不变。而最不想看到的是:①同向组合模式。负债总量增加,负债成本也增加。②负债成本单向变化模式。负债总量不变,负债成本增加。

4.存款保本量分析法

1)保本点的含义

(1)保本点是指能使企业达到保本状态时的业务量的总称(记作 BE)。即在该业务量水平下,企业的收入正好等于全部成本,利润为零;超过这个业务量水平,企业就有盈利;反之,低于这个业务量水平,就会发生亏损。在我国,保本点又被称作盈亏临界点、盈亏平衡点、损益两平点、够本点等。

(2)保本点的表现形式。单一品种的保本点有两种表现形式:一种是保本点销售量(简称保本量);另一种是保本点销售额(简称保本额)。

(3)单一品种保本点的确定方法。在单一品种条件下确定保本点,主要有三种方法,即图解法、基本等式法和贡献边际法。

(4)保本点分析中,成本性态分析是必不可少的前提条件。

2)存款经营中成本性态划分

成本性态,也称成本习性或成本性质,是指成本变动与业务量的相互依存关系,它体现成本的性质和表现形态。成本按性态的分类,就是指根据成本与业务量的关系,以成本是否随业务量增减而变动为标准进行的分类。这里所说的业务量既可以是价值量,也可以是实物量或劳动量。在实践中,应针对所研究的对象不同而确定相应的业务量,如产量、销量、销售收入、工作小时、机器小时、存款量等都可以是业务量。这里所说的成本,是指为取得营业收入而发生的营业成本费用,包括全部生产成本和销售费用、管理费用及财务费用等非生产性成本。

成本按其性态进行分类的方法对企业管理很有益,它可以使管理者掌握成本与产(销)量变动的规律性,进而分析、计算有关指标,为企业正确的经营决策和控制活动提供有价值的数据。成本按其性态可分为固定成本、变动成本和混合成本三大类。

(1)固定成本。固定成本是指在相关范围内其成本总额不随业务量的变动而变动的成本。如折旧费、广告费、财产保险费、租赁费和职工培训费等均属于固定成本。为了进一步加强对固定成本的管理,根据固定成本的不同表现方式,它还可以进一步分为两类,即约束性固定成本和酌量性固定成本。约束性固定成本又称经营能力成本,是指用于形成和维护经营能力,对生产经营能力有约束力的固定成本,如厂房和机器设备的折旧费、财产税、保险费、管理人员的基本工资、租金、照明费及取暖费等。约束性固定成本有两个特点:一是其支出额的大小取决于生产经营能力的规模和质量。也就是说,这部分固定成本是形成和维护企业的经营能力的,它在很大程度上制约着企业正常的经营活动,因此,企业管理当局的当前决策无法改变它,不应轻易削减此项成本。二是约束性固定成本是实现长远目标的基础,因此,其预算期较长。酌量性固定成本又称选择性、随意性固定成本,是指根据一定时期经营上的某种需要确定的成本,是那部分受企业管理当局短期决策行为的影响、可以在不同时期改变数额的固定成本,如开发研究费、广告费和职工培训费等。酌量性固定成本也有两个特点:一是其支出额的大小是由企业高层领导根据生产经营方针确定的。也就是说,这类成本虽然在一定的预算执行期内固定不变,但在编制下期预算时可由企业管理当局根据未来的实际需要和财务负担能力进行调整。二是与约束性固定成本不同,酌量性固定成本的预算期较短,通常为一年。

(2)变动成本。变动成本是指成本总额随着业务量的变动而成正比例变动的有关成本。其中的成本是指总成本数额,而单位产品的变动成本则是稳定不变的。另外,业务量和企业经营的产品有关。如就工业企业而言,通常指的是产量;就商品流通企业而言,通常指的是销售量;就银行而言,通常指存款量。

总之,作为变动成本,只要业务量发生变动,其总额也要随之发生某种变动,且变动方向一致,变动比例相同。

(3)混合成本。混合成本是指随着业务量的增减变动,其成本总额虽然也相应地发生变动,但变动的幅度并不与业务量的变动保持严格的比例的成本。在实际工作中,常常有许多成本的明细项目属于这类成本。这是因为成本按其性态分类,采用了"是否变动"与"是否正比例变动"双重分类标志;不论哪个标志在前,分类的结果都必然产生游离于固定成本和变动成本之间的混合成本。混合成本总额与业务量的关系比较复杂,它兼有固定成本和变动成本的某些特征。其成本总额随业务量的增减而变动,但不保持严格的正比例,这是混合成本的最重要的特征。

3)保本点下本量利三者的依存关系

保本点,即企业经营处于不亏不盈时的业务量。由于我们是分析商业银行的存款保本量,所以,商业银行盈亏临界点指的是在考虑各种成本情况下,利润为零时的存款量。则存款量、成本、利润之间的关系式为

$$P = SP \times X - VC \times X - FC$$

式中:P——商业银行利润(通常指税前利润);

X——存款量(利润为 0 时的存款量用"BE"表示);

SP——营业收入率(营业收入/存款量);

VC——变动成本率(变动成本/存款量);

FC——固定成本(固定成本/存款量)。

因盈亏临界点是商业银行利润等于零时的存款量,所以,上式可表示为

$$0 = SP \times BE - VC \times BE - FC$$

$$BE = FC/(SP - VC)$$

【案例 4-10】甲商业银行固定性成本支出为 11022 万元,营业收入率为 11.6269%,变动成本率为 6.9654%。①请计算该银行的保本存款量。②请计算目标利润为 5000 万元,且其他条件不变时的存款量。

【案例分析】

①依题意可知,BE=FC/(SP−VC)=11022/(11.6269%−6.9654%)=236447.4954(万元)

从计算结果来看,该行必须吸收 236447.4954 万元存款,才能保本。它一方面告诫管理者要保本必须吸收的最低存款量;另一方面也揭示了存款量、成本、收入三者之间的关系,只有管理水平提高了,才能在低的存款量上取得最大收益。

②当利润目标确定后的存款量：

$$P = SP \times PBE - VC \times PBE - FC$$
$$PBE = (FC + P)/(SP - VC)$$

式中：PBE——保利存款量；

　　　P——目标利润。

所以，若该银行要实现 5000 万元的利润目标，存款量必须达到：

PBE＝(11022＋5000)/(11.6269％－6.9654％)＝343709.1065(万元)

4.3　商业银行存款营销管理

4.3.1　营销管理及商业银行存款的营销观念

1. 营销管理的概念

营销管理是企业规划和实施营销理念、制订市场营销组合，为满足目标顾客需求和企业利益而创造交换机会的动态、系统的管理过程。营销管理是企业经营管理的重要组成部分，是企业营销部门的主要职能。一般认为，市场营销管理的实质是需求管理。因此，市场营销管理的任务就是管理需求，这个管理需求包括了"如何更好地满足现有的需求，如何挖掘潜在的需求，如何应对下降需求，如何应对无规律变化的需求，等等"。其内容包括产品构思、定价、促销和分销。对此 1990 年，美国学者罗伯特·劳朋特(Robert Lauterborn)教授提出了 4Cs 营销理论：customer(顾客)、cost(成本)、convenience(便利)和 communication(沟通)。

2. 商业银行营销观念

营销观念又称为市场营销管理理念，简称营销理念，是指企业从事市场营销活动及管理过程的指导思想或根本看法和根本态度，也就是企业在开展市场营销活动的过程中，在处理企业、顾客和社会三方利益方面所持的态度和指导思想。它在企业营销活动中起支配和指导作用，故称"企业思维方式"，也称"企业哲学"，也可称作"市场营销管理哲学"。

因此，营销不是商业银行进行的某一项活动，而是一个组织借以影响并指导商业银行运作的理论体系。著名管理学家彼得·德鲁克曾指出，现代企业最重要的职能只有两个：一个是创新；一个是营销。而营销观念的四个支柱是客户满意、利润、全公司努力和社会责任。如果实施到位，这些支柱将确保商业银行走向成功。下面将详细地论述营销观念的四个要素，并说明如何将其运用到商业银行经营之中。

1) 客户满意

营销观念认为，所有企业的任务都是为了让客户满意。营销专家 J. B. 麦克特里克(J. B. McKittedck)曾经指出，在营销观念看来，精通于使客户的行为符合企业的利益或给企业带来便利已经不重要了，重要的是能灵活地引导企业去开展那些符合客户利益的工作。为了鼓励美国公司提高商品和服务的质量，联邦政府设立了麦尔科姆·巴尔德里奇全国质量奖(Malcolm Baldridge National Quality Award)。只有那些致力于让客户满意，并表现出全公司范围的、有组织的、整体性的努力的企业才能获得这一奖项——那些为客户利益所驱动并接受了营销观念的企业。

尽管使客户满意一直是营销观念的一个主要因素，但对其含义的理解在美国的商业界也经过了一番演变。有几家公司已经在追求由客户定义的高水平的服务质量方面占据了领先地位,如美国电话电报公司(AT&T)和通用电话电子公司(General Telephone & Electronics Corporation,GTE)。至于像诺德斯特龙(Nordstrom)这样颇负盛名、经常见诸报端的零售商则被认为是在如何对待客户和训练员工方面的优秀典范。一些银行已将这些公司的经验和实践作为制订改善客户服务质量计划的指南。现实中经常会用回头客比率、客户忠诚度、客户对该企业产品的认知度等标准进行评价。

2)利润

营销观念并不意味着客户满意是一个企业的唯一目标。营销观念并非一种以牺牲企业利益来帮助客户的慈善理论。与此相反,营销观念认为要达到利润目标就必须在消费者满意和追求利润之间取得平衡。而且通常是只有使客户满意,企业才能够最有效地实现利润目标。因为客户对银行越满意,银行的手续费收入和存款就越多,收益也就越高。

3)全公司努力

营销观念必须成为整个企业而不仅仅是营销部门的指导思想。与其他企业一样,对银行来说,有效协调员工行动的重要性也是基于这样一个简单道理之上的:员工即企业。客户每次与员工接洽业务之时,也就是企业开展营销之机。当一名出纳员和客户打招呼的时候,他实际上已经在做营销工作了。如果这名出纳员言行无礼,那么,在客户看来银行就很无礼。由此看来,并不在于这名出纳员是否应该参与营销——因为出纳工作本身就是营销,而在于出纳员是否有效地对银行的服务进行了营销。商业银行应将营销观念有效地融入银行的整体运作之中,以增加出纳工作以及其他所有工作都与营销观念保持一致的可能性。

4)社会责任

社会责任是营销观念的一个重要组成部分,对银行来说尤其如此,因为银行提供的是一种"准公共"服务。人们希望银行同其他在社区里备受尊重的公司一样,在公共事务中扮演一个积极的、富有社会责任感的角色。银行要求其职员参加到当地的服务性组织中去也并非反常之举。美国更是用法律如《社区再投资法案》来增强商业银行的社会责任,所以,美国商业银行在履行社会责任方面多姿多彩。如银行经常通过其"社区关系计划"来对艺术、学术事业以及业余体育活动提供支持;在进行诸如改善邻里环境或给青少年提供娱乐机会的事业中发挥带头作用;等等。

4.3.2　商业银行存款市场的细分

1. 商业银行市场细分的概念

市场细分,是指商业银行依据客户需求的差异性和类似性,把金融市场划分为若干个客户群,区分为若干个子市场。一方面,无论是个人客户市场还是企业客户市场,客户对银行产品和服务的需求总呈现出一定的差异性,这主要是由于客户的居住环境、文化背景、年龄及其消费倾向,所以,不同的细分市场表现出不同需求的客户群;另一方面,在某些时段,客户又表现出对产品和服务的相同性或类似性。所以,市场细分不是细分银行产品和服务,而是细分客户,在对客户需求差异性细分中,按需求将大体相似的客户群体划分为若干个子市场。

2. 商业银行市场细分的标准

市场细分的标准,是根据影响客户需求差异性的诸多因素,对整个市场进行细分。商业银行客户一般可区分为个人客户和企业客户,不同客户市场细分的标准有所不同。影响个人客户需求差异性的因素错综复杂,在不同时期、不同区域、不同社会经济环境下,区分的标准和重点不尽相同,但究其总体共性而言,人口因素、地理因素、心理因素和行为因素为主要因素,是个人客户市场细分的客观依据。而影响企业客户对商业银行产品和服务需求的差异性也有很多因素,主要是企业规模因素、行业因素等。

3. 个人客户市场细分

在现实中,个人客户市场细分标准如表4-5所示。

表4-5　个人客户市场细分标准归纳表

细分标准	特点	具体因素
人口因素	相对稳定	年龄、性别、家庭人数、职业、收入、受教育程度、社会阶层、宗教
地理因素	相对静态	区域、气候、人口密度、城市规模、交通及通信状况
行为因素	复杂多变	对银行产品的认知程度不同,有不同利益追求; 对银行品牌的忠诚度,有坚定、不坚定、常变化; 对银行产品使用频率,有高、中、低; 对价格的态度,有高度重视、一般重视、不重视; 对服务质量敏感度,有高度重视、一般重视、无所谓
心理因素	相对动态	外向与内向、独立与依赖、乐观与悲观、保守与冒险

1)人口因素

以年龄、性别、收入、职业、教育、种族、宗教等因素为标准划分不同的细分市场。如可按年龄细分,也可按性别、职业、收入细分,因为这些不同的客户群对银行产品的需求、爱好和使用频率不同而形成不同的细分市场。英国巴克莱银行根据人口因素将市场划分为中等阶层、年轻一代、学生、固定人口、企业家、农场主等细分市场。

2)地理因素

根据客户所处地理位置来细分市场。处在不同地理位置和不同通信工具情况下的客户对银行产品、服务、价格、分销渠道的需求、偏好不同。按地理因素细分市场,可将市场分为城市、农村等市场;也可依地区客户规模,特别是市场密度来区分。

3)心理因素

按客户的生活方式、个性等心理因素来细分市场。如个性以保守型为主要特征的客户选择银行产品时,总是以安全、可靠、风险小的品种为主;个性以冒险型为主要特征的客户,往往更注重投资收益,愿冒风险,追求较大利益。具有不同生活方式的客户,如崇尚时髦或热衷于经济实惠的客户对银行产品的偏好也不尽相同。经济实惠型客户,较多关心购买银行产品的成本和收益;崇尚时髦型客户,更注重银行品牌和新品种等。

4)行为因素

这主要是依据以往客户购买银行产品的行为变数,将客户细分成不同的客户群。

(1)根据客户对银行产品的利益追求来细分客户群,如对客户使用信用卡的行为分析,可知客户有着不同的利益追求,有的为贷款或管理资金,有的为显示身份地位等。

(2)根据客户对不同银行产品品牌的忠诚程度来细分客户群。①坚定的忠诚者,指那些始终购买某一银行产品的客户群;②若干品牌忠诚者,指同时忠诚于若干个银行产品的客户群;③变化的忠诚者,指从偏爱某个银行转移到偏爱另一银行的客户群;④非忠诚者,指对任何银行都不忠诚的客户群。

（3）根据客户对某种银行产品的购买频率，细分为频繁度高的购买客户群、频繁度中性的购买客户群和频繁度低的购买客户群。

（4）根据客户购买和使用某银行产品的动机来细分客户群。如有的为安全保密，有的为投资增值，有的为计划消费，等等。

（5）根据客户对某银行产品购买状况可将客户细分为曾经购买者、潜在购买者、首次购买者和经常购买者等客户群。此细分的目的，在于实施不同的营销策略保持经常购买者，变潜在购买者为现实购买者，变曾经或首次购买者为经常购买者。

综上所述，客户需求的差异性往往是以上诸多因素的综合影响所致。所以，商业银行细分市场时应采取综合分析方法，即在对人口、地理、心理、行为各种因素综合分析后将客户细分成不同的客户群。

【案例4-11】某外国银行以年龄和生活方式对银行产品有着不同要求为依据，经过市场调研进行客户市场细分，进而投入有针对性的产品和服务，并获得零售市场的成功。该银行究竟是如何划分的？

【案例分析】某外国银行按年龄和生活方式将客户分为不同的子市场，如表4-6所示。

表4-6　综合各种因素市场细分表

细分市场	年龄	生活方式	对银行产品需求
学生	18岁以下	主要靠父母资助，经济来源非常有限	• 简单、方便、收费较低的储蓄账户
年轻人	18～23岁	接受高等教育或离开学校开始工作，收入水平较低	• 现金传递业务 • 旅行贷款 • 透支或信贷 • 简便的储蓄账户
年轻夫妇	24～28岁	已结婚，双方都有工资收入，生活稳定，为家庭各项开支制订计划，准备积蓄	• 共同基金 • 保险 • 预算贷款 • 旅行贷款 • 储蓄账户 • 消费信贷
有子女家庭	29～45岁	工资收入不断增加，已有子女，或子女已长大成人，购买耐用品、住房和高价消费品	• 共同基金 • 抵押和住房贷款 • 为子女受教育准备长期储蓄 • 保险 • 消费借款 • 为子女设立储蓄账户

细分市场	年龄	生活方式	对银行产品需求
中老年人	46~60 岁	工资收入高,个人可支配收入增加	• 储蓄和投资 • 非经常性贷款 • 重置抵押或更换住房贷款 • 财务、投资咨询服务
退休老人	60 岁以上	有可观的财产,养老金	• 现金收入管理 • 信托服务 • 财务咨询

当然,商业银行对个人市场的细分并不是千篇一律的,可随时根据实际情况进行调整,如根据财务状况、行为、人口统计和居住区细分市场。

4. 企业客户市场细分

通常情况下,对企业客户市场细分的依据是企业规模因素、行业因素、需求因素及面临的困境等。

1)企业规模因素

按企业的年营业额、职工人数、资产规模等细分不同的企业客户市场。英国某银行对国内企业以年营业额为标准,把企业客户细分为不同市场及其对银行产品的不同需求,如表 4 - 7 所示。

表 4 - 7　企业客户市场细分依据及其对产品的需求

企业客户细分市场	对银行产品和服务需求及潜在需求
小型企业: 年营业额在 50 万英镑以下,服务业、零售业、制造业、农业等	• 个人金融服务,房产购买计划 • 开业贷款,包括小企业贷款担保 • 租赁 • 高级管理人员保险 • 银行现金传递业务
中型企业: 年营业额在 50 万~500 万英镑之间,服务业、零售业、制造业、农业等	• 结算支付服务 • 代理业务或贷款保险 • 信用卡 • 租赁信贷 • 长期资金贷款
大型企业: 年营业额在 500 万英镑以上,服务业、零售业、制造业、农业等	• 结算支付服务 • 股权融资 • 企业咨询服务 • 信用卡 • 进出口服务 • 长期资金贷款

资料来源:MARSH J. Managing Financial Services Marketing[M]. Harlow:FT Prentice Hall,1988:338.

2）行业因素

根据不同产业特点,将企业分为不同的细分市场。在不同产业中,又可进一步细分为更具体的行业。首先,按行业生命周期将不同的行业划分为"朝阳行业"或"夕阳行业"。"朝阳行业",资金需求量大,产品的市场需求量大,盈利能力强,需要银行提供更便利、更快捷的资金周转服务;而"夕阳行业"的产品市场需求增长潜力小,盈利前景不乐观,需要银行提供大量资金,帮助其实现转产。其次,在"朝阳行业"中,还可细分为"勇于进取的企业"和"稳健经营的企业"。这两种企业对银行产品和服务也有不同的需求,前者对银行资金需求量大,后者对银行资金需求量相对较小。

3）需求因素

随着社会发展和收入水平的提高,客户之间需求的同质性不断减弱,不同的客户个体有着不同的金融服务需求。所以,以个性化需求为导向的营销模式是"以客户为中心"理念的具体体现,也是银行坚持的营销方向。营销大师菲利普·科特勒曾对金融服务业的范式转变发表过自己的观点:"银行应被看作是具有柔性生产能力的车间,而不是提供标准服务的装配线。银行的中心是一个完整的客户数据库和产品利润数据库。银行应能够识别用于任何客户的所有服务、有关这些服务带来的利润(或亏损)以及能为客户创造潜在利润的服务。"

4）面临的困境

在营销中要以为客户排忧解难为出发点,并不断提高金融服务效率。如给客户提供"一站式服务""一揽子服务"等,这些都是营销中的制胜法宝。如随着直接融资市场发展的加快,大型公司客户对贷款的依赖度有所降低;对证券承销、现金管理、重组并购、对外投资、公司理财、风险管理等方面却衍生出更多金融需求。但仅凭借自己的实力很难实现,商业银行这时就应主动出击,凭借自己的优势赢得客户。

从以上对个人客户和企业客户市场细分中可知,市场细分的方法很多,但有效的市场细分必须满足如下要求:第一,细分市场具有可衡量性,即细分市场的购买力、规模大小等特征是一致的、可测定的;第二,细分市场可进入性,即商业银行通过营销策略并有能力进入该细分市场,若无法进入,则失去划分的意义;第三,细分市场的可盈利性,细分的市场可使银行有利可图;第四,细分市场的可反馈性,即细分市场能对银行的一系列营销活动做出及时迅速的反应,如有的客户满意,有的客户则不然。银行从客户的反应中得到信息,便于银行随时调整营销策略。

4.3.3　商业银行存款目标市场的选择

商业银行经市场细分后,若发现宜于自身发展的市场机会,就需确定目标市场。

1. 目标市场的概念

商业银行营销目标市场指商业银行在市场细分基础上确定将重点投入产品和服务的客户群,也就是银行营销活动中所要满足的特定市场需求。如香港汇丰银行把中高层收入者作为目标市场,有的银行把老年人作为目标市场,有的把房地产作为目标市场等。

商业银行的一切营销活动都是围绕目标市场进行的。选择和确定目标市场,明确银行的具体客户群,是银行制订和实施营销组合策略的基本出发点。

2. 目标市场选择的策略

商业银行选择目标市场策略如同其他企业一样,有三种。

(1)无差异性市场策略。该策略把整个金融市场视作一个大目标市场,营销活动只注重客户需求的相似性或共同点,无视不同客户需求的差异性。采取这种策略时,只需推出单一的产品和标准化服务,设计一种营销组合策略即可。如针对客户存款或安全性的需要,只要制订安全保障策略,以单一产品、单一价格、单一促销方式和单一分销渠道就可满足需要。这种策略的特点可降低管理成本和营销支出,易取得规模效益。

(2)差异性市场策略。该策略把整个金融市场划分成若干个细分市场,从中选择两个或两个以上细分市场为目标市场,并根据不同的目标市场制订和实施不同的营销组合策略,多方位或全方位地开展有针对性的营销活动。如针对客户对储蓄期限长短不同、收益不同的需求,设计和推出储蓄期限、利率不同的银行产品等。采取这种策略时,注重客户需求的差异性,要求实施多种产品、多种促销方式、多种分销渠道的营销组合策略。该策略能较好地满足客户需求,扩大市场份额。但营销成本增加,所以要考虑收益所得大于成本增加。

(3)集中性市场策略。该策略是商业银行既不面向整个金融市场也不把力量分散到若干个细分市场,而是集中力量进入一个或两个细分市场,进行高度专业化服务。这种策略追求的不是在若干个较大市场上占有较小份额,而是在较小的细分市场上占有较大的份额。如美国花旗银行确定的市场策略是成为世界上最大的债券和商业票据交易商,而有的商业银行则把信贷资金集中在发放短期商业贷款等。采取这种策略可在选择的细分市场上占据优势地位、节约成本和营销支出,但风险较大,一旦该市场发生不利变化,银行将受到损失。

一家商业银行究竟采用哪一种目标市场选择策略,应综合考虑银行实力、产品和服务特点、竞争对手策略等多种因素。只有通过综合分析,权衡利弊才能作出抉择。首先,考虑银行实力,若银行人、财、物资源充足,实力强大,则可采用无差异性策略;若实力不强,资源不足则可采用集中性或差异性策略。其次,考虑产品特点时,对相似性大的产品,如提供的结算服务等,可采用无差异性策略,对相似程度低的产品,如储蓄等,则可采用差异性策略。最后,考虑竞争对手时,若竞争对手采用无差异性市场策略,则自己可采用差异性或集中性策略。当然,若竞争对手实力不强,而自身实力较强,可全面竞争。商业银行无论采用哪一种策略,在选择目标市场时都必须重视以下几方面的要求:第一,选定的目标市场,对投入的银行产品要有相当的购买力并保持相对稳定,确保银行的盈利;第二,满足目标市场客户需求,应尽可能与银行产品创新、业务开拓方向一致,务求以较小投入获得较大产出;第三,目标市场的竞争对手应较少或实力相对较弱,以利于发挥自己优势,在竞争中获胜。

3. 目标市场的定位

商业银行一旦选择了目标市场,就要研究如何在目标市场上进行银行产品和服务的定位。所谓定位,即指根据竞争者的产品和服务在市场上所处的地位和客户对该种产品的重视和偏好程度,确定自己在目标市场上的适当位置的营销策略。市场定位包括银行产品定位和银行形象定位。产品定位是根据客户需求和客户对某产品属性的重视程度,设计出区别于竞争者、具有个性的新产品,使该产品在客户中确立地位;产品属性包括产品价格高低、产品(服务)质量等。银行形象定位包括经营观念、宗旨、标志、银行建筑等。通过塑造与众不同、有鲜明特点的良好银行形象,容易引起客户的广泛重视和接受。

商业银行在目标市场中恰当的定位,不仅使银行和产品为更多的客户所接受和认同,还可以使银行充分利用和发挥自己的优势和资源,针对竞争者的弱势和缺陷,扬长避短,在市场中保持竞争优势。通常市场定位的方式包括:①避强定位。避开强有力的竞争对手,选择新产品和新形象定位,市场风险小,成功率较高。②迎强定位。它是与在市场上占据支配地位的竞争对手正面直接竞争的定位方式,具有一定风险,但若成功,则会获得巨大的市场优势。③重新定位。对客户不很欢迎、市场反应较差的银行产品和服务进行重新调整定位。

4.3.4 商业银行存款产品促销

1. 商业银行存款产品促销的概念

促销是指企业向顾客宣传产品和服务,引导和刺激顾客购买的行为。近年来,随着金融竞争的加剧,商业银行越来越把促销列为推动市场、拓展业务的重要手段。银行促销包括广告、网络媒体、人员推销、销售促进和公共关系等方式。恰当地运用促销组合策略来影响客户和社会公众是市场营销的一个重要环节。下面主要介绍网络媒体和公共关系促销方式。

2. 商业银行网络媒体促销方式

自从互联网开始发展以来,在短短的十几年间,针对传统产业及传统营销模式的冲击与挑战越来越显现出来。金融业正在发生着根本性的变革,金融服务几乎已经离不开互联网这个平台及相关工具的支持。商业银行不仅要充分运用移动互联网平台,大力发展网上银行,还应该建立微信银行,即可利用平台开展查询、充值、转账支付等业务活动。相对于典型的互联网行业的平台,如零售电商等,微信银行平台有以下优势:第一,微信银行具有更大的社会性,可以建立与客户长期的关系与信任,考虑的是客户整个生命周期。第二,强调客户体验,特别是与其他渠道的一致性体验。第三,银行产品的特征体现了专家与专业的价值。第四,交易的安全性。第五,微信银行是非实体产品,省去了数字供应链等维度的难题。

3. 商业银行公共关系促销方式

商业银行公共关系的主要职能是通过向客户传递理念性和情感性的银行形象,以及金融产品和服务的信息,争取客户对商业银行的好评,引导顾客与银行的业务往来关系,激发公众的金融消费欲望。因此,公共关系促销可谓是商业银行市场营销的主要策略之一。商业银行公共关系的对象和范围包括内部员工、地方政府、工商企业、事业单位、同业机构、新闻媒介、社会公众等,依靠广泛的社会交往,密切与各方的情感交流,使客户对银行产生一种无形的寄托和信任,决定了在今后金融服务需要出现时,对商业银行的取舍。例如:中国建设银行湖北省分行,特别注重宣传银行自身的形象,保持在公众中的良好声誉,他们在全国建设银行系统率先创立了"爱心基金",用全体员工的捐款,多次支援"希望工程"和社会福利事业,资助贫困失学的儿童和孤寡老人;他们还创立了《建设银行报》,配合进行建行好人好事和特色服务的宣传。此举得到了当地政府的高度赞扬,在社会上引起强烈反响,产生了轰动效应,市民和企业觉得这样的银行值得终生信赖,使其各项存款迅速增长。这说明其无私奉献、回馈社会的举动,得到了公众的广泛认同,公共关系的改善,对银行业务的发展产生了无形的促销作用。在拓展公共关系方面,加强信息传播,利用大众媒介发布形象创意和服务企划,是商业银行一条有效的营销宣传途径。借助电视台、电台、报纸、杂志的舆论阵地,举办或参与各种大型会议、商贸洽谈、知识竞赛和社会公益活动,增进公众对银行服务品种和特色的了解,尤其是信用卡、自动柜员机、代理转账服务等新业务、新技术、新规范的宣传,可以为商业银行创造一个有利的"人和"发展环境。

4.3.5　商业银行提高存款客户忠诚度的解决方案

通常来说,客户忠诚度解决方案是指企业应以满足客户的需求和期望为目标,有效地消除和预防客户的抱怨和投诉,不断提高客户满意度,促使客户的忠诚度,在企业与客户之间建立起一种相互信任、相互依赖的"质量价值链"。客户忠诚度又称为"客户黏度",是指客户对某一特定产品或服务产生了好感,形成了"依附性"偏好,进而重复购买的一种趋向。影响客户忠诚度建设的因素很多,包括产品及服务质量、服务效果、客户关系维系、理念灌输、持续的良性心理刺激及增值感受等。下面从银行角度提出加大维系客户忠诚度的解决方案。

1. 实行客户经理制

1)客户经理的概念界定

客户经理是银行内部一个特殊的工作群体,是银行深入市场的触角,在银行的市场化经营中占据着异常重要的地位。客户经理具体是指在银行业务部门或分(支)行的业务第一线工作的、全面管理特定的银行客户、全面协调客户与银行的业务关系、全力向客户推销银行产品和服务项目的业务代表。任何一个从事客户经理工作或正准备加入客户经理队伍的人员都必须首先了解这个职业,热爱这个职业。客户经理制是指商业银行在经营活动中对客户的一种营销管理制度,是美国商业银行广泛采用的一种竞争优质客户、推销银行产品和服务、增加盈利的业务体制,是美国金融市场激烈竞争的产物。

2)客户经理的设置及主要职责

(1)客户经理的设置。客户经理的设置最早出现在美国,所以,我们以美国为例进行说明。美国商业银行的客户经理设置比较灵活,表现在三方面:一是客户经理的岗位设置没有一个硬性规定,在哪个部门、哪个分行设置客户经理,设置多少,完全取决于产品销售和市场开发的需要。二是根据客户情况决定管理客户的数量,也没有一个硬性规定。负责管理银行关键大客户的客户经理可能只管一个企业,管理小客户的客户经理可能要管上百家企业。三是根据客户的分布来协调客户经理的设置。服务重要客户的客户经理并不一定都设置在总行,而是设置在客户所在地的分行。

(2)客户经理的主要职责。依据国外的经验和我国的实际情况,客户经理主要有以下职责:

①密切保持与客户的关系。密切保持与现有客户的关系,是客户经理的首要职责。客户经理要积极保持和发展客户关系,及时发现和满足客户需要,反馈客户的意见和要求。

在关键业务和关键场合,适当安排银行与客户双方高层主管的接触。动员全行的力量,为密切客户关系服务。

为客户提供一站式服务。客户经理是全权代表银行与客户联系的"大使"。客户有问题只需要找客户经理一个人,由客户经理负责了解情况,协调行内关系,并负责解决,再向客户交代。通过客户经理提供的一站式服务,不仅能大力提高客户服务质量,而且银行内部也加强了业务协调,改进了工作方式。

②参与对客户的信用风险管理。根据客户的业务经营情况,对客户的信用风险进行分析和控制,是客户经理的一个重要职责。在对客户的信贷业务中,客户经理对客户的信用风险提出意见,参与部分信贷的审批。在信贷发放之后,要密切注意客户信用的变化,必要时向银行提出警告。

③积极推销银行产品。客户可能对银行的产品和业务了解有限。客户经理在与客户的交

往中,要善于发现客户的业务需要,有针对性地向客户主动建议和推荐适用的产品,还可以根据客户的特别需要,探索开发专用产品的可能性。

④开发新的优质客户。客户经理要努力从竞争者手中争取优质客户,不惜从细小和无利的业务做起,逐渐培养与客户的关系,使客户最后把主要业务转给本银行。

⑤引导客户的业务需求。客户经理的另一大职能是向客户灌输最新金融知识,培育客户的金融资产意识,激发和引导客户对新型金融服务的需求,不断推动银行与客户业务向纵深方向发展。

3)客户经理对客户的选择

依据经营战略和市场定位确定目标客户。美国大型商业银行一般根据自己的经营战略和市场定位选择目标客户,围绕目标客户实施客户经理制。如花旗银行实行全球化的经营战略,其市场定位是面向国际市场的大企业服务。凡是属于市场容量大、产品生命力强、技术不断更新、业务保持增长、发展前景广阔的产业,都是花旗银行的行业竞争重点。这些行业中处于领先地位的企业,就是客户经理的客户竞争重点。

依据企业信用评级选择优质客户。无论是客户经理还是银行,都希望所选择的客户是优质客户,可以带来高效益低风险的业务收入。而选择的标准是银行制订的信用评估体系对客户的评级。每家商业银行都配备了数量众多的信用分析师对客户进行细致的分析,根据信用分析确定优质客户名单。当某个企业被确定为优质客户,银行会对其实行综合开发。因为,营销实践证明了"二八法则"的科学性,即20%的客户创造80%的业务和利润已成为一种规律。对客户经理来讲,应高度重视和关注能给银行创造主要利润的那20%的客户,最大限度地挖掘和满足这些核心客户所有的金融需求,最大限度地向他们营销银行的产品和服务。当然,这并不是说另外80%的客户就不重要。"客户是上帝"的营销理念对那80%的客户来讲同样适用。只有这样,才能以最小的成本支出为银行带来最大的效益。

4)对客户经理的管理

(1)对客户经理管理的归属。通常美国商业银行对客户经理的业务监督及客户经理的行政关系都直接隶属于它所在的业务部门和所在分行,银行不设立单独的客户经理管理机构。银行各部门根据业务的需要对客户经理实行分散式的管理,体现了银行客户经理的职务头衔与银行职位等级之间没有建立起对应的关系。在职务等级不同的客户经理之间,工作的性质和范围基本是一致的。

客户经理虽然由不同级别的银行员工出任,但在业务管理和行政管理上则归属其所在的部门或分行。无论等级高低,客户经理都要接受部门经理或分行经理的统一领导。同时美国大商业银行对客户的重视,是通过其业务机构的层次设置和对客户的分类管理来实现的,也就是通过授予客户经理较大的业务权限来实现的,即以外部市场营销为导向而不是以内部行政关系为导向的业务管理体系。

(2)对客户经理的考核和激励。在美国大商业银行中,对客户经理的管理与其他员工不同,最大差异体现在对客户经理的考核和激励方面。对每一个客户经理,银行都规定有营业额计划。营业额计划的完成情况是对客户经理考核的首要依据。营业额计划的指标,即客户经理实现的银行各类产品的销售额,不同部门和分行也不尽相同。①营业额计划的基期:营业额一般是按照年度计划制订的。但为了减少银行业务受季节性因素波动的影响,有的银行业采用滚动式的计算方法,按照四个季度的营业额制订计划,每一个季度向前调整一次。②营业额计划的下达:在一个计划期,总行参考前一期营业额的完成情况,按照一定的业务增长比率向部门和分行下达营业额计划,部门经理和分行经理再将计划落实到每个客户经理身上。营业额计划的考核:营业额计划由总行自上而下制订,考核也是由总行自上而下进行。对客户经理的考核由所在部门和分行进行。

对客户经理的激励:对客户经理进行激励的最有效办法是实行同经营业绩挂钩的提成制度。具体有两种做法:对经营批发银行业务的客户经理,采用底薪加提成的激励方法;对经营零售业务的客户经理,多采用全额佣金制度的激励方法。此外银行业采用一些辅助性的精神激励措施,如向业绩突出的客户经理颁发最高创收奖、最佳服务奖等。

(3)客户经理应具备的条件和原则。在客户经理应具备的条件和原则方面,各商业银行有所不同,下面我们以某城市商业银行为例来说明这一问题。

商业银行客户经理应具备以下条件:①经济类大学以上学历,一年以上银行业务工作经历,考试合格;②熟悉各种银行业务并熟练掌握业务操作规程,了解市场并有一定的营销能力;③有一定的工作经验和业绩,表现良好;④具有强烈的服务意识和责任心,有一定的分析能力、沟通能力和协调能力,有团队精神和创新意识。

商业银行客户经理的设置应遵循以下原则:

①客户经理的设置要充分体现稳定和发展客户这一重要原则。一般在一、二级支行设客户经理部同时设置客户经理岗位,原则上在内部其他业务部门不设置客户经理岗位。根据业务需要,客户经理也可由其他人员兼职。

②客户经理按其管理的对象分为公司客户经理和个人客户经理两种。

③客户经理设置高级客户经理、主任客户经理、客户经理、助理客户经理多个等级。

④设置客户经理职位,一般按照员工人数的 20% 设置。

⑤每个客户经理管理的公司客户最多不得超过 30 户。

⑥公司客户在本行的资产业务超过 1000 万元的,每个客户经理管理的客户原则上不得超过 5 户。

⑦公司客户在本行的资产业务超过 3000 万元的,每个客户经理管理的客户原则上不得超过 3 户。

⑧公司客户在本行的负债业务超过 5000 万元的原则上应设专职客户经理。

2. 实施客户关系管理

1)客户关系管理的定义

客户关系管理是公司的生存之本。客户关系管理是最近几年发展起来的一个新的管理方法,它是顺应社会信息化的发展、经济竞争环境的增强和人类情感多元化衍生而来的管理思想和技术。它强调和客户建立长久、和谐、忠诚的共生共赢关系,以实现企业的长期稳定发展。

客户关系管理(customer relationship management,CRM)是银行的一种机制,银行通过与客户不断的互动,提供信息和客户进行交流,以便了解客户和影响客户的行为,进而留住客户,不断增加银行的利润。实施客户关系管理,能够分析和了解处于动态过程中的客户状况,从而搞清楚不同客户的利润贡献度,以及应该向何种客户提供何种金融产品,以便在合适的时间,通过合适的渠道去和客户达成何种交易。在客户关系管理中,管理机制是主要的,而技术只是实现管理机制的手段而已。客户关系管理涉及银行业务的所有方面,从产品、机构、业务处理规章和流程到客户分析和市场划分,再到服务渠道整合和优化。所以,CRM 项目的建设是一个循序渐进的过程。适应银行的 CRM 大致有分析型、运营型以及协作型三类,分别适用于不同的阶段,具体内容如表 4－8 所示。

表 4－8　分析型、运营型和协作型 CRM 功能和作用比较表

类型	适用阶段	功能	作用
分析型	建立 CRM 的初期	整合现有应用系统及数据源	1. 整合现有应用系统; 2. 融合存放在不同数据库中相关联的原始数据; 3. 能够进行关联性查询
		多维数据分析	1. 评估客户价值,划分客户群; 2. 针对不同的客户群,确定营销策略; 3. 利用分析数据验证行业经验; 4. 从历史数据中选择不同的角度,分析、考察客户的消费行为; 5. 数据挖掘
		预测	1. 建立数据模型,对不同的客户群预测消费量; 2. 对市场活动的效果进行预测; 3. 调整重要参数,估计对收益或利润的影响; 4. 知识发现与知识库; 5. 产品定位、市场决策
		优化	1. 对数据模型进行优化,确立营销策略; 2. 通过设置商业规则,进行复杂的市场划分; 3. 平衡市场活动的费用和效益; 4. 采用商业智商(business intelligence,BI)方法验证行业经验
运营型	建立 CRM 的中期	部门整合	1. 银行业务流程化; 2. 销售自动化; 3. 跟踪、分析、驱动市场导向
协作型	建立 CRM 的中后期	信息交互	1. 集成服务渠道、融会贯通; 2. 综合服务平台; 3. 提供综合、全面的可靠信息

全球的大企业认为,市场营销要做的工作就是对客户实行一对一的营销,向每一位客户提供个性化的服务,只有这样做客户才会满意,才会对企业忠诚。提供这种一对一的个性化的服务就是客户关系管理。

除了一对一的营销以外,经营事件的营销对 CRM 也有很重要的影响。所谓经营事件的营销,就是指在适当的时间就必须主动对客户进行适当的接触。

2)客户关系管理中的数据仓库解决方案

目前,客户关系管理呈现出三种发展态势:一是现有的客户关系管理过程向互联网驱动的客户关系管理过渡;二是企业价值和投资收益已证明客户关系管理在市场上占据着首要位置,并可望再次成为推动商业银行发展的动力;三是存留下来的业务将推动银行与客户形成中介关系,这种关系的形成一半归功于银行业务过程的重新定义、新接入渠道的发现和个体客户满意度的需求。

由于商业银行数据量大、数据来源多样化,这就使商业银行在构建信息管理系统时,不可避免地会遇上如何管理这些浩如烟海的数据,以及如何从中提取有用信息的问题。以前,公司会将历史数据从业务数据库中转移到备份系统中,使得用户无法深入分析数据,难以做出有竞争性的决策。而数据仓库的最大优点在于,它能把企业网络中不同信息岛上的商业数据集中到一起,存储在一个单一的集成数据库中,并提供各种手段对数据进行统计、分析,并且允许企业的各个部门之间共享数据,为企业更快、更好地做出商业决策提供更加准确、完备的信息。如 IBM 公司在 20 世纪 90 年代初设计研发出了一套完整的银行数据模型和数据仓库解决方案,与世界上一百多家银行合作,为他们量身定做完全符合该行的数据仓库系统。IBM 可以为银行提供包括整体设计、咨询服务、系统集成,以及具有不同功能、符合行业特点的系列客户关系管理解决方案,包括基于 IBM 信息框架(IFW)的银行数据仓库(BDW)解决方案、电话服务中心解决方案等。

IBM 银行数据仓库是在国外商业银行面临从产品到客户的战略转型环境中产生的。国外许多商业银行利用 IBM 开发的数据仓库技术来开拓客户关系管理、改善盈利水平、降低风险和改善银行资产负债结构而得名。

客户关系管理使银行通过网络为客户提供全面、个性化的服务,从而提高客户满意度,最终将满意度转为忠诚度,为银行业带来良好的投资回报。

3)有效处理客户投诉解决方案

银行在与客户交往中,难免因主观或客观原因,引起客户投诉。而要与客户建立长期的相互信任的伙伴关系,就要善于处理客户的抱怨或异议。有研究显示,通常在 25 个不满意的客户中只有 1 个人会去投诉,其他 24 个则悄悄地转移到了其他银行的产品或服务上。因此,有条件的银行应尽力鼓励客户提出抱怨,然后再设法解决其遇到的问题。据有关研究结果显示,一个最好的客户往往是受过最大挫折的客户。得到满意解决的投诉者,与从没有不满意的客户相比,往往更容易成为银行最忠诚的客户。一般而言,在重大问题投诉者中,有 4% 的人在问题解决后会再次购买该银行产品,而小问题投诉者的重购率则可达到 53%,若银行迅速解决投诉问题,重购率将为 52%~95%。

4.4　商业银行存款安全性管理

4.4.1　建立存款保险制度

1. 存款保险制度的概念

存款保险制度是指国家为了保护存款人的利益,维护正常的信用秩序和维护金融秩序的稳定,通过法律形式建立的一种在银行因意外事故破产时进行债务清偿的制度。其具体操作是:首先建立一个保险机构;其次各存款机构作为投保人,向保险机构缴纳保费,建立保险基金;最后当投保人面临危机或经营破产时,由保险机构根据具体情况采取不同的处置措施。如,流动性支持、兼并重组和清算赔偿,以化解金融风险或防止风险蔓延,是为存款人提供灾难事件保险的制度。所以,建立存款保险制度,主要是为了防范或然损失造成的支付风险、流动性风险。而建立起存款保险制度的核心是为金融体系提供一张安全网,防止个别银行的危机扩散到其他银行而引起银行恐慌和金融危机,并且还有助于保护存款人利益,维护公众对银行体系的信心。我国于 2015 年 5 月 1 日正式实施存款保险制度。

美国国会在 1933 年通过《格拉斯-斯蒂格尔法案》,为了保证该法案的实施,采取相配套的措施之一就是建立存款保险制度。美国联邦存款保险公司(Federal Deposit Insurance Corporation,FDIC)作为一家为银行存款保险的政府机构,于 1934 年成立并开始实行存款保险,到 2008 年 10 月 3 日美国已将存款保险上限由 10 万美元上调至 25 万美元。截至 2011 年底,全球已有 111 个国家建立存款保险制度。

2. 存款保险制度的类型

目前国际上通行的理论是把存款保险分为隐性(implicit)存款保险和显性(explicit)存款保险两种。

1)隐性的存款保险制度

隐性的存款保险制度多见于发展中国家或者国有银行占主导的银行体系中,指国家没有对存款保险做出制度安排,但在银行倒闭时,政府会采取某种形式保护存款人的利益,因而形成了公众对存款保护的预期。

2)显性的存款保险制度

显性的存款保险制度是指国家以法律的形式对被存款保险的机构设置以及有问题机构的处置等问题做出明确规定。显性存款保险制度的优势在于:

(1)明确银行倒闭时存款人的赔付额度,稳定存款人的信心。

(2)建立专业化机构,以明确的方式迅速、有效地处置有问题银行,节约处置成本。

(3)事先进行基金积累,以用于赔付存款人和处置银行。

(4)增强银行体系的市场约束,明确银行倒闭时各方的责任。

3. 存款保险的组织形式和方式

1)存款保险的组织形式

从目前已经实行该制度的国家来看,主要有三种组织形式:

(1)由政府出面建立,如美国、英国、加拿大、中国。

(2)由政府与银行界共同建立,如日本、比利时、荷兰。

(3)在政府支持下由银行同业联合建立,如德国。

2)存款保险的方式

存款保险目前主要有三种方式,分别是强制保险、自愿保险和强制与自愿相结合保险三种方式。法国和德国采取自愿方式;英国、日本、加拿大、中国等国采取强制保险方式;美国采取自愿与强制相结合的方式。

4. 我国存款保险制度的建立

我国于 1993 年在《国务院关于金融体制改革的决定》中提出要建立存款保险基金。通过长达 20 多年时间的努力终于在 2014 年 10 月 29 日国务院第 67 次常务会议通过《存款保险条例》,自 2015 年 5 月 1 日正式施行。

1)存款保险的界定

所谓存款保险,是指存款银行交纳保费形成存款保险基金,当个别存款银行经营出现问题时,使用存款保险基金依照规定对存款人进行及时偿付。

2）存款保险的性质和范围

为有效保障存款人的合法权益以及银行业金融机构公平竞争,《存款保险条例》规定的存款保险具有强制性,凡是吸收存款的银行业金融机构,包括商业银行(含外商独资银行和中外合资银行)、农村合作银行、农村信用合作社等,都应当投保存款保险。同时,参照国际惯例,规定外国银行在中国的分支机构以及中资银行海外分支机构的存款原则上不纳入存款保险范围。被保险的存款既包括人民币存款也包括外币存款。

3）最高偿付限额

《存款保险条例》规定,存款保险实行限额偿付,最高偿付限额为人民币 50 万元。也就是说,同一存款人在同一家银行所有存款账户的本金和利息加起来在 50 万元以内的,全额赔付;超过 50 万元的部分,从该存款银行清算财产中受偿。对 50 万元的最高偿付限额,中国人民银行根据 2013 年底的存款情况进行了测算,可以覆盖 99.63% 的存款人的全部存款。这意味着,绝大多数存款人的存款能够得到全额保障,不会受到损失。而且,这个限额并不是固定不变的,中国人民银行会同国务院有关部门可以根据经济发展、存款结构变化、金融风险状况等因素调整最高偿付限额,报国务院批准后公布执行。

4）存款保险基金公司

工商注册信息显示,2019 年 5 月 24 日,中国人民银行设立存款保险基金管理有限责任公司(以下简称"存款保险基金公司")。注册信息显示,存款保险基金公司注册资本 100 亿元,中国人民银行为唯一出资人。现任金融稳定局副局长黄晓龙担任法人、经理、执行董事,金融稳定局存款保险制度处处长欧阳昌民担任监事。经营范围为:进行股权、债权、基金等投资;依法管理存款保险基金有关资产,直接或者委托收购、经营、管理和处置资产;依法办理存款保险有关业务;资产评估;国家有关部门批准的其他业务。

4.4.2　商业银行存款偏离度管理

为了贯彻落实《国务院办公厅关于多措并举着力缓解企业融资成本高的问题的指导意见》(国办发〔2014〕39 号)有关要求,指导商业银行改进绩效考评制度,设立存款偏离度指标,约束存款"冲时点"行为,有效防范和控制风险,促进相关业务规范健康发展,于 2014 年 9 月 11 日,由中国银监会联合财政部与中国人民银行发布《中国银监会办公厅 财政部办公厅 人民银行办公厅关于加强商业银行存款偏离度管理有关事项的通知》,主要涉及如下内容。

1. 要求商业银行不得采取以下手段违规吸收存款

(1)高息揽储吸存:违反规定擅自提高存款利率或高套利率档次;另设专门账户支付存款户高息。

(2)非法返利吸存:通过返还现金或有价证券、赠送实物等不正当手段吸收存款。

(3)通过第三方中介吸存:通过个人或机构等第三方资金中介吸收存款。

(4)延迟支付吸存:通过设定不合理的取款用款限制、关闭网上银行、压票退票等方式拖延、拒绝支付存款本金和利息。

(5)以贷转存吸存:强制设定条款或协商约定将贷款资金转为存款;向"空户"虚假放贷、虚假增存。

(6)以贷开票吸存:将贷款资金作为保证金循环开立银行承兑汇票并贴现,虚增存贷款。

(7)通过理财产品倒存:理财产品期限结构设计不合理,发行和到期时间集中于每月下旬,于月末、季末等关键时点将理财资金转为存款。

（8）通过同业业务倒存：将同业存款纳入一般性存款科目核算；将财务公司等同业存放资金于月末、季末等关键时点临时调作一般对公存款，虚假增加存款。

2. 要求商业银行加强存款稳定性管理

商业银行应加强存款稳定性管理，约束月末存款"冲时点"，月末存款偏离度不得超过 3%。

月末存款偏离度=（月末最后一日各项存款-本月日均存款）/本月日均存款×100%

计算每季最后一月的月末存款偏离度时，"本月日均存款"的可计入金额不得超过上月日均存款×（1+最近 4 个季度最后一月日均存款增长率的均值）。

月日均存款增长率=（本月日均存款-上月日均存款）/上月日均存款×100%

4.4.3　关于个人存款实名制的规定

为了保证个人存款账户的真实性，维护存款人的合法权益，国务院 2000 年 3 月 20 日发布并于同年 4 月 1 日起施行了《个人存款账户实名制规定》。中国人民银行于 2008 年 6 月 18 日又发布了《中国人民银行关于进一步落实个人人民币银行存款账户实名制的通知》（银发〔2008〕191 号）。

1. 个人存款账户的界定

《个人存款账户实名制规定》第四条指出："本规定所指个人存款账户，是指个人在金融机构开立的人民币、外币存款账户，包括活期存款账户、定期存款账户、定活两便存款账户、通知存款账户以及其他形式的个人存款账户。"

2. 实名的界定及其要求

《个人存款账户实名制规定》第五条指出："本规定所称实名，是指符合法律、行政法规和国家有关规定的身份证件上使用的姓名。下列身份证件为实名证件：（一）居住在境内的中国公民，为居民身份证或者临时居民身份证；（二）居住在境内的 16 周岁以下的中国公民，为户口簿；（三）中国人民解放军军人，为军人身份证件，中国人民武装警察，为武装警察身份证件；（四）香港、澳门居民，为港澳居民往来内地通行证，台湾居民，为台湾居民来往大陆通行证或者其他有效旅行证件；（五）外国公民，为护照。前款未作规定的，依照有关法律、行政法规和国家有关规定执行。"另外第六条还规定："个人在金融机构开立个人存款账户时，应当出示本人身份证件，使用实名。代理他人在金融机构开立个人存款账户的，代理人应当出示被代理人和代理人的身份证件。"不出示本人身份证件或者不使用本人身份证件上的姓名的，金融机构不得为其开立个人存款账户。

3. 存款保密的要求

《个人存款账户实名制规定》第八条要求："金融机构及其工作人员负有为个人存款账户的情况保守秘密的责任。金融机构不得向任何单位或者个人提供有关个人存款账户的情况，并有权拒绝任何单位或者个人查询、冻结、扣划个人在金融机构的款项；但是，法律另有规定的除外。"

思考与练习

1.存款成本计算分析题。

(1)甲银行计划发行大额可转让定期存单筹资 1 亿元,市场利率为 12%,发行成本为 1.1%,假设没有其他经营成本。发行大额定期存单的准备率为 8%。要求计算发行大额存单的边际成本。

(2)乙银行网点有职工 8 人,经测算,人均个人费用为 1.5 万元/年,人均办公费用为 2.5 万元/年,年折旧费用为 3 万元,全年资金收益率为 10%,存款付息率为 7%,代办存款比率为 30%,费用率为 0.5%,单位收入负担的各项准备金支出和流转税附加为 6%。请计算该银行在上述条件下,存款的保本量。

(3)按照我国商业银行内控制度要求,一个普通的储蓄所的人员编制最少应为 6 人。其中主任和综合柜员各 1 人,负责授权、整理凭证和对外联系业务等工作,其余 4 人临柜。假设每位员工一天工作 8 小时,一年营业 250 天,平均每笔业务用时 5 分钟。按照一名员工一年工资及奖金 4 万元,储蓄所的房屋加各项费用合计 16 万元,二级分行管理费用分摊 14 万元,估算每笔业务的费用。若按照客户存款日均余额 1000 元、75% 的存贷比、1% 不能收回计算,将此笔资金贷放出去 1 年,银行可收回利差是多少? 根据数据资料计算,存款超过多少时储户才可能给银行带来利润?

2.试述商业银行营销产品定价及其影响因素。

3.试述银行营销组合策略中各要素之间的关系。

4.请你为 M 商业银行制订一份某项产品的营销计划。

5.请谈谈我国商业银行营销管理面临的机遇和挑战。

6.请从宏观和微观层面分析存款对商业银行来说是否越多越好。

7.在当前我国银行间储蓄存款竞争激烈的环境下,请你为某一银行设计一储蓄存款新品种。

8.储户李四 2017 年 8 月 28 日存入一年期整存整取定期储蓄存款 70000 元,利率为 3.5%;储户到期未取,并于 2018 年 9 月 3 日过期支取。若此存款属于非自动转存。那么银行实际支付给李四的现金是多少?(支取日活期利率为 0.35%)

9.请解释存款保险机制下的道德风险。如何克服这类风险?

10.我国存款保险制度实施后,对中小银行会带来哪些影响?

11.存款对银行经营为什么很重要? 银行主要有哪些存款服务? 它们的特点是什么?

12.存款定价与银行经营目标是什么关系? 实践中主要使用哪些定价方法?

13.银行负债成本的概念你是否都了解? 它们的区别在哪里?

14.对银行负债成本的分析方法有哪些?

15.简述我国存款保险的性质及范围。

16.请结合第 2 章谈谈商业银行除存款负债外还有哪些负债类型。

第5章 商业银行贷款业务管理

本章提要

贷款业务是商业银行最重要的资产业务,目前也是银行最能赚钱的业务,当然也是银行风险最大的业务。所以,贷款管理一直都是商业银行的重要话题。本章主要介绍商业银行贷前管理、贷中管理、贷后管理等内容。本章的学习,对于全面系统掌握商业银行贷款管理有着重要的意义。

5.1 商业银行贷款业务管理概述

5.1.1 商业银行贷款管理的概念及种类

1.商业银行贷款管理的概念

贷款是商业银行信贷业务中最为普遍的业务,是指银行对借款人提供的按约定的利率和期限还本付息的货币资金。信贷是体现一定经济关系的不同所有者之间的借贷行为,是以偿还为条件的价值运动特殊形式,是债权人贷出货币,债务人按期偿还并支付一定利息的信用活动(通过转让资金使用权获取收益)。信贷有广义和狭义之分。广义的信贷是指以银行为中介、以存贷为主体的信用活动的总称,包括存款、贷款和结算业务。狭义的信贷仅指以银行为主体的信贷业务,即银行对单位或自然人贷款等授予客户信用的活动,贷款属于此范畴。贷款业务则是指银行附有一定的利率条件,在客户能正常还本付息的前提下对客户提供的信贷服务活动。贷款是商业银行最主要的资产,贷款业务管理就是指银行依据现行相关法律规定和政策,按照贷款的安全性、流动性和效益性"三性"原则对贷款进行的过程管理。其具体包括贷前管理、贷中管理和贷后管理三个阶段。它是银行信贷风险管理的重要组成部分,对银行安全经营及可持续发展有着重要的意义。

2.商业银行贷款的种类

按照不同的标准,商业银行贷款可进行不同的分类。

1)按贷款的期限分类

(1)短期贷款。短期贷款是指期限在1年以内(含1年)的各项贷款;主要解决借款人在经营过程中季节性、临时性的流动资金需求,也称流动资金贷款。企业从购买存货到产品销售完成,会自动归还贷款,因此,这种贷款具有自动清偿性质。

(2)中期贷款。中期贷款是指期限在1年(不含1年)以上5年(含5年)以内的各项贷款。

这类贷款不具有自动清偿性质,只能从借款人的收益或举借新债来偿还。

(3)长期贷款。长期贷款是指期限在 5 年(不含 5 年)以上的各项贷款。长期贷款由于期限较长,风险也大,因此,利率较高。

以期限为标准对贷款进行分类,既可以监控贷款的流动性和资金周转状况,使商业银行长短期贷款保持适当比例;又可以使商业银行按资金偿还期限的长短安排贷款顺序,保证商业银行信贷资金的安全。

2)按贷款的保障条件分类

(1)信用贷款。信用贷款是指以借款人的信誉为保证发放的贷款。因此,此类贷款仅对信用好的客户发放,信用不好的客户或住房贷款不能发放此类贷款。

(2)担保贷款。担保贷款按担保条件不同,又分为抵押贷款、质押贷款和保证贷款。其中,抵押贷款是指银行凭借款人(债务人)或第三方提供的财产(动产或不动产)抵押而向借款人发放的贷款,如客户以公司的厂房、设备和个人的住宅等从银行取得贷款。质押贷款是指客户以动产和权利,如商品、存货、证券、存折、应收账款等从银行取得贷款的形式。保证贷款是指借贷双方以外的第三人向银行担保借款人一定会履行偿还贷款义务,在借款人不能偿还贷款时,由保证担保人代替履行或承担赔偿责任的贷款。《中华人民共和国担保法》中规定的保证方式包括一般保证和连带责任保证。我国银行仅承办连带责任保证贷款。贷款保证人应是具有法人地位并有经济承保能力的经济实体、其他组织和公民。根据我国法律规定,国家机关(经国务院批准为使用外国政府或者国际经济组织贷款进行转贷款的除外),以公益为目的的事业单位、社会团体、企业法人的分支机构和职能部门(有法人书面授权者除外)等均不得作为保证人。

(3)票据贴现。票据贴现是贷款的一种特殊方式。它是指银行应客户的要求,以现款或活期存款买进客户持有的未到期的商业票据的方式而发放的贷款。票据贴现实行预扣利息,票据到期后,银行可向票据载明的付款人收取票款。如果票据合格,且有信誉良好的承兑人承兑,这种贷款的安全性和流动性就比较好。

根据保障条件来对贷款分类,可以使银行依据借款人的财务状况和经营发展业绩选择不同的贷款方式,以提高贷款的安全度。

3)按贷款的用途(或对象)分类

(1)工商企业贷款。工商企业贷款是指银行向工业、商业、交通运输业、饮食服务业、金融机构等因经营资金周转困难而发放的贷款。此类贷款主要用于企业临时资金周转需要,故大多是短期贷款,在商业银行贷款中比例最大。

(2)农业企业贷款。农业企业贷款指用于同农产品的生产、加工、销售等用途有关的贷款,包括种子、化肥、农药、农作物生产设备等的购买,牲畜的饲养等。

(3)房地产企业贷款。房地产企业贷款是商业银行为协助企业和个人购买土地使用权、建造房屋、购买或改善住宅等向企业和个人发放的贷款。随着我国经济的发展和个人住房条件的改善,我国商业银行房地产贷款规模逐年增加,在所有贷款总额中,比例仅次于工商商业贷款。房地产贷款显著的特点是客户可以房屋为抵押品取得贷款,但期限较长。银行所承担的风险与其他贷款有所不同,管理方法也不同。

(4)个人消费贷款。个人消费贷款是银行以个人为贷款对象,主要为满足个人在购买汽车、耐用消费品以及教育、交通、医疗等方面的消费而发放的贷款。

根据贷款对象（或用途）对银行贷款进行分类有利于银行监控贷款的行业分布结构，以便银行合理安排贷款结构，防范贷款风险。

4）按贷款的偿还方式分类

（1）一次性偿还贷款。一次性偿还贷款是指借款人在贷款到期日一次性还清贷款本金的贷款，其利息可以分期支付，也可以在归还本金时一次性付清。一般情况下，短期的、临时性、周转性贷款都是采取一次性偿还方式，也称为"利随本清"。

（2）分期偿还贷款。分期偿还贷款是指借款人按规定的期限分次偿还本金和支付利息的贷款。这种贷款的还款期限通常按月、季、年确定，中长期贷款大都采用这种方式，其利息的计算方法常见的有等额本息还款法、等额本金还款法等。

按贷款偿还方式划分贷款种类，是以分期偿还本金和利息为特征。其一方面有利于银行监测贷款到期和贷款收回情况，准确测算银行头寸的变动趋势；另一方面也有利于银行考核收息率，加强对应收利息的管理。

5）按贷款的质量分类

（1）正常贷款。正常贷款是指借款人能够履行借款合同，有充分把握按时足额偿还本息的贷款。这类贷款的借款人财务状况无懈可击，没有任何理由怀疑贷款的本息偿还会发生任何问题。

（2）关注贷款。关注贷款是指贷款的本息偿还仍然正常，但是发生了一些可能会影响贷款偿还的不利因素，如果这些因素继续存在下去，则有可能影响贷款的偿还，因此，需要对其进行关注，或对其进行监控的贷款。

（3）次级贷款。次级贷款是指借款人依靠其正常的经营收入已经无法偿还贷款的本息，而不得不通过重新融资或拆借的办法来归还贷款，表明借款人的还款能力出现了明显问题的贷款。

（4）可疑贷款。可疑贷款是指借款人无法足额偿还贷款本息，即使执行抵押或担保，也肯定要造成一部分损失的贷款。这类贷款具备了次级贷款的所有特征，但是程度更加严重。

（5）损失贷款。损失贷款是指在采取了所有可能的措施和一切必要的法律程序之后，本息仍然无法收回，或只能收回极少部分的贷款。这类贷款银行已没有意义将其继续保留在资产账面上，应当在履行必要的内部程序之后，立即冲销。

按照贷款的质量或风险程度划分贷款种类，首先，有利于加强贷款的风险管理，提高贷款质量。商业银行贷款具有与生俱来的风险。按照商业银行稳健经营的原则，银行不仅要化解已经发生的风险，而且还要及时识别和弥补那些确实存在但还没有发现的风险，即内在风险。按贷款质量或风险程度科学合理地划分贷款种类，不仅有助于识别贷款的内在风险，还有助于发现信贷管理、内部控制和信贷文化中存在的问题，从而有利于银行提高信贷管理水平，帮助银行稳健运行。其次，有利于金融监管当局对商业银行进行有效的监管。

6）按承担贷款风险的主体不同分类

（1）自营贷款。自营贷款是指银行以合法方式筹集的资金自主发放的贷款，也是商业银行最主要的贷款。由于是自主贷放，因此，贷款风险及贷款本金和利息的回收责任都由银行自己承担。

（2）委托贷款。委托贷款是指由政府部门、企事业单位及个人等委托人提供资金，由银行（受托人）根据委托人确定的贷款对象、用途、金额、期限、利率等代为发放、监督使用并协助收回的贷款。这类贷款银行不承担风险，通常只收取委托人付给的手续费。

（3）特定贷款。特定贷款在我国是指经国务院批准并对可能造成的损失采取相应的补救措施后，责成银行发放的贷款。这类贷款由于事先已经确定了风险损失的补偿，所以，银行不承担补偿范围以内的风险。

这种分类，有利于银行根据不同的贷款性质实行不同的管理办法；同时，也有利于考核银行信贷人员的工作质量，加强信贷人员责任心。

7）按贷款利率是否稳定分类

（1）固定利率贷款。固定利率贷款是指在贷款期限内贷款利率固定不变的贷款。其多适用于我国商业银行发放的人民币短期贷款。

（2）浮动利率贷款。浮动利率贷款是指在贷款期限内，贷款的利率随市场利率的波动在约定的时间进行自动调整的贷款。

8）按贷款对象（或规模）分类

（1）批发贷款。批发贷款是面向工商企业、建筑业、房地产业等发放的金额较大的贷款。贷款对象一般是工商企业、房地产开发公司等。

（2）零售贷款。零售贷款是以个人为对象、金额较小的贷款，包括个人消费信贷等。

9）按贷款在社会再生产中的占用形态分类

一般来说，银行贷款首先会满足企业的生产性流动资金需要，然后安排用于企业的固定资产投资资金需要。

（1）流动资金贷款。流动资金贷款是指银行向借款人发放的用于正常生产经营周转或临时性资金需要的本外币贷款。如满足正常生产经营过程中为耗用或销售而储存的各类存货、季节性物资储备等生产经营周转性或临时性资金需要。其种类划分为以下三种：按向客户提供贷款的形式分为单项贷款和额度贷款；按期限分为临时贷款、短期贷款和中期贷款；按担保方式不同分为信用贷款和担保贷款。其关联产品包括临时贷款、过桥贷款、信用贷款、保证贷款、抵押贷款、质押贷款、出口退税账户托管贷款、仓单质押贷款、股权质押贷款、打包贷款、进出口押汇、短期贷款等。

（2）固定资产贷款。固定资产贷款是银行为解决企业固定资产投资活动的资金需求而发放的贷款，主要用于固定资产项目的建设、购置、改造及其相应配套设施建设的中长期本外币贷款。

3. 商业银行贷款管理的基本流程

商业银行贷款管理的基本流程如图 5-1 所示。

对图 5-1 解释如下：

（1）客户提出贷款申请并按要求向经办银行提供有关材料；

（2）公司业务市场部门进行贷前调查并撰写贷款调查报告；

（3）按本行授信流程的有关要求和程序进行审查、报有权审批人审批；

（4）批准后，与客户签订借款合同及其他必要的法律文件；

（5）放款操作；

（6）贷后管理。

```
                    ┌──────────┐
                    │  客户申请  │
                    └─────┬────┘
                          │
                          ▼
┌──────────┐   ┌──────────┐   ┌──────────┐   ┌──────────┐  ┐
│ 经办行受理 │──▶│  授信调查  │──▶│  授信分析  │──▶│  上报审批  │  ├─ 贷前管理
└──────────┘   └──────────┘   └──────────┘   └──────────┘  ┘

              ┌──────────┐
              │ 贷审会审议 │
┌──────────┐  ├──────────┤   ┌──────────┐   ┌──────────┐  ┐
│  授信决策  │◀─┤          │◀──│ 出具审查意见│◀──│  授信审查  │  │
└─────┬────┘  │ 信贷执行官 │   └──────────┘   └──────────┘  │
      │        └──────────┘                               ├─ 贷中管理
      ▼                                                    │
┌──────────┐   ┌──────────┐   ┌──────────┐   ┌──────────┐  │
│  放款审核  │──▶│ 出具审批通知│──▶│  签订合同  │──▶│ 客户申请提款│  ┘
└──────────┘   └──────────┘   └──────────┘   └─────┬────┘
                                                    │
                                                    ▼
┌──────────┐   ┌──────────┐   ┌──────────┐   ┌──────────┐  ┐
│  贷款收回  │◀─│ 贷后跟踪监督│◀──│ 客户使用资金│◀──│  贷款发放  │  ├─ 贷后管理
└──────────┘   └──────────┘   └──────────┘   └──────────┘  ┘
```

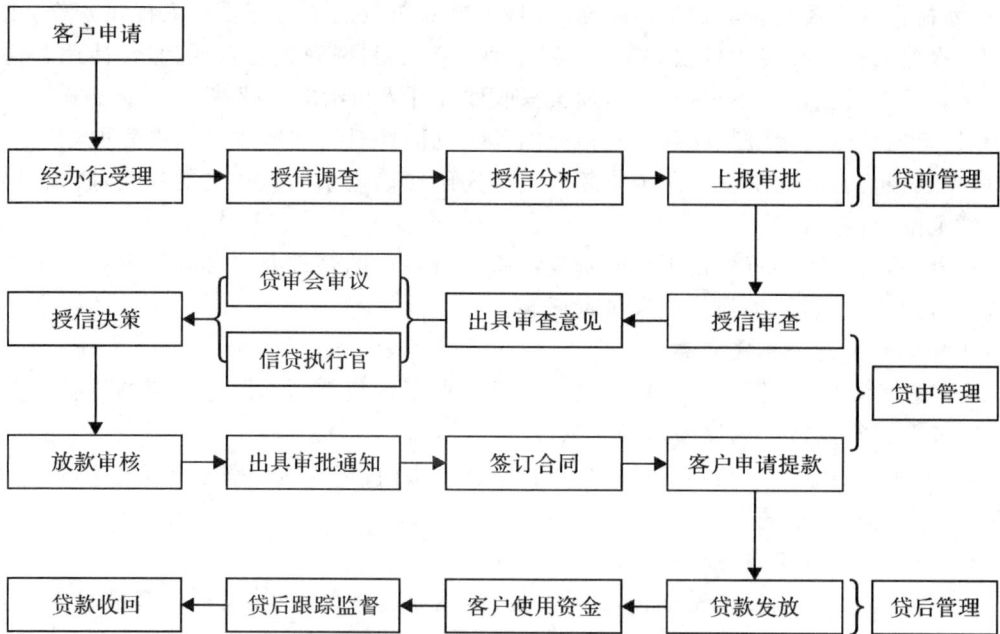

图 5-1　信贷业务基本流程图

5.1.2　商业银行贷款管理的关键环节

在贷款流程图中，最关键环节是贷款的贷前调查、贷时审查和贷后检查，即贷款"三查"制度。这是贷款管理中防范和化解风险的关键点。其管理依据是各种相关法规制度，如贷款的"三个办法一个指引"：《固定资产贷款管理暂行办法》《流动资金贷款管理暂行办法》《个人贷款管理暂行办法》《项目融资业务指引》。2012年1月20日发布《中国银监会关于整治银行业金融机构不规范经营的通知》（银监发〔2012〕3号），要求银行业金融机构在贷款业务经营中须遵守"七不准""四公开"规定。

1. 贷款"三查"制度

1）贷前调查

这个环节是贷前管理的关键环节。商业银行应充分了解借款人是否有还款的意愿及还款能力，决定贷还是不贷、贷多少。为了降低信息非对称程度，商业银行必须严格选择借款人制度。

2）贷时审查

这个环节是贷中管理的关键环节。商业银行应进行目的性及用途审查、额度审查、期限审查、对象审查、担保性审查。为了将逆向选择风险及道德风险损失降到最低，银行必须严格贷时审查制度。

3）贷后检查

这个环节是贷后管理的关键环节。强调贷款用途管理，实施贷款动态监控。通过跟踪贷款资金运用的全过程，以保证贷款资金的安全。

2. 贷款的"七不准"

（1）不得以贷转存。

（2）不得存贷挂钩。

（3）不得以贷收费。

（4）不得浮利分费。

（5）不得借贷搭售。

（6）不得一浮到顶。

（7）不得转嫁成本。

5.1.3　商业银行贷款的定价

1. 贷款定价的概念

贷款定价是指商业银行根据自身资金成本与盈利目标，考虑贷款风险、期限等因素后，并结合信贷市场资金供求状况而综合确定的贷款利率。其目的主要包括：①准确衡量全部风险，并能够弥补风险损失；②实现特定资产转换周期结束后，能够为银行带来正的股东价值。

贷款应如何定价是银行长期以来颇感困扰的问题。定价过高，会驱使客户从事高风险的经济活动以应付过于沉重的债务负担，或是抑制客户的借款需求，使之转向其他银行或通过公开市场直接筹资；定价过低，银行无法实现盈利目标，甚至不能补偿银行付出的成本和承担的风险。所以，商业银行在贷款经营管理中，应该坚持"三性"原则，并科学合理定价。

2. 贷款定价的原则

（1）利润最大化原则。在进行贷款定价时，银行首先必须确保贷款收益足以弥补资金成本和各项费用，在此基础上，尽可能实现利润最大化。

（2）扩大市场份额原则。在金融业竞争日益激烈的情况下，商业银行要求生存、求发展，除了在业务类型方面不断扩展，还应该在信贷市场份额方面不断扩大。所以，在贷款定价时，就不能出现顾此失彼的情况。

（3）保证贷款安全原则。在银行贷款定价时，必须遵循风险与收益对称原则，确保银行贷款安全性。

（4）维护银行形象原则。作为经营信用业务的企业，良好的社会形象是商业银行生存与发展的重要基础。除诚实守信外，切忌恶性竞价，扰乱市场。

3. 影响贷款价格的主要因素

按照一般的价格理论，影响贷款价格的主要因素是信贷资金的供求状况（贷款的供给随价格的提高而增加，顾客对贷款的需求随价格的提高而减少）。然而，由于信贷资金是一种特殊的商品，其价格的决定因素就更加复杂。既有着众多内在影响因素，还受着外在因素的影响。

1）内在影响因素

（1）资金成本、费用，或者指资金的平均成本，或者指资金的边际成本。资金的平均成本是指资金的利息成本与其他费用总额除以平均负债余额，表明每一单位债务的平均成本率，即每单位资金的平均利息成本、费用率；资金的边际成本是指每增加一单位可用于投资、贷款的资金所需要支付的借入成本。这一因素是银行贷款定价中的客观因素，也是贷款的底线价格。

（2）贷款的风险程度。贷款风险程度越高，贷款损失的可能性越大。所以，商业银行在贷款定价时应坚持高风险、高价格，低风险、低价格。但如果风险超过银行风险可控能力，商业银行切不可发放贷款。正如本斯特和赫尔维格（Bester and Hellwing，1987）在斯蒂格利茨和韦斯分析的基础上，对事后借款者的道德风险行为造成的信贷配给现象所做的补充理论：在信贷市场上存在着信息不对称,这种不对称表现在信贷市场上,借款者拥有自己用贷风险程度和能否按期还贷的私人信息,借款者如果不对银行如实报告其贷款投资的情况,银行在面对按期还款不同的众多借款者时,难以从借款者过去的违约情况、资产状况和贷款用途的资料中,事先就确定借款者的违约风险;贷款事后,银行无法完全控制借款者的用贷和还贷行为,借款者有可能采取风险行动,银行面临着违约的贷款风险。因此,银行的预期利润率不仅取决于贷款利率,而且取决于贷款风险的大小。

(3)贷款的费用。商业银行向客户提供贷款,需要在贷款前、贷款过程之中和贷款后花费大量的人力和物力,包括信用分析与评估费、抵押品鉴定与保管费、贷款回收费、账户服务和管理费等。

(4)贷款的期限。不同期限的贷款,其定价标准是不同的。贷款的期限越长,各种变动出现的可能性越大,贷款人承担的风险也就越大,因此,中长期贷款的利率通常高于短期贷款的利率。为了规避利率风险,目前对中长期贷款多采用浮动利率的方式计息,或采用前期固定、后期浮动的混合利率方式计息。

(5)借款人的信用及与银行的关系。一般来说,借款人的信用越好,借款人与商业银行的关系越好,贷款风险越小,贷款价格也越低;反之,借款人信用越差,借款人与商业银行的关系越差,贷款的风险就越大,贷款价格也越高。所以,商业银行一方面应严格定价制度,另一方面应审慎选择借款人。

(6)银行贷款的目标收益率。商业银行贷款产品的目标收益率对商业银行总资产目标收益率的实现至关重要。因此,在贷款定价时,必须考虑贷款收益率目标。当然,贷款收益率目标本身应当制订合理,过高的收益率目标会使银行贷款价格失去竞争力。

2)外在影响因素

除以上内在因素外,贷款价格还受贷款的市场供求状况、借贷市场利息率的一般水平、中央银行的货币政策、银行间的竞争状况等外在因素的影响。就贷款的市场供求状况而言,按照价格理论,市场供求是决定商品价格的基本因素。作为一种金融商品,贷款自然也受市场供求状况的影响。这里的贷款需求是指借款人某一时期希望从银行取得贷款的数量,贷款供给是指所有银行在该时期内能够提供的贷款数量。当贷款供大于求时,贷款价格应当降低;当贷款供不应求时,贷款价格应当适当提高。

4.贷款价格的构成

一般来讲,贷款价格主要由贷款利率、承诺费、补偿余额和隐含价格所构成。

(1)贷款利率。利率是资金要素的价格。贷款利率是一定时期借款人向贷款人支付的贷款利息与贷款本金之比率。它是贷款价格的主要构成部分,也是贷款的形式价格。经国务院批准,中国人民银行决定,自2013年7月20日起全面放开金融机构贷款利率管制。我国商业银行贷款利率进入市场化定价时代。但在定价时,可参照基准利率或基础利率。银行贷款利率的基本水平,取决于中央银行的货币政策和有关的法令规章、资金供求状况和同业竞争状况。对于信用度比较高的借款人,银行会在基准利率基础上下浮或采用基准利率,相反会在基准利率基础上向上浮动,或者会考虑其他价格构成。商业银行灵活的价格机制,有利于发挥贷款利率获取收益、选择客户和吸引客户的作用。

(2)承诺费。承诺费是指银行对已承诺贷给顾客而顾客又没有使用的那部分资金收取的费用。承诺费一般出现在循环信贷之中。承诺费是顾客为了取得贷款而支付的费用,因而,构成贷款价格的一部分内容。银行收取贷款承诺费的理由在于：为了应付承诺贷款的要求，银行必须保持一定高性能的流动性资产，以满足顾客随时提取贷款。这就要放弃收益高的贷款或投资机会，使银行产生利益损失。为了补偿这种损失，就需要借款人承担一定的费用。其计算公式如下：

$$承诺费总额 = \sum 贷款未动用部分 \times 承诺费率 \times 未提取天数 / 360$$

式中：贷款承诺费率通常由银行和借款人协商解决。而承诺费率确定时通常考虑的因素主要有借款人的信用状况、借款人与银行的关系、借款人的盈利能力、承诺期限等。一般佣金费率不超过 1%。贷款承诺定价的核心是佣金费率的确定。

【案例 5-1】甲企业于某年 11 月 1 日与银行签订 800 万元的贷款承诺协议，约定承诺期限为 1 个月，从协议签订之日起计收承诺费，费率为 0.5%，贷款利率为 9.8%。若该企业于 11 月 6 日提了 200 万元，11 月 12 日提了 400 万元，11 月 28 日提了 200 万元。问：甲企业应支付的承诺费总额为多少？

【案例分析】

$$
\begin{aligned}
承诺费总额 &= \sum 贷款未动用部分 \times 承诺费率 \times 未提取天数 / 360 \\
&= 800 \times 0.5\% \times 5/360 + 600 \times 0.5\% \times 6/360 + 200 \times 0.5\% \times 16/360 \\
&= 0.15(万元) = 1500(元)
\end{aligned}
$$

在本案例中，若客户提取贷款，需按原定利率 9.8% 支付利息；若客户在假设时间段不提取贷款，只要支付 1500 元佣金即可。能够看到，贷款承诺属于典型的中间业务中的承诺类业务。它对借款人来说：具有较大的融资灵活性；保证借款人始终有稳定的资金来源；可以锁定中小企业贷款利率的风险。对银行来说：提供了较高的盈利性；可赚得佣金，拓宽了盈利渠道；在信贷资金供大于求时，为信贷资金找到了好的出路。

（3）补偿余额。补偿余额是应银行要求，借款人保持在银行的一定数量的活期存款或低利率定期存款。它限制了借款人对该部分资金的使用权，所以，构成贷款的价格。其作用主要体现在三个方面：一是希望借款人是自己的双边客户，即既是存款人，又是借款人，有牵制作用。二是对利息收回有保障作用。三是给客户一个低的利率，使名义利率具有一定竞争力。在补偿余额下客户实际承担费用的计算公式如下：

$$企业贷款的实际成本率 = \frac{利息净支出}{实际可动用资金}$$

【案例 5-2】某企业向银行借款 10 万美元，约定期限为 1 年，若银行贷款名义利率为 9%，贷款补偿余额比率为 10%，存款利率为 2%，则该企业实际应承担的费用率为多少？

【案例分析】

$$企业贷款的实际成本 = \frac{利息净支出}{实际可动用资金} = \frac{10 \times 9\% - 10 \times 10\% \times 2\%}{9} = 9.78\%$$

补偿余额的收取，一方面使银行有了保障，另一方面也给了信用等级较低客户融资的机会。但是对于信用等级过高的客户，此种方法是不可取的。

（4）隐含价格。隐含价格是指贷款定价中的一些非货币性内容。它可以是禁止性的，也可以是义务性的。它虽然不直接带来货币性收入或支付，但却增加了借款人的机会成本。假设条款如表 5-1 所示。

表 5 - 1　假设条款

禁止性条款	义务性条款
1. 每年资本支出不得超过 3000 万美元	借款者必须维持以下财务比率：
2. 现金红利不得超过本期盈利的 60%	流动比率＞1
3. 职工年薪酬总额不得超过 30 万美元	应收未收款的时间＜50 天
	存货周转率＞4.5 次
	负债与资产的比率＜70%
	净值＞100 美元
	经营中的现金流量＞红利＋本年到期的长期负债

5. 贷款定价方法

1) 基础利率定价法

基础利率定价法，又称交易利率定价法。这种定价方法是由客户事先选定基础利率，再由银行确定加成部分后作为贷款利率，并且在借款期间贷款利率可随基础利率变化的定价方法。

基础利率的计算公式为：

贷款利率＝货币市场基础利率＋风险溢价＋长期贷款的期限风险溢价＋期望利润率

(1) 货币市场基础利率。最通行的基础利率是国库券利率、大额定期存单利率、银行同业拆借利率、商业票据利率等货币市场利率。其也可以是优惠贷款利率，即银行对优质客户发放短期流动资金贷款的最低利率。由于这些金融工具或借贷合约的共同特征是违约风险低，所以它们的利率往往被称为无风险利率(riskless interest rate)，是金融市场常用的定价参照系，故也被称为基准(benchmark)利率。浮动利率贷款多采取这种定价方法。当然，对于所选定的客户，银行往往允许客户选择相应期限的基础利率作为定价的基础，附加的贷款风险溢价水平因客户的风险等级不同而有所差异。

那么，基础利率和基准利率有何不同呢？基准利率在我国是中国人民银行公布的商业银行存款、贷款、贴现等业务的指导性利率。它是在多种利率并存条件下起决定作用的利率，即这种利率的变动，会引起其他利率的相应变动。通常所指基准利率包括再贷款率、再贴现率、一年期存贷款利率等。世界上最著名的基准利率有伦敦同业拆放利率(LIBOR)和美国联邦基准利率。贷款基础利率是商业银行对其最优质客户执行的贷款利率，其他贷款利率可在此基础上加减点生成。我国于 2013 年 7 月 20 日起全面放开金融机构贷款利率管制，2013 年 10 月 25 日贷款基础利率(loan prime rate, LPR)集中报价和发布机制正式运行。运行初期向社会公布 1 年期贷款基础利率。全国银行间同业拆借中心为贷款基础利率的指定发布人。首批报价行共 9 家，分别为中国工商银行、中国农业银行、中国银行、中国建设银行、交通银行、中信银行、浦发银行、兴业银行和招商银行。贷款基础利率集中报价和发布机制作为市场利率定价自律机制的重要组成部分，是上海银行间同业拆放利率(Shibor)机制在信贷市场的进一步拓展和扩充，有利于强化金融市场基准利率体系建设，促进定价基准由中央银行确定向市场决定的平稳过渡；有利于提高金融机构信贷产品定价效率和透明度，增强自主定价能力；有利于减少非理性定价行为，维护信贷市场公平有序的定价秩序；有利于完善中央银行利率调控机制，为进一步推进利率市场化改革奠定制度基础。

（2）风险溢价。基础利率确定后，关键在于加成部分中风险溢价的确定。一般来讲，风险溢价的计量是按《巴塞尔新资本协议》的内部评级法来确定的不同信用等级下的风险溢价。

$$风险溢价＝ELr＋ULr＝PD×LGD＋K×E$$

式中：ELr 为贷款预期损失率；ULr 为贷款非预期损失率；PD 为贷款违约概率；LGD 为贷款违约损失率；K 为资本要求；E 为资本回报率。

①预期损失（expected loss，EL）是信用风险损失分布的数学期望，即损失的历史平均值，它代表大量贷款在整个经济周期内的平均损失，是银行已经预计到将会发生的损失。

$$预期损失率＝预期损失÷资产风险敞口×100\%$$

②非预期损失（unexpected loss，UL）是指因经济环境或市场状况波动造成的信用风险损失偏离预期损失的幅度。这种损失由资本弥补，是银行经济资本配置的基础。

③违约概率（PD）是指借款人在未来一定时期内不能按合同要求偿还贷款本息或履行相关义务的可能性。

④违约损失率（loss given default，LGD），是指债务人一旦违约将给债权人造成的损失数额占风险暴露（债权）的百分比，即损失的严重程度。从贷款回收的角度看，违约损失率决定了贷款回收的程度，所以，违约损失率＝1－回收率。

（3）期限风险溢价。贷款期限越长，流动性越差，且利率走势、借款人财务状况等不确定因素愈多。因此，贷款价格中应该反映相对较高的期限风险溢价。

（4）期望利润率。即银行预期的利润水平，为了给银行股东提供一定的资本收益率，必须从每笔贷款项目中获得的最低收益。

2）成本加成定价法

这是在贷款定价时，银行管理人员考虑其筹集可贷资金的成本及其他因素后的定价方法。一个完整的贷款利率，其中必须包括四部分内容：银行筹集可贷资金的成本，银行的经营成本，违约风险补偿费，每笔贷款的适当利润（或目标利润）。

可用公式表示如下：

$$贷款利率＝筹集资金的成本率（或边际成本率）＋经营成本率＋补偿费用率＋利润率$$

风险补偿费包括违约风险补偿费和期限风险补偿费。违约风险补偿费率可据信用评级和历史数据求得，也可按以下公式直接计算出贷款风险补偿费额。计算公式如下：

$$贷款风险补偿费＝贷款额×贷款风险度$$

式中

$$单笔授信业务风险度＝\frac{授信对象信用}{等级风险系数}×\frac{授信方式}{风险系数}×\frac{授信期限}{风险系数}×\frac{授信资产形态}{风险系数}$$

$$授信业务综合风险度＝\sum 授信业务加权风险权重额／\sum 授信金额$$

$$＝\sum 单笔授信业务金额×该笔授信业务风险度／\sum 授信金额$$

贷款风险度就是将影响贷款安全的各个因素通过量化，并冠以系数值作为衡量贷款资产风险程度的尺度。贷款风险度通常大于 0 小于 1。贷款风险度越大，说明贷款本息按期收回的可能性越小；反之，贷款风险度越小，说明贷款本息按期收回的可能性越大。具体确定过程如下：

首先，按客户信用等级给出信用风险系数，如表 5-2 所示。

表 5-2　信用等级风险系数

信用等级	AAA	AA	A	BBB	BB	B
等级风险系数	40%	50%	60%	70%	80%	100%

其次,按贷款的授信方式(或保障形式)给出风险系数,如表 5-3 所示。

表 5-3　信用保障风险系数

授信方式	信用贷款、透支	保证贷款	质押贷款	抵押贷款
风险系数	100%	①商业银行及政策性银行保证 10%;②非银行金融机构保证 50%	①人民币存单质押 0;②外币存单质押 10%;③国库券 0;④地方债券 10%	①房屋产权转让抵押 50%;②居住楼宇抵押贷款 50%;③动产物业抵押贷款 50%;④其他抵押 100%

最后,按贷款形态给出信贷资产形态风险系数。根据我国自 2012 年 7 月 1 日起施行的由财政部下发的《金融企业准备金计提管理办法》规定,信贷资产形态风险系数如表 5-4 所示。对于其他风险资产可参照信贷资产进行风险分类,采用的标准风险系数不得低于上述信贷资产标准风险系数。

表 5-4　信贷资产形态风险系数

贷款形态	正常	关注	次级	可疑	损失
形态风险系数	1.5%	3%	30%	60%	100%

【案例 5-3】某企业向银行甲申请一笔房地产抵押贷款 100 万元。若银行甲对这家企业的信用等级评定为 A 级,贷款形态定为关注类。本案例中若不考虑期限风险,请计算这笔贷款的风险度及风险补偿费。

【案例分析】

单笔授信业务风险度=授信对象信用等级风险系数×授信方式风险系数×授信期限风险系数×信贷资产形态风险系数=60%×50%×3%=0.009

风险补偿费=100×0.009=0.9(万元)

通常情况下,信贷综合风险度也可采用标准杠杆率法求得。计算公式为:

$$信贷综合风险度=风险敞口信贷资产总额/信贷资产总额$$

风险敞口(risk exposure)指未加保护的风险,即因债务人违约行为导致的可能承受风险的信贷余额,指实际所承担的风险,一般与特定风险相连。广义而言,敞口就是风险暴露,即银行所持有的各类风险性资产余额。

$$风险敞口信贷资产总额=风险敞口资产总额×(信贷资产/总资产)$$

$$风险敞口资产总额=风险加权资产总额-银行资本金×标准杠杆率$$

风险基础资产(风险加权资产总额)是指以某项资产与其相对应的风险权重的乘积之和。

标准杠杆率是指银行资本充足率的倒数。它表示单位资本在一定时期内能启动多少既有风险又有收益的资产,为防止超负荷营运,保持在 1/8％＝12.5 比较好。

【案例 5 - 4】 某银行有风险基础资产总额 67106.2 万元,资本金 3614 万元,总资产 85612 万元,信贷资产 54952 万元。请计算该银行信贷综合风险度。

【案例分析】

(1)风险敞口资产＝67106.2－3614×(1/8％)＝21931.2(万元)

(2)风险敞口信贷资产＝21931.2×(54952/85612)＝14077.04(万元)

(3)信贷综合风险度＝(14077.04/54952)100％＝25.62％

总之,贷款风险度作为衡量贷款风险程度大小的一把客观的"尺子",可以应用于贷款审、贷、查全过程。它既可以用来决定一笔贷款贷与不贷,也可以用来检查某一家银行或某一个信贷员所管辖的全部贷款的质量高低,还可以用来检查某一个借款企业、企业集团或行业贷款风险程度的大小。贷款风险度如果运用得当,既可以制约"以贷谋私",提高贷款的决策水平,又能使信贷结构调整落到实处,也便于银行内部对信贷管理工作进行考核和奖惩。

【案例 5 - 5】 某商业银行为甲企业发放了一笔 5000 万元贷款,其中:股本比类 5％,预期股本收益率 9％,银行缴纳所得税税率 25％;筹集其他放贷资金的成本率是 5.9％;非资金性经营成本是贷款数额的 2％;贷款违约风险溢价是贷款额度的 0.3％。假定该银行目标收益率为 1％,请用成本加成定价法确定该笔贷款的利率。

【案例分析】

银行贷款总成本＝5000×5％×9％÷(1－25％)＋(5000－5000×5％)×5.9％＋5000×2％＋5000×0.3％＝30＋280.25＋100＋15＝425.25(万元)

银行该笔贷款的利率＝425.25÷5000×100％＋1％＝9.505％

成本加成定价法的缺陷主要有:

①假设银行能精确地计算其成本,事实并非如此。实际中银行很难准确地将其经营成本摊给银行经营的各种业务。

②成本相加模型认为:银行可以不顾及其他银行的竞争而制订贷款价格。

这些缺陷导致了价格领导模型的形成。

3)价格领导模型

价格领导模型又称差别定价法,是指在优惠利率(由若干大银行视自身的资金加权成本确定)的基础上根据借款人的不同风险等级(期限风险与违约风险)制订不同的贷款利率。根据这一做法,贷款利率定价是在优惠利率基础上加上某数或乘以某数来确定的,即包括优惠加数定价法和优惠乘数定价法。这两种方法是西方商业银行普遍使用的贷款定价方法:

优惠加数定价法的公式:

贷款利率＝优惠利率＋加成部分＝优惠利率＋违约风险溢价＋期限风险溢价＋期望利润

优惠乘数定价法的公式:

$$贷款利率＝优惠利率×调整系数＋期望利润$$

4)客户盈利性分析模型

客户盈利性分析模型(或客户贡献度定价法),指贷款定价时要从"机构-客户"的整体关系入手,具体分析借款人对商业银行的贡献度,这些贡献度的来源不仅是贷款业务,而是包括了银行的资产、中间业务和负债等各个方面。商业银行在综合核算与客户这些往来业务的成本和收益的基础上,根据自身确定的目标利润及客户风险水平等给予对应的贷款定价。更重要的是,它还可结合经济资本的最低回报率一并确定存、贷款的利率,因此,此方法被认为是一种较为理想的贷款定价方法。

从盈利角度看,客户盈利性分析模型的定价原则应为

$$来源于某客户的总收入 \geqslant 银行为该客户提供服务的总成本 + 目标利润$$

由于贷款衍生出的利息仍然是商业银行的主要收益来源,所以,上式可用如下公式表示为

$$[贷款额 \times 利率 \times 期限 \times (1 - 税金及附加率) + 其他服务收入 \times (1 - 税金及附加率)] \geqslant$$
$$[银行为客户提供服务的总成本 + 目标利润]$$

在以上模型中,主要涉及的三大要素是"银行为客户提供服务的总成本""来源于客户的总收入""目标利润"。

(1)银行为客户提供服务的总成本主要包括:①资金成本,对客户提供贷款所需资金的成本;②贷款费用,如信用调查费、项目评估费、抵押物的维护费用、贷款回收费用、贷款档案费、法律文书费、信贷人员薪金以及分摊的固定费用等;③客户违约成本,即贷款本息损失额,根据客户的风险等级和平均违约率来确定;④客户存款的利息支出;⑤账户管理成本,即客户活期、定期存款账户的管理费用和操作费用,如提现、存现、转账等。

(2)来源于客户的总收入指标主要涉及贷款的利息净收入、客户存款账户收入和中间业务收入。

①贷款的利息净收入。它是指商业银行发放给客户贷款的利息收入,在缴纳增值税之后的利息净收入,即 $\sum (贷款额 \times 期限 \times 利率) \times (1 - 税金及附加)$。

②客户存款账户收入。客户存款账户收入可按下列公式计算:

$$客户存款账户总收入 = 客户存款账户可运用净额(指该客户在计算期内的平均存款余额$$
扣减托收未达现金、法定存款准备金后的余值)$\times$资产平均收益率(贷款、投资、拆借等资产的平均收益率)$+$存款准备金利息收入

$$客户存款账户可运用净额 = 客户存款账户平均余额 - 存款准备金 - 备付现金$$

③中间业务收入。中间业务收入主要指商业银行为客户提供授信类、非授信类业务的手续费及佣金收入。

(3)目标利润。商业银行的放贷资金最终来源于"负债"和"产权资本(即股本权益)"两条渠道。由此,西方一些财务学家认为,每一笔贷款的资金来源都可以相应地分解为负债和产权资本。设一家银行的产权资本占资产总额的9%,这意味着,贷款(资产项目)的9%是由银行产权资本来支持的,其余91%是通过负债来支持的。而目标利润是指银行资本要求从每笔贷款中获得的最低收益。所以,根据上面的分析,银行可以根据既定的产权资本目标收益率(通常由银行上层管理者决定)、贷款额、贷款的资本金支持率来确定目标利润:

$$银行目标利润 = 贷款的资本金支持率 \times 某客户贷款额 \times 资本的目标收益率$$
$$= (资本 \div 总资产) \times 某客户贷款额 \times 资本的目标收益率$$

如果考虑其他因素,可进一步确定为

$$银行目标利润 = [资本 / (总资产 - 低息和无息资产)] \times 客户平均贷款额 \times 产权资本的目标收益率$$

综上所述,如果来自客户账户净收益等于目标利润,说明贷款定价基本合理;如果客户账户净收入大于或小于目标利润,银行就应考虑调整对该客户贷款定价做上浮或下浮调整。银行也可以采用提高或降低服务价格的方式来起到调整贷款定价的作用。

【案例 5-6】 企业 A 向银行 B 申请授信额度 100 万元,期限 1 年,并声明贷款使用额度一般在 80 万元。银行同意授信,并提出贷款条件:

①按承诺费率 0.5% 一次性收取贷款承诺费。

②企业 A 在该行的账户作为结算账户,假定年均派生存款额为 10 万元,其投资收益率为 8%。

另外,银行 B 的管理成本为,一个结算账户年管理成本 4000 元,贷款及风险管理费每年 5000 元,资金边际成本 7%。假设目标收益率为 1.5%。要求计算该笔贷款的利率。

【案例分析】 依据题意,该笔贷款利率确定过程如表 5-5 所示。

表 5-5　B 银行确定该笔贷款利率的过程

项目	计算过程及结果
1.银行费用支出及目标利润率	
存款服务成本	4000 元
贷款管理和风险成本	5000 元
负债资金利息成本	80 万元×7%=56000 元
目标利润	80 万元×1.5%=12000 元
小计	77000 元
2.预计取得的收入	
贷款承诺手续费	100 万元×0.5%=5000 元
派生存款投资收入	10 万元×8%=8000 元
小计	13000 元
3.银行应收贷款利息	7.7 万元-1.3 万元=6.4 万元
4.银行贷款利率	6.4 万元÷80 万元=8%

此种定价方法在考虑客户对银行贡献度基础上,坚持成本收益配比原则确定贷款价格,不仅切合实际,而且对客户贡献有一定的激励作用。

5.2　贷前管理

5.2.1　贷前管理的概念及目的

贷前管理是指贷款发放前银行对借款人基本情况的调查和分析,并对其是否符合贷款条件和可发放的贷款额度做出初步判断。贷款调查的重点内容包括申请人资信状况、经营情况、贷款担保情况、申请贷款用途的合规性和合法性以及是否绿色信贷和环保信贷等。贷前管理的目的就是在降低信息非对称程度的基础上,核实还款来源。

5.2.2 贷前管理流程简介

1. 业务受理

(1)申请。有融资需求的客户提出授信申请或银行主动向客户营销授信业务。

(2)受理。经办行受理。

(3)资格审查。首先,授信对象应该是经工商行政管理机关或主管机关核准登记的企事业法人、其他经济组织。其次,授信对象应满足具备产品有市场、生产经营有效益、不挤占挪用信贷资金、恪守信用等基本条件。再次,授信对象应提供如下基本资料:①营业执照(副本及影印件)和年检证明;②法人代码证书(副本及影印件);③税务登记证明和近两年税务部门纳税证明资料复印件;④法定代表人身份证明及其必要的个人信息;⑤近三年经审计的财务报表及当年近期的财务报表;⑥本年度及最近月份存借款及对外担保情况;⑦合同或章程(原件及影印件);⑧董事会成员和主要负责人、财务负责人名单和签字样本等;⑨如授信申请人为法人分支机构的,应同时提交法人的借款授权书;⑩三资企业(即在中国境内设立的中外合资经营企业、中外合作经营企业、外商独资经营企业三类外商投资企业),应提供国家对外经济贸易主管部门的批准证书、合同、章程及有关批复文件;⑪股东大会关于利润分配的决议。

2. 授信调查

授信在此处主要指对法人客户的表内外授信。表内授信包括贷款、项目融资、贸易融资、贴现、透支、保理、拆借和回购等;表外授信包括贷款承诺、保证、信用证、票据承兑等。授信按期限分为短期授信和中长期授信。短期授信指一年以内的授信,中长期则是一年以上的授信。授信业务主要指商业银行贷款、贴现等表内授信。众所周知,在贷款业务中存在着严重的非对称信息,为了降低信息的非对称性,银行必须严格授信调查制度。

(1)调查目的:熟知客户和客户的业务,取得必要的客户信息资料和业务信息资料,并核实资料的真实性。

(2)调查范围:授信经营部门接受其授信申请的法人客户、担保人以及抵质押物等。

(3)调查要点:①清楚掌握客户和业务的真实情况,包括搜集集团客户及关联客户的有关信息,建立客户档案。②对客户提供资料的合法性、真实性和有效性进行认真核实,记录核实过程和结果。③以实地调查为主,以间接调查为辅。④酌情、主动向政府有关部门及中介机构索取相关资料,验证真实性。

3. 借款人信用分析和评级

在贷款业务经营中,银行处于信息的劣势地位。对借款人的信用分析,可降低银行信息的非对称性,以防范信用风险、道德风险和逆向选择风险。所谓信用分析是指商业银行为保障贷款的安全与盈利,在贷款前对贷款的资信状况进行分析和评估,目的在于预测贷款可能面临的风险,为贷款科学决策提供依据。信用分析包括非财务分析、财务分析及担保分析等内容,具体将在 5.2.3 小节进行详细介绍。信用评级(credit rating),又称资信评级,是一种社会中介服务,为社会提供资信信息,或为单位自身提供决策参考。信用评级作为一个完整的体系,包括信用评级的要素和指标、信用评级的等级和标准、信用评级的方法和模型等方面的内容。其中信用评级指标和信用评级方法是信用评级体系中最核心的两个内容,同时又是信用评价体系中联系最紧密、影响最深刻的两个内容。对商业银行来说,信用评级是其确定贷款风险程度的依据和信贷资产风险管理的基础。

4. 授信分析和调查报告撰写

1）一般报告

一般报告包括以下内容：

（1）授信客户背景情况。

（2）授信业务背景情况。

（3）行业风险分析。

（4）经营或管理风险分析。

（5）财务风险分析。

（6）授信额度确定。

（7）风险评级。

（8）担保分析。

（9）结论及授信安排。

2）项目贷款报告

项目贷款报告包括以下内容：

（1）借款人背景情况。

（2）项目概况。

（3）投资估算与资金来源。

（4）市场分析。

（5）设备技术工艺和设计分析。

（6）财务数据预测。

（7）财务分析。

（8）不确定性分析。

（9）担保情况分析。

（10）结论及授信安排。

一般来讲，信贷人员要通过贷前调查，主要是对所面临的信用风险进行诊断后，告知决策者以下问题：一是客户存在哪些会导致贷款违约的风险因素；二是客户有哪些潜在会导致贷款违约的风险因素；三是存在和潜在的风险因素导致贷款违约的概率有多大。

5. 贷款受理与调查环节的主要风险点

（1）业务受理未尽职，对贷款条件和要求没做详细说明和解释。

（2）贷款调查流于形式，尤其对客户资产、收入调查不真实，或按他人授意进行调查。

（3）岗位职能未落实。

（4）客户贷款需求核定不准确。

（5）客户信用等级评定不准确。

（6）客户信息录入错误。

5.2.3　商业银行对借款人信用分析的内容

1. 商业银行对借款人信用分析的内容概览

商业银行对借款人信用分析包括非财务分析和财务分析两个部分的内容，其构成如图5-2所示。

```
              ┌ 非财务分析 ┌ ①贷款信用分析的要素
              │          └ ②借款人行业及寿命期分析
     信用分析 ┤
              │          ┌ 财务报表分析
              └ 财务分析 └ 财务比率分析
```

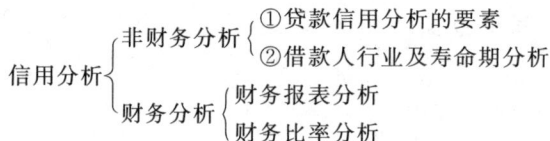

图 5-2 银行对借款人信用分析框架图

非财务分析包括贷款信用分析的要素、借款人行业及寿命期分析等内容。财务分析包括对财务报表的静态分析和财务比率(或动态)分析。通过分析获得以下信息:①评价借款人过去的经营业绩;②衡量借款人现在的财务状况;③预测借款人未来的发展趋势;④决定是否放贷及放贷规模。

总而言之,通过分析获得借款人是否有还款的意愿及还款能力,来决定贷还是不贷以及贷多少。着重考虑:①借款人的品德;②贷款合法性;③贷款安全性;④贷款的盈利性。

2. 贷款信用分析的要素

在对借款人信用分析时,尽管财务信息是测量借款人信用风险的最重要依据,但商业银行还必须了解与借款人经营相关的其他非财务信息。通过这些信息,银行可以了解借款人过去和现在的经营状况,从而可以判断借款人用一定的经营活动来创造现金流量以达到偿付贷款的能力。非财务评价要素也称为6C分析法,具体包括以下内容。

(1)品德(character)。借款人的品德是指借款人不仅要有偿还债务的意愿,还要具备承担各种义务的责任感。所以,借款人品德是一个综合性的概念,它包括借款人的背景、年龄、经验,借款人有无不良的行为记录,借款人的阵容(合伙人情况)及协调合作情况,借款人的性格作风、现代经营管理观念及上下属的关系等。借款人还款意愿的高低,可以从借款人的还款记录,包括对其他银行、供应商等债权人的还款记录情况进行判断获得。若无不良记录可给予放贷,否则拒绝贷款。真正建立使违约者"一处失信、处处制约"的失信惩戒机制。这也是提升我国国民整体诚实守信水平,进而保证金融安全的基础性工作,而它的实现需要全社会相配合。

(2)能力(capacity)。这一因素在主要考察借款企业主要负责人能力的基础上,还应重视以下两个方面:①借款人预期的现金流;②借款人的生产经营能力和管理水平。应从两个方面来考察:一是要看企业的生产成本、产品质量、销售收入以及生产竞争力。这方面通常可以通过企业经营的一些经济技术指标来反映,如企业的资本比率、流动比率、设备利用率、折旧率、净值收益率、毛利和净利、销售收入增长率和生产占有率等。二是要看企业经营者的经验和能力,特别是要分析企业主要决策者的决策能力、组织能力、用人能力、协调能力和创新能力。

(3)资本(capital)。资本是借款人财产的货币价值,它反映了借款人的财力和风险承担能力,并作为企业从银行取得贷款的一个决定性因素被重点关注。一般要求来自业主而非债务资金应达到企业资产总规模的50%以上。

(4)担保(collateral)。担保包括第三方信用担保和借款者的抵押品或质押担保。银行要注重对抵押物(或质物)及保证人的审核。严格审核保证人资格,以防关联企业互保骗贷。

(5)经营环境(condition)。这是指借款人自身的经营状况和外部环境。借款人本身的经营状况包括经营范围、经营方向、销售方式、原材料供应渠道、竞争能力和对市场的应变能力、企业生产受季节性因素影响的程度、企业的生产设备、生产能力、生产规模、技术水平、人员素质、经济效益、发展前景等。借款人经营的外部环境是指借款人所在地区的经济发展状况。

(6)事业的连续性(continuous career)。这是指对借款企业持续经营前景的审查。如企业是环保型的，还是非环保的；可持续发展前景如何。

对借款人的信用分析具体内容如表 5 - 6、表 5 - 7 所示。

表 5 - 6　借款人行业风险的判断

行业特征	低风险	中等风险	中高风险	高风险
成本结构	低营业杠杆、低固定成本、高变动成本	固定成本与变动成本平衡	固定成本略高于变动成本	高营业杠杆、高固定成本、低变动成本
成熟性	成熟行业：销售和利润仍以合理比例增长	①正在成熟的行业：摆脱了成长中的主要问题；②高度成熟行业：处于衰退的边缘	①新兴行业：仍迅速成长，弱的竞争者开始退出；②衰退行业：销售和利润下降	新兴行业：以爆炸性速度成长
周期性	不受经济周期影响	销售增长或下降较温和，能反映经济的繁荣和萧条	销售受繁荣和萧条的轻度影响	高度周期性和反周期性
盈利性	从扩张到衰退期间持续盈利	在衰退期持续盈利，但低于平均水平	在扩张期盈利，在衰退期略有亏损	扩张期和衰退期都不盈利
依赖性	高度多样化的客户群和供应商	客户和供应商限于某些行业，但其中任何一个都不占有10%以上的购销额	客户和供应商限于某些行业，其中某些可以占有 20%～30%的购销额	高度依赖于一两个行业或客户群
产品替代性	没有替代产品或类似产品	有少数替代产品	有数种替代产品	有许多替代产品
法律、政策	支持或无不利影响	没有限制或有轻微不利影响	有负面影响	有严格限制，有重大负面影响

资料来源：本书编写组. 贷款风险分类原理与实务［M］. 北京：中国金融出版社，1998:124.

表 5 - 7　借款人经营风险评估

经营特点	低风险	中等风险	中高风险	高风险
规模	销售量、资产、盈利和市场份额名列前茅	中等规模	销售量、资产、盈利和市场份额较小	销售量、资产、盈利和市场份额最小
发展阶段	稳步增长	趋于稳步增长：弱者被挤出市场	快速增长，但速度不是爆炸性的	以爆炸性的速度增长，销售量和资产连年下降

经营特点	低风险	中等风险	中高风险	高风险
产品多样性	产品多样性,用途广,没有一种产品的销售量或利润占到10%	产品多样性,用途有限;没有一种产品的销售量或利润占到20%～30%	品种有限,用途也有限;有一种产品的销售量或利润占到30%以上	产品单一和客户单一
产品重要性	常用品,需求稳定且可以预测	必需品,但可以推迟消费,需求有周期性	奢侈品,市场小但稳定	极度奢侈品,市场小但不稳定
差异性	产品与众不同,没有替代品,专利有保护,信誉好	产品有些独特,替代品有限;信誉好	产品无独特之处,替代品有限;信誉好	产品无独特之处,有许多替代品;质量一般
市场竞争	没有直接的竞争对手	有一些竞争对手,但总体上能胜过对手	面临来自大公司的轻度竞争	面临来自大公司的激烈竞争
企业管理经验	经验丰富	经历过不少行业周期	经验有限,只了解常见的行业问题	缺乏经验
企业管理深度	在所有职能部门都有深入管理	有足够的管理深度	管理不够深入,次岗位空缺	管理不够深入,关键岗位空缺
企业管理广度	所有部门都有有经验的管理者	只有一个关键管理人员,经验不足	关键部门缺乏有经验的管理者,其他管理者可以监管该部门	多个关键部门缺乏有经验的管理者,其他人无法顾及
董事会	由知名企业家组成董事会,形成有效控制	有些董事作用有限	外部董事不能有效制约管理层	董事会中没有外部董事,不履行一般职责
完成经营目标情况	持续完成经营目标	有大约一半时间能完成	在完成经营目标方面较差	很少能完成经营目标

资料来源:本书编写组. 贷款风险分类原理与实务[M].北京:中国金融出版社,1998:128.

3. 财务报表分析

商业银行对借款人的选择要有精确的财务数据支持。若借款人首次向银行申请贷款,应提交过去三年的资产负债表、利润表和现金流量表供贷款人进行分析;若属于续贷,可提供当期的三大报表。对财务数据不全或不清楚的,应要求详细解释。如:信贷人员需要借款人解释应收账款、存货与设备是如何估价的,以及它们是否用于其他抵押;应付账款与其他债务的拖欠原因;借款人所做出的书面解释应当成为信用档案的一部分。

财务报表分析,属于财务分析中的静态分析。在这项分析中,财务报表的真实性、合法性、客观性显得尤为重要。商业银行要求借款人所提供的报表应该是由合法审计部门审计签章的报表。否则,银行不予受理。

1)资产负债表

资产负债表是反映企业在某一特定日期(如月末、季末、年末)全部资产、负债和所有者权益情况的会计报表,是一张揭示企业在一定时点财务状况的静态报表。通过总额分析、项目分布分析、项目比例关系分析、流动性分析可满足银行信息使用者的需要。其格式如表 5 - 8 所示。

表 5 - 8　企业资产负债表

会企 01 表

编制单位:　　　　　　　　　　20××年 12 月 31 日　　　　　　　　　　单位:元

资产	期末余额	年初余额	负债和所有者权益	期末余额	年初余额
流动资产:			流动负债:		
货币资金			短期借款		
以公允价值计量且其变动计入当期损益的金融资产			以公允价值计量且其变动计入当期损益的金融负债		
交易性衍生金融资产			衍生金融负债		
应收票据			应付票据		
应收账款			应付账款		
预付款项			预收款项		
应收利息			应付职工薪酬		
应收股利			应交税费		
其他应收款			应付利息		
存货			应付股利		
持有待售资产			其他应付款		
一年内到期的非流动资产			持有待售负债		
其他流动资产			一年内到期的非流动负债		
流动资产合计			其他流动负债		
非流动资产:			流动负债合计		
可供出售金融资产			非流动负债:		
持有至到期投资			长期借款		
长期应收款			应付债券		
长期股权投资			长期应付款		
投资性房地产			专项应付款		
固定资产			预计负债		
在建工程			递延所得税负债		
工程物资			其他非流动负债		
固定资产清理			非流动负债合计		
生产性生物资产			负债合计		
油气资产			所有者权益(或股东权益):		

资产	期末余额	年初余额	负债和所有者权益	期末余额	年初余额
无形资产			实收资本（或股本）		
开发支出			资本公积		
商誉			减:库存股		
长期待摊费用			盈余公积		
递延所得税资产			未分配利润		
其他非流动资产			股东权益合计		
非流动资产合计					
资产总计			负债和所有者权益总计		

（1）总额分析。资产负债表反映企业资产、负债、所有者权益状况。所以，着重分析三项的总额分别是多少、相互之间的比例关系、在年度内三项内容是如何变化的等内容。

【案例 5 - 7】ABM 公司的简易资产负债表如表 5 - 9 所示。请分析该公司 2017 年、2018 年资产总额、负债总额、所有者权益总额的变化情况。

表 5 - 9　总额数据资料　　　　　　　　　　　　　　　　单位:万元

项目	期初余额	期末余额
资产	52155	66275
负债	18890	31525
所有者权益	33265	34750

【案例分析】从表 5 - 9 可知，ABM 公司 2018 年与 2017 年比较，资产增长了 27.07％，负债增加了 66.89％，所有者权益增长了 4.46％。由于该公司资产规模和负债规模都增加了，且负债增加的幅度非常大，所以，财务风险也增大了。

（2）资产项目分布情况分析。通过该项分析，可以得到企业年度内财务状况的特点及其变化情况的信息。

【案例 5 - 8】ABM 公司的资产分布情况如表 5 - 10 所示。请分析该公司 2017 年、2018 年资产主要项目的变化情况。

表 5 - 10　资产项目分布情况　　　　　　　　　　　　　单位:万元

项目	期初余额	期末余额
流动资产（应收账款、存货）	3100	4200
长期投资	1300	1500
固定资产	45000	59000
无形资产	2755	1575
资产合计	52155	66275

【**案例分析**】从表 5-10 可知,ABM 公司资产项目中,固定资产占的比重最大,年初为 86.3%,年末为 89%,说明该公司的经营对固定资产投资的依赖程度高。结合负债增加的实际情况,可以推断:该公司增加负债主要用于增加固定资产。

除此之外,应收账款分析应着重掌握五点:一是坏账准备金是否按规定计提;二是应收账款的分布;三是应收账款账龄的分布;四是应收账款的数量;五是应收账款的抵押情况。存货分析,应重点掌握五个方面内容:一是存货的规模是否合理;二是存货保留时间的长短;三是存货的流动性状况;四是存货有无陈旧变质风险;五是存货是否投保。

(3)负债项目分布情况分析。可以分析掌握企业资金来源途径、规模、期限等信息。

【**案例 5-9**】ABM 公司负债项目分布情况如表 5-11 所示。请分析该公司 2017 年、2018 年负债主要项目的变化情况,并提出初步意见。

表 5-11　负债项目分布情况　　　　单位:万元

项目	期初余额	期末余额
流动负债	14690	29425
长期负债	4200	2100
负债合计	18890	31525

【**案例分析**】从表 5-11 可知,ABM 公司年内增加的主要是流动负债。一般情况下,公司增加固定资产对应的负债都是长期负债,而该公司负债变化不符合这一规律。所以,应该结合实际调研情况和财务比率分析结果审慎放贷。

2)利润表

利润表是反映企业一定会计期间(如月度、季度、半年度或年度)生产经营成果的会计报表。企业一定会计期间的经营成果既可能表现为盈利,也可能表现为亏损,因此,利润表也被称为损益表。它全面揭示了企业在某一特定时期实现的各种收入、发生的各种费用、成本或支出,以及企业实现的利润或发生的亏损情况。

利润表是根据"收入-费用=利润"的基本关系来编制的,其具体内容取决于收入、费用、利润等会计要素及其内容,利润表项目是收入、费用和利润要素内容的具体体现。从反映企业经营资金运动的角度看,它是一种反映企业经营资金动态表现的报表,主要提供有关企业经营成果方面的信息,属于动态会计报表。它主要分析公司主营业务收入如何变化、公司主营业务利润在利润中所占比例、公司利润来源于哪些方面、公司连续三年的利润如何变化。其格式如表 5-12 所示。

表 5 – 12　利润表

会企 02 表

编制单位：　　　　　　　　　　　___年___月　　　　　　　　　　　单位:元

项目	本期金额	上期金额
一、营业收入		
减:营业成本		
税金及附加		
销售费用		
管理费用		
财务费用		
资产减值损失		
加:公允价值变动收益(损失以"－"号填列)		
投资收益(损失以"－"号填列)		
其中:对联营企业和合营企业的投资收益		
二、营业利润(亏损以"－"号填列)		
加:营业外收入		
减:营业外支出		
其中:非流动资产处置损失		
三、利润总额(亏损总额以"－"号填列)		
减:所得税费用		
四、净利润(净亏损以"－"号填列)		
五、每股收益		
(一)基本每股收益		
(二)稀释每股收益		

3)现金流量表

现金流量表是以收付实现制为会计核算基础,根据企业资产负债表和利润表的有关数据来编制的,是反映一定时期内(如月度、季度或年度)企业经营活动、投资活动和筹资活动对其现金及现金等价物所产生影响的财务报表。该表提供了企业一定时期内现金及现金等价物流入和流出的信息,以揭示企业的偿债能力和变现能力。它是一张动态报表。其格式如表5-13所示。

表 5 – 13　现金流量表

会企 03 表

编制单位：　　　　　　　　　　___年___月　　　　　　　　　　　单位：元

项目	行次	本年金额	上年金额
一、经营活动产生的现金流量			
销售商品、提供劳务收到的现金			
收到的税费返还			
收到其他与经营活动有关的现金			
经营活动现金流入小计			
购买商品、接受劳务支付的现金			
支付给职工以及为职工支付的现金			
支付的各项税费			
支付其他与经营活动有关的现金			
经营活动现金流出小计			
经营活动产生的现金流量净额			
二、投资活动产生的现金流量			
收回投资收到的现金			
取得投资收益收到的现金			
处置固定资产、无形资产和其他长期资产收回的现金净额			
处置子公司及其他营业单位收到的现金净额			
收到其他与投资活动有关的现金			
投资活动现金流入小计			
购建固定资产、无形资产和其他长期资产支付的现金			
投资支付的现金			
取得子公司及其他营业单位支付的现金净额			
支付其他与投资活动有关的现金			
投资活动现金流出小计			
投资活动产生的现金流量净额			
三、筹资活动产生的现金流量			
吸收投资收到的现金			
取得借款收到的现金			
收到其他与筹资活动有关的现金			
筹资活动现金流入小计			
偿还债务支付的现金			
分配投利、利润或偿付利息支付的现金			
支付其他与筹资活动有关的现金			

项目	行次	本年金额	上年金额
筹资活动现金流出小计			
筹资活动产生的现金流量净额			
四、汇率变动对现金及现金等价物的影响			
五、现金及现金等价物净增加额			
加：期初现金及现金等价物余额			
六、期末现金及现金等价物余额			

其中,现金流量净额是指现金流入与现金流出的差额。现金流量净额可能是正数,也可能是负数。如果是正数,则为净流入;如果是负数,则为净流出。现金流量净额反映了企业各类活动形成的现金流量的最终结果,即企业在一定时期内,现金流入大于现金流出,还是现金流出大于现金流入。现金流量额是现金流量表要反映的一个重要指标。其分析的主要内容如下:

(1)现金流量的计算。现金流量包括现金流入量、现金流出量和现金净流量。企业总的现金净流量应等于资产负债表中的现金的期初存量与期末存量之差。计算公式为:

$$现金流量净额 = \frac{经营活动}{现金流量净额} + \frac{投资活动}{现金流量净额} + \frac{筹资活动}{现金流量净额} + \frac{汇率变动对}{现金的影响}$$

式中　　　经营活动现金流量净额＝经营活动现金流入量－经营活动现金流出量

投资活动现金流量净额＝投资活动现金流入量－投资活动现金流出量

筹资活动现金流量净额＝筹资活动现金流入量－筹资活动现金流出量

(2)现金及现金等价物。现金包括库存现金、活期存款和其他货币资金。现金等价物指企业持有的期限短、流动性强、易于转换为已知金额现金、价值变动风险很小的投资。

现金及现金等价物具有以下特点:期限等于或小于三个月,从购买日至到期日计算,如三个月内变现的短期债券投资;可以流通,能够交易变现;市场上利率对其影响小或可忽略不计。

(3)现金流量表的作用。现金流量表的重要作用主要体现在以下几个方面:一是了解企业一定期间内现金流入和流出的原因;二是了解企业的偿债能力和支付所有者投资报酬(如股利)的能力;三是分析企业未来获得现金的能力;四是分析企业投资和理财活动对经营成果和财务状况的影响;五是了解企业不涉及现金的投资和筹资活动的信息。

(4)现金流量表净流量与贷款发放的关系。一般来说,如果未来的现金净流量为正,借款人能够偿还贷款;如果未来的现金净流量为负值,借款人还款情况不确定,需要进一步分析现金流量的结构和现金流量的顺序。

【案例 5 - 10】假设一借款企业预计今年将获净利润 2300 万元,上年的净利润为 2600 万元。今年的折旧和非现金费用为 1000 万元,而上年为 800 万元。该企业预期应付账款从年初的 4200 万元可降至 3900 万元;存货将从上年的 3500 万元上升到今年的 5000 万元;应收账款从上年底的 3400 万元上升至今年底的 4800 万元。该企业预计今年的现金流是多少? 净现金流是增加了还是减少了? 这对于贷款发放有何影响?

【案例分析】

(1)将净利润调节为现金流量:

今年的现金流量＝净利润＋折旧和非现金费用－应付账款的减少额－存货的增加额－应收账款的增加额＝2300＋1000－(4200－3900)－(5000－3500)－(4800－3400)＝100(万元)

(2)根据计算结果,预计今年的净现金流量为正值,即为现金净流入,增加了现金流。可考虑给该企业贷款。

4.财务比率分析

财务比率分析是对企业财务状况进一步的量化分析,也称为财务分析中的动态分析。通过财务比率分析,可以了解企业的经营状况、债务负担、盈利能力,从而据此评判企业的偿债能力,为贷款发放提供科学依据。但是,单纯的比率是没有意义的,在实际运用中,财务比率分析只有与比较分析法、结构分析法、趋势分析法相结合,效果才会更佳。商业银行用来进行信用分析的财务比率通常有以下四类。

1)短期偿债能力比率

(1)流动比率。

$$流动比率＝流动资产/流动负债$$

式中:流动资产是指现金和1年内可转换成现金的资产;流动负债是指1年内到期的需要偿还的债务。比较这两个指标可以看出企业支付短期债务的能力。一般来说,相对于流动负债,流动资产越多,偿债能力就越强。

流动比率对于商业银行来说是最重要的,因为它直接体现借款人偿付短期借款的能力。国际预警值流动比率应约等于2。这意味着企业的一半短期资产应由比较长期的资金来源来满足。这样,在企业未能使其全部流动资产转换为资金的情况下,其流动负债仍能得到满足。事实上,流动比率的最佳水平因行业而异。如果企业的流动资产比较多,且现金流量比较可测,也可适当降低这一比率;反之亦然。

(2)速动比率。

$$速动比率＝速动资产/流动负债$$

式中:速动资产＝流动资产－预付账款、存货等。速动比率也称酸性试验比率,是测量企业流动负债偿付能力的更为严格的指标,因为这一比率的分子从流动资产中扣除了流动性较差或未能用以偿付流动负债的预付账款、存货、待摊费用和待处理流动资产净损失。国际预警值流动比率应约等于1。同样道理,速动比率的最佳水平视行业而定。

(3)现金比率。

$$现金比率＝(现金＋等值现金)/流动资产$$

为了进一步评价企业即期的偿债能力,银行还要对企业的现金比率进行分析。式中的现金是指库存现金和银行存款,等值现金是指企业所持有的高流动性的有价证券。现金比率越高,说明企业即期偿债能力越强。通常这一比率应保持在5%以上。

(4)现金流量比率。

$$现金流量比率＝业务中的现金流量/(红利＋到期的长期债务)$$

或者

$$现金流量比率＝业务中的现金流量/(红利＋到期的长期债务＋年初短期负债余额)$$

$$现金流贷款比＝年度经营现金流入量/申请贷款额度$$

该指标用于评价企业现金流量是否足以偿还债务,或者计算企业贷款期限长短。

2)盈利能力比率

(1)销售利润率。

$$销售利润率=销售利润/销售收入净额$$

式中　　销售利润(主营业务利润)$=\dfrac{产品销售}{收入净额}-\dfrac{产品销售}{成本}-\dfrac{产品销售}{费用}-\dfrac{产品销售}{税金及附加}$

$$销售收入净额=销售收入-销售退回和销售折让、折扣$$

该指标表明单位销售收入获得的利润,反映销售收入和利润的关系。

(2)营业利润率。

$$营业利润率=营业利润/销售收入净额$$

式中　　　营业利润=销售利润+其他业务收入-管理费用-财务费用

该指标是衡量企业经营效率的指标,反映了在不考虑非营业成本的情况下,企业管理者通过经营获取利润的能力。

(3)税前利润率。

$$税前利润率=利润总额/销售收入净额$$

式中　　　　利润总额=营业利润+营业外收入-营业外支出

税前利润率可以反映企业的资本结构和融资结构对企业获利能力的影响。税前利润率与营业利润率的区别仅在于增加了利息的影响,因此,综合分析这两项比率,就可以清楚看到资本结构对企业获利能力的影响。

(4)净利润率。

$$净利润率=净利润/销售收入净额$$

式中　　净利润=应税利润总额(对税前利润进行纳税调整后的部分)-所得税额

该指标是反映公司盈利能力的一项重要指标,是扣除所有成本、费用和企业所得税后的利润率。

(5)成本费用利润率。

$$成本费用利润率=利润总额/成本费用总额$$

式中

成本费用总额=产品销售成本+主营业务税金及附加+产品销售费用+管理费用+财务费用

成本费用利润率指标表明每付出一元成本费用可获得多少利润,体现了经营耗费所带来的经营成果。该项指标越高,反映企业的经济效益越好。

(6)股东权益收益率。

$$股东权益收益率=(税后净利润-优先股股息)/平均股东权益×100\%$$

式中　　　　平均股东权益=(期初股东权益+期末股东权益)÷2

这是反映企业普通股股东获利程度的指标。一般来讲,稳健经营的公司的股东权益收益率为10%～25%。大多数投资者喜好股东权益收益率为两位数的公司,或至少高于低风险投资如政府债券的收益率。

(7)资产收益率。

$$资产收益率=税后净利润/资产总额$$

这是反映企业每一单位资产的盈利能力的指标。

（8）股票市盈率。

$$每股市盈率＝普通股每股市价/普通股每股收益$$

式中　　　　　　$$普通股每股收益＝税后净利润/普通股票股数$$

市盈率揭示了股票价格与企业盈利之间的关系，它反映了投资者对该权益股票的偏好和对权益前景的信心。但在一个非正常的市场上，股票价格与企业盈利的关系就不那么明显。实际中，股票的价格除了受经济因素影响外，还会受到如政治、政策等非经济因素的影响。市盈率通常不宜大于 20 倍，因为过高的市盈率表明投资风险较大。

3）长期偿债能力比率（结构性比率）

（1）资产负债比率。

$$资产负债比率＝负债总额/资产总额$$

该指标表明企业资产中有多大比例来源于贷款，它可衡量企业风险的大小。一般而言，公司财务结构中负债越多，盈利的不稳定性越强，贷款者与所有者的风险越大。

（2）负债权益比率。

$$负债权益比率＝负债总额/所有者权益额$$

该指标揭示了企业资本承担债务的能力，以及资金来源中外部资金与内部资金的比重。

（3）股东权益比。

$$股东权益比＝股东权益/总资产$$

股东权益又称净资产，是指公司总资产中扣除债务所余下的部分，是一个很重要的财务指标，反映了公司的自有资本。当总资产小于负债金额，公司就陷入了资不抵债的境地，这时，公司的股东权益便消失殆尽。相反，股东权益金额越大，表明这家公司的实力越雄厚。

（4）利息保障倍数。

$$利息保障倍数＝（税前利润＋利息费用）/利息费用$$

该指标揭示了公司收入为贷款的利息偿付所提供的安全保障程度。为了能够全面考察借款人支付利息的保障情况，可运用以下指标：

$$固定支出保障倍数＝（税前利润＋利息费用＋租赁费用）/（利息费用＋租赁费用）$$

该指标将利息保障倍数延伸到租赁协议下的合同承诺。在分子中包含了折旧，反映的是现金流量所提供的保障。

综上所述，结构性比率（财务杠杆比率）揭示以下两个方面的内容：一是揭示了公司资金中来源于贷款人而非物主的比重。一般认为，股票价格和公司净值的增加降低了逆向选择风险。其主要原因是较高的净值意味着借款公司有足够的担保去支持贷款，同时较高的净值也会增加借款公司拖欠贷款的预期成本，因此也就降低了道德风险。因为，一个拥有较高净值的公司如果做了不道德的事情，会有更大的损失。二是揭示了借款公司偿还长期债本金与利息的能力。

4）经营能力比率

通过对各种周转比率的分析，来评价企业在各种业务活动中的效率及经营管理水平。其表明为达到既定的销售水平，所使用资产的程度。在实践中，这类比率常常用来考察特定种类的资产的营运效率。其主要包括资产周转率、固定资产周转率、存货周转率、应收账款周转率、现金循环周转天数等。

（1）资产周转率。

$$资产周转率＝销售净额/资产总额$$

这是衡量公司全部资产利用效率的财务指标，它表示每一单位销售额需要使用多少资产。比率越高，则意味着公司以一定的资产实现的销售收入越多，资产的运营效率越高。

（2）固定资产周转率。

$$固定资产周转率＝销售净额/固定资产净额$$

这是衡量公司固定资产利用效率的财务指标，它表示每一单位销售额需要使用多少固定资产。周转率过低，意味着生产低于正常水平；比率过高，则意味着厂房、设备等固定资产投资不足。因为固定资产使用年限越长，其周转率越高，表明企业的设备需要更新改造。

【案例 5-11】 甲公司在 2016 年、2017 年、2018 年各年度的年末固定资产净额分别是 10000 万元、12000 万元和 14000 万元；2017 年、2018 年主营业务收入分别是 16000 万元、20000 万元。要求计算 2017 年、2018 年的固定资产周转率，并进行简短说明。

【案例分析】 依据题意：

2017 年平均固定资产净值＝（10000＋12000）÷2＝11000（万元）

固定资产周转率＝16000÷11000＝1.46（次）

2018 年平均固定资产净值＝（12000＋14000）÷2＝13000（万元）

固定资产周转率＝20000÷13000＝1.54（次）

以上计算结果表明：甲公司 2018 年的固定资产周转率比 2017 年有所加快。其主要原因是 2018 主营业务收入增幅较大，固定资产增幅较小。因此固定资产的利用效率较高，反映了较好的固定资产营运能力。

（3）存货周转率。

$$存货周转率＝销售净成本/平均存货额$$

式中　　　　$$平均存货额＝（年初存货额＋年末存货额）/2$$

存货周转率是对公司现有存货流动性的估算，是衡量管理层对存货控制是否有效的指标，它反映公司在一定时期内存货周转或变现的速度。存货周转率以次数来表示，次数越多，即变现速度越快，偿债能力也越强。这一指标在不同行业中是有差别的，各行业都有一个合适的存货周转率。低于行业平均周转率，表明存货流动性较差。但周转次数过多，也可能表明存货不足或断档，使公司失去销售机会。

（4）应收账款周转率。

$$应收账款周转率＝销售净额/应收账款平均余额$$

应收账款周转率反映公司应收账款的变现速度和收回赊销账的能力。比率越高，表明公司收账速度越快，资产流动性越高，偿债能力也越强。根据应收账款周转率，可进一步计算应收账款的账龄，即收回应收账款的平均天数：

$$应收账款账龄＝360 天/应收账款周转率$$

这一比率是用时间长短来衡量应收账款的周转速度和公司收账能力的。账龄越长，表明公司应收账款的周转速度越慢，公司有过多的资金滞留在应收账款上。

【案例 5-12】 乙公司 2016—2018 年应收账款情况如表 5-14 所示，要求计算 2017 年、2018 年应收账款周转率，并进行简短说明。

表 5-14　2016—2018 年应收账款表

单位:万元

项目	2016 年	2017 年	2018 年
主营业务收入		4000	5000
应收账款年末余额	1000	2000	2000

【案例分析】

①2017 年度:

主营业务收入=4000 万元

应收账款平均余额=(1000+2000)÷2=1500(万元)

应收账款周转率=4000÷1500=2.67(次)

应收账款周转天数=360÷2.67=134.8(天)

注:2016 年应收账款年末金额等于 2017 年应收账款年初金额。

②2018 年度:

主营业务收入=5000 万元

应收账款平均余额=(2000+2000)÷2=2000(万元)

应收账款周转率=5000÷2000=2.5(次)

应收账款周转天数=360÷2.5=144(天)

以上计算结果表明:该公司 2018 年应收账款周转率比 2017 年有所下降,周转次数由2.67次,降低为 2.5 次,周转天数由 134.8 天延长为 144 天,这说明企业的应收账款管理能力有所下降,企业资产流动性减弱,短期偿债能力有所下降。所以,商业银行应给该公司审慎发放贷款。

综上分析可知,一般来讲,短期贷款人最看重流动性比率与经营能力比率,而长期贷款人感兴趣的是盈利性比率与结构性比率(特别是财务杠杆比率)。银行对借款人的信用分析的主要目的是核实借款人的还款来源。还款来源是指借款人获得归还银行贷款本息的资金渠道。主要有:第一还款来源,是指借款人以正常收入(经营收入或工资收入)作为归还银行贷款本息的资金来源。第二还款来源,是指借款人用处置抵押品的收入作为归还银行贷款本息的资金来源,或者由担保人代为归还贷款。第三还款来源,是指借款人通过出售资产,或者再融资,筹集资金归还贷款。

5.3　贷中管理

5.3.1　贷时的审查

1.授信管理部门审查

这是贷中管理的第一步,经过以下内容审核后,出具审查意见。

(1)依据:法律法规、宏观经济和行业政策以及各行信贷政策制度。

(2)手段:财务分析与非财务分析等手段。

(3)结果:①审核申请人的资格。②有效识别贷款的风险与收益。③提出贷与不贷,贷多长期限。如:提出强制"休闲期",企业每年有 3~4 个月不能向银行借款,主要是为了削平用款高峰。一般情况,借款人融资需求期=经营循环周期一应付账款天数=存货持有天数(45)+

应收账款回收期(35)－应付账款天数(37)＝43(天)。④提出授信方案与风险防范措施。⑤形成审查报告。

【**案例 5－13**】某企业因技术改造向 M 行申请投资项目的部分资金,金额 6000 万元。项目建设期一年,贷款于建设期当年支用。项目建成后,第一年可还贷资金来源累计为 1110 万元,第二年为 2170 万元,第三年为 2280 万元,第四年为 2500 万元。假定贷款年利率为 6%,要求:

(1)编制借款还本付息计算表;

(2)填列本年应计利息、本年付息金额;

(3)计算贷款期限。

【**案例分析**】根据题意,编制该企业还本付息计算表,如表 5－15 所示。

表 5－15　借款还本付息计算表　　　　　　　　单位:万元

序号	项目	利率	建设期	投产期			
			1	2	3	4	5
1	借款及还本付息	6%					
1.1	年初借款本息累计			6000	4890	2720	440
1.1.1	本金			6000	4890	2720	440
1.1.2	建设期利息			0	0	0	0
1.2	本年借款		6000	0	0	0	0
1.3	本年应计利息		180	360	293.4	163.2	26.4
1.4	本年还本			1110	2170	2280	440
1.5	本年付息		180	360	293.4	163.2	26.4
2	偿还借款本金的资金来源			1110	2170	2280	2500
2.1	利润						
2.2	折旧						
2.3	摊销						
2.4	其他资金						

借款偿还期＝[年末借款为零的年份－开始借款的年份＋(当年年初借款＋当期借款)]/当年还本资金来源合计

第 1 年利息＝$\dfrac{6000}{2} \times 6\% = 180$(万元)

第 2 年利息＝$6000 \times 6\% = 360$(万元)

第 3 年利息＝$4890 \times 6\% = 293.4$(万元)

第 4 年利息＝$2720 \times 6\% = 163.2$(万元)

第 5 年利息＝$440 \times 6\% = 26.4$(万元)

借款偿还期＝$4 + \dfrac{440}{2500} = 4.176$(年)

根据企业实际情况,经过计算分析可知,给该企业贷款期限不应超过 4 年。

2. 贷审会审查

这是贷中管理的第二步,对第一步形成的审查报告进行讨论。根据贷前调查、授信管理部门审查意见,针对申报业务的合规性、风险及防范措施、授信风险收益是否配比进行讨论和分析,为授信决策提供依据。

3. 贷款的审批

这是贷中管理的第三步,有权审批人根据规定程序做出授信决策,签发授信审查审批通知书或否决通知书。其中审批通知中授信基本要素有对象、金额、期限、利率或费率、用途、担保。

4. 贷款审查与审批环节的主要风险点

(1)审查不认真,要素审查不齐全,使审查流于形式。

(2)风险揭示未尽职,未全面识别、揭示业务风险。

(3)未坚持独立审查。

(4)自批自贷自用贷款。

(5)网上审批不规范,如委托非本职岗位人员代为审批。

5.3.2　贷款的谈判

贷款谈判是指以贷款方将一定金额的货币资金交付给借款方,借款方按规定的期限归还贷款并支付利息为内容的谈判,进而签订借贷合同达成交易。

贷款谈判的标的物是货币资金。《中华人民共和国合同法》第一百九十六条规定:"借款合同是借款人向贷款人借款,到期返还借款并支付利息的合同。"据此,借款合同的标的物只能是货币资金,而不能是其他消耗物和不可消耗物。《中华人民共和国合同法》第一百九十七条规定:"借款合同采用书面形式,但自然人之间借款另有约定的除外。借款合同的内容包括借款种类、币种、用途、数额、利率、期限和还款方式等条款。"据此,借款谈判的当事人应当明确以下内容:

(1)借款种类。如前所述,商业银行贷款种类众多,且对不同种类的借款,在审批和发放的程序以及检查监督管理方面采用不同的方法,以保证出借资金的安全。

(2)币种。商业银行大多以经营人民币贷款业务为主,经批准也可经营外币贷款业务。部分地区的外资银行除经营外币外,经批准也可以经营人民币业务。人民币和外币的借款利率有所不同,在汇率波动的情况下还款时采用什么币种进行结算,将会对当事人之间的利益产生一定影响。因此,借款谈判应当对借款和还款的币种做出明确的约定。

(3)借款用途。借款用途是指借款方对借入资金的使用范围和内容。常见的借款用途有用于企业生产经营中资金周转需要的流动资金贷款,用于大型建设项目所需要的项目资金贷款等。根据现行的国家金融政策规定和银行等金融机构的要求,借款方对所借资金必须做到专款专用,并将借款用途在合同中写明。

(4)借款数额。借款数额是指借贷货币数量的多少,是借款合同的数量条款。借款数额是确定借贷双方当事人权利义务的基本依据。

(5)借款利率。借款利率是指借款方在一定时期内应付利息的数额与借入金额的比率。借款利率是计算利息的依据,关系到借贷双方的利益,所以,应当科学、合理确认每笔借款的利率。特别是经国务院批准,中国人民银行决定,自 2013 年 7 月 20 日起全面放开金融机构贷款利率管制后,贷款利率的确定成为难点问题。

(6)借款期限。借款期限是指贷款方同意借款方使用借款的期限。当事人双方一般根据借款的种类、用途、借款方的还款能力和贷款方的资金借给能力等因素商议确定借款期限。

(7)还款方式。还款方式指借款合同到期时,是一次性偿还借款,还是分期偿还借款;是本息一次性偿还,还是本息分别偿还。

(8)宽限期。谈判条款中一般附带贷款宽限期,如借方在资金使用、偿还期间发生意外情况下或其他原因,致使贷款不能如期归还时,可在宽限期内偿还。

(9)违约责任。借贷双方应在借款谈判中明确约定贷款方不按约定提供借款,借款人不按约定收取借款或者不按约定归还借款,或者随意改变借款资金用途时所应承担的具体法律责任。

(10)其他事项。谈判当事人还可以约定双方认为应当约定的其他事项。如向外资银行申请贷款,除每月支付还款额,还需要支付另一笔费用,即银行用于提供相关的账户管理服务,如接受账户信息咨询、提示还款、每月接受还款、账户维护等各项服务的费用。有的银行称之为"账户管理费",也有银行称之为"手续费"。如花旗(中国)银行和渣打(中国)银行收取的"账户管理费"标准为每月贷款总额的 0.49%。东亚(中国)银行则没有收取"账户管理费"一说,但收取"手续费",为每月贷款总额的 0.4%。名义不同,实质内容一样。

5.3.3 贷款的发放及审查

1.贷款的发放

1)信用贷款的发放

信用贷款是指以借款人的信誉为保证发放的贷款。其特点:以借款人的信誉和未来现金流作为还款保证;风险大,利率高;手续简便。所以,发放要慎之又慎。要求对借款方的经济效益、经营管理水平、发展前景等情况进行详细的考察,以降低风险。应满足以下条件:一是企业客户信用等级至少在 AA-(含)级以上,经银行审批,可以发放信用贷款;二是经营收入或利润总额近三年持续增长,资产负债率控制在 60% 的良好值范围,现金流量充足、稳定;三是企业承诺不以其有效经营资产向他人设定抵(质)押或对外提供保证,或在办理抵(质)押等及对外提供保证之前征得贷款银行同意;四是企业经营管理规范,没有逃废债、欠息等不良信用记录。具体处理如图 5-3 所示。

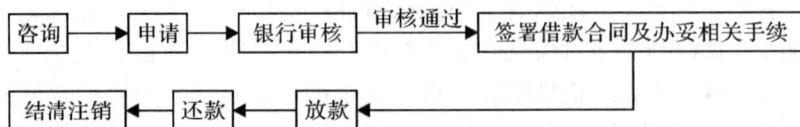

咨询 → 申请 → 银行审核 —审核通过→ 签署借款合同及办妥相关手续

结清注销 ← 还款 ← 放款

图 5-3 信用贷款处理流程

2)抵(质)押贷款

抵押贷款是指银行凭借款人(债务人)或第三方提供的财产(动产或不动产)抵押而向借款人发放的贷款。债务人或者第三人为抵押人,债权人为抵押权人,提供担保的财产为抵押财产。依据《中华人民共和国物权法》(2007 年 3 月 16 日第十届全国人民代表大会第五次会议通过,自 2007 年 10 月 1 日起施行),债务人或者第三人有权处分的下列财产可以抵押:①建筑物和其他土地附着物;②建设用地使用权;③以招标、拍卖、公开协商等方式取得的荒地等土地承包经营权;④生产设备、原材料、半成品、产品;⑤正在建造的建筑物、船舶、航空器;⑥交通运输工具;⑦法律、行政法规未禁止抵押的其他财产(第一百八十条)。第一百八十四条规定:"不得抵押的财产:(一)土地所有权;(二)耕地、宅基地、自留地、自留山等集体所有的土地使用权,但法律规定可以抵押的除外;(三)学校、幼儿园、医院等以公益为目的的事业单位、社会团体的教育设施、医疗卫生设施和其他社会公益设施;(四)所有权、使用权不明或者有争议的财产;(五)依法被查封、扣押、监管的财产;(六)法律、行政法规规定不得抵押的其他财产。"

质押贷款是指借款人(债务人)或者第三人将其动产或权利凭证移交贷款行占有或对权利进行有效登记,贷款行以上述动产或权利作为贷款的担保而向借款人发放的贷款。其包括动产质押和权利质押。债务人或者第三人为出质人,债权人为质权人,交付的动产为质押财产(第二百零八条)。第二百二十三条规定,债务人或者第三人有权处分的下列权利可以出质:①汇票、支票、本票;②债券、存单;③仓单、提单;④可以转让的基金份额、股权;⑤可以转让的注册商标专用权、专利权、著作权等知识产权中的财产权;⑥应收账款;⑦法律、行政法规规定可以出质的其他财产权利。第二百一十条规定:"设立质权,当事人应当采取书面形式订立质权合同。质权合同一般包括下列条款:(一)被担保债权的种类和数额;(二)债务人履行债务的期限;(三)质押财产的名称、数量、质量、状态;(四)担保的范围;(五)质押财产交付的时间。"

3)票据贴现

票据贴现是一种以票据所有权的有偿转让为前提的约期性资金融通。从持票人来讲,贴现是以手持未到期的经过承兑的商业汇票(包括银行承兑汇票和商业承兑汇票)向银行贴付利息,取得现款的经济行为。它是银行贷款的一种特殊方式。票据贴现的操作要点如下:①票据贴现的审批,贴现银行应审核贴现票据的真实性和合法性。而且此处的贴现票据主要指商业承兑汇票和银行承兑汇票。②票据贴现的期限与额度。实付贴现额=贴现票据面额-贴现利息。贴现利息=票据面额×贴现期限(天数)×(月贴现率÷30),其中贴现期限指从贴现之日起,到票据到期日为止的这段时间。③票据贴现贷款的到期收回。若贴现票据为银行承兑汇票,安全性较高,只要票据真实、合法,贷款一定能收回;若为商业银行承兑汇票,安全性较差。下面以银行承兑汇票为例介绍交易处理流程,如图 5-4 所示。

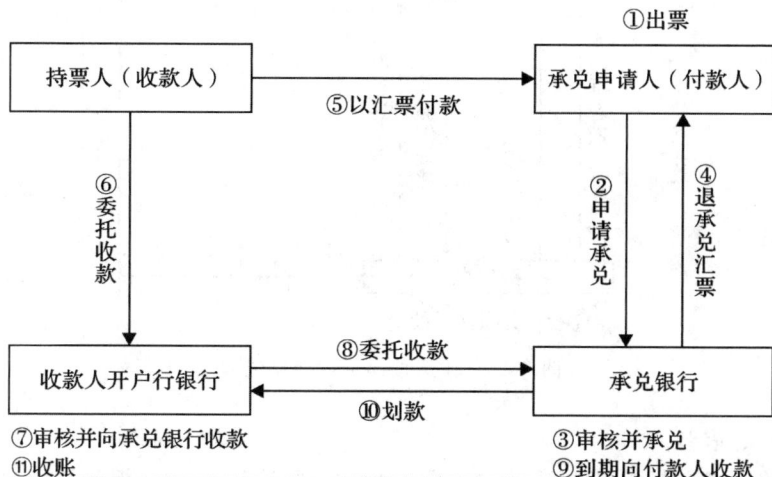

图 5-4　银行承兑汇票贴现放款流程

【案例 5-14】甲企业 2018 年 5 月 18 日向其开户行工行东大街支行申请贴现放款一笔,银行承兑汇票的面额为 60 万元,票据的出票日为同年 3 月 12 日,承兑日为 3 月 15 日,到期日为 7 月 11 日,若贴现率为 5%,要求计算贴现利息及实付贴现金额。

【案例分析】依题意:

(1)贴现天数=5 月 18 日—7 月 11 日=54(天)

(2)贴现利息=600000×54×5%÷360=4500(元)

(3)实付贴现金额=600000-4500=595500(元)

4)消费信贷

消费信贷是指银行以消费者个人为对象,以个人消费为用途而发放的贷款。目前消费信贷种类划分多种多样,按贷款用途主要有住房按揭贷款、汽车消费贷款、助学贷款、耐用消费品贷款等,按偿还方式主要有分期偿付贷款和一次性偿付贷款。2018 年 8 月 18 日,银保监会在官网刊发《中国银保监会办公厅关于进一步做好信贷工作提升服务实体经济质效的通知》(银保监办发〔2018〕76 号),提出积极发展消费金融。这是继 2017 年 11 月开始下发的现金贷系列新规以来,监管当局首次明确表示对消费金融的高度肯定。银保监会在文件中提出:"积极发展消费金融,增强消费对经济的拉动作用。适应多样化多层次消费需求,提供和改进差异化金融产品与服务。支持发展消费信贷,满足人民群众日益增长的美好生活需要。创新金融服务方式,积极满足旅游、教育、文化、健康、养老等升级型消费的金融需求。"因此,随着需求多样化的增加,银行消费信贷产品的供给也应该不断创新。下面以住房按揭贷款为例进行介绍。

住房按揭贷款就是购房者以所购住房做抵押并由其所购买住房的住房经销商提供阶段性担保的个人住房贷款业务。该贷款发放的主要条件如下:①贷款人在发放该项贷款时,借款人必须已交付规定比例的首期购房款;②借款人应以所购住房作抵押取得贷款;③在所购住房产权证未颁发且办妥住房抵押登记之前,由住房经销商提供连带责任保证,并承担回购义务。具体处理如图 5-5 所示。

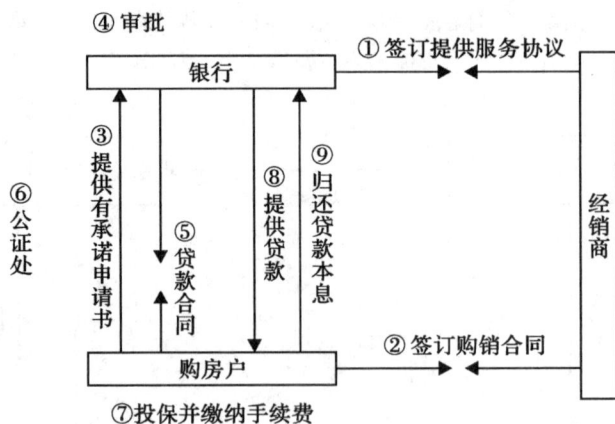

图 5-5　住房按揭贷款交易流程

2. 贷款发放的审查

贷款发放的审查是指银行应对借款人提款所对应的合同、借据、提款期限、用款申请材料、账户以及银行人员的放款操作流程等进行再核查,以防止贷款挪用及产生对贷款不能如期偿还的不利因素,并且在必要时对借款人采取终止提款措施。在一定时期内终止发放贷款是银行对借款人违约实行的一种制裁,是执行法律赋予的信贷监督职能的具体体现,也是借款人承担违约责任的一种方式。在下列情况下,银行可以对借款人采取终止提款措施。

1)挪用贷款的情况

一般而言,从借款申请和借款合同看,借款人对贷款的用途都比较明确,但一些借款人对贷款的实际使用往往与合同规定的用途相背离。在这种情况下,银行应终止发放贷款,甚至提前收回贷款。挪用贷款的情况具体体现在以下几个方面:

(1)用贷款进行股本权益性投资。

(2)用贷款从事有价证券、期货等方面投机经营。

(3)未依法取得经营房地产资格的借款人挪用贷款经营房地产业务。

(4)套取贷款相互借贷牟取非法收入。

(5)借款企业挪用流动资金贷款搞基本建设或用于财政性开支,或用于福利。

2)其他违约情况

(1)未按合同规定偿还贷款本息。这意味着借款人在财务安排上已出现问题,或者主观故意违约,此时不宜再发放贷款。

(2)违反国家政策法规,使用贷款进行非法经营。如出现走私贩毒、开办赌场等严重违反国家政策法规、危害社会的行为,立即终止贷款。

3)违约后的处理

在贷款发放阶段,银行务必密切关注借款人前期资金的使用方向,一旦出现上述或影响企业客户偿债能力的违约情况,要立即终止借款人提款,并可视具体情况提前收回贷款,不能存在任何侥幸心理。

5.4　贷后管理

5.4.1　贷后管理及其要点

1.贷后管理的概念及范围界定

贷后管理是指银行向客户发放贷款后到贷款收回整个期间内,对贷款进行动态管理的过程。贷后管理的主要内容包括贷后检查、贷款质量分类与风险预警、贷款本息到期收回、问题类贷款管理。成功的贷后管理就是综合运用各种监控工具,通过充分了解客户、了解客户的业务、了解客户的风险,并先于同业预警风险,且能及时采取有效措施控制风险。

2.贷后管理的要点

(1)贷后管理以过程管理为主。通过对授信客户进行动态持续的贷后检查和监测,以达到收回本息、持续提高信贷资产质量的目的;以结果管理为辅,因为个人无法承担不良后果。

(2)方式。通过现场和非现场检查两种方式,多渠道获取企业相关信息,进行综合分析,有效识别风险。

(3)着力点。严格执行"贷款新规",加强对借款人账户的管理,动态跟踪分析借款人回款账户现金流变化,认真、及时地运用定期或不定期监控工具完成贷后监控,以及早发现授信客户出现的可能会危及信贷资产安全的预警标识,尽早采取抢救措施主动退出。

3. 贷后管理存在的风险点

(1)未按时进行贷后检查；

(2)未进行实地贷后监管，或监管频次不足；

(3)风险防控措施缺乏及时性；

(4)档案资料未集中管理；

(5)贷后监管信息不真实；

(6)贷款材料丢失，或伪造贷后监管资料；

(7)贷后管理惩戒条款未落实。

5.4.2 贷后风险管理

1. 商业银行贷后风险及引发的原因

银行贷款风险是指其经营贷款业务所面临风险的总和。它主要指在贷款过程中，由于各种不确定性，使借款人不能按时偿还贷款而造成其贷款本金、利息损失的可能性。银行贷款风险主要包括信用风险、操作风险、市场风险、流动性风险、逆向选择风险等。其引发的原因主要来自外在不确定性和内在不确定性。

(1)外在不确定性来自经济体系之外，是经济运行过程中随机性、偶然性的变化或不可预测的趋势。如宏观经济的走势、市场资金的供求状况、政治局势、技术和资源条件等。外在不确定性导致的信贷风险等又被称为"系统性风险"。

(2)内在不确定性源自经济体系之内，它是由行为人主观决策及获取信息的充分性等原因造成的，带有明显的个性特征。例如，企业的管理能力、产品的竞争能力、生产规模、信用品质等的变化都直接关系着其履约能力。内在不确定性产生的风险又被称为"非系统性风险"。

对于贷款风险管理如前所述，主要有贷前、贷中和贷后风险管理三个环节。而贷后风险管理一直是我国银行业信贷管理的最大短板。究其原因，很重要的一个因素在于商业银行缺少能用于有效实施贷款发放后管理的手段。有鉴于此，为了将道德风险损失降到最低，商业银行必须严格贷后风险管理，主要包括风险的识别、测量、处置与控制四个环节。

2. 贷款损失的判断

1)早期预警信号

(1)关注企业在银行账户上反映的预警信号；

(2)企业在财务报表上反映的预警信号；

(3)企业在贷款用途方面出现的问题；

(4)企业在人事管理及与银行的关系方面的预警信号；

(5)企业在经营管理方面表现出来的预警信号。

其中对于用途管理应引起高度重视，一旦借款人改变原借款用途使用贷款，银行应立即终止合约，收回贷款。

2)严格实行贷款"五类"分类

按制度规定，在实地调研的基础上，将贷款分为正常贷款、关注贷款、次级贷款、可疑贷款、损失贷款五类，也称为贷款的"五级"分类法。其特征如下：

(1)正常贷款。借款人能够履行合同，一直能正常还本付息，不存在任何影响贷款本息及时全额偿还的消极因素，银行对借款人按时足额偿还贷款本息有充分把握。贷款损失的概率为0。

（2）关注贷款。尽管借款人目前有能力偿还贷款本息，但存在一些可能对偿还产生不利影响的因素，如这些因素继续下去，借款人的偿还能力受到影响，贷款损失的概率不会超过 5％。

（3）次级贷款。借款人的还款能力出现明显问题，完全依靠其正常营业收入无法足额偿还贷款本息，需要通过处分资产或对外融资乃至执行抵押担保来还款付息。贷款损失的概率为 25％～50％。

（4）可疑贷款。借款人无法足额偿还贷款本息，即使执行抵押或担保，也肯定要造成一部分损失，只是因为存在借款人重组、兼并、合并、抵押物处理和未决诉讼等待定因素，损失金额的多少还不能确定，贷款损失的概率为 50％～75％。

（5）损失贷款。借款人已无偿还本息的可能，无论采取什么措施和履行什么程序，贷款都注定要损失；或者虽然能收回极少部分，但其价值也微乎其微。从银行的角度看，也没有意义和必要再将其作为银行资产在账目上保留下来。对于这类贷款在履行了必要的法律程序之后应立即予以注销，其贷款损失的概率为 75％～100％。

分析过程中，在重视各类变化的同时，尤其注意关注类的变化。我们知道，关注类贷款既不能完全属于正常类贷款，因为存在一些对偿还债务有潜在不利影响的因素，也不能算作不良类贷款，因为这些不利因素尚未对偿还贷款造成实质性影响。因此，高度关注此类贷款是向正常类好转还是向下迁徙非常重要。

3）现金流量作为判断风险的依据

实际中，银行经常以客户在持有贷款期间现金流量的变化来评判借款人贷款质量，以现金流为依据对贷款分类的结果如表 5 - 16 所示。

表 5 - 16　以现金流为依据对贷款分类的结果

可能的还款来源	现金流量状况	贷款类别
用经营活动所得现金还款	稳定	正常
用经营活动所得现金还款	减少	关注
通过对外筹资或减少投资来还款	差	次级或以下
通过对外筹资仍不足还款	差	可疑或以下
出售资产或转让股份仍不足以还款	差	损失

3. 不良贷款的处置

对于不良贷款的处置，采取的手段有协议处置和法律处置。后者运用较少，前者运用较为普遍。商业银行在贷后管理中如发现问题，可及时与借款人就行动计划进行协商，若借款人拒不配合，可采用法律处置；若借款人愿意配合，可采用协议处置，且运用的方法有传统方法和创新方法。

1）贷款展期

贷款到期前若借款客户有正当理由对原贷款进行延期，就称为贷款展期。管理要点如下：

（1）借款人不能按期归还贷款的，借款人应当在贷款到期日之前，向贷款人申请贷款展期。对短期贷款必须于到期日前 10 天，中、长期贷款必须于到期日前 1 个月，由借款人向银行提出贷款展期的书面申请，写明展期的原因，银行信贷部门视具体情况决定是否展期。对同意展期的贷款,应在展期申请书上签署意见,然后将展期申请书交给会计部门。每一笔贷款只能展期一次。

（2）是否展期由贷款人决定。

（3）申请保证贷款、抵押贷款、质押贷款展期的,还应当由保证人、抵押人、出质人出具同意的书面证明。已有约定的,按照约定执行。

（4）短期贷款展期期限累计不得超过原贷款期限,中期贷款展期期限累计不得超过原贷款期限的一半,长期贷款展期期限累计不得超过3年。

（5）借款人未申请展期或申请展期未得到批准,其贷款从到期日次日起,转入逾期贷款账户。

（6）贷款的展期期限加上原期限达到新的利率期限档次时,从展期之日起,贷款利息按新的期限档次利率计收利息。

风险警示:在经办贷款展期业务时,谨防人情处置。

2）借新还旧（转贷）

借新还旧（转贷）是指贷款到期（含展期后到期）后不能按时收回时,银行又重新向该借款人发放贷款用于归还部分或全部原贷款的行为。借新还旧有利于商业银行盘活贷款,克服了诉讼时效的法律限制,进一步明确了债权债务关系,并有可能要求借款人完善或加强担保,弱化即期贷款风险。但借新还旧在一定程度上对社会信用产生负面影响,企业"有借有还"的信用观念进一步弱化;在某种程度上掩盖了信贷资产质量的真实状况,推迟了信贷风险的暴露时间,沉淀并累积了信贷风险;在办理新贷款的手续上,隐含着相当的法律风险。

3）追加贷款

有些贷款不能按时偿还的原因是由于企业生产经营资金或项目投资资金不足,从而不能形成生产能力或不能及时生产出产品。对于这种情况,银行应在充分论证,确认其产品有销路、有较好经济效益的前提下,适当追加贷款,并最终收回原有贷款和追加贷款。

4）追加担保

当银行发现贷款风险明显增大,或企业原提供的担保已不足以补偿贷款可能产生的损失时,银行应及时要求企业追加担保。追加担保,既可以是借款企业的财产抵押或质押,也可以是保证人担保。

5）强行收贷

当银行发现借款企业在贷款申请时,相关资料有虚假行为,或在借款后没有按合同用途使用贷款的,银行可强行收回贷款。在这项不良资产处置中,切莫引发法律风险。

6）还款免息

在现实中,还款免息可能有三种情况:第一种情况是按相关政策,贷款属于免息贷款。第二种情况是信用卡在商家消费,持卡人可享受免息还款期待遇。如某客户每月1号为账单日,账单日后20日为还款日。若她8月2日消费,结算在9月1日账单上,且在9月20日最后还款日全额还款,则该客户享受了最长50天免息期（8月2日—9月20日）。如她在8月1日消费,当天是账单日,在8月20日最后还款日全额还款,则该客户享受了最短20天的免息期。第三种情况是因借款人财务状况恶化,银行为了能尽快收回本金,被迫采取的收贷方式。这里的还款免息特指第三种情况。

7）以物抵债

以物抵债是指银行债权到期但债务人无法用货币资金偿还债务，或债权虽未到期但债务人已出现严重经营问题或其他足以影响债务人按时足额用货币资金偿还银行债务；或当债务人完全丧失清偿能力时，担保人也无力以货币资金代为偿还银行债务的情况。经银行与债务人、担保人或第三人协商同意（协议抵债，成本低、风险大），或经人民法院、仲裁机构依法裁决（诉讼抵债，成本高、风险小），债务人、担保人或第三人以实物资产或财产权利作价抵偿银行债权的行为。其要点如下：

（1）银行办理以物抵债业务所遵循的原则是规范抵入、合理定价、妥善保管、及时处置、减少损失。

（2）实施以物抵债应优先选择易保值、易变现的资产，尽快实现处置回收入账，并建立抵债资产减值准备制度。抵债资产处置不足部分，用抵债资产减值准备冲销。

（3）主要有三个环节：一是抵入；二是保管；三是处置。注意尽量缩短保管时间，以降低风险损失。

（4）对抵债物选择应该坚持以下原则：①合法性原则；②易测性原则；③完整性原则；④易售性原则；⑤稳定性原则。

综上所述，以物抵债对于银行而言，不但是实现不良贷款处置损失最小化的重要手段，而且是银行通过合规的账务处理反映和消化处置损失的重要通道。

8）呆账核销

对于商业银行不良资产核销问题，目前从法规制度方面不断完善，在时间方面也积累了大量经验。国务院办公厅 2013 年 7 月初下发的《关于金融支持经济结构调整和转型升级的指导意见》中提到，支持银行开展不良贷款转让，扩大银行不良贷款自主核销权，及时主动消化吸收风险。同时依照财政部颁布的《金融企业呆账核销管理办法（2017 年版）》（财金〔2017〕90 号），符合下列条件之一的债权或者股权可认定为呆账。

（1）借款人依法宣告破产、关闭、解散或撤销，相关程序已经终结，金融企业对借款人财产进行清偿，并对担保人进行追偿后，仍未能收回的剩余债权；法院依法宣告借款人破产后 180 天以上仍未终结破产程序的，金融企业对借款人和担保人进行追偿后，经法院或破产管理人出具证明或内部清收报告，仍未能收回的剩余债权。

（2）借款人死亡，或者按照民法相关规定宣告失踪或者死亡，或者丧失完全民事行为能力或劳动能力，金融企业依法对其财产或者遗产进行清偿，并对担保人进行追偿后，仍未能收回的剩余债权。

（3）借款人遭受自然灾害或者意外事故，损失不能获得保险赔偿，或者以保险赔偿后，确实无力偿还部分或者全部债务，金融企业对其财产进行清偿，并对担保人进行追偿后，仍未能收回的剩余债权。

（4）借款人已完全停止经营活动，被县级及县级以上工商行政管理部门依法注销、吊销营业执照，金融企业对借款人和担保人进行追偿后，仍未能收回的剩余债权。

（5）借款人已完全停止经营活动或下落不明，超过 3 年未履行企业年度报告公示义务的，金融企业对借款人和担保人进行追偿后，仍未能收回的剩余债权。

（6）借款人触犯刑法，依法被判处刑罚，导致其丧失还款能力，其财产不足归还所借债务，又无其他债务承担者，金融企业经追偿后，仍未能收回的剩余债权。

(7)由于借款人和担保人不能偿还到期债务,金融企业诉诸法律,借款人和担保人虽有财产,但对借款人和担保人强制执行超过 180 天以上仍未能收回的剩余债权;或借款人和担保人虽有财产,但进入强制执行程序后,由于执行困难等原因,经法院裁定终结(中止)执行或者终结本次执行程序的债权;或者借款人和担保人无财产可执行,法院裁定终结(中止)执行或者终结本次执行程序的债权。

(8)金融企业对借款人和担保人诉诸法律后,借款人和担保人按照破产法相关规定进入重整或和解程序后,破产重整协议或者破产和解协议经法院裁定通过,根据和解协议或重整协议,金融企业对剩余债权向担保人进行追偿后,仍未能收回的。

(9)金融企业对借款人和担保人诉诸法律后,在法院主持下出具调解书或者达成执行和解协议并记入执行笔录,根据和解协议或调解书,金融企业对剩余债权向担保人进行追偿后,仍未能收回的剩余债权。

为了防止违规核销,贷款核销的审批权集中在各商业银行总行。

9)实施债转股

所谓债转股(debt for equity swap),是指国家组建金融资产管理公司,收购银行的不良资产,把原来银行与企业间的债权、债务关系,转变为金融资产管理公司与企业间的股权、产权关系。债权转为股权后,原来的还本付息就转变为按股分红。2016 年 10 月,随着国务院《关于市场化银行债权转股权的指导意见》的出台,第二轮市场化债转股也随之启动,具有市场化、法制化的特点。此轮债转股中,政府并不指定债转股企业的选择以及债权和股权的定价方式,而是将债转股的相关事项交由双方银企自主协商。

4. 贷款风险的分散

贷款风险的分散是贷款风险管理的重要策略。因为,贷款越分散,根据概率中独立事件的乘法法则,所有贷款同时沦为损失的概率就越小,而且贷款金额也比较分散,即使某一笔贷款成为损失,对贷款人冲击不大;相反,如果贷款过于集中,某一笔大额贷款的损失就有可能使贷款人倒闭。所以,银行为了最终能达到降低贷款风险的目的,应坚持以下几方面的分散化:①贷款投向的分散化;②贷款投量的分散化;③贷款方式的分散化;④贷款期限结构的分散化。

5. 贷款风险的转嫁

(1)建立贷款的保险保护制度。这是贷款风险转嫁的重要途径。商业银行可建议借款人投保,也可同借款人合作投保,以达到对特定风险转嫁的目的。

(2)资产证券化(抵押贷款资产证券化)。资产证券化是将金融机构或其他企业持有的缺乏流动性,但能够产生可预见性的、稳定的现金流的资产,通过一定的结构安排,对其风险与收益进行重组,以原始资产为担保,转换成在金融市场上可以出售和流通的证券的行为。但对不良资产证券化有严格的前提条件:被证券化的资产必须具备良好的未来预期收益,要有未来的现金流量作为保证。

通常所讲的资产证券化是指信贷资产的证券化。它是指发起机构将具有可预测未来现金流的信贷资产信托给受托机构,由受托机构以资产支持证券的形式向投资机构发行受益证券,以该财产所产生的现金支付资产支持证券收益的结构性融资活动。它包括"住房抵押贷款支撑的证券化"(mortgage-backed security,MBS)和"资产支撑的证券化"(asset-backed security,ABS)。

（3）剥离不良资产。

（4）采取贷款担保。

（5）实行贷款利率的浮动。

6. 贷款风险的补偿

（1）科学确定贷款价格。坚持高风险,高价格;低风险,低价格。具体内容在 5.1.1 节已经详细阐述,这里不再赘述。

（2）提取损失准备金。根据《金融企业准备金计提管理办法》的要求,商业银行应提取的资产损失准备金,又称拨备,是指金融企业对承担风险和损失的金融资产计提的准备金,包括资产减值准备和一般准备。资产减值准备,是指金融企业对债权、股权等金融资产(不包括以公允价值计量并且其变动计入当期损益的金融资产)进行合理估计和判断,对其预计未来现金流量现值低于账面价值部分计提的,计入金融企业当期成本,用于弥补资产损失的准备金。其中贷款减值准备包括专项准备和特种准备。一般准备,是指金融企业运用动态拨备原理,采用内部模型法或标准法计算风险资产的潜在风险估计值后,扣减已计提的资产减值准备,从净利润中计提的、用于部分弥补尚未识别的可能性损失的准备金。对于潜在风险估计值高于资产减值准备的差额,计提一般准备。当潜在风险估计值低于资产减值准备时,可不计提一般准备。一般准备余额原则上不得低于风险资产期末余额的 1.5%。

下面以商业银行贷款资产为例,介绍贷款损失准备的提取过程。

商业银行承担风险和损失的资产应计提准备金,具体包括发放贷款和垫款、拆出资金、抵债资产、其他应收款项等。

对由商业银行转贷并承担对外还款责任的国外贷款,包括国际金融组织贷款、外国买方信贷、外国政府贷款、日本国际协力银行不附条件贷款和外国政府混合贷款等资产,应当计提准备金。

商业银行不承担风险的委托贷款,不计提准备金。具体提取步骤如下:

首先,计算提取专项准备和特种准备。专项准备金是按五级分类后的贷款损失程度计提的准备金,按贷款分类结果提取。特种准备金是商业银行对特定国家、地区和行业发放贷款而计提的准备,具体比例由银行根据贷款资产的风险程度和回收可能性合理确定。

$$专项呆账准备金＝贷款五级分类后的相应规模×相应比例$$

其中,信贷资产根据金融监管部门的有关规定进行风险分类,标准风险系数暂定为正常类 1.5%,关注类 3%,次级类 30%,可疑类 60%,损失类 100%。

其次,计算提取一般准备金。

$$一般准备金＝(信贷资产总额－专项准备金)×规定比例$$

再次,计算准备金。

$$准备金总量＝专项呆账准备金＋一般准备金$$

【案例 5-15】 某行有一笔 100 万元的贷款,其中有 20 万元经评估为损失类贷款。要求计算提取贷款损失准备金总量。

【案例分析】

专项准备金＝20×100%＝20(万元)

一般准备金＝(100－20)×1.5%＝1.2(万元)

该笔贷款损失准备金总量＝20＋1.2＝21.2(万元)

（3）及时处置抵押品。

5.4.3 贷款本息收回的管理

商业银行贷款本息收回是贷后管理的主要任务,也是考核贷款资金是否安全的重要指标。根据贷款对象不同,其主要包括企业贷款本息收回的管理和个人贷款本息收回的管理。

1. 贷款本金

贷款本金的资金来源,主要来自债权人或投资人。而在债权人资金部分中,存款人资金占主要部分。所以,贷款本金能否按期收回,关系到存款人资金的安全与否。

2. 贷款利息

贷款利息是借贷资金的报酬。利息收入金额,按照他人使用银行货币资金的时间和实际利率(或名义利率)计算确定。如果贷款的名义利率和实际利率十分接近,可按照名义利率确认各期利息收支。但不管怎样,银行收取的贷款利息必须足以抵补贷出资金的成本、发放或提供贷款的费用,并应考虑今后可能发生亏损因素和银行合理利润幅度。

3. 贷款本息收回的方式

1)名义利率法下"利随本清"方式

"利随本清"是指银行按规定的贷款期限,在收回贷款本金的同时,逐笔计收利息的方式。该方式通常适用于短期贷款。计息公式如下:

$$贷款利息=贷款本金×时期×利率$$

【案例 5-16】2018 年,王某以房产抵押向银行借了一笔 50 万元的 1 年期个人消费贷款,利率为 7.254%,贷款于 2019 年 3 月 29 日到期。约定贷款利息采取"利随本清"方式归还。①要求计算到期还款利息。②若王某提前 1 天还款,要求计算其利息。

【案例分析】依照题意:

(1)若王某到期归还贷款本息,贷款利息=500000×1×7.254%=36270(元)

(2)若王某提前 1 天还款,贷款利息=500000×364×7.254%÷360=36673(元)

2)名义利率法下"定期结息"方式

定期结息是指按规定的结息期(一般为每季度末月的 20 日,上市银行有的为每月的 20 日)结计利息的方式。该方式通常适用于企业贷款。计息公式如下:

$$本结息期利息=本结息期累计未计息积数×日利率$$

若定期结息的时间与活期存款结息时间一致,即可在每季度末月 20 日结息,并直接从企业活期存款账户收回利息。

【案例 5-17】某银行 2019 年 4 月 2 日向客户甲发放期限为 4 个月的贷款 40 万元,月利率为 4‰,请计算回答以下问题:

(1)银行按季度结息时,该笔贷款应计利息是多少?

(2)至 8 月 2 日还款时,该笔贷款应计利息是多少?

(3)若 6 月 20 日银行未能收到利息,到期日还款时,该笔贷款应计利息是多少?

【案例分析】依照题意:

(1)银行按季度结息时,该笔贷款应计利息=400000×80×4‰÷30=4266.67(元)

(2)至 8 月 2 日还款时,该笔贷款应计利息=400000×42×4‰÷30=2240(元)

(3)若 6 月 20 日银行未能收到利息,到期日还款时,该笔贷款应计利息=4266.67+(404266.67×42×4‰÷30)=4266.67+2263.89=6530.56(元)

3）实际利率法下贷款利息的计算

该方式通常适用贷款重组等情况。计息公式如下：

$$贷款利息＝贷款当期摊余成本×当期实际利率$$

【案例 5 - 18】某客户的一笔银行贷款到期，若客户在到期日归还，只需付 120 万元即可。但客户无力偿还，要求展期。银行与客户签订新的合同，并约定采用分期还款方式。即从到期当年末分 5 年分期收款，每年 30 万元，合计 150 万元。若计算得知将名义金额折现为当前收款额的利率为 8％，则在实际利率法下，各期偿还本金和利息是多少？

【案例分析】依照题意计算结果如表 5 - 17 所示。

表 5 - 17　按实际利率计算的贷款利息收入列表　　　　　　单位：元

	未收本金 A	利息收益 $B＝A×8\%$	本金收现额 $C＝D－B$	总收现额 D
收款日	1200000	0	0	0
第 1 年末	1200000	96000	204000	300000
第 2 年末	996000	79680	220320	300000
第 3 年末	775680	62054.4	237945.6	300000
第 4 年末	537734.4	43018.752	256981.248	300000
第 5 年末	280753.152	22460.252	277539.748	300000
总额		303213.404	1196786.596	1500000

注：若表 5 - 17 中数字计算无误差，利息收益总额应等于 30 万元，本金收现总额应等于 120 万元。

4）个人消费信贷的计息方式

消费信贷定价过程中主要考虑利率、到期日及偿还方式三大因素。美国最常见的计息方法有年百分率法（等额本息还款法）、单一利率法（等额本金还款法）、贴现率法、追加贷款率法、到期前还款折扣率法。

（1）等额本息还款法。该方法是指借款人每月偿还的贷款本金和利息总额不变，但每月还款额中贷款本金逐月增加，贷款利息逐月减少的还款方式。计算公式为：

$$每月还款额＝[贷款本金×月利率×(1＋月利率)^{贷款月数}]/[(1＋月利率)^{贷款月数}－1]$$

【案例 5 - 19】某客户向银行借入个人住房贷款 24 万元，期限 20 年，年利率 8％。若每个月还款本息合计金额相等，要求计算偿还本息额。

【案例分析】依照题意：

$$每月还款额＝240000×8\%/12×(1＋8\%/12)^{240}÷[(1＋8\%/12)^{240}－1]＝2007.05(元)$$

（2）等额本金还款法。在分期付款法下，该方法是指借款人每月偿还的本金固定不变，贷款利息逐月递减的还款方式。等额本金还款法计算公式为：

$$每月还款额＝贷款本金/贷款期月数＋(本金－已归还本金累计额)×月利率$$

此种方法的特点是在还款期内，本金等额偿还，然后根据剩余本金计算利息；初期还款较多，此后逐渐下降；还款压力递减；节省利息支出。此方法适合当时经济宽裕，但今后存在不确定性因素的借款人。

【案例 5－20】某客户向银行借入个人住房贷款 24 万元，期限 20 年，年利率 8%。若每个月还款本金额相等，要求计算偿还本息额。

【案例分析】依照题意：

第一个月还款额＝240000/240＋240000×8%÷12＝2600（元）

第二个月还款额＝240000/240＋（240000－1000）×8%÷12＝2593（元）

最后一个月还款额＝240000/240＋1000×8%÷12＝1006.7（元）

（3）贴现率法。贴现率法是指在分期付款法下，商业银行向客户发放贷款时，先从本金中扣除利息部分，而到期时借款客户要偿还贷款全部本金的一种计息方法。采用这种方法，客户可利用的贷款额只有本金减去利息部分后的差额，因此贷款的实际利率高于名义利率。

【案例 5－21】某客户以未到期的银行承兑汇票向银行申请贴现，若贴现利率为 6%，金额为 10000 元，期限为 4 个月。请计算贴现利息。

【案例分析】依照题意：

贴现利息＝10000×6%÷12×4＝200（元）

客户实际得到贷款额＝10000－200＝9800（元）

（4）追加贷款率法。在分期付款法下，银行要求客户将所有应付利息追加在每期贷款本金上，客户实际使用贷款少于名义贷款额。

【案例 5－22】客户杨某为购买计算机申请贷款 8000 元，银行要求按 6% 的利率和 12 个月等额分期付款。要求计算客户实际承担成本率。

【案例分析】依照题意：

①客户应付利息额＝8000×1×6%＝480（元）

②客户应付贷款本息额＝8000＋480＝8480（元）

③客户每月本息支付额＝8480÷12＝706.67（元）

④客户每月支付本金额 666.67 元，每月支付利息额 40 元。

⑤客户半年共支付本金约 4000 元，所以，相当于客户实际获得名义贷款额的 50%。

⑥该客户实际承担成本率＝480÷4000＝12%

（5）到期前还款折扣率法。在分期付款法下，若客户提前还款，有些银行会考虑给客户相应折扣，有些银行没有折扣反而会进行惩罚。如美国在给客户折扣时，采用的是 78s 法则。这是计算银行在任一时点从按月分期偿付的个人贷款中应得利息收入的经验法则。而 78 来自每年 12 个月的 1—12 相加之和。因此，客户提前还款折扣率计算公式为：

$$客户提前还款折扣率＝剩余月之和÷78$$

【案例 5－23】某客户从银行获得一笔 1 年期按月分期付款的贷款 50 000 元，8 个月后该客户要求提前偿还贷款，请用 78s 条款计算银行应该给予该客户的利息回扣率。

【案例分析】依照题意：

该客户可获得的利息折扣率＝10÷78＝12.82%

说明在分期付款时，若客户提前 4 个月还贷款，银行仅能获得原贷款利息额 87.18% 的收益。

5.4.4　强化内部控制

1.审贷岗位设置

为了确保贷款管理过程的科学化,银行应当按照"审贷分离"的原则,将贷款管理各个环节划分为既相互独立又相互制约的管理岗位,建立权力制衡机制,明确各自的职责。

2.强化贷款责任制度

在实行"审贷分离"的基础上,银行还应按照"权责对称"原则,建立贷款责任制度(含贷后问责制)。

3.建立信贷人员激励与约束机制

银行信贷人员在整个信贷运行系统中处于第一责任人的位置,承担着贷前调查、贷后管理的重要职责。因此建立信贷人员激励与约束机制是一项重要的基础性工作。首先应严格准入制度,采用高校毕业生中录入、社会招聘或内部选拔方式。其次应严格绩效考核制度,科学设置考核指标,对考核优秀者给予奖励,对考核结果不合格者给予惩罚,以起到鼓励先进、激励后进的效果。最后对职务犯罪者应该追究刑事责任。

5.5　贷款减值及核销

5.5.1　资产减值准备提取的会计准则

1.资产减值的确认标准

资产减值是指资产的可收回金额低于其账面价值。资产减值损失的确认标准主要有三种,即永久性标准、可能性标准和经济性标准。我国 2006 年颁布实施的《企业会计准则》采用与国际会计准则相同的做法——采用经济性标准。即只要发生减值就予以确认,计入当期损益。确认和计量采用相同的基础。同时,该准则规定非金融资产减值损失一经确认,在以后会计期间不得转回。资产减值的"适用范围包括固定资产、无形资产以及除特别规定以外的其他减值的处理"。

2.金融资产减值测试的范围

需要进行减值测试的金融资产,是指交易性金融资产以外的金融资产,包括持有至到期投资、贷款和应收款项、可供出售的金融资产。

3.金融资产减值的确认

摊余成本计量的金融资产减值损失＝金融资产的期末账面价值－预计未来现金流量现值(按可收回金额计算,如果可收回金额高于其账面价值,不做账务处理)

5.5.2　银行贷款资产减值准备提取的政策

1.银行贷款资产减值准备提取政策的演变

(1)1993 年 4 月 15 日,财政部根据《企业财务通则》制定并颁布了《金融保险企业财务制度》,要求在 1993 年 7 月 1 日起执行。突出特点是建立金融业资本金、坏账和贷款呆账准备金制度以及财务报告和财务评价体系。

(2)1998 年 4 月,中国人民银行印发《贷款风险分类指导原则(试行)》(银发〔1998〕151 号)。

(3)1999 年 7 月,中国人民银行印发《关于全面推行贷款五级分类工作的通知》,对《贷款风险分类指导原则(试行)》进行修订。

(4)2001年12月,中国人民银行颁布《贷款风险分类指导原则》(银发〔2001〕416号),自2002年实行贷款五级分类与期限双轨考核。同时按照《银行贷款损失准备计提指引》(银发〔2002〕98号)规定进行贷款准备提取。

(5)2003年11月,银监会颁布《关于推进和完善贷款风险分类工作的通知》(银监发〔2003〕22号),自2004年五级分类的资产范围扩大到表外业务,实施范围扩大到所有银行业金融机构,同时停止期限考核。

(6)财政部要求2005年7月1日起按照《金融企业呆账准备提取管理办法》(财金〔2005〕49号)执行呆账准备计提规定。该办法在呆账准备的计提内容、计提方式、计提范围等各方面与财政部原下发的《金融企业呆账准备提取及呆账核销管理办法》(财金〔2001〕127号)均有差异。

(7)财政部2012年3月30日颁布《金融企业准备金计提管理办法》,明确一般准备余额原则上不得低于风险资产期末余额的1.5%。金融企业应当根据自身实际情况,选择内部模型法或标准法对风险资产所面临的风险状况定量分析,确定潜在风险估计值。对于潜在风险估计值高于资产减值准备的差额,计提一般准备。当潜在风险估计值低于资产减值准备时,可不计提一般准备。一般准备余额原则上不得低于风险资产期末余额的1.5%。该办法明确具备条件的金融企业可采用内部模型法确定潜在风险估计值。金融企业不采用内部模型法的,应当根据标准法计算潜在风险估计值,按潜在风险估计值与资产减值准备的差额,对风险资产计提一般准备。其中,信贷资产根据金融监管部门的有关规定进行风险分类,标准风险系数暂定为正常类1.5%,关注类3%,次级类30%,可疑类60%,损失类100%;对于其他风险资产可参照信贷资产进行风险分类,采用的标准风险系数不得低于上述信贷资产标准风险系数。

2. 现行准备金提取的原则和比例

1)贷款损失准备金的计提原则

根据《巴塞尔新资本协议》《企业会计准则》《金融企业准备金计提管理办法》等法规、办法的指导思想,商业银行贷款损失准备金的计提应当遵从如下三项原则。

(1)及时性原则。及时性原则是指在处理会计事项时,必须在经济业务发生时及时进行,要讲究时效,以便于会计信息的及时利用,也就是要求会计信息提供的时间与会计计量所反映经济业务的发生时间要保持一致,在会计核算中贯彻及时性原则,能使会计事项的账务处理在当期内完成。如银行呆账准备金的提取应在估计到贷款可能存在内在损失、贷款的实际价值可能减少时进行,而不应在损失实际实现或需要冲销贷款时进行。

(2)审慎性原则。审慎性原则(又称为保守会计原则)是指对具有估计性的会计事项谨慎从事,应当合理预计可能发生的损失和费用,不去预计或少预计可能带来的利润。

审慎性会计原则是所有经济活动会计计量的基本原则,其核心内容就是对利润的估计和记载要保持谨慎或保守,对损失的估计和记载要充分,同时要保持充足的准备金以弥补损失。

在贷款损失准备金计提时,审慎性会计原则具体体现为银行对贷款内在损失的分析要比较深入、对贷款内在损失的判断要比较合理、对贷款内在损失的估计要比较充分,尤其是不能提前使用未来的收益。

(3)充足性原则。充足性原则是指商业银行应当随时保持足够弥补贷款内在损失的准备金数量。当然,这里的"随时"和"充足"实际上都是相对的,并不是要求商业银行的准备金水平与其当天贷款内在损失绝对相等。

充足的贷款损失准备金,能够有效防止潜在损失对银行资本的侵蚀,是商业银行持续、稳健经营的基础和保证。因此,商业银行必须定期对贷款内在损失进行评估,并根据内在损失程度的变化定期调整准备金水平。

2)贷款损失准备金的计提比例

(1)一般准备按不低于年末全部贷款余额的 1.5% 计提。

(2)专项准备是按分类后每笔贷款损失的程度计提,其比例如表 5-18 所示。

表 5-18　专项准备计提比例

贷款级别	贷款余额比例
正常	1.5%
关注	3%
次级	30%
可疑	60%
损失	100%

3. 我国现行贷款五级分类制度存在的局限性

(1)过度依赖主观判断。在依赖主观判断的贷款分类体系中,同类贷款的分类结果基本上正确,但是不同类贷款之间的界线比较模糊,分类结果难以保持一致性。

(2)分类结果很难作为贷款决策的依据。商业银行也难以利用五级分类决定是否发放贷款、贷款限额有多大、贷款的利率水平及对抵质押、担保的要求等。

(3)分类结果是粗线条分类。五级分类对正常类贷款划分过粗,仅划分为两级,不能区分其风险。贷款余额在这两级上过于集中,然而其风险大小并不一样。完善的银行内部风险贷款评级体系应该对五级分类进一步细化,将正常贷款分为 5~7 类,并从风险管理的角度采取不同管理方法。

(4)利用贷款五级分类计提贷款准备难以覆盖银行的信用风险。按照我国监管部门的规定,五级分类在很大程度上涵盖的仅是贷款余额,而且不是商业银行整个的风险暴露或敞口。所谓信贷风险暴露或敞口不仅包括借款人已提取的贷款,还应包括部分未提取的贷款,即承诺未贷部分。而且,对于如何计量表外或有负债项目的信用风险缺乏明确的规定。

(5)五级分类不能区分借款人风险和债项风险。五级分类综合考虑借款人和贷款的风险要素,在很大程度上既不是客户评级,也不是贷款评级。这也从另一侧面反映出贷款五级分类主要的用途是仅帮助监管当局了解商业银行的贷款质量。

4. 贷款分类的改进

(1)贷款五级分类矩阵(评级客户)如表 5-19 所示。

表 5 - 19　贷款五级分类矩阵——评级客户

客户等级	借款人贷后检查	贷款执行情况						
		付息正常或欠息90天之内			欠息90天之上			
		本金未到期或欠本90天(含)以内	欠本90~180天(含)	欠本180天以上	本金未到期或欠本90天(含)以内	欠本90~180天(含)	欠本180~360天(含)	欠本306天以上
1~3级的客户	正常	正常	至少关注	至少关注	—	—	—	—
	不良趋势	正常/关注	至少关注	关注/次级	关注/次级	至少次级	次级/可疑	至少可疑
	恶化	至少关注	关注/次级	至少次级	次级/可疑	次级/可疑	至少可疑	至少可疑
4~7级的客户	正常	正常	至少关注	至少关注	—	—	—	—
	不良趋势	至少关注	关注/次级	至少次级	至少次级	至少次级	至少可疑	至少可疑
	恶化	至少次级	次级/可疑	至少可疑	至少可疑	至少可疑	至少可疑	至少可疑

注:表中阴影部分为可能的评级结果。

（2）贷款五级分类矩阵（非评级客户）如表 5 - 20 所示。

表 5 - 20　贷款五级分类矩阵——非评级客户

借款人贷后检查	贷款执行情况						
	付息正常或欠息90天之内			欠息90天之上			
	本金未到期或欠本90天(含)以内	欠本90~180天(含)	欠本180天以上	本金未到期或欠本90天(含)以内	欠本90~180天(含)	欠本180~360天(含)	欠本306天以上
正常	正常	至少关注	至少关注	—	—	—	—
不良趋势	正常/关注	至少关注	关注/次级	至少次级	至少次级	次级/可疑	至少可疑
恶化	至少次级	次级/可疑	至少可疑	至少可疑	至少可疑	至少可疑	至少可疑

注:表阴影部分为可能的评级结果。

5.5.3　商业银行贷款资产减值准备提取的步骤及实践

1.贷款资产减值准备计提的要求

（1）对信贷资产预计未来现金流量有影响的事项,且该影响能够进行可靠计量时,应及时评估该信贷资产的减值损失。

（2）信贷资产减值损失是信贷资产预计未来现金流量现值低于其账面价值的差额。

（3）从审慎角度出发,任何信贷资产组合一定会发生减值损失,因此需要定期进行评估,计提贷款损失准备金。贷款损失准备金是根据信贷资产减值损失估算结果,按一定的标准计提后,在期末应该保有的用于弥补信贷资产减值损失的准备金余额。

2. 贷款资产减值损失估算的步骤

1）第一步：估算贷款资产减值损失

贷款资产减值损失有两种评估方式，即组合方式评估与个别方式评估。

（1）组合方式评估。

①对单项资产金额不重大或没有客观证据显示已个别地发生减值的信贷资产，包括借款人具有相同还款能力等信用风险特征（如信用风险评估或信用分级过程应考虑资产类型、行业、地理位置、抵押品类型、逾期状况和其他与被评估资产和相关损失数据相关的特征）的信贷资产，可划分为同一资产组合，采用组合方式评估减值损失。

②采用组合方式评估信贷资产减值损失时，构建滚动率模型，对违约概率和损失金额的历史趋势进行统计。对适用组合评估方式的信贷资产，由总行定期估算减值损失。

（2）个别方式评估。

①单项金额重大的信贷资产，采用个别方式评估减值损失。对于有客观证据显示已个别地发生减值的信贷资产，均可视为单项金额重大的信贷资产。

②采用个别方式评估信贷资产减值损失时，应计算评估日信贷资产在未来一定时期的现金流量现值，以该现值低于其账面价值之间的差额确认为减值损失。

③适用个别评估方式的信贷资产，各信贷经营机构的信贷人员应逐笔估算信贷资产减值损失情况。

（3）公司类信贷资产组合方式评估。

①计算各分类的历史滚动损失率。

构建公司类信贷资产的滚动率模型，对违约概率和损失金额的历史趋势进行统计。公式如图 5－6 所示（以正常类为例）。

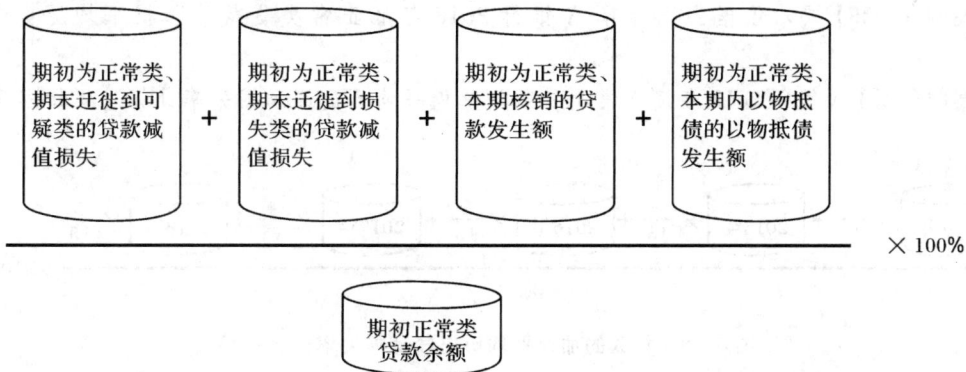

图 5－6　贷款历史滚动损失率示意图

【案例 5－24】假设案例银行两年前只有三笔正常类贷款 A、B、C，正常类贷款历史滚动损失率计算资料如图 5－7 所示。要求计算该银行两年间的正常类贷款历史滚动损失率。

【案例分析】该银行两年间的正常类贷款历史滚动损失率＝（50＋300＋100）÷600×100％＝75％

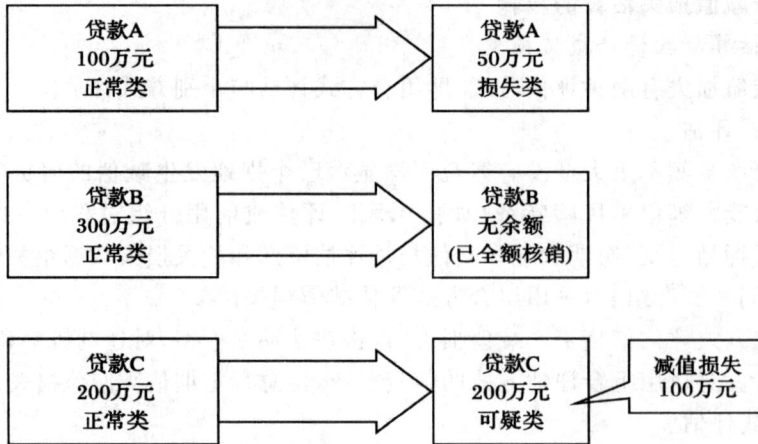

图 5-7　案例银行贷款历史滚动损失率计算资料

②计算各分类的加权平均历史滚动损失率。

公式（以正常类为例）如下：

正常类贷款加权平均历史滚动损失率＝（本期正常类贷款历史滚动损失率×本期权重＋上一期正常类贷款历史滚动损失率×上一期权重＋上两期正常类贷款历史滚动损失率×上两期权重＋……）/期数

式中，有关权重的定义如下：

设目前有 n 期历史滚动损失率，则本期权重为 $n/(1+2+3+\cdots+n)$，上一期权重为 $(n-1)/(1+2+3+\cdots+n)$，依此类推。

【案例 5-25】要求依据公式计算 A 银行 2018 年底正常类贷款的加权平均历史滚动损失率。

【案例分析】A 银行 2018 年底正常类贷款的加权平均历史滚动损失率计算过程如图 5-8 所示。

$$\frac{2014年 \times \frac{1}{15} + 2015年 \times \frac{2}{15} + 2016年 \times \frac{3}{15} + 2017年 \times \frac{4}{15} + 2018年 \times \frac{5}{15}}{5期} \times 100\%$$

图 5-8　贷款的加权平均历史滚动损失率计算过程

③计算各分类的减值损失组合计提比例。

滚动率是对历史损失情况的客观统计，为了能够更加准确地反映当前信贷资产的减值损失状况，还应综合考虑管理水平、资产质量状况、宏观经济状况等因素。公式（以正常类为例）如下：

贷款减值损失组合计提比例＝正常类贷款加权平均历史滚动损失率×调整系数×100％

式中，调整系数由总行统一测算确定。对于银行承兑汇票贴现贷款，考虑到第一还款来源的特殊性，目前计提比例统一确定为 0.05％。

④计算各分类的减值损失金额。

根据贷款减值损失比例确定本期最终的贷款减值损失。公式（以正常类为例）如下：

$$减值损失金额＝正常类贷款余额×正常类贷款减值损失计提比例$$

2）第二步：贷款损失准备金保有额计算

①期末信贷资产专项准备金应保有额＝期末按组合方式评估的信贷资产专项准备金应保有额＋期末按个别方式评估的信贷资产专项准备金应保有额。

②期末按组合方式评估的信贷资产专项准备金应保有额＝期末按组合方式评估的信贷资产减值损失金额合计。

③期末按个别方式评估的信贷资产专项准备金应保有额＝期末按个别方式评估的信贷资产减值损失金额合计。

④总行定期汇总各类信贷资产的减值损失金额，据以计算期末信贷资产专项准备金应保有额。

3）第三步：贷款损失准备金应计提额计算

①概念：准备金应计提额指根据当期信贷资产减值损失的变化情况相应提取的准备金数额。当期计提金额为正数时，也称为当期应补提金额。当期计提金额为负数时，也称为当期应减提金额。

②计算公式如下：

$$当期贷款损失准备金应计提额＝当期贷款损失准备金新增金额＋当期贷款损失准备金回拨金额$$

式中：当期贷款损失准备金回拨金额，要求按减值损失的评估方式分别计算组合方式与个别方式的准备金的新增和回拨。而组合方式评估的准备金新增（回拨）金额为按照总行划分的贷款类别中每一类以组合方式评估的准备金较上一期同类贷款专项准备金增加（减少）部分加总后的金额确定。

【**案例 5-26**】A 银行本年组合方式评估的贷款准备金变化如图 5-9 所示。要求计算贷款损失准备金新增和回拨额。

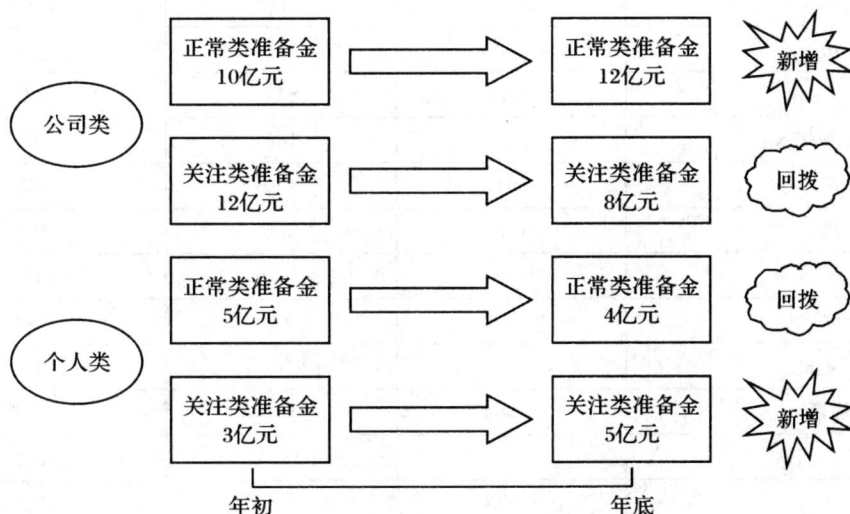

图 5-9　A 银行本年组合方式评估的贷款准备金变化情况

【案例分析】本年 A 银行新增贷款准备金额＝(12－10)＋(5－3)＝4(亿元)

本年回拨金额＝(8－12)＋(4－5)＝－5(亿元)

思考与练习

1. 计算题。

(1)乙客户向 M 银行申请一年期 2000 万元的贷款。银行为了满足该客户需求,发行年利率为 8％、金额为 1500 万元的大额定期存单,同时还按 8.5％的年利率向其他银行拆借 500 万元。与此贷款申请有关的信用调查和其他费用估计为 25000 元。若对此贷款至少要收取 1％的风险溢价和 0.5％的利润。如果该银行采取成本加成定价法,那么该笔贷款的价格将是多少?

(2)甲客户为了购买汽车,向 M 银行申请 50000 元的住房抵押贷款。该银行同意向其提供贷款。若抵押房屋的评估价值为 127000 元,根据银行贷款政策,抵押率为 70％,且甲客户目前尚欠住房抵押贷款余额为 65200 元。请回答以下问题:

①甲客户住房抵押贷款剩余价款是否可以支持他的贷款申请?

②如果甲客户原住房贷款余额减至 30000 元,那么他是否可以借到该笔款项?

③如果甲客户当地的二手房市场行情不佳,房屋出售间隔期一般需要 8 个月,问这些信息对银行的贷款决策有哪些影响?

2. 贷款审批及分类案例分析。

(1)丙公司近几年财务状况如表 5－21 和表 5－22 所示。

表 5－21　利润表　　　　　　　　　　　　单位:万元

项目	2016 年	2017 年	2018 年
销售收入	2918	5099	10612
减:销售成本	2817	4032	7808
销售费用	142	256	457
毛利润	－41	811	2347
加:其他业务收入	146	145	165
减:管理费用	354	450	583
财务费用	138	376	754
营业利润	－387	130	1175
加:营业外收入	7	11	9
减:营业外支出	4	7	11
税前利润总额	－384	134	1173
减:所得税		33.5	293.25
净利润	－384	100.5	879.75

注:所得税按 25％税率计算。

表 5 - 22　资产负债表　　　　　　　　单位:万元

资产	2016 年	2017 年	2018 年
流动资产:			
现金	32	175	655
存货	2424	2186	3249
应收账款	1153	2613	2849
应收票据			99
减:坏账准备	35	35	14
其他应收款	269	2341	1286
预付费用	298	248	226
其他流动资产		-11	
流动资产合计	4141	7517	8350
长期资产:			
固定资产	1456	1526	1941
减:累计折旧	234	447	695
固定资产净值	1222	1079	1246
在建工程	504	513	500
递延资产	25	25	47
开办费	42	30	18
无形资产	170	153	104
长期资产合计	1963	1800	1915
资产总计	6104	9317	10265
负债和所有者权益	2016 年	2017 年	2018 年
流动负债:			
短期借款	1487	4952	3090
应付账款	1707	475	-437
应付票据	119	365	575
应付工资	54	92	98
应付费用	362	207	357
应付税金	1	76	448
其他应付款	320	616	878
流动负债合计	4050	6783	5009
长期负债:			
长期借款			1451
长期负债合计			1451

续表 5-22

负债和所有者权益	2016 年	2017 年	2018 年
负债合计	4050	6783	6460
所有者权益：			
实收资本	2463	2645	2728
公积金	216	303	369
留存收益	−625	−414	708
所有者权益合计	2054	2534	3805
负债和所有者权益总计	6104	9317	10265

(2)请根据上述资料完成下列任务。

①简要计算表 5-23 中的财务比率。

表 5-23　财务比率

项目	2017 年	2018 年
销售毛利润率/%		
成本费用率/%		
总资产周转率		
应收账款周转率		
存货周转率		
权益报酬率/%		
资产负债率/%		
利息保障倍数		
流动比率		
速动比率		

②根据财务报表和财务比率对丙公司的财务状况、偿债能力、营运能力做简单分析。

③如果丙公司在银行有短期贷款 1500 万元、长期贷款 500 万元，你将如何对其进行五级分类？（仅根据上述资料）

④试简要分析丙公司潜在的经营管理方面的风险及银行应采取的防范信贷风险的措施。

3.流动比率反映企业的短期偿债能力，那么流动比率越高，说明企业的财务状况越好。这句话正确吗？请说明理由。

4.影响市盈率的因素有哪些？

5.某客户从银行贷到一笔 10000 元的贷款，年利率按 6% 计算，每月还款，贷款期限 1 年。请计算百分率法（等额本息还款法）、单一利率法（等额本金还款法）、贴现率法、追加贷款率法下客户的借款成本。

6.假设某银行有一笔面值为 1000 万元的贷款，年利率为 8%，被划为不良贷款，这对该行利润表会带来什么影响？

7. 商业银行如果以短期存款支撑长期贷款会有什么风险？

8. 某客户的一笔银行贷款到期，若客户在到期日归还，只需付 80 万元即可。但客户无力偿还，要求展期。银行与客户签订新的合同，并约定采用分期还款方式。即从到期当年末分 5 年分期收款，每年 20 万元，合计 100 万元。若计算得知将名义金额折现为当前收款额的利率为 7.93%，问在实际利率法下，各期偿还本金和利息各多少？

9. 某银行向客户发放期限为 1 年的贷款，逾期 100 天后收回，贷款本金为 1200000 元，年利息为 7.8%。按照规定，该行向客户加收 40% 利息作为罚息。问收回贷款时的本息和是多少？

10. 通过某企业的财务报表分析可知该企业的借款理由主要有哪些？

11. 对企业的财务分析主要使用的财务比率有哪些？

12. 借款企业的信用支持的主要方式是什么？银行应怎样控制和管理这些信用支持？

13. 假如 M 商业银行给甲企业周转信贷额为一年内 1000 万元，承诺费率为 0.4%。2018 年 1 月 1 日该企业从银行借款 500 万元，同年 8 月 1 日又从银行借款 300 万元，如果年利率为 8%，则该企业应向银行支付利息是多少？支付承诺费是多少？

14. 你认为商业银行在贷款发放后到贷款归还期间，是否可向借款人收取"账户管理费"？如果可以收，那应该如何收？

第6章 商业银行中间业务管理

本章提要

中间业务是20世纪80年代以来西方国家银行业发展的一个重点,它与证券化、国际化、自由化一起被称为当今世界金融业发展的四大趋势。商业银行通过发展中间业务起到了服务客户、联系客户、促进银行传统资产负债业务发展的作用,同时也给银行带来了巨大的收益,但也伴随着很大的风险。本章主要介绍中间业务概述、中间业务定价管理、中间业务操作实务及中间业务风险管理。

6.1 商业银行中间业务概述

6.1.1 商业银行中间业务的定义及特征

1. 商业银行中间业务与表外业务

1) 商业银行中间业务

商业银行中间业务的称谓,是我国独有的。中间业务是指不构成商业银行表内资产、表内负债,形成银行非利息收入的业务。其包括两大类:不构成或有资产、或有负债的中间业务(即一般意义上的金融服务类业务)和形成或有资产、或有负债的中间业务(即一般意义上的表外业务)。

2) 商业银行表外业务

表外业务(简称OBS),是西方商业银行的称谓,指商业银行从事的,按通行的会计准则不列入资产负债表内,不影响其资产负债总额,但能影响银行当期损益,改变银行资产报酬率的经营活动。其按业务类型有狭义和广义之分。

狭义表外业务,指那些未列入资产负债表,但同表内资产业务和负债业务关系密切,并在一定条件下会转为表内资产或负债业务的经营活动。通常把这些经营活动称为或有事项。或有事项,是指过去的交易或事项形成的一种状况,其结果须通过未来不确定事项的发生或不发生予以证实。它包括或有资产和或有负债。或有负债,是指过去的交易或事项形成的潜在义务,其存在须通过未来不确定事项的发生或不发生予以证实;或过去的交易或事项形成的现时义务,履行该义务很可能导致经济利益流出金融企业或该义务的金额不能可靠地计量。或有资产,是指过去的交易或事项形成的潜在资产,其存在须通过未来不确定事项的发生或不发生予以证实。

广义表外业务,既包括狭义表外业务,又包括结算、代理、咨询等经营活动。所以,广义的表外业务是指商业银行从事的所有在当时不会引起资产负债表总额变化,但未来能带来收益的业务。广义表外业务也同于我国商业银行所指的中间业务。

2. 商业银行中间业务的特征及变化

中间业务与资产业务和负债业务相比较具有以下特征：一是不直接以债权人或债务人的身份参与其中，但有潜在的债权债务关系(业务发生时以"中间人"的身份出现，充当委托或代理人，这是中间业务同传统负债业务和资产业务的根本区别)。二是以收取手续费或佣金的形式获取收益，拓宽了银行收入渠道。三是在风险可控的情况下会带来规模效益。在西方发达国家，中间业务经过了几十年的发展已经相当成熟并成为商业银行的主要收入来源，且性质也发生了一些新的变化。其发生的变化主要体现在以下五个方面：①由不运用或直接运用自己的资金向商业银行垫付资金转变。有些中间业务在提供服务的同时，银行将以某种形式垫付资金，使中间业务带有信用业务的特征。②由不占有或直接占有客户资金向商业银行占用客户资金转变。③由接受客户委托向银行出售信用转变。④由不承担风险的单纯收取手续费向承担风险转变。此时银行收取的手续费就不仅仅是劳动补偿，同时也包含着利息补偿和风险补偿。如商业银行办理信用证、承兑、保函等业务。⑤金融衍生产品交易实现了传统中间业务的突破。

6.1.2　商业银行中间业务的种类

1. 按产品用途(或功能)划分

如第1章所述，中间业务按用途分，主要包括九个大类。其中承诺类中间业务、担保类中间业务、衍生金融工具类中间业务、投资银行类中间业务，是风险相对比较大的中间业务，也是狭义的表外业务。代理类中间业务、咨询类中间业务、结算类中间业务、银行卡类中间业务及其他类中间业务，是相对风险比较小的中间业务。商业银行中间业务概况如图6-1所示。

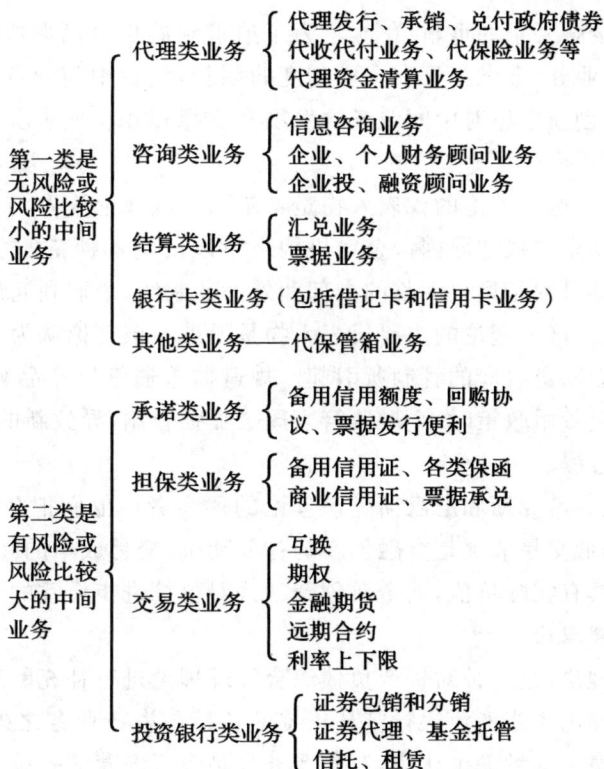

图 6-1　商业银行中间业务概况图

2. 按准入制度划分

在商业银行经营的中间业务产品中,风险比较大的中间业务,如承诺类中间业务、担保类中间业务、衍生金融工具类中间业务、投资银行类中间业务均属于审批制中间业务,都必须经同级监管机构审批后方可经营此类业务。而风险比较小的中间业务,如代理类中间业务、咨询类中间业务、结算类中间业务、银行卡类中间业务及其他类中间业务均属于备案制中间业务。但审批制和备案制中间业务的业务范围也不是固定不变的,它将随着需求变化、商业银行管理水平的提高而变化。

3. 从会计核算的角度划分

从会计核算的角度划分,中间业务包括不形成或有资产、或有负债的中间业务(即一般意义上金融服务类业务)和形成或有资产、或有负债的中间业务(即一般意义上的表外业务)。

4. 按开办业务的技术含量大小化分

按开办业务的技术含量大小划分,中间业务包括高附加值产品和低附加值产品。其中:高附加值产品是指与资本市场联系紧密的业务。它往往具有较高的技术含量和附加值。如基金托管、个人理财、财富管理等新兴业务,代表了未来的发展方向。低附加值产品,如代收水电费、代发养老金等代理业务,属于劳务型品种。银行投入较大,获得的收益相对较少。

6.1.3　商业银行中间业务的发展

1. 商业银行中间业务发展的理论依据

1)金融创新理论

金融创新是各种金融要素的重新组合,是为了追求利润机会而形成的市场变革。其表现形式是金融机构、金融业务、金融工具和金融制度的创新,大量中间业务工具的出现是金融创新的结果。所以,金融创新理论对中间业务的发展有支撑作用。西方关于金融创新的理论颇多,主要介绍以下几种:

(1)"约束诱导"论。这一理论的代表人物是希尔伯。该理论认为,金融业回避或摆脱内部和外部的约束是金融创新的根本原因。金融机构之所以发明各种新的金融工具、交易方式和服务种类、管理方法,其目的是摆脱面临的内部和外部的制约,争取利润最大化机会。

(2)"规避管制"论。这一理论的主要代表人物是凯恩。该理论认为,金融创新主要是由金融机构为了获取利润而回避政府的管制所引起。规避监管通常以产品替代行为的形式出现。当创新危及金融稳定及货币政策时,金融监管当局会加强管制,导致新的创新,两者不断交替,形成一个相互推动的过程。

(3)"交易成本"论。希克斯和尼汉斯是该理论的代表者。他们把金融创新的成因归于交易成本的下降,认为降低交易成本是金融创新的首要动机,交易成本的高低决定了金融业务和金融工具的创新是否具有实际价值,而金融创新就是对科技进步导致的交易成本降低的反应。

2)资产负债外管理理论

资产负债外管理理论,是一种对资产负债综合管理理论进行补充的理论。

资产负债外管理理论主张商业银行应从正统的负债与资产业务之外寻找新的经营领域,从而开辟新的盈利源泉。这种理论认为,存贷业务只是银行经营的一条主轴,在其旁侧可以延伸发展起多样化的金融服务。同时,这种理论还提倡将原来资产负债表内的业务转化为表外业务,以降低成本。例如,商业银行通过资产证券化、贷款出售等方法,使表内经营规模维持现状甚至缩减,银行收取转让的价格差额,既可增加收益,又可逃避审计和税务部门的检查。正是在资产负债外管理理论的影响和指导下,商业银行的中间业务迅速发展,各种服务费收益在银行盈利中的比重日益上升。

2. 商业银行中间业务发展的动因

中间业务发展如此迅速,其原因是多方面的(压力、需求和动力)。其目的是追求价值最大化、避险和规避管制、增加流动性和灵活性。归纳起来,其原因主要有以下六个:①规避资本管制,增加盈利来源;②适应金融环境变化;③转移和分散风险;④适应客户对银行服务多样化的需要;⑤银行自身拥有的有利条件促进了银行中间业务的发展;⑥科技进步推动了银行中间业务发展。

6.1.4　商业银行中间业务的定价

1. 商业银行中间业务定价的依据

1)中间业务定价的法规依据

国务院 1997 年 12 月 29 日颁布的《中华人民共和国价格法》是商业银行中间业务定价的大法;1993 年 10 月 31 日中华人民共和国主席令第 11 号公布的,自 1994 年 1 月 1 日起施行的《中华人民共和国消费者权益保护法》(2009 年 8 月 27 日第十一届全国人民代表大会常务委员会第十次会议《关于修改部分法律的决定》第一次修正,2013 年 10 月 25 日第十二届全国人民代表大会常务委员会第五次会议《关于修改〈中华人民共和国消费者权益保护法〉的决定》第二次修正)解决定价中的权益保护问题,并规定交易遵循自愿、平等、公平、诚实信用的原则。《中华人民共和国商业银行法》、监管当局颁布的监管法规以及商业银行内部的管理制度对中间业务定价有着直接管制。如 2012 年 1 月 20 日,银监会发布《中国银监会关于整治银行业金融机构不规范经营的通知》(银监发〔2012〕3 号),要求银行业金融机构遵守质价相符、服务有效的原则建立收费项目、服务质价、效用功能和优惠政策“四公开”的业务管理制度,并严格遵守以下规定:①合规收费;②以质定价;③公开透明;④减费让利。2003 年 6 月 26 日,由中国银行业监督管理委员会与国家改革和发展委员会联合制定、颁布了《商业银行服务价格管理暂行办法》,该办法对商业银行服务收费行为给予了明确的界定。

(1)该办法规定,商业银行制定服务价格、提供银行服务应当遵守国家有关价格法律、法规及规章的规定,应当遵循合理、公开、诚信和质价相符的原则,应以银行客户为中心,增加服务品种,改善服务质量,提升服务水平,禁止利用服务价格进行不正当竞争。

(2)该办法规定,根据服务的性质、特点和市场竞争状况,商业银行服务价格分别实行政府指导价和市场调节价。

第一类实行政府指导价的商业银行服务范围为:

①人民币基本结算类业务,包括银行汇票、银行承兑汇票、本票、支票、汇兑、委托收款、托收承付;

②中国银行业监督管理委员会、国家发展和改革委员会根据对个人、企事业的影响程度以及市场竞争状况确定的商业银行服务项目。

实行政府指导价的服务价格按照保本微利的原则制定,具体服务项目及其基准价格和浮动幅度,由国家发展和改革委员会会同中国银行业监督管理委员会制定、调整。

第二类实行市场调节价的商业银行服务范围为,除前述规定外,商业银行提供的其他服务,实行市场调节价。

实行市场调节价的服务价格,由商业银行总行、外国银行分行(有主报告行的,由其主报告行)自行制定和调整,其他商业银行分支机构不得自行制定和调整价格。商业银行制定和调整价格时应充分考虑个人和企事业的承受能力。

(3)该办法规定,商业银行办理收付类业务实行"谁委托、谁付费"的收费原则,不得向委托方以外的其他单位或个人收费。

2)商业银行对中间业务定价时应考虑的因素

商业银行对中间业务定价时应考虑的因素主要有:

(1)成本因素。其包括营业成本和营业费用。营业成本是指在业务经营过程中发生的与业务经营有关的支出,如手续费支出等;营业费用是指在业务经营及管理工作中发生的各项费用,如业务宣传费、业务招待费、电子设备运转费、研发费、研发人员的工资、福利等。这些是影响中间业务价格的基本因素。

(2)需求因素。当市场上对银行的中间业务产品需求增加时,价格便可以随之上升;反之,则呈下降趋势。因为客户是愿意为高品位的质量型服务支付高费用的。

(3)竞争者因素。其包括竞争对手的类似服务的定价。由于金融商品具有能在极短的时间内被"克隆"的可能,因此任何中间业务开发后形成的比较优势都是短暂的,竞争者的价格必然成为中间业务定价的一个重要指导,但要防止恶性竞价。

(4)政策因素。国家有关政策法规的调整、变更,均会在不同程度上影响银行的服务价格和服务成本。

(5)风险因素。一般来讲,风险越高价格越高。

3)商业银行中间业务定价的原则

按照中间业务的特殊性,主要应遵循合理、公开、诚信和质价相符的原则。这是经营中间业务的基本原则。质价相符要求质价对等,物有所值。其他原则同于资产定价原则。

2. 中间业务定价方法的国外借鉴

1)高价策略

高价策略即根据客户对银行产品的满意度和客户得到银行产品或服务后所能获得的效益来定价。这种定价策略的前提条件是银行提供的产品和服务是无与伦比的,具有个性化的特征。如美国花旗银行1986年推出通过个人电脑提供的"家居银行"服务时,虽然成本低廉,收费却比传统银行服务费要高。因其服务质量高,所以尽管价格较高,但仍有市场。实施这一策略的基础是"需求大于供给",比如对于新开发的品种,因为市场无竞争对手,所以通常采用此定价策略。

2)渗透性定价

渗透性定价即通过较低的价格以争取提高市场占有率,它适用于价格敏感并可薄利多销的市场以及风险比较小的产品。其目的是获得市场份额谋求远期的稳定利润。同时,由于市场占有率的提高,逐步形成规模经营,有利于成本的进一步降低,从而增强竞争力。如20世纪70年代,美国富国银行(Wells Fargo)推出了一种"金账户"(gold account),客户只需每月交纳

3 美元便可享受开列支票、信用卡、保管箱、担保、分期付款、贷款优惠利率、投资咨询等一系列服务,因此吸引了大量客户,产品推出后一个月内便开设了 70000 多个新账户,比平常多出2 倍。

3)占优战略

在博弈论中指出,不论其他博弈者采取什么策略,某博弈者都有一个最佳策略。当所有博弈者都有一个占优战略时,其结果将是占优均衡(dominant equilibrium)。占优战略(dominant strategy)即在产品定价时,无论竞争者采用何种战略,该博弈者的最佳战略就是仍按正常价格销售。

4)坐标定价

银行产品包括核心产品、形式产品、附加产品(或扩展产品)。核心产品主要展示产品的基本功能。如信用卡的基本功能为转账结算、存取现金、透支便利等。形式产品是用来美化核心产品的外部特征以满足不同消费者的需求。扩展产品是在核心产品基本功能基础上再附加若干功能,以满足客户的需求。在定价中,一种产品附加的好处越多,定价越高。如汇丰银行要求以最低 20 万港元开户的"卓越理财户"的年费为 380 港元,高于以 2 万港元开户的"运筹理财户口"的年费 300 港元。

5)成本加成定价

成本加成定价即在成本的基础上确定一个附加,附加部分就是目标利润。其计算公式为:产品价格=单位产品成本×(1+成本加成率)/(1-税率)。这种定价方法适用于无差别市场,有利于公平定价。但由于它没有考虑市场需求和竞争态势,不一定能刺激消费需求,所以不是定价方法的最佳选择。如汇丰银行每三个月对外汇储蓄账户进行清查,如果账户中的每日平均存款余额小于 2000 美元(或等值外币),则每 3 个月用户需要缴纳 165 元人民币,即每月需缴纳 55 元管理费。国内第一个收取小额存款账户管理费的外资银行——花旗银行,从 2004年底将原先收取管理费的存款限额由 5000 美元提高到 1 万美元,即当月日平均余额(或等值外币)低于 1 万美元(不含)的用户,需要缴纳管理费 50 元人民币。自 2006 年 6 月 21 日起,中国工商银行对日均存款余额不足 300 元(不含)的人民币小额个人活期存款账户按季度收取账户服务费。收费标准为,对每一个账户每季度收取账户服务费 3 元人民币,每季度收取一次。收费周期为,每季末月 21 日至下季末月 20 日为人民币个人小额活期存款账户收费周期。第一次收费的收费周期为 2006 年 3 月 21 日至 6 月 20 日。但按照监管当局相关政策,我国大部分银行自 2017 年 9 月 30 日后免收下述账户(含存折、借记卡)的年费和小额账户管理费:在银行开立的唯一账户(不含信用卡、贵宾账户),账户持有人指定享受上述免费政策的账户,在银行签约开立的代发工资账户、退休金账户、低保账户、医保账户、失业保险、住房公积金账户以及低保金专用存折账户、缴纳交通罚款的存折账户、养老金存折账户、抚恤金存折账户、用于偿还个人贷款的存折账户。

【案例 6 - 1】假设某银行活期存款的存款利率是 5%,可用资金投资收益是 12%。请根据表 6-1 给出的银行付息活期存款账户成本资料,计算银行对客户存款账户最低余额要求是多少时才不会亏本。

表 6-1 商业银行小额账户收费的相关数据依据

账户服务成本	收支频繁账户	收支不频繁账户
每月办理结算人工成本/元	4.00	4.00
每月纸张及其他成本/元	7.50	2.50
每月服务成本总额/元	11.5	6.50
账户资金可用率	收支频繁账户	收支不频繁账户
超额存款准备金比率/%	7	3
法定存款准备金比率/%	12	12

【案例分析】存款账户收费的原则为银行从存款账户中获得收益≥银行管理存款账户的费用支出。存款账户定价方法为收支相抵平均余额计算法。银行对付息活期存款账户定价的基本思路主要是通过对客户存款账户提出最低余额要求，并以其投资收益弥补银行管理该账户的费用支出。如果客户达不到最低余额要求，即可向客户收取相应的账户管理费。据此建立模型：

存款账户成本总额＝服务成本＋利息成本
　　　　　　　　＝年度账户服务费用支出＋存款利率×平均余额
存款账户投资收益＝账户可用资金×投资收益率
　　　　　　　　＝（平均余额－法定存款准备金－备付金余额）×可用资金收益率
　　　　　　　　＝平均余额×（1－法定存款准备金率－备付金率）×可用资金收益率

将数据代入：

(1)对频繁账户。

平均余额×（1－12%－7%）×12%≥11.5×12＋5%×平均余额

平均余额＝2924(元)

(2)对不频繁账户。

平均余额×（1－12%－3%）×12%≥6.5×12＋5%×平均余额

平均余额＝1500(元)

6.2　商业银行结算类业务

6.2.1　商业银行结算业务概述

商业银行结算业务，有狭义和广义之分。广义的结算业务既包括现金结算又包括转账结算。而转账结算是指通过商业银行账户的资金转移所实现收付的行为。即商业银行接受客户委托，从付款单位存款账户划出款项，转入收款单位存款账户，以此完成经济体之间债权债务的清算或资金调拨的业务。支付结算业务的实现是建立在各参与方诚实守信的基础上进行的，所以，单位、个人和商业银行办理支付结算必须遵循下列原则：①恪守信用，履约付款；②谁的钱进谁的账，由谁支配；③商业银行不垫款。其种类划分为以下几种：①按形式不同，划分为现金结算和转账结算两种形式；②按结算工具不同，划分为票据结算和非票据结算两类；③按管理要求和凭证传递方式不同，商业银行给客户开办的结算方式主要包括"三票一卡四方式"。

结算类业务具体涉及的结算方式如图 6-2 所示。

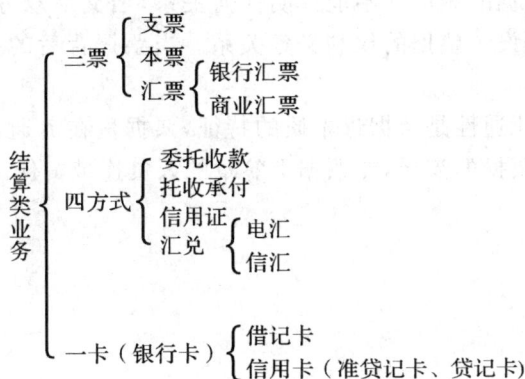

图 6-2　银行结算方式归纳

以上结算方式按使用区域不同又分为同城结算方式和异地结算方式两大类。

6.2.2　票据业务

票据作为企事业单位最常用的非现金支付工具,充分利用和有效发挥其结算功能和融资功能,能极大节约财务成本、强化财务控制、满足短期融资需求。近年来,随着我国金融体制改革的不断深入,支付体系日益完善,非现金支付工具对现金的替代效应日益显现,票据业务也得到了快速发展。

1.票据业务概述

1)票据及票据业务

票据,是指由出票人签名于票上,无条件约定自己或委托他人以支付一定金额为目的的特种证券。票据一旦产生,各票据行为主体应当负有相应责任。约定自己为一定金额的支付,如本票;委托他人为一定金额的支付,如汇票及支票。

票据业务是指信用机构按照一定的方式和要求为票据的设立、转移和偿付进行的日常营业性的业务活动,主要包括票据的结算、承兑、贴现和票据抵押放款等业务。票据业务作为优化资产负债结构,防范信贷风险,拓展中间业务领域,提高盈利水平的金融产品,日益成为商业银行竞争的焦点。

2)票据的特征

(1)票据的要式性。票据的要式性是指票据的形式和内容必须符合法律规定,否则无效。也就是说票据上必须记载什么,记载哪些内容,记载的部位在哪里都是法定的,不允许当事人进行改变。

(2)票据的文义性。所谓文义性就是票据上的记载是用来确定当事人之间权利义务关系的凭据,如果记载与事实不符,也要以记载为准。

(3)票据的无因性。无因性即持票人出示票据就可以行使票据权利,对取得票据的原因不负证明责任。这里所说的无因性,不是说票据的出票没有原因,而是不问原因。《中华人民共和国票据法》第十条规定,票据的签发、取得和转让,应当遵循诚实信用的原则,具有真实的交易关系和债权债务关系。

(4)票据的设权性。票据的设权性即占有票据就享有物权,持票人可以依法向票据债务人行使请求权。也就是说票据的做成并不能证明任何关系,当交易双方决定用票据了结交易的时候,一方做成票据后,创设了票据的权利义务关系。当票据背后的关系发生纠纷的时候,票据关系不受影响。

(5)票据的流通性。流通性是票据最本质的特征,票据贵在流通,即持票人在票据上背书后,票据可以转让。随着票据的流通,在票据上签章的人负连带责任。

3)票据的作用

(1)汇兑功能。

(2)支付功能。

(3)结算功能。

(4)信用功能。

4)票据的种类

票据有广义票据和狭义票据之分。广义的票据包括各种有价证券和凭证。狭义的票据是指约定由债务人按期无条件支付一定金额并可背书转让的有价证券。本章介绍的票据是指狭义的票据,包括支票、本票和汇票。

2. 支票

1)支票的概念及种类

支票是出票人(存款人)签发的委托其开户银行在见票时无条件支付确定的金额给收款人或持票人的票据。支票是一种委托式信用凭证。支票的当事人有出票人、付款人和收款人。支票一般由存款户签发,是存户向其开户银行发出支付命令,银行履行付款,所以,支票的付款人只能是银行。银行之所以成为支票付款人,是因为接受了出票人的存款,不是银行自己的支付承诺。存户所能签发支票的金额,仅以存款余额为限。只能签发即期支票,不能签发远期支票。我国的支票按支付方式可分为转账支票和现金支票。支票经背书后可以流通转让。使用支票结算,手续简便、快捷,便利商品交易和款项结清。其种类包括以下三种:

(1)现金支票。支票上印有"现金"字样的为现金支票,只能用于支取现金。

(2)转账支票。支票上印有"转账"字样的为转账支票,只能用于转账。

(3)普通支票。支票上未印有"现金"或"转账"字样的为普通支票,既可用于支取现金,也可用于转账。在普通支票左上角划两条平行线的为划线支票,划线支票只能用于转账,而不得支取现金。

2)支票的特点

(1)转账支票的特点。转账支票主要包括以下特点:①无金额起点的限制;②转账支票只能用于转账,不得支取现金;③转账支票可以背书转让给其他债权人;④客户签发的转账支票可由自己到银行请求转账,也可直接交给收款人,由收款人到其开户银行办理转账;⑤转账支票的收款人名称、金额可以由出票人授权补记,未补记的不得背书转让和提示付款。

(2)现金支票的特点。现金支票主要包括以下特点:①无金额起点的限制;②能够满足开户单位和个人现金开支的需要;③现金支票只能支取现金,不得用于转账;④现金支票不能背书转让给他人,只能背书后提交开户行提现。

3. 本票

本票就是由出票人签发的载有一定金额,承诺在指定到期日由自己无条件支付给收款人或执票人款项的票据。本票是无条件支付承诺。本票的当事人有出票人和收款人。按照出票人的不同，本票分为银行本票和商业本票两种，此处仅介绍银行本票。

银行本票是指银行向客户收妥款项后，签发的在同一票据交换区域内办理转账结算或支取现金的票据。银行本票可分为定额本票和不定额本票两种。定额本票是由中央银行发行，且由商业银行代办的；不定额本票是由商业银行签发并兑付的。目前主要使用的是不定额本票。银行本票也分为现金本票和转账本票。个体经济户和个人需要支取现金的，可使用现金本票；企业单位只能使用转账本票，且转账本票只能用于转账，不能支取现金。银行本票分为记名式本票和不记名式本票。我国银行一般采用记名式本票。银行本票的付款期为一个月，超过付款期的，兑付银行不予受理。银行本票也可背书转让。

银行本票见票即付，信用度高，支付功能强，有利于单位和个人迅速获得款项。

4. 汇票

汇票是出票人签发的，委托付款人在见票时或在指定日期无条件支付确定的金额给收款人或持票人的票据。其按产生的信用条件不同可划分为银行汇票和商业汇票两种。

银行汇票是客户将款项交存出票银行，由银行签发给汇款人持往异地办理结算，由签发银行在见票时按照实际结算金额无条件支付给收款人或者持票人的票据。其又可分为现金汇票和转账汇票。在汇票确定的位置上填明"现金"字样的为现金汇票，未填明"现金"字样的为转账汇票。企业单位和居民个人需要支付各种款项或在兑付地支取现金均可使用银行汇票。我国现行的银行汇票一律采取记名式汇票，提示付款期自出票日起一个月，超过付款期则为逾期汇票，兑付银行不予受理。

商业汇票是由银行以外的其他主体签发的延期付款的票据。商业汇票以一定的货币金额表现其价值，代表着财产所有权和债权，只有在真实的交易关系的债权债务清算才能使用，商业汇票必须经过承兑才具有法律效力。承兑是指汇票付款人承诺在汇票到期日支付汇票金额的票据行为，承兑时，付款人应在汇票正面记载"承兑"字样和承兑日期并签章。根据承兑人的不同，有商业承兑汇票和银行承兑汇票两种。商业承兑汇票是由收款人或付款人出票，并由付款人承兑的汇票。银行承兑汇票是由付款人出票，并由付款人开户行承兑的汇票。银行结算中使用的汇票主要是银行汇票和银行承兑汇票。因为它们流通能力强，信用度高，能被金融市场广泛接受。

6.2.3　银行其他结算方式

1. 委托收款结算方式

委托收款是收款人委托银行向付款人收取款项的结算方式。

2. 托收承付结算方式

托收承付是根据购销合同由收款人发货后委托银行向异地付款人收取款项，并由付款人向银行承认付款的结算方式。它是过去计划经济下最主要的异地结算方式。

3. 汇兑结算业务

汇兑是汇款人委托银行将其款项支付给收款人的结算方式。汇兑分为信汇和电汇两种。信汇是汇款人委托汇出行用邮寄凭证的方式通知汇入行付款的一种结算方式；电汇是汇款人委托银行用拍发电报的方式通知汇入行付款的一种结算方式。

4. 信用证结算方式

信用证是一家银行(开证行)依据其客户(开证申请人)的请求或指示,向另一人(受益人)开立的一种书面约定,根据这一约定,如果受益人满足了信用证中规定的要求,开证行将向受益人支付信用证中约定的金额。即,信用证是开证行应开证申请人的请求向受益人开出的一种有条件保证付款的凭证。信用证按适用区域分,主要包括国内信用证和国际信用证业务。在本章担保类业务中将主要介绍国际信用证业务。

6.2.4 银行卡业务

1. 银行卡的概念及种类

1)银行卡的概念

银行卡是由商业银行经授权向社会发行的具有消费信用、转账结算、存取现金等全部或部分功能的信用支付工具的总称。银行卡多是由塑料卡片或薄型金属材料制成,正面一般凸印有卡号、持卡人姓名、性别、有效期限等信息,背面有一个磁条或 IC 芯片,记录着持卡人的账号、个人密码、存款余额等信息,这些信息只有专用机器才能辨认和读写。持卡人除了可在特约商户的销售终端机(POS)上使用银行卡,购买各种商品、就餐、住宿、娱乐以外,还可以向发卡行的分支机构或自动柜员机(ATM)提取现金或透支小额现金。其特点主要包括:①具有支付汇兑、消费信贷和储蓄功能;②技术要求高;③一次性投资大;④管理复杂;⑤存在较大风险;⑥需要发卡行之间联合经营。

2)银行卡的种类

银行卡的种类很多,按不同标准有不同的分类。常见的分类标准是按其是否具有透支功能来划分。据此,银行卡可分为信用卡和借记卡。其中信用卡又包括贷记卡和准贷记卡两种。贷记卡是指发卡银行给予持卡人一定的信用额度,持卡人可在信用额度内先消费后还款的银行卡。准贷记卡是指持卡人先按发卡银行要求缴存一定金额的备用金,当备用金不足支付时,可在发卡银行规定的信用额度内透支的银行卡。借记卡由发卡银行向社会发行,是一种先存款后消费,不具备透支功能的银行卡。按其载体材料的不同,银行卡可分为塑料卡、磁卡、集成电路卡和光卡。此外,银行卡按其从属关系,还可分主卡和副卡。银行卡按结算的币种不同,还可分为人民币卡和外币卡或双币卡。按流通范围,银行卡还分为国际卡和地区卡。

2. 银行卡业务程序

1)银行卡的发行

需要银行卡的单位或个人要向发卡方提出申请,填具"银行卡申请表"并同时提交单位营业执照、居民身份证等有关证件;发卡行对申请表及有关材料进行审核,合格者可发给"银行卡通知书",并办理开户手续;银行在查验居民身份证、收账通知和业务费收据确认无误后,将银行卡交给客户,客户在银行卡上签名并填写签收单;银行将持卡人签名的签收单和申请书一起归档保管。申请书是具有法律效力的合约形式,是持卡人向发卡银行申领银行信用卡的法律文件,银行和持卡人都必须遵守申请书约定的有关条款规定。

客户想持有银行信用卡,银行必须获得申请人详细的信息资料并对其资信进行严格考察,包括申请人姓名或名称、性别、年龄、地址、联系方式、配偶及家庭情况、个人资产及负债情况,还包括个人收入、薪金、职业、职务、主管上司、银行往来、咨询、担保及有关权利、责任等详细情况,经银行审查批准、申请人签字做出相应承诺保证后,银行予以发卡。

2)银行卡的使用

客户取得银行卡后,在指定的银行、商店以及服务业中支取现金、购货、消费等。

3)银行卡的更换

银行卡都有规定的使用期限,到期后银行要收回旧卡更换新卡。一般银行卡在有效期失效前的最后一个月银行就应向客户递送到期换卡通知书,通知办理续期换卡或销户的时间期限。

3. 银行卡业务的清算与收益

银行卡发行单位要预先与商业、服务单位约定用银行卡付账的各种条件。一般由银行卡公司的市场部(营销部)负责此业务,他们同消费单位联系特约商店,并向商店提供各种资料和信息,确保受卡业务的正常运行和延续,特约商店定期将集团内各会员银行的银行卡用户消费单据,集中交就近会员银行收单。会员银行间可以相互代垫用户的消费金额,会员银行收到特约商店交来的单据后,对本行的持卡人通过电脑记账后向其收款。对非本行的持卡人单据,若是国内其他会员行的,则通过国内清算中心划账;若是国外会员行的,则通过国际清算中心清算差额。

银行卡在发行初期往往要亏本,因为建立清算系统,建立特约商店都要大量投入。因此,许多银行都采用或购买发行权或参与发行的方式。银行卡发行量达到一定规模以后,其收益的增长是可观的。银行卡的收益主要来自以下方面:

(1)使用单位向发行银行交纳的回扣。这是银行卡最主要的收入。由于商店、服务业使用银行卡,销售量会大幅度上升,特约商店会得到很大收益。因此,其应向发卡单位交纳回扣。一般回扣额度因行业不同而不同,同行业也可依不同营业额而不同,这需要特约商店同发卡公司市场部协商。银行卡使用越多,消费额越大,银行卡公司所得回扣也就越多。

(2)会费与年费。这是发卡公司向持卡人收取的费用。申请银行卡时,要交纳费用,每年持卡人还应向发卡公司支付年费。因此,用户越多,收入额越大。

(3)利息收入。银行信用卡持卡人若在商家刷卡透支消费,发卡银行一般有一个免息期,即在一定期限内,此透支不计算利息,但若到期仍未归还,则要按月计息,有时还要加收手续费。免息期一般在每月结账单出来后的 10～25 天。若信用卡持卡人在柜台或自动取款机提取现金,银行从提现之日起计算利息,不享受免息还款期待遇。

(4)手续费收入。该项收入主要有异地跨行存取款手续费收入、异地跨行大额转账手续费收入、挂失手续费收入、补卡手续费和成本费收入等。

4. 银行卡业务的风险控制与防范

1)对持卡者的风险防范

首先要加强客户在申请银行卡时的资信审查,根据持卡者资信情况,实行保证金、担保等制度,加强对透支,尤其是超限额、超期限透支的控制,对每天透支情况进行分户统计与分析,对透支时间长、金额大的持卡人要催促还款还息。对信用较差者,甚至恶意透支者,采取相应的冻结支付手段,及时追索透支款项的本息。同时加强宣传、提高持卡人的防范意识,提请持卡人妥善保管银行卡,防止遗失,禁止转让、出借,以免造成持卡者损失。

2)对特约商户的风险防范

特约商户在处理银行卡业务时常因违规和欺诈行为给发卡行带来经济损失。为防范违规行为所带来的风险,银行要加强对商户营业人员的培训工作,进行操作知识讲座、示范演练以及风险防范的注意事项讲解,对商户压卡、签购单证等环节加强复核监管,对商户差错情况进行统计、分析、指导。防止特约商户欺诈行为,银行要注意认真复查每日交来的单证,确保其真实性,发现疑问及时纠正,行为恶劣者中止协议,撤销特约,追究其责任。

3)对银行发卡机构内部风险的防范

银行要建立严格的内部管理制度,各职能部门、岗位人员都要严格按章办事,关键岗位要建立复审制度,对空白重要单证要实行专人管理和领销制度,定期核对。加强员工的法制教育,提高员工的业务素质和工作技能,保持与执法部门的密切联系与合作,严厉打击银行卡的伪造、冒用和欺诈行为。为防止重大意外风险损失,发卡银行可就某些损失向保险公司申请保险,以求降低和避免损失风险。

6.3 商业银行担保类业务

6.3.1 担保类业务的概念及种类

担保类业务即银行应某一交易中的一方申请,承诺当申请人不能履约时由银行承担对另一方的全部义务的行为。担保业务不占用银行的资金,但形成银行的或有负债,当申请人(被担保人)不能及时完成其应尽的义务时,银行就必须代为履行付款等职责。银行在提供担保时,要承担违约风险、汇率风险以及国家风险等多项风险,因此是一项风险较大的表外业务。《巴塞尔协议》(1988年)将银行担保业务的信用转换系数定为100%。它主要包括备用信用证、商业信用证、银行承兑汇票、各类保函业务等。

6.3.2 备用信用证

1. 备用信用证的概念

备用信用证(standby letters of credit,SBLC)是银行担保业务的一种主要类型,是适用于《跟单信用证统一惯例》(国际商会第500号出版物)及《国际备用信用证惯例》(ISP98)的一种特殊形式的信用证,是开证行对受益人承担一项义务的凭证。备用信用证要求银行在债务人违约时,履行对受益人付款的责任。

当某个信用等级较低的企业试图通过发行商业票据等筹资时,常会面临不利的发行条件,此时它可以向一家银行申请备用信用证作为担保,使该发行人的信用等级从较低水平提高到一个较高的等级。所以,备用信用证的实质就是使发行企业的信用等级借助于银行的信用,从较低的水平提高到一个较高的等级,从而能顺利筹集到资金。

2. 备用信用证的分类

(1)按可否撤销来划分,备用信用证可分为:①可撤销的备用信用证。在可撤销的备用信用证中附有在申请人财务状况出现某种变化时,开证行可以撤销或修改信用证的条款,以保护自身的利益。②不可撤销的备用信用证。不可撤销的备用信用证的开证行不可以单方面撤销或修改信用证。

(2)按是否融资划分,备用信用证可分为:①融资备用信用证。其与融资承诺有关,如偿还商业票据。②履约备用信用证。其本质上是非融资性的。例如,担保完成一项工程或寄送某项商品。

3. 备用信用证的交易流程

备用信用证的交易流程如图 6-3 所示。

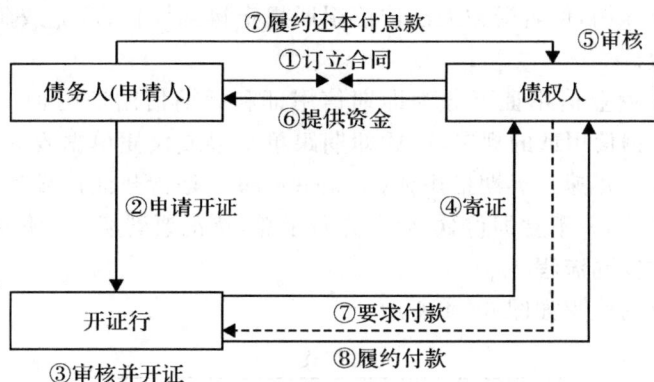

图 6-3　备用信用证交易流程

4. 备用信用证的评价

(1)对于债务人来说。有利方面:提高了信用等级,有利于成功融资,降低了融资成本。不利方面:由于应付债务的增加,会影响下一轮的信用等级。

(2)对于开证行来说。有利方面:业务成本较低;增加了银行盈利渠道;增加了廉价资金来源;拓宽了业务种类,吸引了客户。不利方面:面临违约风险、流动性风险、资本风险、法律风险等。

(3)对于受益人来说。有利方面:资金获得很高的安全性,特别是在交易双方不很熟悉时,更显示出这种安全性的重要。不利方面:在可撤销备用信用证交易中,风险比较大。

综上分析,商业银行在经营该项业务时,为了防范风险,一是应正确选择开证申请人;二是按风险程度收取保证金或押品保证;三是不断增加和补充资本金。

6.3.3　商业信用证

1. 商业信用证的概念

商业信用证是国际贸易结算中的一种重要方式,也是商业银行的中间业务。它是指进口商请求当地银行开出的一种有条件保证付款的凭信。开证银行在信用证条款得到完全遵守的情况下,承担对出口商付款的责任。其特点如下:①银行信用保证代替商业信用保证;②在信用证条款得到完全遵守的情况下,开证行担负第一付款责任;③信用证是一项独立的文件,开证行只需对信用证负责。

2. 商业信用证的分类

(1)按是否跟单划分,商业信用证可分为跟单信用证和光票信用证两种。跟单信用证(documentary credit)是开证行凭跟单汇票或单纯凭单据付款的信用证。单据是指代表货物或证明货物已交运的运输单据,如提单、铁路运单、航空运单等,通常还包括发票、保险单等商业单据。国际贸易中一般使用跟单信用证。光票信用证(clean credit)是开证行仅凭不附单据的汇票付款的信用证,汇票如附有不包括运输单据的发票、货物清单等单据,仍属光票。

(2)按可否撤销划分,商业信用证可分为可撤销信用证和不可撤销信用证两种。不可撤销信用证是指信用证一经开出,在有效期内,未经受益人、开证申请人及保兑行(如果有)的同意,开证行不得单方面修改或撤销信用证的规定和承诺。信用证上未注明可否撤销,即为不可撤销信用证。国际贸易中使用的信用证,基本上是不可撤销信用证。可撤销信用证是指开证行有权随时予以修改或撤销,但若受益人已按信用证规定得到议付、承兑或延期付款保证,则银行的撤销或修改无效。

(3)按期限划分,商业信用证可分为即期信用证和远期信用证两种。即期信用证(sight credit)是指受益人根据信用证的规定,可凭即期跟单汇票或仅凭单据收取货款的信用证。其特点是受益人收汇安全迅速。远期信用证(usance credit)是指开证行或其指定付款行收到受益人交来的远期汇票后,并不立即付款,而是先行承兑,待汇票到期再行付款的信用证。

3. 商业信用证的交易流程

商业信用证的交易流程如图6-4所示。

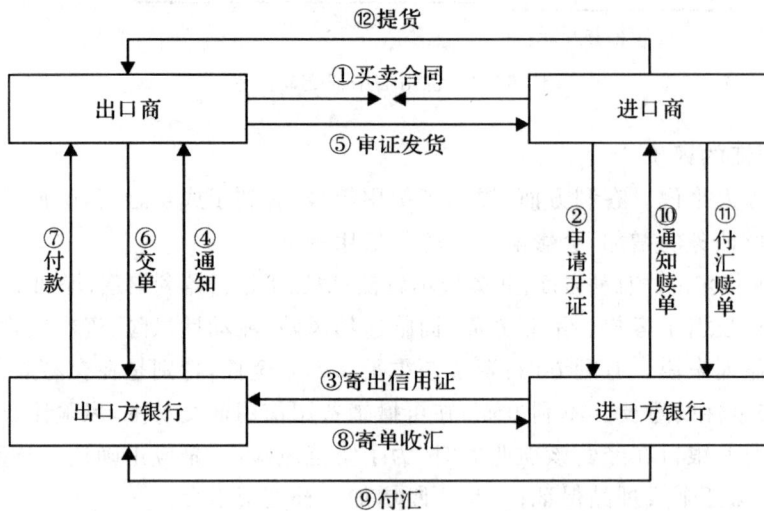

图6-4 商业信用证交易流程

从图6-4可知,信用证涉及的基本当事人包括四个,即开证申请人、开证行、通知行和受益人;可能的当事人有三个,即将保兑行、议付行、付款行。

4. 商业信用证的评价

(1)对进口商来讲:①提高了进口商的资信度;②保证货物上船前的数量和质量;③加大了交易成本。

(2)对出口商来讲:①出口收款有较大的保障;②可避免进口国家禁止进口或限制外汇转移产生的风险;③可带来资金周转不灵的风险。

(3)对开证行来讲:①增加中间业务收入;②得到一笔廉价的资金来源;③有可能遭受违约风险及欺诈风险损失。

6.3.4 银行承兑汇票

1. 银行承兑汇票的基本概念

银行承兑汇票是由银行承兑的商业汇票。商业汇票是延期付款的票据,而延期付款期限最长不得超过6个月。其产生于商业信用,但当银行承兑后,将商业信用纳入银行信用轨道。

即因银行担保,其保证付款的安全性更高。商业银行在汇票上注明承兑字样并签字后,就确认了对汇票的付款责任,并成为承兑人。所以,银行承兑汇票是由银行担任承兑人的一种可流通票据。银行承兑汇票必须由付款人出票,并由付款人提交自己的开户行承兑。其规定:客户办理承兑业务,必须以合法、真实的商品或劳务交易为基础,严禁办理无真实合法交易的承兑业务。

2.银行承兑汇票的交易流程

银行承兑汇票的交易流程如图 6-5 所示。

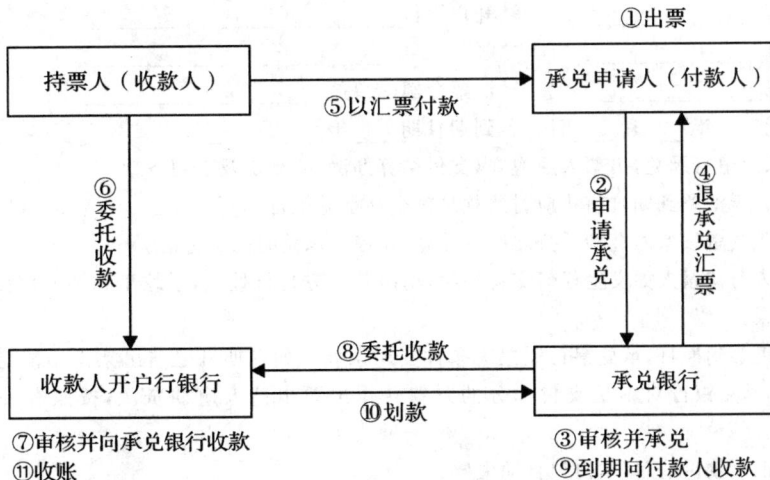

图 6-5　银行承兑汇票的交易流程图

下面对主要环节进行说明:

1)出票申请

申请时需提供下列资料:

(1)基础资料。基础资料包括:经有权部门核准登记并年检的营业执照、法人代码证书、税务登记证及其复印件,法人代表身份证复印件;经税务部门指定的会计师事务所审计过的前三年财务报表和近期财务报表(资产负债表、损益表、现金流量表等有关财务报表)。

(2)承兑资料。承兑资料包括:承兑申请书;交易双方签订的合法、有效的商品购销、劳务交易合同原件或复印件(已与原件核对);按规定需提供担保的,出票人应提供相关担保资料;承兑行认为需要提供的其他资料。

2)调查、审批

银行派人对申请单位进行调查,对担保单位进行实地核实。申请单位和担保单位应如实提供调查所需的资料,积极配合调查工作。调查结束后,按照银行贷款审批程序进行审批。

3)确定授信额度

一般来讲,客户信用等级不一样,授信额度亦不一样。

银行客户办理银行承兑汇票和保函业务的保证金比例,其原则为:①AAA 级申请人不低于总额的 20%;②AA 级申请人不低于总额的 40%;③A 级申请人不低于总额的 50%;④BBB 级(含 BBB 级)以下为总额的 100%。若申请人确属资信好且对银行经营有较大影响的,保证金交存比例不得低于 10%。

4)签订承兑协议

全部审批程序终了同意出票,申请人应与银行签订承兑协议,如图 6-6 所示,保证(出质人、抵押人)与银行签订保证(质押、抵押)合同,根据有关规定需办理登记、公证的,应依法办理登记、公证。

编号:

- 银行承兑汇票的内容:
- 出票人全称＿＿＿＿＿＿　　　　收款人全称＿＿＿＿＿＿＿＿＿＿＿＿
- 开户银行＿＿＿＿＿＿　　　　　开户银行＿＿＿＿＿＿＿＿＿＿＿＿＿
- 账　　号＿＿＿＿＿＿　　　　　账　　号＿＿＿＿＿＿＿＿＿＿＿＿＿
- 汇票号码＿＿＿＿＿＿　　　　　汇票金额(大写)＿＿＿＿＿＿＿＿＿＿
- 出票日期＿＿年＿＿月＿＿日　　到期日期＿＿年＿＿月＿＿日
- 以上汇票经银行承兑,出票人愿遵守《支付结算办法》的规定及下列条款:
- 一、出票人于汇票到期日前将应付票款足额交存承兑银行。
- 二、承兑手续费按票面金额千分之( )计算,在银行承兑时一次付清。
- 三、出票人与持票人如发生任何交易纠纷,均由其双方自行处理,票款于到期前仍按第一条办理不误。
- 四、承兑汇票到期日,承兑银行凭票无条件支付票款。如到期日之前出票人不能足额交付票款时,承兑银行对不足支付部分的票款转作出票申请人逾期贷款,按照有关规定计收罚息。
- 五、承兑汇票款付清后,本协议自动失效。
- 承兑银行签章　　　　　　　　　　　　　　　　　出票人签章
- 订立承兑协议日期＿＿＿年＿＿＿月＿＿＿日

图 6-6　银行承兑协议

5)承兑汇票

协议签订后,将按协议规定承兑汇票并交付申请人,申请人支付出票手续费。银行承兑汇票按票面金额向承兑申请人收取万分之五的手续费,不足 10 元的按 10 元计收。

6)到期承付

申请人应当按照承兑协议规定按时或提前将足额资金存入银行,银行承兑汇票到期按时付款。

3. 银行承兑汇票业务主要存在的风险

(1)信用风险:承兑申请人即付款人在票据到期前,不能足额将承兑汇票面额减去保证金的剩余部分缴存承兑银行,造成承兑银行垫款的可能性。

(2)道德风险:一是少数银行员工思想道德素质不过硬,单独或与不法分子合伙勾结,利用银行内控制度的不严密性,违规签发或兑付银行承兑汇票,套取和诈骗银行资金。二是不法分子伪造出票人签章或背书人签章,伪造购销合同和增值税发票,骗取银行承兑汇票和资金,给银行造成巨大经济损失。

(3)操作风险:一是贷前调查不到位。二是贷后风险监管薄弱。信贷人员不能对企业进行有效的跟踪调查,对已经显现的风险因素未引起警觉,结果企业经营情况出现恶化,企业效益明显下降,无力偿还债务,致使银行不能及时采取措施收回或保全信贷资产,造成垫付。三是承兑行日常操作不规范。

6.4　商业银行承诺类业务

银行承诺类业务是指商业银行承诺在未来某日履行某种义务的业务。它包括可撤销承诺和不可撤销承诺两种，主要产品有票据发行便利、贷款承诺（包括信用额度、备用信用额度、循环信贷额度）等。

6.4.1　票据发行便利

1. 票据发行便利的定义

票据发行便利是一种具有法律约束力的中期周转性票据发行融资的承诺。在协议有效期（一般为 5～7 年）内，借款人可根据自己需要连续发行期限为 3～6 个月的短期票据。如果借款人发行的短期票据不能被投资者全部认购，承购银行应按协议要求将全部剩余票据买入，以保证票据发行人的正常资金来源，从而使借款人以较低的成本取得中长期的资金融通效果。银行通过该业务，为客户提供了票据发行便利、融资便利和期限转换便利。

票据发行便利是商业银行适应国际金融市场上的证券化趋势而进行的一项成功的金融创新业务。它和互换交易、期权交易、远期利率协议一并被称为 20 世纪 80 年代国际金融市场上的"四大发明"。其作用在于把本属于表内业务的辛迪加贷款（或银团贷款），成功地转化为表外业务，减轻了对资本充足率要求的压力，同时使银行与企业建立了一个更广泛的合作，适应了融资发展的需要。

2. 票据发行便利的种类

（1）包销的票据发行便利。其主要有循环包销便利、可转让的循环包销便利、多元票据发行便利等。

（2）无包销的票据发行便利。

3. 票据发行便利的交易流程

票据发行便利的交易流程如图 6-7 所示。

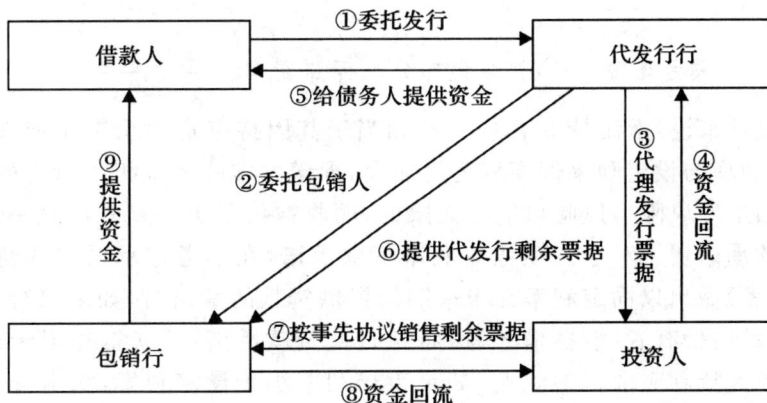

图 6-7　票据发行便利交易流程

4. 票据发行便利的评价

（1）对企业来讲：一方面，企业可以获得较低成本的资金，提高使用资金的灵活性；另一方面,票据发行便利充分利用了借款人自身的信誉,对企业建立良好信用有一定激励。

(2)对银行来讲:一方面,表内业务表外化,具有创造信用和风险进一步分散的功能;另一方面,银行在不实际提供资金的情况下,获得比较高的手续费收入。协助筹资报酬一般占发行总额的 5～10 个基本点;承诺费占未发行额度的 5～10 个基本点;包销费即承购包销票据的费用,一般占包销额的 5～15 个基本点。

6.4.2　贷款承诺

1. 贷款承诺的定义

贷款承诺是商业银行传统的表外业务,是保证随时向借款人提供需要贷款资金的承诺。贷款承诺在信贷市场中扮演着重要的角色。在竞争性信贷市场上,贷款承诺的存在可以满足借款者未来不确定性信贷的需要;对承诺方而言,贷款承诺可以使其尽早做出资金安排,并可以通过建立长期客户关系来最大化其信贷市场份额。此外,贷款承诺还可以解决信息不对称引发的风险并减少交易成本,从而提高金融市场的整体效率。

2. 贷款承诺的类型

(1)达成非正式协议的品种。如开口信用,是银行与借款人达成的非正式协议,银行准备在一定时期内以规定的利率扩大信用额,但该协议不具有法律效力,银行可以履约,也可以拒绝履约。

(2)达成正式协议的品种。如备用承诺和循环信贷。其中:备用承诺是银行与借款客户之间达成的一种具有法律约束力的正式契约,银行将在有效承诺期内,按照双方约定的金额、利率,随时准备应客户的要求向其提供信贷服务,并收取一定的承诺佣金,期限一般不超过 1 年。循环信贷属于中期贷款承诺,是银行向客户保证资金的循环借贷,其时间跨度为 3～5 年。若此期间借款人财务状况恶化,银行将承担较大风险。

3. 贷款承诺的定价

贷款承诺的定价是指承诺佣金的确定。通常由银行和借款人协商确定佣金费率。考虑的因素主要有借款人的信用状况、借款人与银行的关系、借款人的盈利能力、承诺期限等。一般佣金费率不超过 1%。

$$总承诺费 = \sum \left(未提部分 \times 承诺费率 \times \frac{未提天数}{360}\right)$$

对于商业银行来说,承诺持有者的收益相当于其因持有贷款承诺而带来的机会成本。因此,随着市场利率与设定利率偏离程度的加大,承诺方实际上承担了所有的市场风险(外币贷款时还包括汇率风险),风险可能是无限的,而收益仅限于收到的按照一定比例或固定数额支付的贷款承诺费。对于一项固定利率贷款承诺,在不考虑承诺费的情况下,当商业银行(期权发行者)做出以固定利率在未来期间提供贷款的承诺时,如果执行期内市场利率大于设定利率,承诺持有者(潜在借款者)将执行此贷款承诺,并获得相当于市场利率与设定利率之差与最大贷款额乘积的收益;如果市场利率小于设定利率,承诺持有者将放弃执行,并采用当期市场利率获取贷款,从而避免相当于市场利率与设定利率之差与最大贷款额乘积的损失。

6.5　商业银行其他类中间业务

6.5.1　交易类中间业务

交易类中间业务指商业银行为满足客户保值或自身风险管理等方面的需要,利用各种金融工具进行的资金交易活动。

1.远期协议

远期协议是买者和卖者之间在未来某一特定日期交割某项资产和进行现金支付的非标准化协议。它可以提高资产收益率和进行风险管理。例如:一个公用事业实体可能会签订一个远期合约,以保证其在供暖期间的一些特定日期获得既定数量的某一等级天然气。

远期协议同期货、期权、互换是四种最基本的衍生产品,而远期协议又是其他三种衍生产品的基础,可以说,其他各种衍生产品都是远期协议的延伸和重新组合。

远期协议交易之初,其期限是以"3 个月对 6 个月"为主,而今,交易期限逐步延长,"6 个月对 9 个月""9 个月对 12 个月"的远期协议交易已相当普遍。

远期协议主要分为远期货币协议(forward contract)和远期利率协议(forward rate agreement,FRA)两类。

远期货币协议又称为远期外汇交易,是指外汇买卖成交日合约成立时,交易双方无须收付对应货币,而是约定在未来某个时间进行结算与交割。远期货币协议是以远期汇率作为交易价格的条件,其结算到期日通常以 1～2 周、1～6 个月的居多。

远期利率协议是交易双方根据某一具体金额、币种及利率期限,预先将未来某一时期的利率固定下来而签订的合约,其目的是为了防止未来利率水平变动的不利影响。

2.金融期货交易

所谓金融期货,是指以金融工具或金融指标为标的,且产品数量、质量和交割日期都要标准化的期货合约。投资者和交易商买卖金融期货合约,以防范和转嫁因利率和汇率不利变动而产生的风险,从而达到资产保值和增值的目的。合约卖方称为空头,买方称为多头。双方都要缴纳执行保证金,称为垫头。

金融期货合约除了具有标准化条款,且需在交易所内交易之外,其他方面都与远期合约相同。

金融期货种类的划分主要按照交易品种进行,最普遍的有外汇期货、利率期货和股票指数期货三种类型。

(1)外汇期货。外汇期货是商业银行首先推出的金融期货品种。它是指在外汇交易所内,交易双方通过公开竞价确定汇率,在未来的某一时期买入或卖出某种货币。主要品种有美元、英镑、德国马克、瑞士法郎、加拿大元、澳大利亚元、法国法郎、荷兰盾、墨西哥比索和欧洲通货等。

外汇期货合约的标准期限为 3、6、9 和 12 个月。在芝加哥国际货币市场(International Monetary Market,IMM),外汇期货合约的交割日期为到期日第三个星期的星期三。如果这一天不是营业日,则应在第二个营业日进行交割。外汇期货合约交易应在交割日前两个营业日完成。如果期货合约在最后交易日结算仍然有效,外汇期货合约的买方则按最后交易日的清算价格所规定的汇率,有义务按合约的外币票面金额支付美元,而卖方则有义务交付合约所规定的外币金额。目前,IMM 和伦敦国际金融期货期权交易所(London International Financial Futures and Options Exchange,LIFFE)都是世界上最大的外汇期货市场。

(2)利率期货。利率变化会影响各种有息资产。利率期货是指在交易所公开竞价买入或卖出某种价格的有息资产,而在未来的一定时间按合约交割。利率期货又分为短期利率期货和长期利率期货两大类,期限划分一般以一年为界。

短期利率期货按照交割方式分为两种:一种是现金交割的 3 个月期银行利率期货,比如LIBOR 期货;另一种是实物交割,如 90 天期国债期货和银行承兑汇票期货。按照交易的标的划分,短期利率期货主要有短期银行利率期货、欧洲通货、短期政府债券、定期存单和银行承兑汇票,长期利率期货主要包括中长期国库券期货、抵押权期货和市政公债指数期货等。

利率期货合约是一种具有约束力的标准化合约,合约中统一规定了有价证券的质量、等级、合同金额、交易地点、交易月份、最低价格波动幅度、每日波动幅度以及交易日期。利率期货合约具有高度的流动性。

(3)股票指数期货。汇率、利率的波动,一方面会影响上市公司的经营,另一方面还会影响股票这种金融资产的相对收益率。汇率、利率的自由化,使股价波动呈放大趋势。股市上多种股票的价格常常会涨跌互异,股票指数能反映一个市场的总体走势。选择一个市场上的所有或部分有代表性的股票,运用加权平均或算术平均计算出某一时间这些股票的市值,然后与基准期的市值相比较,得到的数字即为股票指数。股票指数的跌宕起伏,使股市参与者面临着巨大的风险,股票指数期货交易应运而生。股票指数期货以股票指数这种没有实物形式的金融商品为交易对象,买卖双方通过交易所竞价确定成交价格协议股票指数,合约的金额为股票指数乘以统一的约定乘数,到期时以现金交割。

3. 互换业务

互换业务是一种互利金融工具。它是指交易双方基于自己的比较利益,对各自的现金流量进行交换。其一般分为利率互换和货币互换。交易双方在一定的期限内交换一连串支付款项的目的是为了达到双方转移、分散或降低风险的目的。

互换业务是金融创新的结果。1981 年,第一笔货币互换业务在世界银行和 IBM 公司间进行。互换业务出现的时间虽不长,但其成交额增长之快、业务种类和形式变化之多、作用和意义之显著却令世人瞩目。

互换业务主要包括以下种类:

(1)利率互换。利率互换是指两笔债务以利率方式相互交换,一般在一笔象征性本金数额的基础上互相交换具有不同特点的一系列利息款项支付。

(2)货币互换。货币互换是指双方按约定汇率在期初交换不同货币的本金,然后根据预先规定的日期,按即期汇率分期交换利息,到期再按原来的汇率交换回原来货币的本金,其中利息的互换可按即期汇率折算为一种货币而只作差额支付。

(3)商品互换。在商品互换中,双方确定某一商品的名义数量,一方据此定期向另一方按照每单位固定价格进行支付,另一方据此定期向对方按照每单位浮动价格进行支付(该浮动价格通常是过去一个时间之内的一系列价格的平均数),通常,作为基础资产的商品是相同的,但也可不同。在交易双方之间并不存在实际商品的交换,所有的商品交换,都发生在现货市场上。

(4)股权互换。在股权互换中,一方根据名义本金,定期向另一方支付固定的收益率,对方则根据名义本金,按照钉住某一股票指数的浮动收益率进行支付。钉住的指数可以是综合股票指数,也可以是行业股票指数,这主要取决于交易对手方之间所持有的股票。股权互换为债券市场和股票市场架起了桥梁。

4. 期权

期权又称选择权,指的是一种合约,在此合约中,其买方有权利在未来一段时间内以一定的价格向对方购买或卖出一定数量的特定标的物。期权的买方为了取得这项权利,须向卖方交纳一定的期权费。通常情况下期权合约的期权费平均占标的物价格的 10%。期权合约中约定的商品买卖价格称为"敲定价格"或"执行价格",一旦这个价格敲定,无论今后市场价格如何变化,期权的买方既可以行使这一权利,也可以放弃这一权利,甚至还可以将这一权利转让给第三者,但对期权的卖方而言,合约赋予了权利,则期权的卖方就必须无条件地按敲定价格卖出或买入相应数量的商品。所以,期权买方不存在信用违约风险,而卖方可能会产生大量的信用风险。

期权主要包括以下种类:

(1)外汇期权。外汇期权是指以某种外币或外汇期货作为标的物的期权。

(2)利率期权。利率期权是指以各种利率产品或利率期货合约作为标的物的期权。

(3)股指期权。股指期权是指以某种股票指数或某种股票指数期货合约作为标的物的期权。它具有以下特点:①股票指数期权在履约时,根据当时标的股价指数的市场价格和敲定价格之差,实行现金结算。②股票指数期货期权在履约时,交易双方将根据敲定价格把期权部分转化为相应的期货部分,并在期货合约到期前根据当时市价实行逐日结算,而于期货合约到期时再根据最后结算价格实行现金结算。

6.5.2　信托和租赁业务

1. 信托业务

信托(trust)有"信任"和"委托"两重含义,它是以财产为载体,以信任为基础,以委托为前提,以转移财产所有权为条件的资产管理制度。信托业务一般涉及三方面的当事人:①委托人,即授人信用的财产所有者;②受托人,即受信于人的有经营管理能力的信托机构(或个人);③受益人,即受益于人的信托财产利益的享有者,他可以是委托人指定的单位或个人,也可以是委托人自身。

商业银行信托业务是指商业银行作为受托人,接受财产所有者(委托人)的委托,将财产所有权转移到商业银行名下,由商业银行按照委托人的意愿来管理、经营和处理该项财产(信托财产),财产收益归委托人或其指定人(受益人)所有,商业银行据此收取手续费的业务。

商业银行信托业务与其他业务相比具有四方面的特点:①财产所有权的转移性。信托合同一旦签订,财产所有权即转移到商业银行手中,有利于其承担起经营管理财产的责任。②资产核算的他主性。受托人银行是为了受益者的利益而不是为了自己的利益去管理和处理信托财产的。③收益分配的实绩性。受托人银行是根据财产运用的实际盈利水平来付给受益人收益的,也就是说受益人的收益是不固定的。④业务方式的灵活性。信托财产的管理、处理方式可根据委托人的意愿,根据不同情况采取比银行贷款和投资业务丰富得多的各种灵活多样形式。

由于经营信托和执行信托服务牵涉到一系列社会的义务,因此社会公众认为对这种服务

应进行非常严格的管理。商业银行的信托部门在信托关系中,作为当事人一方,必须坚持如下基本原则:

(1)忠实原则。信托部门作为受托人应该忠于委托人和受益人。它的任何举动绝不能出于谋取私利的动机,提供使用信托基金谋取私利则是绝对禁止的。

(2)法律契约原则。任何一项信托业务的成立,必须以受托人、委托人和受益人三者(或二者)之间明确的具有法律规范的契约为前提。比如,对信托契约的法律解释,对信托过程的法律监督,对信托纠纷的法律仲裁,通常以司法机关的判定为准绳,也就是说,信托活动要受到严格的法律管制和可靠的法律保障。

(3)资金独立原则。资金独立原则要求信托资金的来源与运用必须独立于银行其他业务资金,在账户上严格分开,一般不列入银行资产负债表。信托资金由银行信托部或信托公司专管,即使银行其他业务中断,头寸短缺或出现亏损,甚至银行破产、清理,也不能挪用信托资金。

(4)审慎管理原则。信托部门必须遵循信托协议、遗嘱、法院指令或代理协议中的条款行事,它不能在接受了一项信托业务,却又放弃这项业务而去从事另外又可能有利的业务。而且,信托部门在独立经营信托资产时,必须坚持审慎的、稳健的、竭力保护和扩大受益人利益的管理政策,不允许出现草率冒险行为。

2. 租赁业务

租赁是所有权与使用权之间的一种借贷关系,是出租人按契约规定,将财产租让给承租人使用,承租人根据契约按期缴纳一定租金给出租人,出租人对财产始终保持所有权,承租人只享有使用权的经济行为。此处的出租人是指商业银行,租赁是指融资性租赁。融资性租赁,又称金融租赁。它是指承租人选定机器设备后,出租人先购置,然后再出租给承租人使用,承租人按期交付租金的一种融资与融物相结合的经济活动。租赁期满后,租赁设备可以通过退租、续租或转移给承租人三种方法进行处理。融资性租赁是现代租赁中影响最大、应用最广、成交额最多的一种租赁形式。其主要具有四大特征:①所有权与使用权分离。在银行租赁交易中,虽然设备是承租人指定的,由银行租赁部门出资购进,但在约定的租期内,设备的所有权仍属于银行。承租人获得的是设备的使用权,并且承租人对租用设备负有维修、保养以使之处于良好状态的义务。②融资与融物相结合。银行租赁业务是以商品形态和资金形态相结合提供的信用。它在向企业出租设备的同时,解决了企业的资金需求,具有信用、贸易双重性质。出租者同时兼有金融机构(融通资金)和贸易机构(提供设备)的双重职能。在租赁期内,出租人始终控制着设备的所有权。因此,在这种信用方式下,资金不仅有安全保障,而且比银行信用有更强的约束力。③租金分期归流。在租金的偿还方式上,融资租赁与银行信用、消费信用一样,采取了分期回流方式。交付租金的次数和每次所付金额均经双方磋商确定。这种租金分期归流的特征使承租人能以较少的投入取得较大的经济效益,因为企业只需支付一定的租金就可超前获得设备的全部使用价值。④承租人对设备和供货商具有选择的权利和责任。在银行租赁中,承租人有权利选择所需的设备及其生产厂家、供货商等。出租方只是根据承租方的要求出资购进设备,然后租给承租人使用。因此,对于设备的质量、规格、数量以及技术上的鉴定验收等都由承租人负责。当然出租方为了保障其利益可以拒绝承购一些不合适的设备。

除上述一些特征外,银行租赁还具有合同的不可撤销性,承租人对设备的保养、维修、保险和风险承担责任,承租人有进行留购、续租或退租的选择权利等特征。

在融资租赁条件下,租金的构成要素通常包括:①租赁资产的购置成本,包括设备售价、运输费、安装调试费和运途中的保险等;②租赁期间的利息和费用,包括筹资的基本利率、税收、筹资费用和利差风险费等;③租赁手续费和利润,包括办理设备租赁业务所开支的营业费和必要的盈利等,通常按租赁物价款的 1%～20% 计收,一次付清;④其他费用,如货币时间价值、设备老化及风险因素等应计费用,出租人负责提供专利发明、专用技术、维修与人员培训费等。租金的计算方法主要有附加率法和年金法。

6.5.3　银行理财业务

1. 银行理财业务概述

1)银行理财业务的概念

银行理财业务是指商业银行将客户关系管理、资金管理和投资组合管理等业务融合在一起,向企业与个人客户提供综合性的定制化金融产品和服务。按照服务对象,银行理财业务分为公司理财业务与个人理财业务。其中:公司理财业务是指银行在传统的资产业务和负债业务的基础上,利用技术、信息、服务网络、资金、信用等方面的优势,为机构客户提供财务分析、财务规划、投资顾问、资产管理等专业化服务以实现其经济目标的业务;个人理财业务是指商业银行以自然人为服务对象,利用其网点、技术、人才、信息、资金等方面的优势,运用各种理财工具,以帮助个人客户达成生活目标或投资目标而提供的综合理财服务,包括财务分析、财务规划、投资顾问、资产管理等专业化服务。

近年来由于持续的低存款利率和高通货膨胀环境,企业与居民的理财意识与理财需求得到充分激发,国内理财市场迅速发展,表现为理财产品不断创新,产品种类不断丰富,业务规模不断扩大。总体来看,理财市场的运作主体包括银行理财、券商理财、基金理财、信托理财、保险理财等几大类。其中以银行理财业务发展最为迅速,目前已经逐渐成为银行吸引高端客户和增加非利息收入的重要途径,也成为银行重要的利润增长点。而且更为重要的是,利用银行自身、信托公司、证券公司等渠道,银行可以实现理财资金与借款人资金需求的对接,从而降低银行体系扩张资产负债表的压力,将银行的角色从资金提供者转变成金融服务提供者。

2)银行理财业务的种类

银行理财产品种类较多,按理财产品收益类型可以分为保本浮动收益类产品、保本保证收益类产品和非保本浮动收益类产品,按照理财产品币种可分为人民币理财产品、外币理财产品和双币种理财产品,按照理财产品的投资标的或投资标的参照物可分为债券类、股票与基金类、挂钩类、对接企业融资需求类以及混合类理财产品。根据银行在理财产品中承担的角色,其可分为表内理财和表外理财,其中表内理财和表外理财两者的对比如表 6-2 所示。

表 6-2　表内理财与表外理财比较

异同点	表内理财	表外理财
对资金来源的核算	资产负债表内,以资金管理科目核算,属于银行负债	银行资产负债表外,不属于银行负债
对资金运用的核算	资产负债表内,属于银行资产	银行资产负债表外,不属于银行资产

异同点	表内理财	表外理财
对外成交主体	对外交易以银行的名义成交,交易属于银行,如果银行出现信用问题,可能影响交易的达成及交割,客户的资金也将面临风险	银行代客户进行交易,交易不属于银行,如果银行出现信用问题,不影响交易的达成及交割,也不影响客户资产安全
交易对手信用风险	由银行承担,如果交易对手出现信用问题,银行承担损失	由客户承担,如果交易对手出现信用问题,银行不承担损失
投资内容	投资内容必须是能进入银行资产负债表的内容,且除条款中规定的风险外,其他风险由银行承担	按照与客户约定的范围进行,可能进入银行自身运营所不能进入的领域,且由客户承担所有的风险
本金保护	取决于产品的具体条款,一般在持有到期的情况下,只要银行不倒闭,客户本金受到保护	没有本金保证承诺。保本类产品是采用一定的保本技术并支付相关费用后实现,并不是由银行进行本金的保证
收益	在相关条件下的收益率事先可获知	取决于具体经营状况,无法事先获知
银行的收入来源	利差/价差	管理费、托管费、销售服务费等

(1)表内理财构成银行自身的资产,理财资金进入银行资产负债表内,投资者按照约定的收益率获得回报。以银行普遍发行的结构性理财产品为例,它有预期收益区间和固定的期限,客户购买理财产品并将资金提供给银行,银行将一部分资金进行拆放获得稳定性收益,并通过挂钩股票、商品、指数、利率等形式获得浮动收益。

(2)表外理财是指银行接受客户委托,运用其资金进行金融市场运作。银行据此收取相关费用,而客户承担投资资产的所有风险与收益。在表外理财中,银行与投资者之间是委托与受托的关系,银行的利润以收费形式体现,客户承担资金运用形成资产的所有风险与收益。银行表外理财产品常见的运作模式如图 6-8 所示,其中理财资金既可以投资于公开市场上的股票、基金与债券等资产,也可以投资于非公开市场发行的债权和权益类资产。主要的流程如下:投资者购买银行发行的理财产品,与银行签订理财协议和产品说明书等相关合同,约定该理财计划下双方的权利与义务;银行对理财资金进行管理,按照理财协议约定的投资范围进行

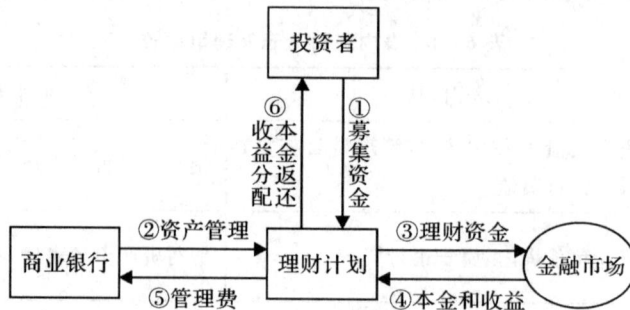

图 6-8 表外理财产品运作模式

投资,并收到相应的管理费用;理财产品到期后,扣除管理费之后,银行将理财计划的本金与收益返还投资者。

对于商业银行而言,存在着利用理财资金来承接存量或新增信贷资产的需求,而在银行理财产品发展的初期,它们也很好地响应了银行的这种需求,因此信贷资产类理财产品一度获得了快速的发展。但是由于监管者担心银行通过理财产品将信贷资产由表内移出表外,从而规避监管部门对信贷额度和投向的控制,以及对贷存比和资本充足率等指标监管,因此在 2009 年之后银监会陆续发布了一系列文件,禁止银行理财资金购买自身的信贷资产或票据资产,同时要求银信合作业务进入表内,并计提相应资本。所谓银信合作,是指银行代理信托公司发行的信托计划,募集资金由信托公司向该银行客户发放贷款或进行权益投资。银信合作理财产品运作模式如图 6-9 所示,信托公司设立信托计划,由商业银行代理,信托计划募集的资金运用于给客户发放贷款或者购买其债权;同时,理财资金购买了由商业银行代理的信托计划,获得相应的信托受益。

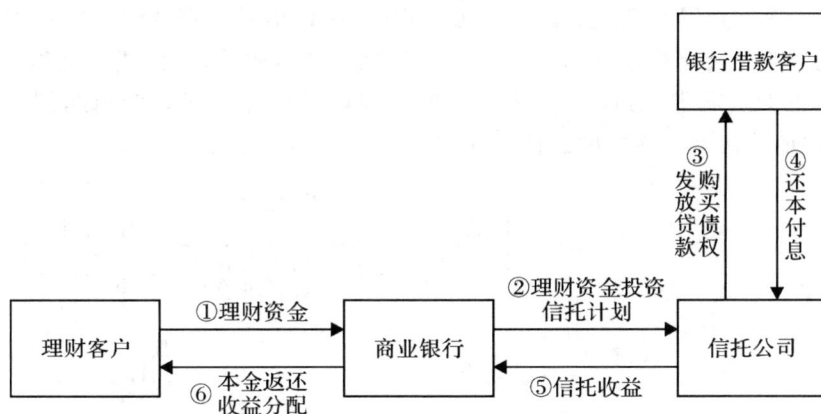

图 6-9　银信合作理财产品运作模式

虽然监管严控银行理财产品投资于信贷资产,但是并未限制对信贷资产以外的资产的投资,例如应收账款、股票收益权、票据收益权、公开市场交易的债权等,因此商业银行也存在不小的创新空间。在实际操作中,商业银行经常选择券商资产管理计划、信托公司的信托受益权等通道,间接地规避监管的管制。但无论理财产品的结构设计如何复杂,也不论通过购买哪种资产为企业提供融资,银行表外理财的基本交易结构与原理是相似的。

3)理财业务流程

(1)理财产品设计。银行按照新产品开发程序,编制理财产品开发说明书,详细说明新产品的定义、性质与特征、目标客户及销售方式、主要风险及控制方法、会计核算方法等,按照监管要求进行报批或报备。

(2)理财产品营销。银行在客观评估客户的风险承受能力和投资意向的基础上,提供符合客户利益的投资顾问服务,向客户介绍理财产品,并充分揭示理财业务的风险。

(3)与客户签订理财业务合同。在合同中明确双方的权利与义务,并根据业务开展的需要,签署必要的客户委托授权书和其他代理客户投资所必需的法律文件。

(4)运用理财资金进行投资操作。按照客户的指示或合同的约定进行投资和资产管理活动,同时严格控制操作风险。

（5）信息披露。定期充分披露理财产品相关信息。例如理财计划各投资工具的财务报表、市场表现情况及相关材料。

（6）理财收益分配及资金清算。在理财计划终止或理财计划投资收益分配时，银行按照理财业务合同约定，向客户返还理财资金及收益。

2. 公司客户理财业务案例分析

假设B客户是案例银行A的重点客户，目前存在紧急的资金需求，并向银行申请3亿元人民币、期限1年的流动资金贷款。但是由于案例银行A对大企业的新增授信规模有限，而且该笔贷款不符合该银行信贷资产组合管理关于行业、地区配置要求。信托公司C是银行A长期合作的信托公司。在银行A的客户经理协调下，B公司愿意通过信托公司渠道解决该项融资需求。

案例银行A在充分了解B公司与C信托公司的需求之后，成功地撮合交易，设计了如下融资方案：客户B与信托公司C合作设立一个金额为3亿元、期限为1年的单一目的信托计划。同时引入一家"过桥"企业或金融机构D，由其投资该信托计划从而给企业B融资。然后D再将该信托受益权转让给银行A发行的理财计划。从本质看，该模式还是由银行理财资金对接了企业B的融资需求，"过桥"企业或金融机构以及信托公司更多地起到的是通道的作用，并收取相关的手续费。该方案总体交易结构如图6-10所示。

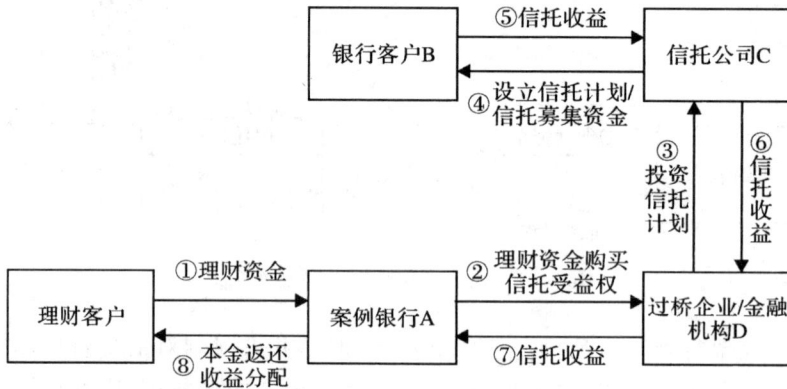

图6-10　融资方案交易结构

通过以上方式，案例银行A既维护了银企关系，同时又获得了可观的中间业务收入，包括财务顾问费、产品代销费、托管费以及沉淀存款等。

3. 个人客户理财业务案例分析

高先生是案例银行的重点个人客户，近期被银行发展为高端理财客户，银行理财经理将根据高先生的个人及家庭财务情况，向其提供理财规划与投资建议等服务。

1）案情简介

（1）家庭基本情况：高先生现年40岁，是一家外资企业的高管；妻子38岁，目前是一个全职太太；女儿6岁，刚上小学一年级。

（2）家庭资产与负债状况。

①收入状况：高先生每年工资收入为50万元，高先生计划55岁退休，退休之后没有工资收入，但是每年可领取养老金20万元。

②开支情况:家庭日常开支 40 万元/年;高先生前些年贷款购置了一处房产,价值 400 万元,贷款还需偿还 15 年,每年还款金额为 15 万元;高先生为妻子购买了一份商业养老保险,每年缴付 5 万元,还需要缴付 15 年,之后保险公司每年给其支付 10 万元。

③现有资产情况:银行存款 100 万元;股票 100 万元;持有 A 公司股权 10%,价值约 500 万元,每年分红 10 万元,高先生计划将红利收入用于贴补当前和退休后家庭日常支出。

(3)财务目标:①满足女儿留学时(21 岁)的资金需求,约为 200 万元;②退休之后家庭支出维持 40 万元/年的水平,除了养老金、保险以及股权分红之外,高先生夫妇还需要准备养老金 400 万元;③高先生夫妇预期寿命 85 岁,在他与妻子去世后,他们持有的公司股权、房产等将作为遗产转让给女儿。

(4)其他说明:假定通货膨胀率为每年 5%,高先生的工资收入、家庭日常支出以及红利收入也将以每年 5% 的增速增长。

2)投资规划及建议

理财经理在充分掌握了高先生的资产状况、风险偏好以及理财需求后,按照以下步骤开展了理财规划与投资建议工作。

(1)准备投资策略说明书。投资策略说明书(investment policy statement,IPS)是银行与客户之间签订的正式协议,它规定了理财活动的目标、策略与原则,是银行开展个人理财与投资业务的起点。一份完整的投资策略说明书应包括以下基本内容:投资者家庭与财务信息、投资者的风险偏好与风险承受能力、投资期限、投资目标等。

①高先生的风险偏好:经过银行的风险偏好体系的测试,同时结合高先生的家庭财富状况和风险承担意愿,评估高先生的风险偏好为中性,因此在为其推荐投资组合时,可以采取风险适中的均衡配置方法。

②投资期限:高先生的投资期限可以分为两个阶段,第一个阶段为从目前到女儿留学及退休时(共 15 年),第二个阶段为从退休到去世时(约为 30 年)。

③投资目标:满足女儿的教育资金需求,并且满足高先生夫妇的退休资金需求。具体需求如下。

高先生退休之前,家庭年收入为:高先生工资收入 50 万元+红利收入 10 万元=60 万元。家庭年支出为:家庭日常支出 40 万元+保险支出 5 万元+房屋贷款支出 15 万元=60 万元。因此,在高先生退休之前,其家庭收入能够满足其家庭日常支出,无须动用存款、股票等资产。

高先生退休之后,家庭年收入为:高先生养老金 20 万元+妻子的保险收入 10 万元=30 万元,家庭年支出为 40 万元,缺口 10 万元/年,缺口部分将通过退休时准备的 400 万元来贴补。

高先生退休时资金需求为:女儿的留学资金 200 万元+退休金 400 万元=600 万元。高先生目前的可投资资产为:银行存款 100 万元+股票 100 万元=200 万元。因此,高先生的理财目标是,运用这 200 万元资产进行投资,经过 15 年之后,资产价值达到 600 万元。通过计算,我们可以得到年均的资产回报率要求为 7.6%。

(2)投资方案建议。根据高先生的风险偏好与投资习惯,理财经理为高先生提供了两种可供选择的投资方案。①低风险投资组合。建议将 50%(100 万元)投资于银行存款,50%(100 万元)投资于股票市场,则高先生的预期回报水平为:50%×13%+50%×2%=7.5%,低于 7.6% 的长期投资回报要求,这种投资组合过于集中,对于低风险、低回报的银行存款投资比重过高。②中性风险的投资组合。银行理财经理给高先生建议了如下长期投资组合,其中股票20%、开放式基金(股票型)20%、开放式基金(平衡型)40%、企业债券10%、银行存款10%。该组合的预期年回报率为8%左右,高于7.6%的长期投资回报要求。

投资组合的回报率估算情况如表6-3所示。

表6-3 投资组合收益估算表

组合品种	预计收益	权重	回报率贡献	总回报率
股票	13%	20%	2.6%	
开放式基金(股票型)	10%	20%	2%	
开放式基金(平衡型)	7%	40%	2.8%	8%
企业债券	4%	10%	0.4%	
银行存款	2%	10%	0.2%	

各类金融产品的回报率贡献=该类金融产品投资占比×预期收益率,总回报率等于各类金融产品回报率贡献的总和。因此,总回报率=20%×13%+20%×10%+40%×7%+10%×4%+10%×2%=8%。

(3)资产投资与动态调整。当高先生同意第二种方案后,银行理财经理为高先生配置投资资产,将目前的投资组合调整为更加分散化、收益更高的目标组合。同时,银行定期将投资组合的业绩表现发送给高先生。在实际理财业务中,如果高先生的个人资产或者财务需求发生了重大变化,或者资产组合的相对权重发生较大变动,银行需要与客户一起对新情况进行评估,在需要的情况下对资产组合进行动态调整。

6.6 商业银行中间业务风险及管理

中间业务既可以给银行带来可观的收益,但也可能使银行陷入更大的困境,尤其是具有投机性的中间业务,其经营风险难以估算,所以自20世纪80年代后期开始,商业银行都加强了对中间业务的管理,各国金融管理当局和巴塞尔委员会也都制定和颁布了一些对中间(表外)业务的监管措施。因此从目前情况看,对中间业务的管理实际上已成了商业银行内部管理的重要内容,也是金融监管当局实行宏观金融监控的一个重要方面。

6.6.1 中间业务的经营特点及面临的风险

1.中间业务的经营特点

商业银行中间业务与传统的表内业务相比,具有以下鲜明的特点:灵活性大、规模庞大、交易集中、盈亏巨大、透明度低。

2.中间业务面临的风险

由于中间业务具有杠杆率高、自由度大、规模巨大、透明度差及损失大的特征,所以中间业务隐含的风险也多。巴塞尔委员会对其有专门的规定。根据巴塞尔委员会的定义,表外业务主要有以下十种风险。

1）信用风险

信用风险是指借款人还款的能力发生问题而使债权人遭受损失的风险。中间业务不直接涉及债权债务关系，但由于中间业务多是或有债权和或有负债，当潜在的债务人由于各种原因不能偿付给债权人时，银行就有可能变成债务人，此时由可能的债务转化为现实债务。例如在信用证业务和票据发行便利业务中，一旦开证人或票据发行人不能按期偿付时，银行就要承担偿付责任。在场外期权交易中，常会发生期权卖方因破产或故意违约而使买方避险目的落空，在场外期权交易远超过场内交易规模的情况下，银行面临的问题更加突出。

2）市场风险

市场风险是指由于市场价格波动而使债权人蒙受损失的风险。由于利率和汇率多变，经常会因利率和汇率变化而使银行预测失误，遭到资产损失。特别是在金融衍生产品互换、期货、期权等交易中，往往会由于利率和汇率的突然变化，有悖于银行参与互换等交易的初衷，非但没能达到避险、控制成本的目的，反而使银行蒙受巨大损失。

3）国家风险

国家风险是指银行以外币提供给国外债务人的资产遭受损失的可能性，它主要由债务人所在国政治、经济、军事等各种因素造成。在银行的中间业务活动中，国家风险发生的概率还是比较高的，尤其是一些小国债务人，往往会因一个政治事件或自然灾害等原因，使债务人无法如期履约。国家风险会引发出三个派生风险：一是转移风险，是由于债务人所在国限制外汇出境而使债务人不能按期履约而引起的风险，例如在跨国互换交易中，如果交易对手不是以基本币支付，那么一旦该国实行外汇管制，限制外汇流出，就有可能使另一方遭到资金结算困难的损失，发生转移风险。二是部门风险，是由于债务人所在国经济政策调整而使债务人所在行业或部门经营受到影响，从而使债务人不能按期履约所引起的风险。三是主权风险，是由于债务人所在国的信用等级变动（主要是信用等级下降）而给债权人带来的风险。

4）流动性风险

流动性风险是指在中间业务活动中，特别是在进行金融衍生的交易中，交易一方要想进行对冲、轧平其交易标的头寸时，却找不到合适的对手，无法以合适的价格在短时间内完成抛补而出现资金短缺所带来的风险。这种风险经常发生在当银行提供过多的贷款承诺和备用信用证时，就已隐含着银行有可能无法满足客户随时提取资金要求的风险。一旦出现大范围金融动荡时，大家都会急于平仓和收回资金。结果导致在最需要流动性时，银行面临的流动性风险最大。

5）筹资风险

这种筹资风险是指银行因自有资金不足，又无其他可动用的资金，在交易到期日无法履约的风险。这种筹资风险往往发生在那些过度从事杠杆率较高的中间业务活动的银行身上。它和前述流动性风险有密切关系。在银行流动性不足时，其信用等级也会受到影响，其筹资难度便会加大。

6）结算风险

结算风险是在从事中间业务后，到交割期不能即时履约而产生的风险。结算风险发生的原因较复杂，有可能是由于会计技术操作上的原因造成的，也有可能是由于债务人或付款人偿还能力不足造成的。结算风险会使银行面临信用风险、市场风险和流动性风险。

7)运作风险

运作风险是由于银行内部控制不力,对操作人员的授权管理失误,或者是业务人员工作失误,内部工作人员利用电脑犯罪作案等给银行带来的损失。由于中间业务透明度较差,其运作中存在的问题不易被及时发现,因此,运作风险存在的可能性较大,而且一旦发生运作风险,银行将损失惨重。尼克·里森的操作和判断失误断送了有二百多年历史的老牌商业银行巴林银行,就是一个生动的例子。

8)定价风险

定价风险是指由于中间业务内在风险尚未被人们完全掌握,无法对其做出正确的定价而丧失或部分丧失弥补风险能力的损失。中间业务能否正确定价关系到银行能否从或有交易的总收入中积累足以保护银行交易利益的储备金,从而有能力在风险初露端倪时及时抑制对银行的连锁影响,或使银行能够在事发后弥补部分损失。但是中间业务自由度大、交易灵活,使人们至今仍未能准确识别其内在风险状况,难以对其做出正确的定价。

9)经营风险

经营风险是指由于银行经营决策失误,导致在中间业务,特别是金融衍生品交易中搭配不当,银行在交易中处于不利地位,或在资金流量时间上不对应,而在一段时间内面临风险头寸敞口所带来的损失。

10)信息风险

信息风险是指中间业务给银行会计处理带来诸多困难,而无法真实地反映银行财务状况,使银行管理层和客户不能及时得到准确的信息,从而做出不适当的投资决策所遭到的损失。尽管某些中间业务可降低单个交易的风险,但由于现行会计制度无法及时、准确地反映中间业务给银行带来的盈亏,使整个银行账目产生虚假变化,进而使管理层据此做出不适当的投资决策。当运作情况重叠出现得越多,反映在银行账户变化上的错误信息也越多,管理层做出的投资决策失误也越严重,银行面临的风险也就越大。

6.6.2 西方商业银行对表外业务的管理

1. 建立有关表外业务管理的制度

(1)信用评估制度。加强对交易对手的信用调查和信用评估,避免与信用等级较低的交易对手进行交易(一般要求是在信用等级以上的企业,即 BB 级企业)。在交易谈判中,坚持按交易对手的信用等级确定交易规模、交割日期和交易价格。有的银行对一些期限较长的表外业务,还要求定期重新协商合同条款,避免风险转嫁。

(2)业务风险评估制度。对表外业务的风险建立一整套机制和测量方法,在定性分析的基础上进行定量分析,确定每笔业务的风险系数,并按业务的风险系数收取佣金。例如美国银行对期限短、风险系数较小的备用信用证所收的佣金率为担保金额的 25~50 个基本点,而对期限长、风险系数大的备用信用证则收取 125~150 个基本点的佣金率,无追索的贷款出售,收费率较低,只有 15 个基本点。

(3)双重审核制度。表外业务潜在风险大,为了能做到防患于未然,商业银行都吸收了巴林银行的教训,实行双重审核制度,即前台交易员和后台管理人员严格分开,各负其责,以便于对交易进行有效监管。前台交易员要根据市场变化,及时调整风险敞口额度,后台管理人员则做好跟踪结算,发现问题及时提出建议或向上级部门报告,以便及时采取补救措施。

（4）合理定价制度。坚持高风险高价格，低风险低价格。

2. 采取切实可行的管理方法

尽管各商业银行实行风险管理的方法是不对外公开的，但是，经过十多年的实践，人们还是总结出了一些行之有效的表外业务风险管理方法。

（1）注重成本收益率。表外业务的业务收费率不高，但每笔业务的成本支出并不和业务量成正比，因此银行从事表外业务就有成本收益率问题。只有每笔业务成交量达到一定规模，才能给银行带来较大的业务收入，使银行在弥补成本开支后，能获得较多的净收益，进而提高银行的资产利润率，增强银行抗风险的能力。当然，这是以每笔表外业务既定风险系数为前提的，倘若风险系数过大，银行就应当谨慎从事，甚至放弃这笔业务。

（2）注重杠杆比率管理。表外业务可"以小搏大"，其财务杠杆率高。如果说按原有杠杆率来从事表外业务，在市场波动较大的情况下，一旦失误，可能会使银行所利用的表外业务工具因价格（如股指、期指、汇率等）急剧下跌遭到惨重损失而将银行全部资本都赔光。所以许多商业银行在从事表外业务时，都不按照传统业务的杠杆率行事，而是根据银行本身的财务状况及每笔业务的风险系数，运用较小的财务杠杆率，以防预测失误使银行陷入危险的境地。

（3）注重流动性比例管理。为了避免因从事表外业务失败而使银行陷入清偿力不足的困境，许多商业银行针对贷款承诺、备用信用证等业务量较大、风险系数也较高的特点，适当提高流动性比例要求。有的还在贷款承诺中要求客户提供补偿余额，在备用信用证项下要求客户提供押金，以减少风险，保证银行拥有一定的清偿能力。

6.6.3 中间业务管理的国际合作

1. 完善报告制度，加强信息披露

巴塞尔委员会要求商业银行建立专门的表外业务报表，定期向金融监管当局报告交易的协议总额、交易头寸，反映对手的详细情况，使金融监管机构尽可能及时掌握全面、准确的市场信息，以便采取适当的补救措施。不少国家金融监管机构还要求银行对表外业务的场外交易状况做详细说明，包括报告某些表外业务如期权交易的经营收入、建立期权交易报告制度等。

2. 依据资信认证，严格市场准入

一些国家金融监管当局为了规范表外业务，抑制过度投机，规定凡从事某些表外业务如远期利率协议、互换等交易活动的商业银行和其他机构，必须达到政府认可的权威的资信评级的某个资信等级。其目的是使这些表外业务的交易能被限制在一些资金实力雄厚、信誉卓著的交易者之间，以降低信用风险。

3. 严格资本管制，避免风险集中

1988 年的《巴塞尔协议》对商业银行从事表外业务提出了严格的资本要求。《巴塞尔协议》认为将所有的表外项目都包括在衡量资本充足的框架中是十分重要的。考虑到对某些表外项目的风险估测经验是有限的，而且对某些国家来说，当这类表外业务的金额很小，尤其是以新的多种创新工具的形式出现时，即使是复杂的分析方法和详细频繁的报告制度，也很难做出正确的统计，因此委员会采用了一种适用性较强的综合方法来加以处理。即通过信用转换系数把各类表外业务折算成表内业务金额，然后根据表外业务涉及的交易对手方或资产的性质确定风险权数，再用这些权数将上述对等金额进行加总，汇总到风险资产总额中去，最后再按标准资本比率对这些项目分配适宜的资本。因该部分内容在第 3 章已经阐述，所以本章不再赘述。

4. 调整会计揭示方法

国际会计准则委员会针对传统会计制度的缺陷,特别对表外业务的会计揭示问题做了明确规定。

首先,在对表外业务进行会计揭示时,一般仍要坚持标准会计的权责发生制原则和审慎原则。当权责发生制原则与审慎原则不一致时,应适用审慎原则,即只有当收入和利润已经以现金或其他资产形式实现,而其他资产也可合理地、确定地最后变为现金时,才能计入损益。

其次,表外业务各项目应在资产负债表的正面,合计金额的下端用附注形式反映出来。其中,或有负债应通过"承诺和背书""担保""保证",以及作为附属抵押品的资产等来反映;承诺应通过"销售和回购产生的承诺""其他承诺"来反映;利率合约、汇率合约的估价也要反映。

再次,对表外业务中的避险交易和非避险交易有不同处理方法。避险交易是为减少现有资产、负债、表外头寸的利率、汇率价格风险而进行的交易。在对属避险交易的业务进行确认后,应按市价转移。非避险交易是指一般买卖或投机交易。这类交易应按市价估价,并应计入完成交易的全部成本。如果持有的金融工具头寸数目巨大,而抛补价与现有市价相异较大时,对所用市价还应做调整。若是长头寸,应扣除适当贴水;若是短头寸,则加适当升水。

国际会计准则委员会还规定:所有会计主体,还应提供有关利率、比率、价格或其他市场风险的数量信息,例如,当期头寸及当期业务的详细信息,市场变化对权益或年度收入可能发生的影响,利率重新定价的缺口分析,金融衍生工具头寸及其他头寸的期末风险值及当期平均风险值等,以便供报表使用者评价银行运用衍生工具等的业绩。

6.6.4 我国商业银行对中间业务的管理及国外经验借鉴

1. 提高对中间业务风险管理的认识

商业银行中间业务中,表外业务风险最大,所以,应该提高对表外业务的风险认识,加强对表外业务的总量控制,根据行内资本规模,建立资本对表外业务经营和发展的引导机制。

2. 建立中间业务资本保证和信息透明制度

1)建立中间业务资本保证制度

按照《巴塞尔协议》的规定,表外业务通过一定的转换系数计算确定资本占用额:

①贷款的替代形式,如负债的普通担保、银行承兑担保以及为贷款和证券提供金融担保的备用信用证等,转换系数为100%。

②与特定交易相关的或有负债,如履约担保书、投标担保书、与交易有关的担保书和用于特别交易的备用信用证,转换系数为50%。

③短期且可清偿的,以及与贸易相关的由于货物移动所产生的或有负债,如跟单信用证等,转换系数为20%。

④短期的、能够随时无条件取消的承诺,转换系数为0。

2)建立信息披露制度

(1)建立或有负债的有关信息披露制度。对办理信用证开证业务、票据承兑业务、信用担保业务、贷款承诺、买卖外汇期权业务、买卖金融合约等业务所可能形成的债务即或有负债,必须进行会计核算,及时反映有关信息。在会计报表附注中应当披露如下或有负债形成的原因,预计产生的财务影响(如无法预计,应当说明理由),以及获得补偿的可能性:

①已贴现商业承兑汇票形成的或有负债；

②未决诉讼、仲裁形成的或有负债；

③为其他单位提供债务担保形成的或有负债；

④其他或有负债（不包括极小可能导致经济利益流出的或有负债）。

（2）建立或有资产的有关信息披露制度。或有资产一般情况下不应当在会计报表附注中披露。但或有资产很可能会带来经济利益时，应当在会计报表附注中披露其形成的原因；如果能够预计其产生的财务影响，还应当做相应披露。

3. 建立和完善表外业务的授权和准入制度

对表外业务经营活动要按风险大小确定授权标准，并严格按授权规定执行，杜绝违规操作。及时跟踪客户经营活动变化情况，建立风险预警机制。对形成的垫款要进行分析，纳入五级分类实施监控，并制订催收计划，落实清收措施，将表外业务可能带来的风险降低到最低限度。早在 2001 年我国监管当局就将中间业务划分为审批制和备案制两种类型，并建立了安全风险管理机制。

4. 挖掘中间业务潜力，大力开展中间业务

1）实行策略联盟创造多盈利局面

策略联盟在欧洲的银行业比较普遍。欧洲的商业银行在中间业务的发展过程中十分注重在保险、证券、投资银行、资产管理等非利差产品销售方面的策略联盟。由于金融竞争和金融自由化等原因，金融业的三大支柱——银行、证券、保险——策略合作、联手营销的态势引人注目。

以保险营销为例，由于银保合作已有相当的发展，欧洲甚至出现了银行保险这一新的专业名词。其实银行开展保险代理业务早在 20 世纪 60 年代就率先在英国出现，当时的巴克莱银行出售了第一批保单，从中赚取佣金。到了 1985 年，银行保险业务已经发展得相当成熟。从 1989 年到 1994 年，银行在生命和养老金保险费中所占的市场份额已经从 5% 上升到了 17%；到 2000 年，德、英、法三国通过银行销售的保费收入占社会保费总额的比例分别达到了 16%、29%、61%。通过保险产品的出售，银行一方面赚取了大量的手续费收入，另一方面又通过交叉销售推动了其他银行业务的发展。

在欧洲交叉销售的比例已经达到了 10%～20%，意味着非利息收入业务对于银行的综合贡献潜力巨大。

2）积极运用科技进步成果对支付结算系统功能挖掘运用

（1）美洲银行支付网络发达，有 45 万个间接自动转账账户，具有多种账户服务，其设置的超级账户既方便、灵活，又便于管理。

（2）美国大通曼哈顿银行凭借其强大的支付系统和市场推销能力在银行卡方面获得了巨额的服务费收入。

（3）加拿大皇家银行 90% 的日常业务都是通过电子化手段完成的。银行网点已经将工作重点放在与客户的关系处理及建议提供上，而不是传统的交易上。

（4）德意志银行每年都投入巨额资金用于电脑系统和面向客户的各种网络平台。该行 IT 部门的员工占全行员工总数的 1/4 以上。

（5）充分挖掘支付系统功能，能提供诸如金融信息增值服务。金融信息增值服务，建立在包括数据仓库在内的各类数据库和信息提取技术基础之上。

统计结果表明,金融联机信息销售额约占整个信息销售市场的四分之三。因此,金融信息服务在整个信息服务产业中举足轻重。需要注意的是,金融信息服务主要是面向工商业客户和政府部门,而不是个人消费者。工商业客户,需要经常直接存取金融机构数据库中的数据,因此,他们需要购买金融信息产品。消费者也需要金融信息,但却不想为之付费。这也是为什么家庭银行服务在相当一段时间内未能发展起来的重要原因。

另一个值得引起重视的问题是,在金融信息市场上,靠提供金融信息服务盈利的大多数企业,不是来自金融机构。例如,世界上最早提供金融信息服务的最出名的三家大企业路透社、Telerate 和 Quotron,都不是金融机构创办的。

3)转变经营观念

(1)从以交易为中心向以服务为中心方向转变。国际欧亚科学院院士马俊如说:"抢夺优质客户是中外银行必走的一步棋,抢夺的关键就是服务。"突破点是"中间业务",如结算业务、代理业务、信托业务、租赁业务、咨询业务,这将成为主要的业务增长点。

(2)从规模效益到深度效益的转变。一个好客户创造的利润是客户平均利润的 100 多倍,而客户应该是麦肯锡咨询公司在"中国个人金融服务"的调查中指出的家庭年收入为 4300 美元以上的城市"中、高收入家庭"。这份调查表明,其中 4% 的家庭拥有高达 10 万美元以上的存款。实际上他们占到了中国个人银行存款总额的 50% 以上,贡献了整个银行业盈利的一半以上。对于所有银行而言,他们是不折不扣的"黄金牛"。但以上这个观念仅适用于大、中型银行。而中小银行还应树立重视"长尾客户"的观念。

思考与练习

1. 目前我国商业银行中间业务发展中存在哪些问题?

2. 根据你的了解,目前商业银行对中间业务是如何定价的?

3. 简述商业银行信托业务的原则。

4. 什么是融资性租赁? 它有哪些特征?

5. 租金的计算方法有哪些?

6. 如何防范信用卡业务的风险?

7. 试述中间业务的风险及管理。

8. 简述中间业务及其特征。

9. 简述商业银行中间业务的种类。

10. 如何防范和化解备用信用证风险?

11. 简述远期利率协议的操作程序。

12. 简述金融期权的操作程序。

13. 试述备用信用证和商业信用证的异同点。

14. 试述三种票据的异同点。

15. 什么是银行理财业务?"大资管"背景下,银行理财业务应如何发展?

16. 请根据以下个人客户理财业务资料分析,并回答相关问题。

(1)家庭成员背景资料。刘先生 45 岁,是一家房产上市公司的部门经理,刘太太 32 岁,银行职员,有一个 4 岁的儿子。

（2）家庭收支资料（收入均为税后）。刘先生月收入 2 万元，年奖金 8 万元。刘太太月收入 5000 元。家庭月生活支出 3200 元，赡养刘先生父母每月 800 元，儿子幼儿园学费每月 900 元，其他支出每月约 500 元。

（3）家庭资产负债资料。家庭现有住房 90 平方米，市值 50 万元，无贷款。另有定期存款 20 万元，股票型基金 10 万元，股票市值 5 万元。刘先生夫妇除社会保险外，没有任何商业保险。夫妻合计住房公积金账户余额 5 万元，养老金账户余额 12 万元。

（4）理财目标（均为现值）。客户刘先生主要有以下几项理财目标：

①刘先生要参与任职公司对主管提供以 80 万元购买价值 100 万元的期房优惠方案，两年交房，贷款为市价的三成，按揭 15 年还款，完工后才能转手。

②儿子完成大学教育后出国留学，大学学费每年 2 万元，出国留学 2 年每年费用 20 万元。

③刘先生 10 年后退休，希望家庭维持现在的生活水平，且继续支付父母的赡养费 10 年。退休后希望和妻子花 3 年的时间在国内旅游，预计旅游总开销 10 万元。

（5）请根据刘先生家庭的具体情况制作投资策略说明书，提供你的投资建议，并附上你认为必要的基本假设与参考资料。

17. 通过银行承兑汇票交易流程图指出其风险点。

第7章 商业银行外汇业务管理

本章提要

商业银行外汇业务是相对于人民币业务而言的。虽然仅是计量货币的不同,但由于大部分属于跨国经营,受很多因素的影响,所以有其特殊性。加之随着金融市场逐步完善并趋于一体化,以及先进技术被广泛应用,商业银行国际业务的发展空间将会更加宽泛。本章主要介绍商业银行外汇业务中的三类,即外汇买卖、国际贸易融资和国际借贷。通过本章的学习,学习者将会对商业银行外汇业务乃至国际业务有所了解,并对主要国际业务的操作流程和管理要点有更深的理解。

7.1 商业银行外汇业务概述

7.1.1 外汇及汇率

1. 外汇的概念

外汇(foreign exchange),是指外国货币或以外国货币表示的能用来清算国际收支差额的资产。一种外币成为外汇有三个前提条件:第一,自由兑换性,即这种外币能自由地兑换成本币;第二,普遍接受性,即这种外币在国际经济往来中被各国普遍地接受和使用;第三,可偿付性,即这种外币资产是可以保证得到偿付的。根据这三个标准,各国对外汇的范围有着不同的理解,并且这一概念本身也在不断发展中。按照《中华人民共和国外汇管理条例》,外汇的具体范围包括:①外国货币,包括纸币、铸币;②外币支付凭证,包括票据、银行存款凭证、邮政储蓄凭证等;③外币有价证券,包括政府债券、公司债券、股票等;④特别提款权、欧洲货币单位;⑤其他外汇资产。综上所述,外汇具有外币性、可自由兑换性、国际性、普遍接受性的特点。

2. 汇率的概念

汇率(exchange rate),又称为汇价,即两种不同货币之间的折算比价,也就是以一种货币表示的另一种货币的相对价格。

汇率的标价方法有两种:其一是固定外国货币的单位数量,以本国货币表示这一固定数量的外国货币的价格,这可称为直接标价法(direct quotation)。在直接标价法下,如果兑换本国货币量增加,表示外汇汇率上升,本币汇率下跌,即外币升值,本币贬值;反之,外汇汇率下跌,本币汇率上升,即本币升值,外币贬值。目前,包括我国在内的世界大多数国家均采用此标价法。

其二是固定本国货币的单位数量,以外国货币表示这一固定数量的本国货币价格,从而间接地表示出外国货币的本国价格,这可称为间接标价法(indirect quotation)。在间接标价法下,如果兑换的外国货币量增加,表示本币汇率上升,外币汇率下跌,即本币升值,外币贬值;反之,本币汇率下跌,外汇汇率上升,即外币升值,本币贬值。目前,主要有美国、英国等少数国家采用此种标价方法。

可以看出,在直接标价法下,汇率上升,意味着一定单位的外币可以兑换的本币数量增多,即本币贬值;在间接标价法下,这一关系则相反。

3. 汇率的种类

汇率的种类极其繁多,在这里,我们选择与理论、政策和货币制度有关的种类进行介绍。

(1)基本汇率和套算汇率。设有 A、B、C 等多种外币,一国在折算其本国货币汇率时,若先计算出本币与某一种外币(假定为 A 币)之间的汇率,再根据 A 币与 B 币、C 币的汇率折算出本币与 B 币、C 币的比价,则我们称本币与 A 币之间的汇率为基本汇率,本币与 B 币、C 币等之间的汇率为套算汇率。我国在计算人民币汇率时,曾长时间以美元为媒介来折算人民币与其他外币(比如英镑、日元等)之间的比价。因此,人民币与美元的汇率为基本汇率(basic rate),而人民币与英镑、日元等之间的汇率为套算汇率(cross rate)。

(2)固定汇率和浮动汇率。固定汇率(fixed exchange rate)是指政府用行政或法律手段选择一个基本参照物,并确定、公布和维持本国货币与该单位参照物之间的固定比价。充当参照物的东西可以是黄金,也可以是某一种外国货币或某一组货币。当一国政府把本国货币固定在某一组货币之上时,我们就称该货币钉住在一篮子货币上或钉住在货币篮子上。固定汇率不是永远不能改变的,在纸币流通的条件下以及经济形势发生较大变化时,就需要对汇率水平进行调整(或升值或贬值)。因此,纸币流通条件下的固定汇率制实际上是一种可调整的固定汇率制,或称为可调整的钉住(adjustable peg)。所以,我们可以认为,固定汇率是指基本固定的、波动幅度在一定范围内的不同货币间的汇率。

浮动汇率(float exchange rate)制是指汇率水平完全由外汇市场上的供求决定、政府不加任何干预的汇率制度。在当今世界上,由于政府力量的强大和对经济生活日益加深的干预,各国政府同样也或多或少地对汇率水平进行干预和指导。我们将这种有干预有指导的浮动汇率称为管理浮动汇率(managed floating exchange rate)。依照干预程度的大小,其又可分为较大灵活性的管理浮动汇率或较小灵活性的管理浮动汇率。

在二战后至 20 世纪 70 年代初期,世界各国的货币间采取固定汇率的方式;而在此之后,大部分国家货币之间的汇率均采用了浮动汇率;当然,在可调整的固定汇率制与管理浮动汇率制之间,又有许多形形色色的折中的汇率制度。

(3)单一汇率与复汇率。单一汇率(single exchange rate)是指一种货币(或一个国家)只有一种汇率,这种汇率通用于该国所有的国际经济交往中。复汇率(multiple exchange rate)是指一种货币(或一个国家)有两种或两种以上汇率,不同的汇率用于不同的国际经贸活动。复汇率是外汇管制的一种产物,曾被许多国家采用过。双重汇率指一国同时存在两种汇率,是复汇率的一种形式。

(4)即期汇率和远期汇率。即期汇率(spot exchange rate)和远期汇率(forward exchange rate)是按时间来划分的。即期汇率是指目前的汇率,用于外汇的现货买卖。远期汇率是指将来某一时刻的汇率,比如 1 个月后的、3 个月后的或 6 个月后的,用于外汇远期交易和期货买卖。即期汇率与远期汇率通常是不一样的。以某种外汇汇率为例,当远期汇率高于即期汇率时,我们称该种外汇的远期汇率为升水(premium);反之,当远期汇率低于即期汇率时,我们称该外汇的远期汇率为贴水(discount);当两者相等时,则称为平价(par value)。升水或贴水的幅度为远期汇率与即期汇率之差。在市场经济国家中,即期汇率和远期汇率一般是由外汇市场的供需决定的,而在非市场经济国家,汇率水平则掺杂了许多政策和行政因素。

7.1.2 商业银行外汇业务

商业银行外汇业务是相对于本币业务而言的,即交易支付的货币不是人民币。目前商业银行办理的外汇业务主要有:①外汇存款;②外汇汇款;③外汇贷款;④外汇同业拆借;⑤外汇借款;⑥发行或代理发行股票以外的外币有价证券;⑦外汇票据的承兑和贴现;⑧外汇投资;⑨买卖或者代理买卖股票以外的外币有价证券;⑩自营及代客外汇买卖;⑪外币兑换;⑫外汇担保;⑬贸易和非贸易结算;⑭资信调查、咨询和见证业务;⑮国家外汇管理局批准的其他外汇业务。因本章仅介绍外汇买卖业务、短期贸易融资业务及中长期信贷中的银团贷款,所以下面对其他种类进行简短介绍。

1. 外汇存款

外汇存款主要指外币储蓄存款。外汇存款利率应遵守中国人民银行有关利率的规定。此业务项下不包含离岸业务。

2. 外汇贷款

外汇贷款包括境内外汇贷款和境外外汇贷款。其中:境内外汇贷款是指银行对境内依法设立的机构和具有中国国籍的有完全民事行为能力的自然人发放的外汇贷款以及外国政府、国际金融组织转贷款和进出口信贷。银行发放境内外汇贷款的利率应遵守中国人民银行有关利率的规定。境外外汇贷款是指银行对境外机构和我国在境外注册机构发放的外汇贷款和进出口信贷。银行发放境外外汇贷款须经国家外汇管理局及其分局审批。利率应依照国际金融市场利率水平。

银行发放境内、境外外汇贷款应遵守《中华人民共和国商业银行法》及其有关规定。

3. 外汇汇款

外汇汇款是指银行利用结算工具将客户的外汇资金汇入客户指定的账户或解付汇入的外汇资金。

4. 外币兑换

外币兑换是指银行和银行设立的外币兑换分支机构办理的自然人、驻华机构在非贸易项下的人民币与外币的兑换。此项业务中"外币"包括外币现钞、现汇存款、外币支票、外币信用卡、旅行支票、旅行信用证等。以人民币汇价套算的两种外币的兑换应视为两次外币兑换。银行办理此项业务应遵守非贸易外汇管理有关规定。

5. 外汇同业拆借

外汇同业拆借是指金融机构间临时调剂外汇头寸余缺的借贷行为,包括境内外外汇同业拆借。境内外汇同业拆借的对象为经国家外汇管理局批准可经营外汇业务的境内中资金融机构。拆借双方应以合同形式明确外汇拆借的金额、期限、利率、用途及双方权利和义务或通过授信额度进行。拆借的期限和利率应遵守中国人民银行的规定。

境外外汇同业拆借的对象为境外金融机构、境内外资金融机构。境外外汇同业拆借可通过授信额度进行,境外外汇同业拆借的利率应依照国际金融市场利率水平。银行从境外拆入资金应受国家外汇管理局核定的短期外债指标控制,实行余额管理。

银行办理外汇同业拆借业务应遵守《中华人民共和国商业银行法》及其有关规定。

6. 外汇借款

外汇借款包括境内外汇借款和境外外汇借款。境内外汇借款是指银行向境内中资金融机构按规定利率借进一定数额的外汇资金。境内外汇借款利率按中国人民银行有关规定执行。

境外外汇借款是指银行直接向境外金融机构或境内外资金融机构借进一定的外汇资金以及银行接受国际金融组织、外国政府的转贷款。境外外汇借款利率依照国际金融市场利率水平,接受国际金融组织、外国政府的转贷款除外。境外外汇借款须受国家外债规模控制。

7. 发行或代理发行股票以外的外币有价证券

发行股票以外的外币有价证券,指银行作为发行人在境内外证券市场发行股票以外的外币有价证券。发行股票以外的外币有价证券包括外汇债券、外汇票据等。

代理发行股票以外的外币有价证券,是指银行作为代理方代客户在境内外证券市场发行、承销和兑付股票以外的外币有价证券的经营活动。

银行在境外发行和代理境内客户发行股票以外的外币有价证券受国家外债规模控制。

8. 买卖或代理买卖股票以外的外币有价证券

买卖股票以外的外币有价证券,是指银行以自有或自筹外汇资金,在境内外证券市场买入或卖出股票以外的外币有价证券。

代理买卖股票以外的外币有价证券,是指银行作为代理方代客户在境内外证券市场买卖股票以外的外币有价证券并收取一定手续费的经营活动,包括银行代客户从事资金管理所进行的股票以外的外币有价证券交易活动。

银行在境外证券市场上买卖或代理买卖股票以外的外币有价证券须按季报国家外汇管理局及其分局备案。

9. 外汇票据的承兑和贴现

外汇票据承兑是指银行作为外汇票据受票人承诺在外汇票据到期日执行出票人付款命令的行为。

外汇票据贴现是指银行为外汇票据持票人办理的票据融资行为,银行在外汇票据到期前,从票面金额中扣除贴现利息后,将余额支付给外汇票据持票人。

10. 贸易、非贸易结算

银行受客户委托办理的贸易、非贸易项上的结算业务,包括:开立进口信用证、付款保函,办理进口代收、汇出境外汇款等及售汇、付汇;通知国外开来出口信用证、保函,办理出口审单、议付、托收、国外汇入汇款的解付等及结汇。此外它还包括进出口押汇、打包放款等贸易融资业务。

11. 外汇担保

银行凭其资信以自有外汇资金向境内外债权人或其他受益人承诺,当债务人未按合同规定偿付外汇债务时,由担保人代为履行偿付外汇债务义务的保证。

外汇担保包括境内外汇担保和涉外外汇担保。境内外汇担保是指银行对境内债权人或其他受益人出具的外汇担保;涉外外汇担保是指银行对境外债权人或其他受益人和境内外资金融机构出具的外汇担保。

银行办理外汇担保应遵守《中华人民共和国商业银行法》及其有关规定。银行办理涉外外汇担保应遵守国家外汇管理局制定的《境内机构对外担保管理办法》。

12. 自营及代客外汇买卖

自营外汇买卖是指银行以自有和自筹的外汇资金在国际金融市场按市场汇价进行的可自由兑换货币间买卖的经营活动,包括银行从事资金管理所进行的外汇买卖交易活动。

代客外汇买卖是指银行接受客户委托,依据其委托指示买入或卖出外汇,并根据交易金额收取一定比例的手续费的交易经营活动。它包括银行代客户从事资金管理所进行的外汇买卖交易活动。

个人外汇买卖是指银行根据国际外汇市场汇价水平,为自然人办理以保值避险为目的的可自由兑换外币间买卖并收取一定手续费的经营活动。

银行经营自营外汇买卖应遵守国家外汇管理局颁布的《关于金融机构办理自营外汇买卖业务的管理规定》。银行经营代客外汇买卖应遵守国家外汇管理局颁布的《金融机构代客户办理即期和远期外汇买卖管理规定》。有权经营代客外汇买卖业务的银行经国家外汇管理局及其分局批准,可经营个人外汇买卖业务。

13. 外汇信用卡的发行及付款

(1)外汇信用卡的发行是指参加信用卡国际组织的境内商业银行经批准在境内向个人和单位发行信用支付工具的业务。

(2)代理国外信用卡的发行是指境内银行与境外发卡机构签订协议代理其发行信用卡并收取手续费的业务。

(3)代理国外信用卡付款是指境内银行为境外发卡机构发行的信用卡持卡人在境内消费和取现办理清算的业务。

外汇信用卡持卡人为境内非居民的,可在境外和境内特约商户及代办银行使用;持卡人为境内居民的,只能在境外使用外汇信用卡。外汇信用卡包括商务卡和个人卡两种。商务卡申领对象为国外在华常驻机构、外商投资企业和有现汇账户的国内企业;个人卡申领对象为国外在华常驻人员和有合法外汇收入的中国公民。银行发行和代理发行外汇信用卡应与持卡人建立授信额度制度。

境内使用外汇信用卡须遵守境内不得使用外币计价结算的规定和其他有关规定。

14. 资信调查、咨询和见证业务

(1)资信调查是指银行接受境内外客户委托,对企业的资信状况进行调查或对客户自身资信进行调查,向其业务对象证明自身资信的业务。

(2)咨询是指银行接受客户委托,解答与金融业务有关的询问,或为决策提供依据的业务。

(3)见证业务是指银行为申请人提供证明,证明申请人向受益人所提供的材料属实、有履约能力,但不负法律责任的业务。

15. 国家外汇管理局批准的其他外汇业务

国家外汇管理局批准的其他外汇业务,是指国家外汇管理局根据银行外汇业务发展的需求和经营状况批准的上述十四项业务以外的外汇业务。另外,以上第一项、第二项、第三项、第十项都不包括离岸业务。

7.1.3　商业银行外汇业务涉及的组织机构

商业银行外汇业务除柜台经办的外汇存贷款业务、货币兑换等业务外,还涉及一些组织机构,有商业银行内部机构,也有外部机构。

1. 商业银行国际业务部

商业银行国际业务部设在总行,它负责经营和管理银行所有国际业务,包括国际借贷、融资租赁和国际市场上的证券买卖等。行内其他国际业务机构的经营情况通过国际业务部上报总行。

2. 国外分行(foreign branch)

银行的国外分行从法律上讲是总行的一个组成部分,俗称国外联行。它不是独立法人,是从属于总行的能独立经营业务的分行,其资产、负债等均为总行的一部分。国外分行受东道国法规的约束,可以在当地法律允许的范围内从事存款放款业务、国际结算业务、贸易融资业务、证券买卖业务以及各项咨询业务等。国外分行多设在国际金融中心,有广泛的市场,有机会更迅速地得知信息并在银行间和货币市场上吸收更多的存款。国外分行的出现是银行业务国际化的产物,其数量的多少也是跨国银行规模大小的标志之一。跨国银行将国外分行作为其国际业务组织机构的首选。美国商业银行的国际业务约有 60% 是通过在国外的分行经营的。

3. 国外代表处(representative office)

通常,在不允许开设分行的国家,或认为有必要建立分行但尚没有条件建立的国家或地区,银行可先设立代表处。这是商业银行在国外设立分行、从事国际业务经营的第一步。代表处不能经营如存贷业务等的一般国际业务。它的主要作用是扩大总行在该地区的声誉和影响,为总行招揽生意,宣传和解释总行所在国政府的经济政策,调查和分析东道国的政治、经济信息以及东道国客户的信用状况和环境,为总行是否在该地开设分行以及今后在该地区所采用的经营战略提供决策依据。国外代表处由于不对外经营,因此,各国对设置代表处的限制很少。国外代表处是跨国银行进入一个新的国家或地区的方便途径,往往也是国外分行设立前的必经之路。

4. 国外代理行

跨国银行的国际业务有着广泛的地区性,而跨国银行受成本因素影响,其不可能在世界各地均开有国外分行,银行国际业务的广泛性与其国外分行数量的有限性往往形成矛盾。为拓展自身在海外的国际业务,银行必须在海外寻找其代理行,建立代理行关系,签订合约,相互委托业务。代理行按是否开有账户分成两类:一是互有账户关系的代理行,建立这种关系的代理行间可直接划拨头寸;二是无账户但有印押关系的代理行,这些代理行间的头寸须通过有账户关系的第三家银行来进行。代理行关系往往是双向的,互相提供服务,并为身处不同国家或不同货币金融中心的银行之间提供财务上沟通的便利,方便不同系统银行间资金划拨清算、代收、代付的处理。银行国际业务的处理在很大程度上依赖于国外代理行,它们是银行国际业务的重要组织机构,从这类机构的数量而言,它远远多于国外分行。

5. 国外子银行(foreign subsidiary)

商业银行国外子银行与国外分行不同,前者的财务独立于总行,其资产、负债和信用政策并非是总行(母行)的完整的组成部分。国外子银行与其在国内的母行之间的关系是控股与被控股关系。国外子银行经营的国际业务以国际借贷为主,也包括融资租赁、提供信息咨询等。随着投资银行与商业银行的相互渗透,许多跨国银行在海外组建具有投资银行或商人银行的子银行,从事证券买卖业务等。

6.国际联合银行

它是由几个跨国银行一起投资组建的银行,其中任何一家银行都不能持有国际联合银行50％以上的股权。该类银行的组建是跨国银行国际性银行贷款面广量大的特征对跨国银行组织形式提出的必然要求,其主要目的是有利于经营辛迪加贷款。目前,该类银行主要以国际货币市场为依托从事欧洲货币贷款。

7.银行俱乐部

与前面几种组织机构不同,银行俱乐部是一种松散的组织形式,俱乐部成员银行间仅仅是一种国际合作关系。由于俱乐部成员大多来自欧洲,它也称欧洲银行集团。这类集团已有一定的数量,比较有名的如欧洲银行国际公司、阿尔法集团、欧洲联营银行公司、欧洲联合合作金库等。俱乐部的组织形式以及成员的来源决定了此类俱乐部建立的目的是协调和促进各成员行间的国际业务,分散各自经营风险,适应欧洲货币联盟的发展前景,与美、日等跨国银行抗衡。

7.2　商业银行外汇买卖业务

7.2.1　外汇买卖的概念及种类

1.外汇买卖的概念

外汇买卖又称外汇兑换,是外币业务核算的中心内容。由于银行在办理国际结算中使用的货币种类不同,需要以一种货币兑换成另一种货币。这种按一定的汇率卖出一种货币或买入一种货币的行为,称为外汇买卖。

外汇买卖的基本功能是回避风险和增值获利。通过外汇买卖将手中的外币换成其他外币,一方面可以避免因汇市波动带来的贬值风险;另一方面利用外汇买卖的套利将持有的较低利率的外币兑换为另一种较高利率的外币以获得更高获利。

2.外汇买卖的种类

外汇买卖按照交易目的、参与主体、交割期限等进行分类。

1)按外汇买卖的目的划分

按照外汇买卖目的不同,外汇买卖可分为结汇、售汇和套汇。

结汇是指境内企事业单位、机关和社会团体按国家外汇管理政策的规定,将各种外汇收入按银行挂牌汇率结售给外汇指定银行,由外汇指定银行付给相应人民币的业务。

售汇是指境内企事业单位、机关和社会团体正常对外支付外汇,持有关有效凭证,用人民币到外汇指定银行办理兑付,由外汇指定银行收进人民币,付给等值外汇的业务。

套汇是银行根据客户的要求,将一种外汇兑换成另一种外汇的外汇买卖业务。银行办理的套汇业务有两种类型:①同一货币之间现钞和现汇的互换,如钞买汇卖;②不同币别的外汇套汇,即将一种外币兑换成另一种外币,比如英镑兑换日元。

2)按外汇买卖的主体划分

按照参与主体不同,外汇买卖可分为自营外汇买卖和代客外汇买卖。

自营外汇买卖,是指银行按照自己确定的外汇买卖价格,用自己拥有的人民币资金购入外汇,或将自己拥有的外汇卖出,收回人民币资金或另一种外汇的买卖行为。

代客外汇买卖,是指银行接受客户委托,按照与客户约定的价格买入或卖出外汇的行为。

3)按外汇买卖的交割时期划分

按交割时间不同,外汇买卖可分为即期外汇买卖、远期外汇买卖和掉期外汇买卖。

即期外汇买卖,一般是指买卖双方按当天外汇市场的即期汇率成交,并在当天或第二个工作日进行交割的外汇交易。

远期外汇买卖,是指买卖外汇的双方根据外汇买卖合同到约定的日期按约定的汇率进行交割的外汇交易。

掉期外汇买卖,一般是指在买进或卖出即期外汇或远期外汇的同时,卖出或买进远期外汇,其目的是避免外汇汇率变动而带来的风险,常被用来作为外汇保值的手段。

7.2.2　外汇买卖的业务实践

1. 即期外汇交易

即期外汇交易(spot exchange transaction)是以双方约定的汇率交换两种不同的货币,并在成交日后第二个工作日内结算的外汇交易。即期外汇交易的最基本功能是实现不同货币之间的即时交换,满足客户从事国际贸易、投资、筹资等经营活动的结算需要。例如,在 2007 年 7 月 3 日,纽约花旗银行与中国银行通过电话达成一项外汇买卖交易,花旗银行愿意按 1 美元兑 7.58 元人民币的汇率卖出 100 万美元,买入 758 万元人民币;而中国银行也愿意按同样汇率卖出 758 万元人民币,买入 100 万美元。7 月 4 日,两家银行分别按对方的要求,将卖出的货币解入对方指定的账户内,从而完成这笔买卖。即期外汇交易是外汇市场上最常见的买卖形式,其交易量居各类外汇交易之首。

1)交割日

进行资金交割的日期称为交割日或起息日,即期外汇交易根据交割日的不同分为即日交割(value today)、明日交割(value tomorrow)、即期交割(value spot)。商业银行之间的外汇交易的交割日主要根据买卖货币类别所需的交收付款时间而定。至于银行与客户间的外汇交易,银行会根据客户需求来订立交割日期,但外币存款一般以即日交割居多。在世界一些主要的外汇市场上,如伦敦、纽约、东京、新加坡等实行的是明日交割。在香港外汇市场上,港元对日元、新加坡元、马来西亚林吉特是明日交割,但港元对美元和其他货币是即期交割。

2)报价

在即期外汇市场上,一般把提供交易价格(汇价)的机构称为报价者,通常由商业银行充当这一角色;与此相对,外汇市场把向报价者索价并在报价者所提供的即期汇价上与报价者成交的其他商业银行、外汇经纪、个人和中央银行等称为询价者。即期外汇交易中,表示汇率的基本单位是基本点。一般情况下,一个基本点是指小数点后第四个单位,但在日元报价中,是指小数点后的第二个单位,这是外汇价格变动的最小单位。

在外汇市场上,报价银行在报出外汇交易价格时一向采用双向报价法,即同时报出银行买价与卖价,在直接标价法和间接标价法下,报价是不相同的。直接标价法下,银行报出的外汇交易价格是买价在前,卖价在后。如,2007 年 5 月 19 日,日本东京银行报出美元对日元的开市价为 USD=JPY122.67—122.72,其中前面这个数表示报价银行买入美元(外汇)付出日元的价格,后面的数(JPY122.72)表示报价银行卖出美元收回日元的价格。间接标价法下,银行报出的即期外汇交易价格是卖价在前、买价在后。如,2006 年 4 月 3 日,德国某银行报出欧元对美元的开市价为 EUR=USD1.3586—1.3591,前面这个数表示买入 1 欧元需要 1.3586 美元,后面这个数表示卖出 1 欧元可以获得 1.3591 美元。

3)营业日

营业日指两个清算国银行都开门营业的日期,一国若遇节假日,交割日按节假日天数顺延。

2. 远期外汇交易

远期外汇交易又称期汇交易(forward exchange contract),是指外汇买卖双方预先签订远期外汇买卖合同,规定买卖的币种、金额、汇率及未来交割的时间,在约定的到期日由买卖双方按约定的汇率办理收付交割的外汇交易。一般来说,凡是交割日在成交两个营业日以后的外汇交易均属于远期外汇交易。远期外汇交易具有"先定价将来交割"的特色,即在成交时,交易双方先订立价格,然后按价格在指定的未来时间交割。远期外汇交易的期限有 1 个月、2 个月、3 个月、6 个月及 1 年,其中最常见的是 3 个月起的远期外汇交易。

在外汇市场上,购买远期外汇的主要是有远期外汇支出的进口商、负有即将到期的外币债务的债务人、输入短期资本的牟利者,以及对于远期汇率看涨的投机商等。卖出远期外汇的主要是有远期外汇收入的出口商、持有即将到期的外币债权的债权人、输出短期资本的牟利者,以及对于远期汇率看跌的投机者等。其目的主要是避免汇率变动的风险和获取投机利润。此外,外汇银行为平衡其远期业务头寸也开展远期外汇业务买卖。

远期汇率,也称期汇汇率,是指买卖双方成交时,约定在未来某一时间进行交割所使用的汇率。在一般情况下,远期汇率主要受所交易的两种货币的利率水平的影响。在报价方式上,主要用远期汇水(forward spread)或掉期点报价,即报出远期汇率偏离即期汇率的值或点数。其中升水表示远期汇率比即期汇率贵;贴水表示远期汇率比即期汇率便宜;平价表示两者相等。银行报出的远期汇水值在实务中常用点数表示,每点(point)为万分之一,即 0.0001。

形成汇水的原因是两种货币的利率水平的差异,利率高的贴水,反之则升水。二者的关系可以表示为:远期汇水=即期汇率×两种货币(年)利率差×远期天数÷360。一般来说,如果单位货币利率比计价货币利率低,则单位货币远期应升水,远期汇率为即期汇率加汇水;相反,如果单位货币利率比计价货币利率高,则单位货币远期应贴水,远期汇率为即期汇率减去汇水。

3. 掉期交易

1)掉期交易的概念

掉期交易(swap transaction)是指交易者在买入或卖出某种货币的同时,再卖出或买进同等金额的同种货币,但两者的交割日不同。由此可知,掉期交易实际是即期交易和远期交易或者是远期与远期交易的综合,其特点是:①与同一个交易对手同时进行买和卖某种货币;②买和卖该种货币的数额相同;③交割的期限不同。

掉期交易不会改变交易者的外汇持有额,但是所买进的和所卖出的货币,在期限上有所不同,这也正是"掉期"的含义之所在。掉期交易最常见的是即期交易对远期交易。也有远期对远期(forward against forward)的掉期,即同时买进并卖出两笔金额相同但交割日不同的远期外汇:可先买期限短的(如 90 天)同时卖出期限长的(如 180 天),也可先卖期限短的后买期限长的远期。

2)掉期交易的作用

(1)套期保值。交易者手中原持有货币 A,因为需要转换成另一种货币 B,为了避免 B 货币贬值风险,同时在远期又将 B 货币换回成原货币 A。例如,客户想借 B 货币(假如是欧元)6个月,而银行难以从货币市场拆借到欧元,但银行可以很容易借到 A 货币(假如是美元),于是银行可以用在货币市场和外汇市场上的两步操作满足客户要求:先借美元 6 个月,在外汇市场卖出美元买入欧元,为了防止贷放 6 个月后欧元贬值从而造成换回的美元减少使银行蒙受损失,在贷出欧元的同时做一个 6 个月远期买美元卖欧元的反向交易。银行即期卖 A 货币远期买 A 货币就构成掉期交易,使原先所借的 A 货币转换成 B 货币满足了客户要求,同时又防止了 B 货币贬值风险。

(2)调整资金期限结构。所谓资金期限结构是指支付外汇与收到外汇的期限分布。所谓调整就是当外汇收付时间不匹配时将所持有的即期外汇变成远期或将远期变即期(或是比原来期限短的远期),使得外汇收付时间一致。例如银行从客户手中买进 100 万 6 个月期远期英镑,银行应如何避免英镑贬值风险?银行在买入这 100 万远期英镑之后,立即在同业市场售出 100 万即期英镑,同时进行买/卖 6 个月远期 100 万英镑的掉期交易。这样既可避免英镑贬值风险,同时又使银行英镑资金期限结构不匹配的情况得到调整。

4. 套汇交易

套汇交易指套汇者同一时间点利用两个或两个以上地区性外汇市场某些货币在即期汇率上的差异进行外汇买卖,在汇率低的市场买进,同时在汇率高的市场卖出,从中套取汇率差价获得利润的行为。套汇交易按交易地点多少可以分为直接套汇和间接套汇两种。

1)直接套汇

直接套汇也称两角套汇(two points arbitrage),指套汇者直接利用两国之间或两地(外汇市场)之间某种货币汇率差异同时贱买贵卖这种货币。例如,在同一时间内,出现下列情况:

London　　　　　$£1=US\$1.4815/1.4825$

NewYork　　　　$£1=US\$1.4845/1.4855$

若某一套汇者在伦敦市场上以 $£1=US\$1.4825$ 的价格卖出美元、买进英镑,同时在纽约市场上以 $£1=US\$1.4845$ 的价格买进美元、卖出英镑,则每英镑可获得 0.0020 美元的套汇利润。如以 100 万英镑进行套汇,则可获得 2000 美元(未扣除各项费用)。

2)间接套汇

间接套汇又称三角套汇,指套汇者利用三个不同外汇市场之间相关的货币汇率差异,同时在这三个外汇市场上进行贱买贵卖,从中赚取汇率差额利润。间接套汇相对于直接套汇比较复杂。其中一点是投资者在进行间接套汇时,必须先判断一下是否有套汇的机会。其方法是:把三地汇率改成相同的标价法,然后用三个卖出价或三个买入价相乘,若乘积等于 1,说明市场之间的货币汇率关系处于均衡状态,没有汇差,套汇将无利可图;若乘积不等于 1,说明存有汇率差异,此时套汇有利可图。

例如,某天三个外汇市场出现如下情况:

新加坡外汇市场:GBP/USD=1.4485

伦敦外汇市场:EUR/GBP=0.6255

纽约外汇市场:USD/EUR=1.0999

由于 $1.4485×0.6255×1.0999=0.9956$,不等于 1,因此存在套汇机会。

5. 套利交易

套利(interest arbitrage)是指在两国短期利率出现差异的情况下,将低利率的国家的货币兑换为高利率的国家的货币,赚取利息差额的行为。套利分为抛补套利(covered interest arbitrage)和非抛补套利(uncovered interest arbitrage)。所谓抛补套利是指在即期外汇市场上卖出低利率货币资产,买入高利率货币资产的同时,在远期外汇市场上卖出与前面所购高利率货币资产币种与金额相同的远期外汇的行为。非抛补套利只是将低利率货币资产卖出,买入高利率货币资产,从而赚取利差。

非抛补套利与抛补套利的区别就在于是否通过远期交易将未来的外汇头寸予以抵补从而规避汇率风险和获得稳定的套利收益。下面通过一个例子说明抛补套利是如何进行的。

例如,一个美国投资者有 80000 美元,他计划投资于 90 天的大额存单,市场上英镑大额存单的利率为 4%,而美元大额存单的利率为 2%。他还了解到英镑的即期汇率为 1 英镑＝1.6000 美元,90 天远期汇率也为 1 英镑＝1.6000 美元,该投资者于是决定进行抛补套利。具体做法如下:第一步,将 80000 美元兑换成 50000 英镑(80000/1.60),购买 90 天的英镑大额存单。第二步,在同一天与银行签订一份远期合约,出售 90 天的远期英镑,英镑数额为大额存单到期的本利和 52000 英镑[50000×(1+4%)]。第三步,在 90 天后,按照远期合同规定的汇率把英镑兑换成美元,得到 83200 美元(52000×1.60)。第四步,确定套利的比较收益。如果投资者购买美元大额存单,其本利和为 81600 美元[80000×(1+2%)],选择高利率的英镑大额存单获得的利差收入为 1600 美元(83200－81600),即 2% 的套利收入。

由此可以看出,投资者在做套利交易的同时再做一笔远期外汇交易,可以防止汇率变动的风险,获得利差收入。

7.3　商业银行国际贸易融资业务

7.3.1　国际贸易融资业务概述

国际贸易融资(finance of foreign trade)是指商业银行为满足客户在进出口贸易中所发生的融资需求而提供的服务,又称为进出口融资。在进出口商品的各个环节中,进出口商都可能得到银行的资金融通,通过商业银行融通的资金占到全部进出口融资的 80% 以上。

国际贸易融资是促进进出口贸易的一种金融支持手段。随着国际贸易迅猛发展,国际贸易融资的种类也随着国际贸易和金融业的发展不断推陈出新。国际贸易融资作为促进进出口贸易的一种金融支持,属于在信用基础上的借贷行为。短期和中期国际贸易融资相对于一般流动资金贷款来说,是一种安全性好、流动性强、盈利性高的信贷行为;长期国际贸易融资同一般商业贷款相比,它的信贷条件优惠,且能实现还款双保险。

7.3.2　国际贸易融资业务的种类

1. 押汇业务

(1)进口押汇。进出口双方签订买卖合同之后,进口方请求进口地某个银行(一般为自己的往来银行)向出口方开立保证付款文件,大多数为信用证。然后,开证行将此文件寄送给出口商,出口商见证后,将货物发送给进口商。商业银行为进口商开立信用保证文件的这一过程,称为进口押汇。因为进口商通过信用保证文件的开立,可以延长付款期限,不必在出口商发货之前支付货款,即使在出口商发货后,也要等到单据到达自己手中才履行付款义务。这样,进口商减少了资金占用的时间。同时,出口商愿意接受这种延长付款期限,是以开证行保证到期付款为条件的。因此,进口押汇是开证行为进口商提供的一种资金融通。

(2)出口押汇。出口商根据买卖合同的规定向进口商发出货物后,取得各种单据,同时,根据有关条款,向进口商开立汇票。这时,进口商不能立即支付汇票票款,出口商为尽快收回货款,将汇票和单据持往出口地某个银行,请求该银行对汇票进行贴现。如果该银行进行审查后,同意贴现,即收下汇票和单据,然后把汇票票款扣除贴现利息后,支付给出口商。这种出口地银行对出口商提供的资金融通,称为出口押汇。出口地银行收下汇票和单据后,在汇票到期时提交给进口商,请其付款,进口商付款后,银行收回垫付资金,如果进口商拒绝支付票款,则出口地银行有权要求出口商归还票款。

2. 打包放款业务

打包放款业务是指出口商与国外进口商签订买卖合同后在组织货物出口的过程中,当出口商出现资金周转困难的情况时,出口商用进口地银行向其开发的信用证或其他保证文件,连同出口商品或半成品一起,交付出口地银行作为抵押,借入款项。出口地银行在此种情况下向出口商提供的贷款就称为打包放款。打包放款的期限一般很短,出口商借入打包放款后,很快将货物装船运出。在取得各种单据并向进口商开发汇票后,出口商通常前往放款银行,请其提供出口押汇贷款,该银行收下汇票和单据后,将以前的打包放款改为出口押汇,这时的打包放款即告结束。在打包放款中,如果出口商不按规定履行职责,贷款银行有权处理抵押品,以收回贷款款项。打包放款的数额一般为出口货物总价值的 $50\%\sim70\%$ 。打包放款是一种装船前短期融资,使出口商在自有资金不足的情况下仍然可以办理采购、备料、加工业务,顺利开展贸易。

3. 保理业务

保理业务是一种当今国际贸易中的结算方式,它是指出口商利用商业信用(如托收方式)出卖商品,在货物装船后,将发票、汇票、提单等有关单据无追索权的卖断给承购应收账款的银行、财务公司和其他的专门组织,立即或远期收进全部或部分货款,从而取得资金融通的一种方式。在保理业务中,出口商可任意选择使用托收或电汇等支付方式。在交易前先从银行那里取得一定的信用额度,进出口双方再在这个信用额度内按正常的业务进行交货付款。只要进口商按原定合同及时付清了货款,这单保理业务就告完成。信用额度在保理合同规定的期限可循环使用。否则,如果进口商拒付或破产,银行须于出口合同规定的付款到期日后 90 天内,在所批准的信用额度内 100% 赔付给出口商。银行对付给出口商的全部款项没有追索权。

对国际贸易的交易双方而言,保理业务能够提供许多便利:保理商提供的商业信用和资金融通,能够使出口商放心采用赊销方式来促进出口,而把售后的账款管理、货款回收,甚至会计处理都交给保理商;对进口商来说,保理业务的发展意味着他们有更多机会获得以赊销方式成交的业务,从而大大降低业务成本。另外,由保理商这种专业机构来处理账款回收、财务管理、资信调查等业务,有利于进出口商集中精力于生产和销售,符合社会经济向专业化、分工化发展的趋势,因此有利于提高经济的整体运行效率,促进国际贸易的开展。

保理业务的一般操作流程是出口商在决定以托收或赊销方式成交前,把合同内容和进口人名称通知本国的银行。出口地银行将有关资料通知进口地的银行,由其对进口商进行资信调查,并及时将调查结果通知出口地的银行。出口地银行对可以认可的交易与出口商签订保理协议,协议内明确规定信用额度。出口商在保理协议规定的额度内与进口商签订买卖合同。出口商按合同规定发货,取得运输单据和其他商业单据,并在单据上注明应收账款转让出口地银行。出口地银行收到全套单据后,将单据转交进口地银行。由进口地银行负责向进口商收款,并将款项拨交出口地银行。出口地银行将收到的货款扣除手续费后交付出口商。若按协议规定,在出口商交单后已预支部分货款(一般为50%~90%),则应在付款时扣除预付款的本息。如进口商不能按时付款或拒付,银行应负责追偿和索赔,并按协议规定的时间向出口商付款。

4. 福费廷业务

福费廷业务是一种为出口商贴现已经承兑的、通常由进口商方面的银行担保的远期票据的金融服务。它通过以无追索权的方式买断出口商的远期债权,使出口商不仅获得出口融资,而且消除了出口商远期收汇风险以及汇率和利率等风险。在国内将这种方式称为包买票据业务,而融资商通常被称为包买商。

福费廷业务有以下几个特点:①福费廷业务中的远期票据产生于销售货物或提供技术服务的正当贸易,包括一般贸易和技术贸易。②福费廷业务中的出口商必须放弃对所出售债权凭证的一切权益,做包买票据业务后,将收取债款的权利、风险和责任转嫁给包买商,而银行作为包买商也必须放弃对出口商的追索权。③出口商在背书转让债权凭证的票据时均加注"无追索权"(without recourse)字样,从而将收取债款的权利、风险和责任转嫁给包买商。包买商对出口商、背书人无追索权。④传统的福费廷业务,其票据的期限一般在1~5年,属中期贸易融资。但随着福费廷业务的发展,其融资期限扩充到1个月至10年不等,时间跨度很大。⑤传统的福费廷业务属批发性融资工具,融资金额由10万美元至2亿美元不等。可融资币种为主要交易货币。⑥包买商为出口商承做的福费廷业务,大多需要进口商的银行做担保。⑦出口商支付承担费(commitment fee)。在承担期内,包买商因为对该项交易承担了融资责任而相应限制了他承做其他交易的能力,以及承担了利率和汇价风险,所以要收取一定的费用。

5. 出口信贷

出口信贷是出口国为支持本国产品的出口,增强国际竞争力,在政府的支持下,由本国专业银行或商业银行向本国出口商或外国进口商(或银行)提供较市场利率略低的贷款,以解决买方支付进口商品资金的需要。根据贷款对象,出口信贷可以分为买方信贷和卖方信贷。通常将1~5年期限的出口信贷列为中期,将5年以上者列为长期。中、长期出口信贷大多用于金额大、生产周期长的资本货物,主要包括机器、船舶、飞机、成套设备等。

买方信贷是指出口国银行把资金贷款给进口方的进口商或银行,对进口商进行融资的一种贷款方法。如果出口地银行把资金直接贷款给进口商,称为企业买方信贷,这种买方信贷通常需要银行担保;如果出口地银行把资金直接贷款给进口地银行,然后由银行再把资金贷款给进口商,称为银行买方信贷。买方信贷主要用于支持本国机电产品、大型成套设备等资本性货物以及船舶、高新技术产品和服务的出口。商业银行开展买方信贷业务通常采取两种做法:一是由出口方银行给进口方银行提供一个总的卖方信贷额度,签订一个买方信贷总协议,规定一些总的信贷原则,到项目落实、需要使用时再分别由使用单位向银行申请贷款;二是事先没有买方信贷协议,而是在办理进口手续、签订进口商务合同时,由出口国银行和进口国银行签订相应的信贷协议。两种形式中以第一种最为常见。

卖方信贷主要指出口商所在国的银行对出口商提供融资,以使得进口商可以在贸易合同中采用延期付款的方式,从而解决出口商资金周转的困难。卖方信贷的一般做法是,卖方与买方签订一项延期付款的交易合同,进口商先付贷款的15%~20%作为订金,其余80%~85%

的货款按合同规定在交货后一段时间内分期陆续偿还。出口商凭出口单据和国外进口商开出的汇票向本国专业银行申请取得中长期贷款,作为生产的垫付资金,以便周转。待国外进口商归还货款后,出口商再向本国专业银行还款付息。

7.4　商业银行国际银团贷款业务管理

国际银团贷款是商业银行中长期国际贷款的主要形式。国际信贷(international credit)指不同国家和地区的借贷双方之间的资金融通活动。商业银行国际信贷是一个国家或地区的商业银行在国际金融市场上向另一个国家或地区的借款人进行贷款活动,或一个国家或地区的借款人在国际金融市场上向国外商业银行进行的借款活动。在国际信贷业务中,目前国际上通用的贷款形式主要有双边贷款、联合贷款、国际银团贷款三种。

7.4.1　国际银团贷款的概念及种类

1.国际银团贷款的概念

国际银团贷款也称辛迪加贷款(syndicated loan),是指多家银行或非银行金融机构,采用同一贷款协议,按照商定的贷款条件和期限,一般通过特定的包销及分销程序,联合向一家或多家机构或企业提供贷款的一种融资方式。它是一种比较成熟的贷款产品和技术,在国际债务融资市场上被广大银行和企业所接受。其特点如下:

(1)贷款金额大,收取的费用较高。国际银团贷款的每笔交易,一般都是数千万美元到数亿甚至数十亿美元。由于参加银行多,各家银行往往是从欧洲货币市场或亚洲货币市场拆进资金,再放给借款者。因此,国际银团贷款收取的费用高于一般中期银行双边贷款。

(2)贷款期限长。国际银团贷款一般是中长期贷款,贷款期限最长可达 15 年,一般为 5～10 年。

(3)专款专用。因为国际银团贷款数额巨大,所以必须专款专用。

(4)贷款相对风险较小。若各国商业银行对外国一家商业银行贷款,受本国中央银行的约束,有额度限制。而且国际银团由多家银行组成,各贷款行只承担一笔贷款中的一定额度,这就分散了风险;同时,各贷款行在风险分析及风险规避方面各有千秋,从而有效地降低贷款行的风险。

(5)避免同业竞争,促进相互之间的合作。

2.国际银团贷款的种类

1)按权利和义务的不同划分

国际银团贷款根据参与行在银团中承担的权利和义务的不同,可分为直接型银团贷款和间接型银团贷款。

(1)直接型银团贷款。直接型银团贷款是在牵头行的统一组织下,由借款人与各参加行直接签订同一个贷款协议,根据贷款协议规定的条件,按照各自事先承诺参加的份额,通过委托代理行向借款人发放、收回和统一管理的银团贷款。其特点是:①牵头行的有限代理作用。直接银团贷款牵头行的确立仅仅是为了组织银团的目的,一旦贷款协议签订,即银团组成,牵头行即失去了代理作用,与其他行处于平等地位。②参与行权利与义务相对独立。直接银团贷款的每个参与行所承担的权利与义务是独立的,没有连带关系,即每个参与行只享受按其在银团贷款中参与的份额所确立的权利,如按比例取得费用、利息、本金等。同时,也只承担事先承诺部分的贷款义务,一旦某一参与行无法履行贷款义务时,其他参与行没有义务追加贷款额以弥补贷款总额的空缺。③银团参与行的相对稳定性。直接型银团贷款协议中尽管规定贷款行有权转让其在贷款中所享受的权利,但对这种转让又做出明确的限制,因而使得贷款人组成相对稳定,也使债务在借款人所熟悉的债权人之间进行变动。④代理行责任明确。由于这种类型的银团贷款是由代理行统一发放、收回和管理贷款的,因而协议中对代理行的权利、义务都有非常明确的规定,代理行的责任非常明确。

(2)间接型银团贷款。间接型银团贷款是指由牵头银行直接与借款人签订贷款协议,向借款人单独发放贷款,然后再将参与的贷款权分别转售给其他愿意提供贷款的银行,事先不必经借款人的同意,全部贷款的管理工作均由牵头行负责。其贷款特点是:①牵头行既是银团贷款的组织者,又是贷款的代理人,其身份具有多重性。②参与行与借款人之间不存在直接的债权债务关系,对债务人不享有直接的请求权,借款人即使发生违约现象,参与行也不能直接行使抵消权来进行损失补偿,所以,参与行与借款人的债权债务关系是间接的,参与行承担着来自借款人和牵头银行的双重风险。③操作相对简单,工作量较少。由于借款人只和牵头行有直接关系,因而较容易达成共识,有利于缩短时间,节省费用;同时,在法律上相对简单,所需成本也较低。

2)按交易市场划分

银团贷款分为一级市场银团贷款和二级市场银团贷款。一级市场银团贷款是指银行以安排、包销、参加等任何一种或多种身份叙做的银团贷款;二级市场银团贷款是指银行在二级市场上购入尚未到期的银团贷款项下部分或全部贷款,或在二级市场上出售尚未到期的银团贷款项下部分或全部的贷款。随着一级市场银团贷款的持有量持续攀升,二级市场银团贷款转让也得到了快速发展,推动了信贷资产的转让交易。本章主要介绍一级市场银团贷款。

7.4.2　国际银团贷款的参与方与交易流程

1. 国际银团贷款的参与方

国际银团贷款主要由安排行、牵头行、经理行、参加行、代理行、协调行等成员共同组成,各个成员按照合同约定或各自的放款比例履行职责、享受权益和承担风险。

(1)安排行,是指一家或一组接受客户委托筹组银团并安排贷款分销的银行,是银团贷款的组织者和安排者。安排行的主要职责如下:接受借款人委托,设计融资结构,并协助借款人寻找贷款银行、组织银团,认定贷款总额及贷款种类;制订银团贷款筹组时间表,编制信息备忘录,向潜在参加银行推荐项目;代表各成员行与借款人谈判,确定银团贷款条件;组织召开各成员行参加的银团会议,协调成员行之间的关系;聘请律师等相关中介机构,起草贷款合同等法律文件;安排银团贷款合同正式签署,负责贷款项目的广告宣传等。安排行由于承担了大量的工作和责任,因此,可以收取一定的安排费。

(2)牵头行,是指包销银团贷款份额较大的银行,是对参加银团包销份额较高的银行地位的认可,在经理团成员中居于最高位置,通常牵头行即是安排行。

(3)经理行,是指在金额较大、参加行众多的银团贷款中,由牵头行根据各家银行所承诺的贷款金额和级别给予的地位,是银团组团阶段承担组团任务的银行。各经理行组成银团贷款的经理团,主要负责组织评审贷款项目和组团的可行性,与牵头行讨论贷款文件,直至贷款合同签署等工作。

（4）参加行，是指接受安排行邀请参加贷款银团，并按照协商确定的份额提供贷款的银行。其与经理团成员的区别是认购相对较少的贷款份额，不承担任何包销责任与其他实质性筹组工作。

（5）代理行，是指在贷款期内，由银团成员推选及借款人同意下选定其中一家银行作为代理行。在贷款协议签订后，代理行按照贷款协议内所列条款代表银团成员办事，负责提款、还本付息、贷后管理等贷款管理事宜，负责借款人和银团成员之间的信息沟通，并处理违约事件等。代理行包括账户代理行、放款代理行、还款代理行、担保代理行、文本代理行等种类。

（6）协调行，是指在牵头行中挑选出的照看整个银团贷款并承担某些银团筹组任务的银行。

（7）簿记管理行，负责银团筹组中最终贷款份额的分配。专业媒体常常对簿记管理行进行排名，实践中簿记管理行通常由受托安排行承担。

（8）顾问行，是指在银团贷款中，面对许多银行的报价和贷款条件，为正确做出借款决策，借款人可以指定一家银行担任顾问行，向借款人提供有偿的财务咨询服务，以保证全部借款工作的顺利进行。其通常在融资结构较为复杂的银团中出现，并非银团必需角色。

（9）借款人。国际银团贷款中的借款人主要有各国政府、中央银行、国家机构、具有法人资格的企业、国际金融组织等。借款人通过委托牵头行组织银团，配合牵头行起草资料备忘录，向牵头行披露充足的信息资料，接受牵头行和潜在贷款人的信用调查和审查，依据贷款协议合法取得贷款并按协议规定条款使用贷款，按时还本付息，按时依据贷款协议条款规定向各参加行提供自身的财务资料和其他与贷款使用有关的基本资料，接受因违约而承担相应的处罚。

（10）担保人。担保人是指以自己的资信向债权人保证对债务人履行债务承担责任的法人。它可以是公司，也可以是政府。担保人在银团贷款中的责任是在借款人发生违约时代替借款人履行合同及相关文件所规定的义务，同时可以享受一定的权利。

2. 国际银团贷款操作流程

国际银团贷款操作流程复杂，各环节衔接紧密，按时间顺序大体可分为三个阶段十个环节，具体如图 7-1 所示。

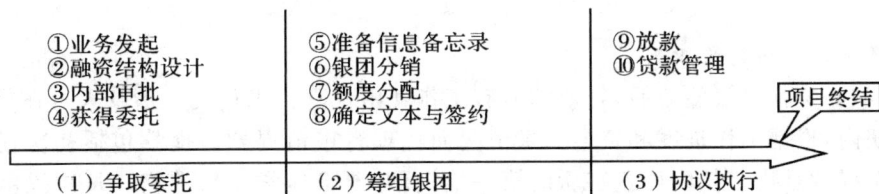

①业务发起　　⑤准备信息备忘录　　⑨放款
②融资结构设计　⑥银团分销　　　⑩贷款管理
③内部审批　　⑦额度分配
④获得委托　　⑧确定文本与签约

项目终结

（1）争取委托　　（2）筹组银团　　（3）协议执行

图 7-1　国际银团贷款流程

1）争取委托阶段

（1）业务发起：银团贷款业务的发起，主要围绕争取借款人的安排银团贷款委托书（mandate letter）为中心。为了竞争银团贷款安排委托书，银行需要设计周密的银团贷款融资结构，为此需要详细了解借款人的情况和项目的背景，并对授信风险和分销风险进行初步的评估。

（2）融资结构设计：作为项目发起的一部分，银行要与借款人进行充分沟通，根据借款人的需求和项目特点，量身设计既符合借款人需求和又能被市场接受的融资结构和条件。设计融资结构的重点考虑因素包括借款人情况、项目背景、期限结构安排、货币结构安排、担保结构安排、税务结构安排、财务指标设定、法律结构安排等。

（3）作为潜在委托安排行，完成内部的贷款审批流程。

（4）获得借款人委托安排：银行经过充分的准备，按照借款人的要求提交投标建议书，争取借款人的银团筹组委托书。

2）筹组银团阶段

（1）准备信息备忘录：一旦获得借款人的书面委托，委托安排行要尽快组织力量收集信息，编写项目信息备忘录。信息备忘录是有关借款人经济、财务、组织结构等方面内容及有关项目评估方面的基本资料，通常由安排行以借款人的名义编制并分发给潜在参加行。与双边贷款不同，银团贷款中安排行独自掌握着客户的信用资料，所以多数情况下安排行采取发放信息备忘录的方式介绍借款人及项目信息。

（2）银团分销：通过向有兴趣参加银团的银行分发信息备忘录，或举行银行推介会的方式进行市场推介，并获得参加行的贷款承诺。首先，安排行确定费用分配策略和参加行费率，而如何找到一个适中的费用分配点，是筹组银团贷款成败的关键所在。其次，确定邀请名单，并以电子邮件或传真形式向拟邀请的银行发出正式邀请函。银团贷款特别是大型银团贷款，通常会安排路演（road show），路演由安排行代借款人组织，借款人向有兴趣的银行推销自己和介绍项目情况，为将来的沟通打下基础。最后，潜在参加行陆续完成内部授信审批后，开始按照邀请函附录格式向委托安排行反馈贷款承诺函。

（3）额度分配：银团贷款可能会出现认购不足或超额认购的情况，簿记行管理行有权根据贷款分销策略和银行的承销意愿制定的最后分配原则，做出增加或减少参加行份额的调整决定，并按不同档次对每家银行包销金额进行分配，即确定最终分配额（final allocation）。

（4）确定文本与签约：该阶段起草贷款协议、担保文件和银团贷款的相关协议，通过与各方面谈判、磋商、讨论确认协议。银团贷款协议是银团贷款成员与借款人、担保人根据有关法律、法规，经过协商后共同签订，主要约定银团贷款成员与借款人、担保人之间的权利义务关系的法律文本。银团贷款协议的正式签署标志着该笔银团贷款的生效。银团贷款成员之间权利义务关系可在银团贷款协议中约定，也可另行签订《银团内部协议》（或称为《银团贷款银行间协议》等）。

3）签署协议后执行阶段

（1）放款。贷款协议签署后，贷款的所有工作就由代理行来负责。借款人可在贷款协议规定的提款期内，根据工作进度和资金需求情况向代理行申请提款。提款包括初次提款和每次提款。初次提款是指贷款协议签字后的第一笔提款，要求通常比较严格。每次提款指第一次提款以后的每次提款。除第一次提款以外，以后的每次提款无须重复提交许多证明文件和批准文件等材料。

（2）贷款管理。银团贷款的日常管理工作主要由代理行负责，牵头行在本行贷款存续期内应协助代理行跟踪了解项目的进展情况，及时发现银团贷款可能出现的问题，并以书面形式尽快通报银团贷款成员。银团贷款存续期间，通常由牵头行或代理行负责定期召开银团会议，讨论、协商银团贷款管理中的重大问题。银团贷款出现风险时，代理行应负责及时召开银团会议，成立银行债权委员会，对贷款进行清收、保全、重组和处置。

3.国际银团贷款与联合贷款的区别

在某种程度上,国际银团贷款与联合贷款存在相似性,例如两者都是由多家银行共同参与、每家银行承担贷款的一部分等。但是,国际银团贷款与联合贷款本质是不同的,主要区别如表 7-1 所示。

表 7-1　国际银团贷款与联合贷款的区别

异同点	国际银团贷款	联合贷款
银行间关系	结成统一体,通过牵头行和代理行与借款人联系	各行相互独立,分别与借款人联系
贷款评审	各银行以牵头行提供的信息备忘录为依据进行贷款决策	各行分别收集资料,多次评审
贷款合同	统一合同	每家银行均与借款人签订合同
贷款条件(利率、期限、担保方式等)	统一的条件	每家银行均与借款人分别谈判,贷款条件可能不同
贷款发放	通过代理行,按照约定的比例统一划款	分别放款,派生存款分别留在各行
贷款管理	由代理行负责	各行分别管理自己的贷款部分
贷款本息回收	代理行负责按合同收本收息,并按放款比例划到各行指定账户	各行按照自己与借款人约定的还本付息计划,分别收本收息

7.4.3　国际银团贷款的管理要素

1.贷款金额和币种

贷款金额是借款人根据借款用途需要在委托牵头行组织银团、经牵头行承诺后确定的借款金额。它表明在银团中各参加行对借款人承担义务的上限,也是银团对借款人承担义务的上限。贷款金额一经借款人和牵头行商定,未经双方同意,不得改变。对于牵头行来说,贷款金额是其组织银团的基础之一。贷款金额是通过货币来表示的。在国际银团贷款中,可用于借贷的货币种类很多,但并不是每一种货币均适合不同借款人和贷款人的需要的。长期以来,美元一直作为银团贷款主要选择币种,其次有英镑、日元及欧元等。

2.利率

利率是利息和本金的比率。在国际银团贷款中,通常采用的利率有两种:一是固定利率,它是银团与借款人双方商定,在贷款协议中规定整个贷款期间固定不变的利率;二是浮动利率,它由基本利率加利差两部分构成,其中利差一般是固定的,而基础利率是随着时间的变动而变化的。目前,被较多选择为基础利率的利率有 LIBOR、HIBOR、SIBOR 及美国优惠利率等。

3.贷款期限

贷款期限是指贷款合同生效之日至贷款本金利息全部还清为止的期限。国际银团贷款的期限比较灵活,短则 3~5 年,长则 10~20 年,但一般常见的是 3~10 年。根据不同时期内贷款本金的流向不同,可将贷款期限划分为三个时期,即提款期、宽限期和还款期。①提款期,也称承诺期,是指借款人可以提取贷款的有效期限,一般从合同生效日开始,至一个规定的日期终止,如 30 个银行营业日或 60 个银行营业日或更长。在这期限内,借款人可以一次提取全部贷款或分次提取贷款。如果在提款期到期日没有提取全部贷款,则未提取部分金额自动取消,借款人今后在该合同项下不得再次提取贷款,这一时期的特点是贷款本金由贷款人流向借款人。②宽限期,是指从提款期结束日起至第一次贷款归还日所构成的时段。在这期间,借款人只要按合同规定通过代理行向各贷款人支付利息,而贷款本金则无须偿还。③还款期,是指从合同规定的第一次还本日起至全部贷款本息清偿完毕为止。在整个还款期内,贷款本金可以分若干次在每个付息日偿还。

4. 贷款费用

银团贷款定价通常由银团与客户协调确定,一般由贷款利息和费用两部分组成。银团筹组过程中或完成后收取的费用包括管理费(安排费、参加费、包销/承销费)、承诺费、代理费、中介费等。

1)管理费

银行收取的管理费,也称为前端费用,主要包括安排费、参加费、包销/承销费等。其通常以前端费形式按贷款金额的百分比一次性计收。费率根据当时的金融市场环境、客户信用、操作的难易程度确定。通常由安排行根据各经理行、参加行的贡献,制订合适的费用分配策略,对管理费进行分配。

(1)安排费,是对安排行或主牵头行组织银团,为促使银团成功所付出的人力和技能的报酬。

(2)参加费。凡是参加该银团贷款的成员行不论是哪个层次的,原则上均可分得参加费。

(3)包销费,是对包销行和分销行承销贷款承担风险的回报,通常分配给承担包销责任的安排行、牵头行或有分销任务的经理行。

管理费一般由借款人一次性向银团按贷款金额的一定比率支付,然后由代理行按各贷款人在银团中的参加份额分付给各贷款人,管理费的费率一般为 0.25%～0.5%。

2)承诺费

承诺费一般是根据尚未提取的贷款额度余额按固定费率计算和收取的。由于贷款协议签订日和借款人实际用款日期具有一定的间隔,而且大多数银团贷款可以分次提取,贷款协议中对具体的提款日也不做明确的规定,因此,在允许提款的期限内,贷款人要准备一定的头寸以备借款人提款,而这备用头寸对贷款人是没有利息收入的。因此借款人必须补偿贷款人因准备头寸而放弃的利息收入。承诺费通常是从合同签字日或从首次提款日起算,至提款期结束,根据贷款未提款余款部分按事先双方约定的费率计算。承诺费的费率一般为 0.125%～0.5%。但是,如果根据银团贷款协议规定,借款人在较短期限内,如 1 个月,一次提取全部贷款或者提款期限虽较长,但提款是按计划进行的,则借款人可以免付承诺费。

3)代理费

代理费是对代理行承担整个银团的贷款管理、资金管理、账户管理等工作给予的报酬。一般情况下,代理费按年支付,支付多少取决于代理行的工作量的大小。如果银团的参加行多、提款次数多、还款次数多,则代理费就高。代理费的费率一般为 0.125%～0.5%,由代理行和借款人协商而定。

4）中介费

中介费包括但不限于向会计师事务所、律师事务所、资产评估事务所、保险机构、市场咨询机构等支付的费用，原则上由借款人在银团费用外根据实际花费另行支付。

7.4.4　国际银团贷款操作实务

1. 国际银团贷款的牵头行及额度分配情况

某集团客户 B 向案例银行 A 申请 20 亿元人民币项目贷款，贷款期限为 10 年。由于该银行的大企业贷款总体规模已经很高，因此银行 A 决定通过牵头银团贷款的方式满足客户的贷款需求。银团贷款由银行 A 牵头，另外还包含 2 家经理银行以及 4 家参加银行，同时银团贷款由银行 A 全额包销。牵头银行参加金额为 6 亿元，占比 30%；每家经理银行参加金额为 4 亿元，各占比 20%；每家参加银行参加金额为 1.5 亿元，各占比 7.5%。银团贷款的基本交易结构以及各家银行承担贷款情况如表 7-2 和表 7-3 所示。

表 7-2　银团贷款的基本交易结构

类别	条款内容
借款人	B 集团公司
安排行	银行 A
代理行	银行 A
经理行	银行 B、银行 C
参加行	银行 D、银行 E、银行 F、银行 G
贷款用途	项目资本性支出
贷款金额	20 亿元人民币
贷款类型	长期项目贷款
贷款期限	10 年
还款方式	到期一次性偿还本金
利率	中国人民银行公布的 5 年期以上贷款基准利率
安排费	0.15%，按银团安排总额一次性收取
包销费	0.2%，按银团安排总额一次性收取
参加费	0.2%~0.3%，按承担贷款份额一次性收取，其中： 参加金额 5 亿元人民币以上，费率为 0.3%； 参加金额 2 亿元人民币以上，费率为 0.25%； 参加金额 5000 万元人民币以上，费率为 0.2%
承诺费	0.1%，对未提取贷款额度提取
代理费	贷款期限内每年 500 万元

表 7 - 3　银团贷款的分销与参加情况　　　　　单位:万元

序号	档次	银行	包销金额	包销费	参加金额	参加费
1	牵头行	银行 A	200000	400	60000	180
2	经理行	银行 B	无	无	40000	100
3	经理行	银行 C	无	无	40000	100
4	参加行	银行 D	无	无	15000	30
5	参加行	银行 E	无	无	15000	30
6	参加行	银行 F	无	无	15000	30
7	参加行	银行 G	无	无	15000	30
合计			200000	400	200000	500

2. 国际银团贷款的牵头行获得收入情况

对于案例银行 A 而言,总贷款金额为 6 亿元,预期可获得的收入包括:

(1)每年的贷款利息,假定 5 年期以上贷款基准利率为 6.55%,每年的贷款利息为 3930 万元(60000 万元×6.55%)。

(2)银团贷款前端费用 880 万元,相当于贷款金额的 1.47%,一次性收取。其中,安排费 300 万元(200000 万元×0.15%),包销费 400 万元(200000 万元×0.2%),参加费 180 万元 (60000 万元×0.3%)。

(3)承诺费用 60 万元(60000 万元×0.1%)。

(4)代理费用每年 500 万元,相当于贷款金额的 0.83%(500 万元/60000 万元)。

综上,银行 A 通过银团贷款的方式,不仅有效压降了对集团客户 B 的贷款规模,防范了集中度风险,还为银行带来了相当可观的综合收益。从上述案例来看,6 亿元贷款获得的年收益率约为 8.95%,远高于仅仅提供一般贷款的收益。

思考与练习

1. 当前国际上商业银行的外汇买卖业务主要有哪些类型?

2. 商业银行国际贸易融资业务主要有哪些类型?

3. 福费廷业务的主要特点是什么? 如何操作?

4. 国际银团贷款的管理要素有哪些?

5. 国际银团贷款给各参与方会带来哪些好处?

6. 直接标价法与间接标价法有哪些差异? 所表达的经济含义有何不同?

7. 外汇可分为哪些种类?

8. 外汇市场的风险有哪些?

9. 国际结算中的三大票据和我国票据法中的三大票据有何异同点?

10. 简述商业银行外汇业务。

第8章 商业银行投资银行业务管理

本章提要

商业银行投资银行业务是商业银行中间业务的重要构成部分。本章在介绍商业银行投资银行业务基本理论及相关政策的基础上，结合现实案例，分析商业银行经营投行业务的种类、收费的影响因素，并对财务顾问业务、企业债务融资工具承销业务、企业并购业务、资产证券化业务进行系统介绍。通过本章的学习，学习者不仅对投行理论有所了解，而且对商业银行经营投行业务的业务范围及技术方法有一定的借鉴意义。

8.1 商业银行投行业务管理概述

8.1.1 商业银行投行业务的发展及概况

1.商业银行投行业务的起源与发展

投行又称投资银行，起源于18世纪欧洲，当时只是部分商业银行适应客户需求而发行债券或销售股票，并没有形成专门的投行业务体系。直到美国独立战争时期（1775—1783年），由财团、商人等自发组织形成私人银行，专门经销政府债券和贴现各类企业票据等业务，投行才得到了巨大发展。伴随着战后美国经济恢复以及其后一百多年内美国铁路、电力、水利等基础设施建设和经济的高速发展，投行业务也逐步得到完善。此时，投资银行主要经营证券承销、经纪等投行业务；而商业银行则在传统业务之余，积极地拓展新业务领域。

第一次世界大战后期，全球汽车工业、航空工业、电子工业和公用事业等开始蓬勃发展，股票、债券规模迅速膨胀，投行佣金收入大幅增加。在暴利的诱惑下，商业银行纷纷设立投行子公司或收购投行，利用自身资金实力，通过贷款和股权投资的方式大规模地竞争债券、股票的主承销商或参与证券投机，具体手段包括虚假销售（wash sales）、垄断（corners）、大进大出（churning）、联手操作（pools）等。此时，商业银行与投资银行业务边界已经消失，商业银行通过资金优势无可匹敌。在商业银行投行的带领下，包装后的债券发行量远大于市场需求，股市也虚假繁荣，从而引致了1929年的大萧条（1929—1933年）。当时社会公众和舆论普遍认为，由于大多数投行均属于商业银行，而混业经营会导致商业银行的传统业务（特别是短期负债）与投资银行长期资产业务（股票、长期限债券）的配置失衡，会刺激商业银行高风险的投资冲动，对存款人存在严重损害，因此商业银行与投资银行不适宜混业经营。自此，《格拉斯-斯蒂格尔法案》应时而生，明确禁止商业银行涉足高风险的投资银行业务，以免造成大量的不良资产,危害储户利益和整个银行体系的稳定。该法案标志着现代商业银行与现代投资银行的分离。

在商业银行与投资银行分业经营后,投资银行与商业银行严格分割,甚至许多既从事商业银行又从事投资银行业务的大型银行根据自身情况硬性选择保留一种业务而放弃另一种业务,比如花旗银行、美国银行选择放弃了投行业务,而高盛公司、美林证券放弃了商业银行业务,摩根银行分离为摩根士丹利投资银行和摩根大通商业银行。随着二战后世界经济复苏以及美国商业银行及投资银行的各类业务创新,双方业务实质上又逐步进行交叉,对于财务顾问、投资咨询、资产管理等没有明确界限的业务双方开始不同程度地竞争与合作。特别是金融竞争加剧,二者自身传统业务利润(存贷利差和证券交易佣金)的不断下降,导致融合二者后具备更高金融行业效率的跨国金融控股集团的兴起。尤其是 20 世纪 80 年代末,许多商业银行与中小型投资银行通过收购兼并归属于大型金融控股集团宣告着银行分业经营的名存实亡。20 世纪 90 年代,美国金融业收购与兼并热潮大幅度地推进了商业银行与投资银行的再次混业经营。1999 年 11 月,美国《金融服务现代化法案》(*Financial Services Modernization Act*)颁布,它摒弃了商业银行、投资银行、保险业之间的藩篱,并为金融行业中各种企业及其功能性监管提供了依据。至此,美国进入新一轮的混业经营时代。

2. 现代商业银行投行业务的概念

自 1999 年 11 月美国《金融服务现代化法案》颁布以来,美国商业银行摆脱了传统的零售业务的束缚,再次向证券、保险等业务渗透。由于商业银行有着资本市场中最为广阔的客户群体,因此,商业银行投行业务应涵盖资本市场中的全部业务,是资本市场上的主要中介。它一般包括公司资金融通业务、并购重组业务、股票销售交易业务、资产管理业务、风险投资业务、资产抵押担保业务、其他金融中介业务。商业银行投行通过经营这些业务,获得手续费或获得买价和卖价差价收入。如美国花旗银行投行主要业务范围包括综合融资建议、公司资金筹集以及全世界范围的政府或机构融资等,其通过对企业进行收购、兼并、剥离、重组、上市、增发股份、发行债券或衍生品来为客户定制具体的融资方案和提供战略咨询服务。

一般而言,商业银行投资经营模式主要包括准全能银行式的直接综合经营和银行控股式的间接经营模式。德国商业银行为典型的综合经营银行模式,在这种模式下,商业银行通过内设部门直接开展非银行金融业务,将各种金融业务融合在一个组织实体内。商业银行在政策允许的范围内设置相关的职能部门,在中间业务的范畴内开展诸如财务顾问、委托理财、代理基金发售等投行业务。英国商业银行为银行母公司形式的代表,此模式下,商业银行和非银行子公司之间有严格的法律界限。证券业务、保险业务或其他非传统银行业务是由商业银行的子公司进行的。两种经营模式各有优劣。前者能够拥有较强的规模经济优势,可以集中商业银行的全部力量获得优势地位及较高收益;后者有利于风险分散化,能够规避政策以及业务交叉所带来的业务风险,提升商业银行整体品牌价值。

我国证券公司的概念早于投资银行的雏形而生,诞生初期的证券公司仅是在计划经济体制下从事着少量的国家计划内的国债交易。自 20 世纪 80 年代末期至 20 世纪 90 年代初期上海证券交易所、深圳证券交易所以及一系列专业的证券公司成立,才形成了中国的投资银行业,但是初期的证券公司均不同程度地出现了内控混乱的风险和问题,还发生了"810 事件"和"327 国债事件"等。20 世纪 90 年代中后期虽然有《中华人民共和国商业银行法》《中华人民共和国保险法》《中华人民共和国证券法》《中华人民共和国信托法》的颁布和实施,确立了分业经营、分业监管的格局,但仍有证券公司挪用客户资金、违规委托理财等问题发生。直到 2004—2007 年对于证券行业综合治理后,超过 20％的证券公司被依法清算和关闭,中国的证券业才摆脱了混沌、不规范的发展期。

虽然有着分业经营、分业监管的格局,但是随着投行业务收益的增加,以及银行、证券、保险等行业监管范围的明晰,国内许多金融控股集团也开始着进行投资银行业务的尝试。中信集团、光大集团、招商集团、中央汇金公司分别设立了如中信证券、光大证券、招商证券、中金公司等金融控股集团下属证券公司。与此同时,国内各大商业银行也逐步开始进入非牌照投行业务,如:中国工商银行于 2002 年 5 月设立投资银行部,下设重组并购处、股本融资处、债务融资处、资产管理处、投资管理处等业务部门,并且 2005 年设立了第一家由我国国有商业银行直接发起设立并控股的基金管理公司——工银瑞信基金管理有限公司,从事着特定的资产管理业务;浦东发展银行于 2006 年设立投资银行部,主要职责包括银团与结构性融资(包括短期融资券、中期票据承销)、项目融资(房地产融资)、资产管理、财务顾问和信贷资产证券化等业务;中国银行在境外设立的中银国际于 2002 年在国内设立了中银国际证券有限公司,该举措成为通过设立子公司全面开展投资银行业务的国有商业银行的第一次尝试。

【案例 8 - 1】　　　　　　　"810 事件"与"327 国债事件"

1992 年 8 月 9 日、8 月 10 日,深圳有关部门发行 5 亿股公众股,发售 500 万张认股抽签表,中签率 10％,每张抽签表可认购 1000 股新股。由于证券市场发展初期,市场普遍认为新股中签即可获取暴利,因此上百万外地人进入深圳,同时各地大量身份证寄入深圳,超过百万人于股票抽签表发售处排队。但是仅不到半天时间,原定发售两天的抽签表便已售罄,现场排队人员质疑深圳有关部门于发售中存在不公正及腐败现象,愤而向市政府示威,并与政府发生冲突,造成深圳多处地方打砸抢。经调查,至少 10 万张以上抽签表被内部截留私卖,涉及金融、公安、工商、监察等各部门干部、职工超过 4180 人。

"327"是 1992 年财政部发行的 3 年期国债代号,由于 20 世纪 90 年代通货膨胀率较高,国债利息率与存款利率相比较低,因此财政部决定在国债到期(1995 年)前予以贴息。而以万国证券为首的空方于 1992 年以较低价格大量建仓看空债券,但是到 1995 年却因财政部的突然贴息,所以市场上债券强势看涨与万国证券等空方利益相悖。1995 年 2 月 23 日以万国证券为首的空方联手以较低的价格恶意抛售空单,导致当日收盘时价格大跌。后经调查,万国证券等空方存在联手操作、超限额持仓等严重违规问题。

【案例分析】

上述事件反映了我国证券市场发展初期主管机关对于市场风险认识和估计不足,交易规定缺失,风险控制滞后,监督管理不严,属于政府失调的状态。虽然上述事件促使了国务院设立证券决策和监督机构——国务院证券委员会及中国证券监督管理委员会,并颁布实施《中华人民共和国商业银行法》《中华人民共和国证券法》等一系列法律规定,但其更体现了我国与西方发达国家商业银行投资银行业务的截然不同。其启示如下:

(1)我国投行业务发展时间较短,市场环境的推动力和约束力来自政府而非市场。因此金融体系的设计、规划、创新、扩张、管理、变革等均表现出非市场化而有着政府强制性的色彩。

(2)在政府为主导的市场之中,必然存在某种低效的状态,但同时也具有较快调整以及迅速适应的优势,往往在出现问题后可以迅速优化进入良性演进过程。

(3)我国投资银行业务的发展必然要服从于我国金融体制的发展进程,从目前体制演变的节奏而言,在我国银行、证券体系经营模式发生质变之前,商业银行与投资银行分业经营模式不会发生根本性的变革。

3. 现代商业银行投行业务的优势

在投资银行的历史发展中,商业银行的发展不断穿插着传统投行业务的身影,并在分业经营的情况下与投资银行有着各方面的紧密联系。这并非是偶然现象。主要是因为与其他金融机构相比,商业银行在从事投行业务方面占据了先天优势。

(1)信誉优势。商业银行从诞生至今已超过四百年,无论何时何地,商业银行的经营都在围绕着风险管理展开。不论国内外,商业银行长期积累的信誉优势均使其在资本市场中独占鳌头,不可替代。因此商业银行已有的信誉优势有助于顺利介入新业务和新市场。

(2)资本优势。资本集约化是商业银行最根本的营运优势,商业银行可以充分利用股票、次级债、票据等各种途径筹措资本,通过存贷款、同业拆借、金融债券等方式筹集资金,并通过杠杆运作迅速扩大各投行业务的发展,通过多元化的业务范围形成了协同效应及范围经济。

(3)规模优势。商业银行的规模与资金实力远远超过其他金融机构,对于投行业务的探索与风险控制都具有较强的实力。作为资本中介发展投资银行业务需要有强大的资金来源作为保障,而商业银行恰恰在这方面具备了充分实力。

(4)市场优势。投行业务服务对象以机构或政府客户为主,因此,一般需要主动寻求目标客户群体,而商业银行拥有遍布城乡的机构网络以及庞大的客户群体,可以获得大量第一手资料,帮助寻找客户,定位目标市场。

(5)专业优势。投行业务提供的是全方位的金融服务,必须敏锐地察觉经济金融环境和政策动向并能良好地服务于客户,而大型商业银行在这方面也拥有大量高素质研究人员和业务人员,具有较强的政策市场把握能力。

(6)风险防范优势。商业银行各金融业务并非完全相关,商业银行可以通过统筹各业务之间的交叉和互补进行风险对冲,有效分散经营风险。

8.1.2　我国商业银行投行业务的类别与存在的问题

1. 我国商业银行投行业务的主要类别

虽然欧美商业银行投行业务涵盖资本市场中的全部业务,甚至如债券发行与承销等资本中介业务已走在了专业投资银行前面,但是我国商业银行开展投资银行业务受到严格的限制。《中华人民共和国商业银行法》第四十三条有着明确规定,商业银行在中华人民共和国境内不得从事信托投资和证券经营业务,不得向非自用不动产投资或者向非银行金融机构和企业投资。除此之外,我国商业银行主管机构也对其他投行业务有着严格的监管。2001年7月,中国人民银行颁布《商业银行中间业务暂行规定》,对于商业银行投行业务有着严格的监管措施,要求商业银行开展投行业务必须到中国人民银行审批备案,虽然该规定已于2008年废止,但是该规定对于商业银行的影响力贯穿始终。2012年2月,银监会发布《关于整治银行业金融机构不规范经营的通知》(即"七不准"),其中"不得以贷收费"和"不得借贷搭售"直接指向商业银行投行业务中的融资业务。2012年4月,国家发改委、银监会等多部门联手在全国范围内开展了乱收费大检查。2012年5月28日,国家发改委价格监督检查与反垄断局在《中国纪检监察报》上刊登《商业银行乱收费问题探析》一文,明确列举了商业银行的各种乱收费现象,部分投行业务也列在其中。所以,目前国内商业银行能经办的投资银行业务主要有以下种类:

（1）作为企业直接融资业务的发行承销商，如短期融资券、中期票据、定向融资工具发行等。业务侧重于发行方案的设计、顾问咨询、撰写报告、报送审批、簿记、发行、承销等。

（2）企业的融资咨询财务顾问业务。业务侧重于尽职调查，为企业提供资金融通方案的建议、咨询以及可行性方案等。

（3）银信合作、银证合作、银基合作模式下为企业提供融资业务。业务侧重于通过信托、证券或基金管理公司通道为企业融通资金。

（4）企业的资金管理业务。业务侧重于对大型企业集团的资金管理和对其资金通过理财的有效增值，而收取手续费和管理费，具体包括资产证券化（ABS）等。

（5）并购、重组的财务顾问业务及并购贷款业务。业务侧重于提供企业并购、重组和产业结构调整下的投资顾问方案，对产业链整合出具整合方案，理顺产权关系，进而按并购贷款的规则给予一定的并购贷款资金支持。

（6）托管类业务、风险管理业务、为企业投资提供信息和方案。业务侧重于通过资金类托管和对风险的专业化管理收取托管费和管理费、手续费，通过银行掌握的资讯公众平台为企业提供资信、项目等信息。

（7）银团贷款融资牵头组团、离岸融资业务咨询。业务侧重于通过银团贷款的牵头组团收取一定的牵头管理费和承诺费，对企业有离岸业务需求的代为联系离岸金融机构并定制融资方案。

2. 我国商业银行经营投行业务存在的主要问题与发展方向

由于我国商业银行投资银行业务起步较晚，限制较多。因此，早期我国商业银行投资银行的主要收入来源为银信合作下的企业融资业务，主要做法是商业银行为了规避监管当局监管下的贷款额度及各类风控指标，通过购买信托理财的方式为企业融资，收取利息。此方式虽然通过组合产品的方式，规避了监管当局的监管手段，但是银信合作却存在很大的风险隐患，其主要风险为：

（1）产品结构单一，信托理财为求高额回报，逐渐发展为投机型理财产品。如：2007年，以"打新股"为主的银信合作理财产品在全部信托理财产品中占比高达71%；2009年之后，银信合作产品又全部转向投资于高风险的房地产业。

（2）信托的弱势地位。由于银行具有资金渠道和客户渠道，往往信托公司在理财产品的设计中仅处于"通道地位"，风控措施形同虚设。

（3）银信合作的系统风险。监管当局对于银行贷款和信托理财有着不同的监管指标，当银信合作后，银行购买银信合作后的理财产品相当于将实际资产转移到银行资产负债表外，但是规避的监管风险并不能降低实际贷款风险，反而组合后将贷款风险隐藏在信托产品之中，一旦爆发风险将由银行全额承担。

2009年12月，银监会发布《关于进一步规范银信合作有关事项的通知》，引导银信合作向正向进行；2010年7月，银监会口头叫停银信合作。虽然，银信合作后期逐渐以其他方式再度展开，但自此之后，通过银信合作为企业融资业务不再成为商业银行投行业务中最主要的方式，而是由商业银行单独成立资产管理部门或是财富管理部门运营。当前，随着银信合作以其他方式的开展，以及证监会2012年颁布的《证券公司客户资产管理业务管理办法》与《基金管理公司特定客户资产管理业务试点办法》的实施，商业银行投资银行业务中的企业融资业务已从单一的银信合作方式开始转变为银信合作、银证合作、银基合作等方式，企业融资业务再次成为商业银行投行业务主要的收入来源。

当前,债务融资工具承销也是我国商业银行投行业务收入的主要来源之一。特别是2008年金融危机后,银行债务融资工具承销规模仍维持较快增长。究其原因,一是在银行信贷长期紧张和贷款基准利率高于发债成本的情况下,一些大企业纷纷"弃贷选债",导致"债热贷冷"现象出现;二是近年来债券审批逐步放宽,债券品种不断增加,激发了企业发债的热情;三是新推出的非公开定向债务融资工具(private placement note,PPN)由于不受"发债规模不得超过净资产40%"的限制而广受企业追捧。

8.1.3 商业银行投行业务的流程

商业银行投行业务基本操作流程共分为以下三个阶段。

1. 项目受理阶段

项目受理阶段是指接触客户、承揽项目、初步尽职调查以及项目立项的过程。接触客户是指投行业务人员拜访客户并初步了解客户的业务需求。投行业务人员可能会多次拜访客户或通过电话、电子邮件等方式长期联系客户,也可能会通过银行营业网点的客户经理长期跟踪客户,并与客户进行经常性的沟通交流。承揽项目是在获得客户的一定信任后,与客户确认一定的长期合作关系。承揽项目是投行最重要的业务之一,往往也是投行实力的综合体现(包括股东背景、投行排名、项目经验、专业能力等)。现实中承揽项目需要投行业务人员具有一定的人脉、沟通及专业能力。

初步尽职调查是投行对企业的基本情况的摸底,一般通过现场走访等方式进行。投行只有在初步尽职调查后,才可以确认项目是否有希望完成、是否可以继续推进或是否可以立项。在项目立项阶段里,业务执行人员会根据专业经验对项目做出判断,预估项目的时间表、费用预算、项目收益、项目风险点等。只有在投行风险控制部门以及主管领导均认为项目的继续跟进和投入并不会对投行带来较大的风险时,项目才会得到立项批准。

当项目立项后,与客户签订协议,约定项目内容、双方所承担的责任与义务以及违约的赔偿处置方式。

2. 项目执行阶段

当项目进入执行阶段时,不同业务种类项目执行均不相同,比如证券发行的项目执行主要包括协调沟通、尽职调查、申报材料制作、内核、报主管机构审批(备案、注册等)、发行、承销等;而咨询类项目执行主要包括尽职调查、完成各类分析报告、项目建议书、策划方案等;并购类项目执行更加复杂,从交易对手的寻找、交易估值、制订并购方案、交易合同拟订、完成并购流程到资产交割、人员处理等均需要跟踪和协调。项目执行阶段是投行业务的核心阶段,体现投行业务执行的专业能力。

3. 后续管理阶段

后续管理主要是投行业务的后续反馈、沟通、督导、管理等,是投行业务客户服务专业化及细节化的表现之一。无论证券发行、企业重组并购、项目决策、投融资建议等,在投行业务完成之后,具体实施过程仍需要很久。而实施过程出现的意外问题和实施后出现的后续事项仍需要投行跟踪管理。比如证券发行后,发行人是否会挪用募集资金的使用,侵害投资者的权益;重组并购后,企业是否能够正常经营,事前承诺是否能够得到按期执行;咨询业务中,企业或项目后续发展是否与投行提供的分析建议类似等。

8.1.4　商业银行投行业务的定价

1. 商业银行投资银行业务定价的原则

由于商业银行经营投资银行业务主要是通过向客户提供劳务赚得手续费及佣金收入,所以,其定价原则与前述中间业务定价原则相同,主要包括:①遵循合理、公开、诚信和质价相符的原则;②利润最大化原则;③扩大市场份额原则;④保证银行安全原则;⑤维护银行形象原则。

2. 商业银行投资银行业务定价的方法

目前商业银行投资银行采用的定价方法主要有以下几种。

1)成本导向定价法

成本导向定价法是以成本为基础,在成本之上考虑一定的目标利润,从而确定价格的方法。采用这种方法可以保证投行指定的价格能够弥补成本,并获得投行的目标利润率。此方法的主要优点如下:

(1)计算方便。由于成本的不确定性一般较小,且不需考虑市场需求情况,故降低了定价工作的难度。

(2)它适用于卖方市场,采用这一定价方法时价格会趋于相似,相互之间的价格竞争会因此而降低到较低程度,可缓和市场竞争。

(3)在市场环境基本稳定的情况下,固定的加成可以使投行获得稳定、正常或较高的投资利润,避免了短时期的供求变化对价格的影响,有利于明确界定和完成投行的各项利润和效益指标,保证经营活动的顺利进行。

但由于没有考虑市场需求方的利益要求,仅是从市场供应方的利益出发,加上商业银行作为供应商所提供的中间业务主要以服务为主,成本结构较为复杂,因此,很难判断按这种方法确定的产品价格能否被市场接受。所以,应及时根据市场状况和需求方的要求进行适当调整。另外,成本加成法过于强调标准化的市场平均利润率,不能充分利用金融机构的比较优势,灵活性较差,特别在竞争激烈、变化迅速的金融市场上,该方法制订的价格适用于标准化较强且竞争性较弱的产品。如短期融资券或中期票据发行与承销,需要在中国银行间市场交易商协会备案,具有标准化的操作流程,市场间仅有较大的商业银行与部分较大的证券公司可以发行承销,因此,此类业务一般采用成本导向定价法。

2)需求导向定价法

根据价格歧视理论,差异化价格可以获得较高的利润。因此,需求导向定价法是根据顾客,即企业所愿意支付的成本来定价的方法。它以客户对投行产品的理解与认识程度、消费者的需求作为定价基础。产品价格与客户心理、意识、承受能力等相符合时,才能促进产品的销售,实现投行的销售目标。其优点如下:①产品价格能反映市场需求的变化情况,优化生产资源,有利于产品销售和扩大银行的市场占有率;②这种方法所制订的价格的竞争适应性较强,有利于扩大投行的总收入,增加利润总量。

但是,考虑到需求差异因素的多样化和进行市场细分必须满足的种种使用条件,采用需求导向定价法具有一定的定价难度,在短时间内很难正确估算和准确把握,容易产生误差。而且采用差异化定价方法确定的价格难以透明,也不具有借鉴性,并不利于投行业务的传递和推广。因此,需求导向定价法一般多用于弹性较高的中介服务,以获得较高收益为目的。如并购重组的财务顾问业务,需要协调较多的交易方以及主管机关,各方对于谈判或交易的底牌与承受价格均不相同,作为整个交易的主要中介,投行可以根据客户的心理价位来确定中介服务佣金,因此,此类业务一般采用需求导向定价法。

3)竞争导向定价法

在资本市场中,买方(客户方、资金方)占主要地位。竞争导向定价法运用了随行就市的策略思想,是指投行以适应竞争者的价格作为定价依据,而不以投行服务成本或需求为转移。它根据银行的定价目标,按照金融市场上的平均价格或主要竞争对手的价格来制定自己产品的价格,有利于投行之间的协调处理,避免恶性竞争。其特点是价格不与成本或需求发生直接联系,而只与某种业务产品价格产生联系。若市场中竞争对手价格发生变化,尽管市场整体情况未变,也会相应调整价格,以防失去市场。投行中大多数业务均采用竞争导向定价法,比如商业银行通过信托、资产管理通道为企业提供融资业务。

4)定价方法的相互关系

成本导向定价法在定价中主要考虑自身的成本、费用和承担的风险,又称为内向型定价模式;需求和竞争导向定价法在定价中考虑的是市场需求弹性和一般价格水平,又称为外向型定价模式。

投行业务在市场中创造价值的同时,也需要通过定价从创造的价值中获取收益。在新金融时代,投行之间产生收益差距的重要因素之一是定价能力的大小。因此,在实务操作中,三种定价方法均会使用,并不限于某种业务一定要使用哪类定价方法。比如债务融资工具业务从性质上讲是典型的买方市场(即客户市场),又比如超短期融资券只能由大型国企发行,因此往往商业银行会组成承销团进行销售,此时各承销银行会采用竞争导向定价法以求通过债券承销维护客户关系,而非更注重短期收益;但是对于短期融资券或中期票据,往往发行主体实力不强,而投行实力较强,那么由投行自身主导的成本导向法定价会更适用。

虽然金融市场投行众多,但是在细分业务时,往往投行会形成寡头垄断的局面。因此为保证众投行的利益,市场间竞争导向法的定价一般会趋近于成本导向法。从理论上看,成本是金融产品或服务的价值基础,它决定着价格的最低界限;市场需求影响顾客对产品价值的认识,进而决定着产品价格的上限;而市场竞争状况则调节着价格在上限和下限之间不断波动并最终确定产品或服务的市场价格。但如果短期需求导向定价与竞争导向定价低于成本导向定价时,投行需要针对该现状调整业务规模或者经营策略,当长期出现此类情况时,投行必须坚持的原则是放弃或淘汰该产品,以适应市场中激烈的竞争。

3. 影响商业银行投资银行业务收费的因素

影响我国商业银行投资银行业务收费的因素如图8-1所示。

1)成本

商业银行经营投资银行业务,从发现到完成一个项目要花费大量的人力和物力。从单个项目的角度来看,成本可以分为直接成本和间接成本。

(1)直接成本。直接成本是指在一笔业务中直接发生的成本与费用,它包括为完成该项目支出的人力成本、差旅费用、通信费用、材料制作费用等。

人力成本是最主要的成本。投资银行业务是一种智力高度密集的业务,是一个集中了人才优势、信息优势和融资技术优势的产业。投资银行的智力密集,表现在它拥有的主要资产是人的智力,所出售的商品大多是人的智力。所以人力成本构成了投资银行业务成本的大部分。

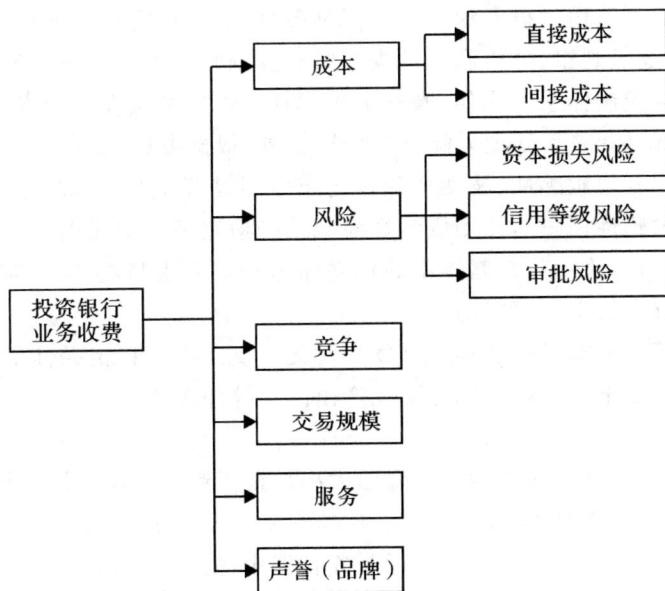

图 8-1　影响我国商业银行投资银行业务收费的因素

此外,投资银行专业人员在每笔业务中投入的智力难以量化,它同时又受投资银行本身的声誉影响,这也是投资银行业务收费差别较大的一个原因。

差旅费用是居于第二位的成本。投资银行业务涉及客户、投资银行、政府监管部门之间的多次交换意见与磋商,客户、投资银行和政府监管部门可能身处三地,这种异地协调需要花费比一般行业更高的差旅费用。

通信费用也是主要成本之一。投资银行业务提供的是一种服务,需要投资银行、客户、政府部门、投资者等各方当事人之间的经常沟通与协调,据此发生的大量通信费用是投资银行业务直接成本的一个重要构成部分。

材料制作费用、按监管部门的要求需要在报纸及互联网等媒体上发布公告的费用等构成投资银行业务直接成本的第四个方面。

(2)间接成本。间接成本是指为维持日常运转发生的费用按成本匹配的会计处理原则,应该部分分配到某笔业务上而产生的成本。这些费用包括:

①固定资产及 IT 投入。一方面,固定资产(如办公大楼、办公用品等)在一定程度上象征了投资银行的实力和地位;另一方面,投资银行作为一种智力型金融服务企业,需要一些高端的 IT 设备和硬件(通信设备与网络设备、计算机等)来支持他们的日常工作,这些固定资产尤其是 IT 的初期投入与维护、更新费用构成投资银行业务间接成本的重要部分。

②内部部门协助费用。投资银行作为一个整体,其信息有些部分可以实现内部共享;有时一项业务的完成需要投资银行内部各个部门的协调与支持,例如,研究部的相关研究报告毫无疑问会对一笔兼并与收购业务的成功完成有很大帮助。因此而发生的费用也应构成投资银行业务间接成本的一部分。

③承销团协调费用。在采用承销团承销方式时,主承销会进行大量的协调、联系、分配工作,因此而发生费用是外部协调发生间接成本的主要部分。

④风险管理与控制费用。投资银行业务面临各种风险,风险是客观存在的,不以人的意志为转移,但人们可以通过观察、分析和总结去了解和控制它。国外成熟大型投资银行一般都建立了严密的内部风险控制体系。例如,摩根士丹利有三种控制风险的策略:其一,使用 VaR 风险估价模型(Value at Risk)和其他风险测量分析工具,根据市场风险规律,独立地检查公司的交易组合;其二,使用利率敏感性、波动率和时间滞后测量等工具,来估测市场风险,评估头寸对市场形势变化的敏感性;其三,使用敏感性模拟系统检测某一市场因素变化对现存的产品组合值的影响。风险测量、监督和控制体系的建立和运行需要大量的人力、物力和财力,这也是投资银行业务间接成本的重要组成部分。

⑤其他成本。其他成本包括证券正常发行时无须支出而在特定条件下不得不发生的费用支出,这些费用,往往由于市场竞争成为毫无产出的纯粹净投入。

2)风险

投资银行业是一个高风险的行业,风险的大小是投资银行决定收取费用多少的重要因素。在我国,投资银行业务面临的风险越来越大,比如在配股业务中,由于受二级市场影响较大,面临的风险表现得较为充分。因此,投资银行业务收费中考虑风险因素的比重也上升了。投资银行业务风险主要体现在三个方面。

(1)资本损失风险。这一类风险在商业银行担任客户债券发行承销商时特别容易出现。商业银行为客户承销债券发行时,一般都会承诺包销一定数量的债券,这是成为承销商特别是主承销商的重要条件。如果债券信用等级较低,或发行利率较低,导致在发行期认购量偏小,无法将债券全部销售出去,则商业银行可能会自营大量债券,造成资本损失风险。

(2)信用等级风险。商业银行开展的投行业务中,有些业务虽然自身不存在信用风险、市场风险和操作风险,但如果未能为客户带来预期收益,甚至给客户带来损失,一定会对银行的声誉造成负面影响。另外,若银行作为企业的债券承销商,未能成功发行,或推迟了发行时间,或发行成本超出企业预期,也会引致声誉风险。

(3)审批风险。商业银行投资银行业务中较多业务需要主管机关审核与批准。往往在前期商业银行已做了大量工作,但上报后此类业务会发生被主管机关否决的情况。该情况会直接或虽然未必会对商业银行直接带来经济损失,但是时间、人力,甚至业务前期的费用都会成为商业银行的潜在损失。

3)竞争

发达国家的投资银行业基本上呈一个金字塔结构,各层次的投资银行不仅在各层次内部,而且在各层次之间均展开激烈的竞争。同时,由于投资银行业经常处于改组、整合、兼并的动态过程,各个层次名单也不断变化。另外,由于经济全球化的作用,投资银行亦在国际市场上开展业务合作与竞争,欧美的大型投资银行互相展开股权收购。可见,投资银行业是一个充满竞争的行业。

但是,竞争越激烈,投资银行业务收费决定的市场化程度越高,业务费用并不一定就越低。竞争与投资银行业务费用之间的关系是复杂的。通过对美国 IPO 市场的收费情况进行分析得出,在一个相对成熟的市场上,竞争对著名投资银行和普通投资银行收取的业务费用的影响截然不同。竞争越激烈,著名投资银行收取的费用可能越高,普通投资银行收取的费用可能越低。这说明,竞争压力对投资银行业务费用的作用在很大程度上受投资银行声誉和服务质量的影响。

4）交易规模

众多股本发行和债券承销的案例表明,就绝对金额而言,随着发行规模的增大,承销费以递减的速度增长。换言之,承销费的增长速度小于发行规模的增长速度。因此,在相对费率上,往往表现为发行规模越大,承销费率越低。从 1983 年 3 月至 2003 年 3 月全球 2763 家企业 IPO 资料可知,发行规模与承销费之间在绝对金额和相对费率上有着不同的对应关系,具体情况如表 8-1 所示。

表 8-1　按规模统计的 IPO 平均承销费率与承销费金额

发行规模/美元	样本企业数[*]	平均承销费率	平均承销费金额/百万美元
$X<$ 1 亿	1376	5.40%	2.70
1 亿 $\leqslant X<$ 10 亿	1237	5.02%	12.93
10 亿 $\leqslant X \leqslant$ 100 亿	145	3.35%	76.02
$X>$ 100 亿	5	2.22%	312.11
总计	2763	5.11%	11.69

[*] 样本企业不包括美国企业在内,但包括中国海外上市企业。
资料来源:Equity Ware 数据库,1983 年 3 月至 2003 年 3 月。

由表 8-1 可知,一方面,发行规模与承销费绝对金额上有着正向的对应关系。发行规模越大,意味着投资银行在这笔业务中的工作量也越大,投入的人力、物力和财力也相应越多,因此,就绝对金额而言,承销费是随着发行规模的增大而增加的。

另一方面,发行规模与承销费率却是负相关关系。究其原因在于,承销费的增长速度要小于发行规模的增长速度。投资银行在一笔股本发行或债券承销业务中所耗费成本并不是随着发行规模的增长而同比例增长。在一个发行项目的总成本中,有相当多的支出是与发行规模无关的。例如:不论某笔发行业务的规模多大,投资银行、客户、政府部门、投资者等各方当事人之间的沟通与协调都不可避免,因而都会产生差旅费和通信费;间接成本中的内部部门协助费用、承销团中主承销协调费用、投资银行风险管理与控制发生的费用等,亦与发行规模的相关性甚小。正是由于存在这些较为固定的成本,所以承销费并不随着发行规模的增长而同比例增长,前者增长幅度要小于后者。这样,在相对费率(费用占发行额的比例)上就表现为,发行规模越大,承销费率越小。

5）服务

投资银行的服务水平与服务质量对投资银行业务收费的影响,表现在所提供的服务的类型、服务质量、服务中的技术含量和创新因素、专业人员构成和素质,以及与政府监管部门的沟通能力等各个方面。

一般而言,投资银行对海外发行和上市项目所收取的费用远远高于国内项目,对私募发行收取的费用较公开发行高,包销的承销费高于代销。这些都反映了投资银行所提供服务的类型会对其收费产生一定影响。

服务的质量、技术含量和投资银行的创新能力更是直接影响着收费水平。在股票发行项目中,资本结构设计、发行定价、发行方式与推销方式的选择、推介力度和认购倍数等方面都能体现出投资银行的服务质量、技术含量和创新能力。而这些将直接影响整个发行项目的成功与否,决定发行公司能否实现其上市初衷及资本运作的意图。因此,高质量、高技术含量的服务总是要求更高的费用。

6)声誉(品牌)

作为企业重要的一项无形资产,品牌在一定程度上直接影响着企业总价值和其生产的商品或劳务的价值,对于投资银行这种金融服务行业更是如此。因为,投资银行的声誉(品牌)是建立在投资银行提供服务的质量与水平的基础上的,高声誉的投资银行完成业务更专业化,能为客户带来更多的附加价值,帮助客户更好地实现既定目标,索取更高的费用也是合理的。名牌高价的道理是投资银行注重品牌建设的根本原因。

8.2 财务顾问业务管理

8.2.1 财务顾问业务概述

1. 财务顾问业务的范围及分类

1)财务顾问业务的范围

财务顾问业务是指商业银行投行根据客户需要,站在客户的角度为客户的投融资、资本运作、资产及债务重组、财务管理、发展战略等活动提供的咨询、分析、方案设计等服务。其所提供的大的顾问项目有投资顾问、融资顾问、资本运作顾问、资产管理与债务管理顾问、企业诊断与发展战略顾问、企业常年财务顾问、政府财务顾问等。

2)财务顾问业务的分类

财务顾问业务是客户多元化需求的产物,其服务对象与业务范围涉及各个领域,是投行最传统的业务种类,也是一切投行业务的基石。总体而言,财务顾问业务根据客户对象可分为两大类。

(1)资金筹集财务顾问业务。客户对象包括国内外工商企业和各级政府部门。对工商企业而言,主要是为其提供并购重组顾问、风险管理顾问、项目融资顾问等;对政府来说,则主要涉及实施产业政策和区域经济政策,制订经济发展战略,就区域经济和行业经济的整合提出决策方案,委托银行进行公共工程的可行性分析、筹资安排和资金运用,进行国有资产的估价、出售和资产转换等。

(2)投资财务顾问业务。客户对象包括中小投资者或机构投资者,主要内容是为投资者进行宏观经济分析、行业分析、公司分析和市场分析,为其提供投资项目策划和投资方案等。

2. 财务顾问业务的具体产品

1)证券发行、交易财务顾问

证券发行、交易财务顾问是指投行帮助公司发行新证券、回购已发行的证券或通过发行新证券用以交换已发行证券的行为。其目的是通过一、二级市场的直接融资、间接融资、回购等方式以减轻企业不必要的财务支出,优化财务杠杆、改善财务结构,为企业后续发展创造条件。

2)企业并购财务顾问

企业并购财务顾问是投行财务顾问业务的重要内容,主要职能体现在撮合并购交易的完成。对于买方财务顾问而言,应以最优方式、尽量低的价格、最少条件收购最合适的标的资产,实现企业的最优发展;对于卖方财务顾问而言,应以尽可能高的价格出售给合适买主,并在具有敌意的并购交易中,帮助企业以尽可能低的代价实现反收购的成功。

3)企业发展战略和风险管理财务顾问

投行为企业经营管理决策等提供各种服务、咨询和建议等,具体职能包括:①分析和研究宏观经济环境和行业经济,帮助企业制订长期发展战略和具体实现的方式;②分析企业的财务情况,分析企业经营状况和风险因素,提供企业改善经营或财务的建议。

4)企业合资财务顾问

投行在企业合资中充当代理人和财务顾问的角色。作为财务顾问,主要职能在于:①进行市场调查,寻找合适的合伙人;②仔细评估合资项目的可行性,编制项目建议书和可行性研究报告;③提供商誉资料,包括客户资信情况、技术资料、市场信息和法律资料等;④作为财务顾问参与谈判及商议合作的条款和条件,全程跟踪合资经营协议、合同、章程的签订;⑤与政府沟通,促成政府批准或给予合资企业的税务、补贴等优惠政策。

5)政府财务顾问

投行充当地方经济发展的"经济顾问",主要职能包括:①招商引资,为政府大型项目寻找资金和投资方;②行业资产的整合和重组,投行可以协助地方政府实施区域内的产业重组,包括上市公司的并购重组、引进合格的境外投资者和国内投资者等;③区域经济发展的战略规划,投行可以分析研究区域内国有经济产业布局的优化方案、产业结构调整和产业整合计划,协助地方政府制定区域内发展的宏观经济政策和经济发展策略。

6)投资咨询服务

投行可以帮助客户分析财产状况,协助客户完成债券、基金、股票、信托等产品的投资。

7)其他财务顾问

其他财务顾问主要包括:①企业在重组中的咨询顾问,帮助企业进行财务分析,找出企业存在的危机和问题所在,分析根源和本质,并找出解决问题的切入点和具体方案;②国有企业改制的财务顾问,帮助国有企业分析改制后的经营前景,估算企业出售价格,制订引入私有投资者的发行策略等。

3. 财务顾问业务的重要性

由于财务顾问业务一般均伴随着其他业务而来,较难独立开展,多数投行仅将财务顾问业务作为附加服务和竞争手段,并未专门开展或专门针对财务顾问服务制订收费项目,财务顾问业务费用也均由客户与投行协定,收费也远远低于其他业务。但是,不容忽视的是,财务顾问业务除了能够帮助投行带来后续的并购、债券发行等业务,还能够帮助商业银行整体带来其他的后续关联业务,如存贷款业务、结算业务等,从而使商业银行获得巨大间接效益。

8.2.2　投行财务顾问业务运作模式及流程

1. 财务顾问业务运作模式

一般投行财务顾问业务主要有两种运作模式。

(1)"一揽子服务"模式。一般对于大型企业客户,投行会在商业银行其他部门的协助下采用"一揽子服务"的方式开展财务顾问业务。其业务重点在于启动后续的"一揽子服务"项目,具体内容包括:投行跟踪企业的各项业务需求,研究部门提供行业资料和研究报告,财务与风控部门帮助企业完善财务监控系统和内部控制制度。在商业银行营业部、网点的配合下保持与企业的积极沟通,从而进行各项服务。

（2）"渐进式服务"模式。对于中小型企业客户，投行会采用"渐进式服务"的方式，具体内容包括：投行与企业形成长期合作关系，在牢固与客户关系的同时，通过投行为企业制订的专项服务将客户逐步捆绑，稳步开拓其他业务。

2.财务顾问业务的主要流程

由于财务顾问业务可涉及投行几乎所有的业务品种，因此，不同类型的财务顾问业务运作流程均有一定差异。但是无论帮助客户投资或融资均需要对客户有着深刻的了解以及专业的判断，因此，财务顾问业务必不可少的工作是尽职调查。

尽职调查（due diligence）是投行在企业的配合下，对企业的历史财务信息、历史沿革、股东及董事、监事、高级管理人员的背景、业务发展、行业情况等做出全面深入的调查，并对企业存在的问题及风险点做出判断。针对不同业务，可以聘请不同的中介机构参与尽职调查工作，主要中介机构包括评级机构、会计师事务所、律师事务所等。其一般程序包括：

1）确定业务类型

制订尽职调查的初步方案。因投行业务种类不同，尽职调查的侧重点也不同。因此，在尽职调查前，投行尽职调查的执行者需要根据自身的业务经验确定尽职调查的初步方案，针对不同类型、不同行业的客户制订相应的方案。

比如：债券类项目尽职调查更侧重于对客户长短期偿债能力的分析、客户可能面临的偿债风险的分析；股权类项目则更侧重于调查客户历史沿革是否清晰合规，客户股权架构是否真实准确，分析客户是否存在瑕疵；并购类项目更侧重于公司未来的发展方向和交易完成后客户是否能够获得更佳的发展前景等。

2）根据尽职调查方案确定尽职调查清单

当项目启动后，投行将根据尽职调查方案确定尽职调查清单。尽职调查清单各式各样，但主要内容包括以下几个部分：①公司历史沿革情况，包括公司的全套工商资料（包括章程、执照、股权变更情况等），公司子公司全部资料，公司实际控制人及控股股东的全部资料等；②公司财务情况，包括公司近三年及最近一期的审计报告、纳税情况、发债或融资情况等；③公司的人事资料，包括董事、监事、高管和重要股东身份证复印件、简历、职务、任期，公司人员结构等；④公司业务情况，包括公司各种业务分类，主营业务情况，毛利率分析，客户、供应商分析，公司资质等；⑤公司行业情况，包括公司所处行业的发展潜力、行业政策、地位、竞争优劣势、未来发展方向等；⑥公司内控情况，包括公司制度、公司架构、公司规划等；⑦其他资料，包括公司近三年无违法证明、无信贷违约证明等。

比如：能源、矿业类客户的尽职调查，对于企业资质以及能源、矿产等资源的情况需要深入研究；农业类客户的尽职调查，对于企业资信、上下游客户的情况需要深入研究；IT类客户的尽职调查，对于企业产品用户数量、研发人员背景等情况需要深入研究。

3）现场尽职调查

现场尽职调查，是尽职调查的关键环节，必须落到实处。如有其他中介机构参与则在投行的协调下确定各中介机构的分工，并执行尽职调查。根据清单获得相应资料，并通过查阅资料、访谈、实地考察、信息分析等方式调查企业发展运营的实际情况。

4）出具尽职调查报告

根据客户提供的资料以及投行现场走访所了解的实际情况，撰写尽职调查报告。

在具体财务顾问业务中，尽职调查完成后投行应对企业实际情况进行分析和研究，在此基础上有针对性地提出该业务开展所存在的问题和改进方案,具体提出推进该业务及后续业务开展的思路。

8.3　债务融资工具承销业务管理

8.3.1　债务融资工具承销业务概述

1. 债务融资工具的概念及种类

1)债务融资工具的概念

债务融资工具全称为银行间债券市场非金融企业债务融资工具,它是指具有法人资格的非金融机构在银行间债券市场发行的,约定一定期限内还本付息的有价证券。商业银行依据《银行间债券市场非金融企业债务融资工具管理办法》和《银行间债券市场非金融企业债务融资工具发行注册规则》以及中国银行间市场交易商协会(National Association of Financial Market Institutional Investors,NAFMII,是由市场参与者自愿组成的,包括银行间债券市场、同业拆借市场、外汇市场、票据市场和黄金市场在内的银行间市场的自律组织,以下简称交易商协会)的相关自律规则和指引为客户服务,发行承销债务融资工具。其具有以下特点:

(1)债券融资工具的中介服务机构需要获得交易商协会等主管机关认可的资质。如主承销商、信用评级公司、审计机构(会计师事务所)等均需要位于业内前列,并且部分资质需要每期评审。

(2)债券融资工具采取市场化发行。主管机关按照工作指引给予其备案或注册发行,并不对发行时间点或发行利率进行严格限制。

(3)债券融资工具发行对象一般为银行、证券、保险、基金、资产管理公司等机构投资者。

2)债务融资工具的类型

应非金融企业即被服务方债务融资的需求,商业银行为其提供相应发行或承销债务融资工具的服务。一类是常规债务融资工具。它主要包括:

①中期票据(中票,medium-term notes,MTN)。中期票据是一种经主管机关注册批准后,注册期限内连续发行的公募形式的债务证券。《银行间债券市场非金融企业中期票据业务指引》为我国中期票据发行注册的自律规则。我国中期票据发行期限在 1 年以上,多为 3～5 年。

②短期融资券(短融,commercial paper,CP)。短期融资券是一种经主管机关审批后,企业在规定期间内可以在银行间债券市场(即由国内各家银行购买不向社会发行)多次发行和交易并约定在一年期限内还本付息的有价证券。《银行间债券市场非金融企业短期融资券业务指引》为我国短期融资券发行注册的自律规则。发行期限不超过 1 年,多为 3～12 个月。

另一类是创新债务融资工具。它主要包括:

①超短期融资券(超短融,super & short-term commercial paper,SCP)。超短期融资券也叫超级短期融资券,是一种短期回收流动性的工具。其适用于大型企业,发行期限为 7～270天,特点是债券发行规模不受公司法中债券发行规模不超过净资产规模 40% 的限制,但一般发行规模不超过公司净资产。目前超短融处于试点阶段,《银行间债券市场非金融企业超短期融资券业务规程(试行)》为我国超短融发行注册的自律规则,除此以外,全国银行间同业拆借中心是超短融的备案机构。超短融发行人多为大型央企或超大型国企。

②私募债。私募债也叫非公开定向债务融资工具(private placement note,PPN),是指在银行间债券市场向具有法人资格的非金融企业或向银行间市场特定机构投资人发行债务融资工具,并在特定机构投资人范围内流通转让的债务融资工具。《银行间债券市场非金融企业债务融资工具管理办法》及《银行间债券市场非金融企业债务融资工具非公开定向发行规则》为该债券发行注册的自律规则。由于该债券发行人规模同样不受净资产规模限制,投资人又为特定对象,发行条款设计灵活,隐含着"机构客户购买,风险自担"的条件。因此该债券私募发行价格明显高于公募发行。

③中小企业集合票据(SMECN)。它一般适用于中小企业,是指2个(含)以上、10个(含)以下具有法人资格的企业,在银行间债券市场以统一产品设计、统一券种冠名、统一信用增进、统一发行注册方式共同发行的,约定在一定期限还本付息的债务融资工具。其中任一企业集合票据待偿还余额不得超过该企业净资产的40%。任一企业集合票据募集资金额不超过2亿元人民币,单支集合票据注册金额不超过10亿元人民币。《银行间债券市场中小非金融企业集合票据业务指引》为该债务工具发行注册的自律规则,其中要求参与主体之间的法律关系清晰,各企业的偿付责任明确。

④资产支持票据(ABN)。它是指非金融企业在银行间债券市场发行的,由基础资产所产生的现金流作为还款支持的,约定在一定期限内还本付息的债务融资工具。资产支持票据通常由大型企业、金融机构或多个中小企业把自身拥有的、将来能够生成稳定现金流的资产出售给受托机构,由受托机构将这些资产作为支持基础发行商业票据,并向投资者出售以换取所需资金。《银行间债券市场非金融企业资产支持票据指引》为该债务工具的自律规则,一般该债务工具可以选择公募发行,也可选择私募发行。

2. 非金融企业应具备的要素

(1)审批机构:由中国人民银行授权交易商协会负责产品的注册。

(2)注册有效期:2年。

(3)发行方式:一次注册,分期发行。

(4)承销机构:具备主承销资格的商业银行、证券公司(AA级以上证券公司评价,并且获得交易商协会注册的债务工具发行承销资格)等。

(5)中介机构:评级公司、会计师事务所、律师事务所。若为中小企业集合票据,通常还需要引入担保机构。

(6)登记结算机构:中央国债登记结算公司或上海清算所。

(7)其他要素:发行对象为银行间市场的机构投资者,包括各类银行、信用社、基金公司、证券公司、保险公司等。发行人存续期间在三年以上。通常发行人债务融资工具发行后待偿还债券额度(该待偿还债券额度包括且不限于上述交易商协会注册的债务融资工具)不超过其净资产的40%。发行人及参与中介机构应是中国人民银行、交易商协会会员。发行利率按市场化的原则确定。

3. 市场准入的条件

1)信用水平

信用水平是指专业评级机构为债务融资工具发行进行的评级。其一般分为主体信用评级与债券信用评级。主体信用评级是基于主体的信用评级,因此在进行企业主体信用评级或信贷企业信用评级时所考察的因素,即将会影响企业未来长短期偿债能力的因素,主要包括宏观及区域经济环境、行业发展趋势、产业政策与监管措施等外部因素和企业基本经营风险、管理能力、发展战略、财务实力(包括财务政策、现金流情况、流动性、盈利性、财务弹性)等企业内部因素。债券信用评级是基于债券的评级,是对经济主体发行的有价债券进行的评级,因此评级时更着眼于债券兑付的风险性。

一般而言,发行主体的债券信用评级水平并不一定与主体信用评级相当,主要是因为增信措施的存在。增信措施分为内部增信与外部增信两种。内部增信主要依赖于债券自身的特殊设计,使债券发行时可以通过偿债先后次序、结构化债券设计等来影响债券的评级水平。外部增信方式主要包括实物性资产抵押(包括房产、商铺、在建工程等)、土地使用权质押、关联方担保(母公司、控股股东、实际控制人等)、独立第三方担保等。

按照债务融资工具的实际发行以及交易商协会的窗口指导要求,发行信用类债务融资工具,债券信用水平要求如下。

(1)超短期融资券:AAA 级企业(央企)。

(2)私募债:AA+(含)以上级企业,视情况向 AA-级以上企业开放。

(3)中期票据:AA-(含)以上级企业。

(4)短期融资券:AA-(含)以上级企业。

(5)中小企业集合票据:原则上对发行主体不做评级要求,但发行人需要提供 AA 级以上的第三方企业或者专业担保公司担保。

总体上要求,以上债券信用评级均不得低于 AA-级企业。

注:信用水平为债务融资工具债券评级水平。目前国内仅有联合信用评级有限公司、上海新世纪资信评估投资服务有限公司、大公国际资信评估有限公司、中诚信国际信用评级有限责任公司被批准可以对银行间市场债务融资工具进行评级。

2)发行规模

(1)超短期融资券、私募债:原则上 10 亿元(含)以上。

(2)中期票据:原则上 5 亿元(含)以上,债券发行后待偿还债券余额不超过净资产40%。

(3)短期融资券:原则上 5 亿元以上,债券发行后待偿还债券余额不超过净资产40%。

(4)中小企业集合票据:原则上单家企业不低于 2 亿元。

3)准入行业

(1)交易商协会要求。房地产、银保监会名单内政府平台或政府背景公司不予准入。其中,发行人房地产业务收入占主营业务收入 30%以上即视为房地产企业。股权投资类企业不予准入。涉及水泥、平板玻璃、煤化工、多晶硅、风电设备等产能过剩行业及电解铝、大豆压榨、造船等潜在产能过剩行业的企业必须符合《国务院批转发展改革委等部门关于抑制部分行业产能过剩和重复建设引导产业健康发展若干意见的通知》(国发〔2009〕38 号)要求。工业行业淘汰落后产能企业名单内的企业,在整改完成前不予准入。

(2)中国人民银行总行要求。协会不予准入的企业不予准入,信贷政策限制企业原则上不得进入。如钢铁企业必须为粗钢产量表(中国钢铁协会历年颁布)中排名前二十的企业或排名前二十企业的核心子公司。

注:准入行业为窗口指导意见,与当时国务院或发改委产业指导政策相关,与银保监会、中国人民银行政策相关,并不固定。比如房地产企业在 2010—2012 年均严格禁止发债,但是2013 年后已有松动。

4. 信息披露要求

根据 2017 年 12 月 18 日修订施行的《银行间债券市场非金融企业债务融资工具信息披露规则》,发行非金融企业债务融资工具后,需要根据规则要求及时披露相应信息于交易商协会指定网站。

1)发行文件披露

发行文件至少应包括以下内容:①发行公告;②募集说明书;③信用评级报告和跟踪评级安排;④法律意见书;⑤企业最近三年经审计的财务报告和最近一期会计报表。

首期发行债务融资工具的,应至少于发行日前 5 个工作日公布发行文件;后续发行的,应至少于发行日前 3 个工作日公布发行文件。

企业最迟应在债权债务登记日的次一工作日,通过交易商协会认可的网站公告当期债务融资工具的实际发行规模、价格、期限等信息。

2)常规披露信息

(1)每年 4 月 30 日以前,披露上一年度的年度报告和审计报告。

(2)每年 8 月 31 日以前,披露本年度上半年的资产负债表、利润表和现金流量表。

(3)每年 4 月 30 日和 10 月 31 日以前,分别披露本年度第一季度和第三季度的资产负债表、利润表及现金流量表。注意:第一季度信息披露时间不得早于上一年度信息披露时间。

3)重大事项披露

(1)企业名称、经营方针和经营范围发生重大变化;

(2)企业生产经营的外部条件发生重大变化;

(3)企业涉及可能对其资产、负债、权益和经营成果产生重要影响的重大合同;

(4)企业发生可能影响其偿债能力的资产抵押、质押、出售、转让、划转或报废;

(5)企业发生未能清偿到期重大债务的违约情况;

(6)企业发生大额赔偿责任或因赔偿责任影响正常生产经营且难以消除的;

(7)企业发生超过净资产 10% 以上的重大亏损或重大损失;

(8)企业一次免除他人债务超过一定金额,可能影响其偿债能力的;

(9)企业三分之一以上董事、三分之二以上监事、董事长或者总经理发生变动,董事长或者总经理无法履行职责;

(10)企业做出减资、合并、分立、解散及申请破产的决定,或者依法进入破产程序、被责令关闭;

(11)企业涉及需要说明的市场传闻;

(12)企业涉及重大诉讼、仲裁事项;

(13)企业涉嫌违法违规被有权机关调查或者受到刑事处罚、重大行政处罚,企业董事、监事、高级管理人员涉嫌违法违纪被有权机关调查或者采取强制措施;

(14)企业发生可能影响其偿债能力的资产被查封、扣押或冻结的情况,企业主要或者全部业务陷入停顿,可能影响其偿债能力的;

(15)企业对外提供重大担保。

8.3.2　债务融资工具发行及承销方式

1. 非金融企业的发行方式

非金融企业在银行间市场以招标发行方式、簿记建档发行方式及非公开定向方式发行企业债务融资工具。

1）招标发行方式

招标发行方式是指发行债务融资工具的非金融企业（以下简称发行人）使用中国人民银行发行系统在银行间债券市场招标发行债务融资工具的行为。招标发行指通过招标方式确定债券承销商和发行条件，当具有相应承销资格的主承销商中标后，视同投资购买性质，之后中标的主承销商可按一定价格向社会再行出售。

2）簿记建档发行方式

根据交易商协会 2013 年 10 月 1 日实施的《非金融企业债务融资工具簿记建档发行规范指引》，簿记建档发行是指发行人和主承销商协商确定利率（价格）区间后，承销团成员或投资人发出申购订单，由簿记管理人记录承销团成员或投资人认购债务融资工具利率（价格）及数量意愿，按约定的定价和配售方式确定最终发行利率（价格）并进行配售的行为。簿记建档是一种系统化、市场化的发行定价方式，包括前期的预路演、路演等推介活动和后期的簿记定价、配售等环节。簿记建档人一般是指管理新发行出售证券的主承销商。路演是为投行以及发行公司高管吸引大型基金经理而设定的促销机会。

从上述两种发行方式的定义来看，簿记建档与公开招标发行最重要的区别体现在主承销商及发行人对发行利率（发行价格）、分配数量的决定机制上。合适的发行机制能够在一级市场的发行和需求之间取得较长期的平衡和出清。实际中公开招标发行更适合投资需求旺盛、市场接受程度较高的发行品种，类似国债、政策性金融债，而且市场主流投资品种利用招标发行既保证了发行成功，又合理地实现了发现价格的功能，每期国债、政策性招标的招标结果往往被作为二级市场走向的风向标。

当然，采取簿记建档发行的信用债发现价格的功能优势往往却不在一级市场。市场需求旺盛的时候，一级市场簿记拿券投机者在一级半市场卖给二级市场真实投资机构，一级半市场的成交利率才是真正二级市场走向的风向标；市场需求不足的时候，一级市场簿记拿券的投资机构交易意愿不强，大家更多地关注上市之后二级市场的成交利率。

在实际操作中，目前银行间市场信用品种的发行多数采取簿记建档的方式发行，这和信用品种个体差异较大，投资者接受程度不如国债、政策性金融债有一定的关系。但是近几年随着信用债的迅猛发行、上万亿规模的存量和二级市场交投活跃，市场对较高信用评级的信用品种接受程度已经相当高。在一、二级市场存在价差的市场情况下，一级半市场信用品种成交可以用红火来形容，目前较大发行量 AAA 评级的企业发行短融、中票已经可以选择公开招标的方式发行。随着接受程度的提高，招标发行也许将会是信用品种更流行的发行方式。

3）非公开定向方式

非公开定向方式是指具有法人资格的非金融企业，向银行间市场特定机构投资人（以下简称定向投资人）发行债务融资工具，并在定向投资人范围内流通转让的行为。

2. 主承销商的承销方式

在公开发行方式下，投资银行在承销过程中一般要按照承销金额及风险大小来权衡是否采取包销或代销方式。

1）包销方式

在包销模式中,投行同意从证券发行人手中以固定价格买入证券,然后再以稍高的价格在市场上销售。这时发行人不承担风险,风险转嫁到了投行的身上。投行通过这项业务的盈利等于证券售出价格和买入价格的差价或者按筹资额一次性收取费用。如果因某种原因,投行没有将证券全部卖出,投行就要持有这些证券。如甲投行同意代 A 公司发行五年期、单张面额 1000 元的债券 10000 张。甲投行选择包销方式代发行,并在考虑各种成本因素的基础上,商定按发行额的 0.5% 收取手续费。则该投行在此笔业务中可获得手续费 50000 元（10000000×0.5%）。

2）代销方式

在代销模式中,投行按自身的能力将证券在投资人中销售。这一般是由于投行认为该证券的信用等级较低,承销风险大而形成的。这时投资银行只接受发行者的委托,代理其销售证券,如在规定的期限计划内发行的证券没有全部销售出去,则将剩余部分返回证券发行者,发行风险由发行者自行承担。投行在这种方式中所获得的收入与证券销售量有关。如甲投行同意代 A 公司发行五年期、单张面额 1000 元的债券 10000 张。因各种原因,甲投行选择代销方式代发行,并在考虑各种成本因素的基础上,商定每发行 1 张收取手续费 3 元。则该投行在此笔业务中可获得手续费 30000 元（3×10000）。

8.3.3 债务融资工具发行成本及定价

1. 发行成本构成

如前所述,债务融资工具的中介机构主要包括主承销商、中央国债登记结算有限责任公司、会计师事务所、信用评级公司、律师事务所等五种角色。所以,发行成本构成为

$$发行成本＝发行利率＋承销费＋登记兑付费＋其他$$

具体参考费率标准如表 8-2 所示。

表 8-2 收费项目及标准

收费项目	费率标准	收取机构
承销费率	一次性收取,短融 4‰/年;中票 3‰/年	主承销商
登记托管费	30 亿元以下 0.07‰,30 亿元以上 0.06‰	中央国债登记结算有限责任公司或上海清算所
兑付费	一次性收取,费率为 0.05‰	
审计费用	无约定收费标准,约为 25 万元至 50 万元	会计师事务所
律师费用	无约定收费标准,约为 10 万元至 30 万元	律师事务所
评级费用	首次评级 25 万元,跟踪评级费用与评级公司商谈确定	信用评级公司
会员注册费	10 万/年	交易商协会
发行利率	根据企业(债券)资质随行就市,采用固定利率方式发行的较多,交易商协会提出指导价,发行利率不得低于指导利率	投资者

2. 发行定价

发行定价即确定债务融资工具发行利率,通常由以下几个因素影响:①交易商协会对发行时点的发行利率提出指导性意见;②企业自身信用水平;③市场资金情况等因素;④主承销商的实力;⑤参照同期市场同类债券发行利率。

在不同的时点,交易商协会根据当期资金的紧张程度确定不同信用水平债券的指导利率;当主承销商发行债券时,会根据交易商协会的利率指导以及同期同类市场中债券发行利率确定初步询价空间,再通过询价或招标等方式确定发行利率,由于主承销商声誉一定程度上与待发行债券信用捆绑,因此,具体发行价格会根据主承销商实力水平而略有不同。表 8 - 3 为交易商协会利率指导价格。

表 8 - 3　交易商协会利率指导价格(2013 年 9 月 30 日)　　　　单位:%

	1 年	3 年	5 年	7 年	10 年	15 年	20 年	30 年
重点 AAA	5.14	5.12	5.23	5.4	5.53	5.62	5.84	6.05
AAA	5.31	5.3	5.45	5.62	5.72	5.92	6.17	6.45
AA+	5.6	5.66	5.84	6.13	6.36	6.56	6.8	7.12
AA	6.05	6.06	6.34	6.63	7	7.15	7.43	7.89
AA−	6.58	6.78	7.28	8.27	8.67	8.82	9.12	9.36

总体而言,发行价格主要由不同发行时点的交易商协会利率发行指导价格决定,在此基础上综合多方面因素确定。通常一般企业债券发行价格不低于指导价格。

8.3.4　投行债务融资工具运作流程

在投行债务融资工具的运作过程中,时间进度按照两个部分进行安排:材料制作、注册发行。第一部分时间通常是围绕外部评级的硬性时间要求进行(集团公司评级不少于 45 天、一般企业不少于 20 天),即在评级完成的同时,应完成所有材料制作和纸质文件搜集上报工作,评级结束的同时上报材料。第二部分时间通常在 2～3 个月。

1. 材料制作阶段

1)准备、尽职调查阶段(约 1 周)

准备工作是项目运作的关键环节,主要包括:确定主承销商及其他中介机构,包括信用评级公司、会计师事务所、律师事务所;初步确定发行方案;项目启动;各中介机构按照分工开始尽职调查;发行人配合评级公司完成评级备案工作(评级时间以评级公司备案时间为起始日)。除了投行一般财务顾问业务尽职调查的内容外,交易商协会发布实施了专门的《银行间债券市场非金融企业债务融资工具尽职调查指引》,要求尽职调查内容包括但不限于:①发行资格;②历史沿革;③股权结构、控股股东和实际控制人情况;④公司治理结构;⑤信息披露能力;⑥经营范围和主营业务情况;⑦财务状况;⑧信用记录调查;⑨或有事项及其他重大事项情况。

针对非金融企业债务融资工具的尽职调查清单如表 8 - 4 所示。

表 8 - 4　尽职调查内容

序号	资料名称
1	公司章程
2	公司拥有的各种资质、荣誉等证明
3	公司享有各项优惠政策的证明文件
4	本部高管简历
5	公司战略规划
6	对子公司的管控以及财务、资金、采购、生产、销售、对外投融资及担保等主要环节的管理制度
7	组织架构图及各职能部门的职责分工
8	公司各主营业务的具体运营主体,公司的行业地位、竞争优势及面临的主要风险(财务风险、管理风险、经营风险等)及对策,公司目前的主要竞争对手及竞争程度,公司目前的主要业务板块经营情况、市场份额及行业地位,公司在环境保护方面采取的措施及技术改造,公司的对外投资情况(公司所有下属控股子公司、参股子公司的名称清单、法人代表、注册资本)
9	公司正在进行或未来三年将要进行的重大投资项目介绍、资金投入及未来收益预测
10	募集资金用途:公司本次发行债务融资工具募集资金的用途说明及分期发行计划
11	近三年及最近一期(季度)主营业务收入及成本分类
12	公司近三年审计报告以及最近一期(季度)财务报告
13	公司近三年以及最近一期(季度)经营总结
14	公司简介(内容包括历史沿革、主营业务类型及其经营模式、拥有的主要经营性资产等)
15	公司近三年审计报告以及最近一期(季度)财务报告
16	截至最近一期(季度)公司在建项目的情况以及重大项目的可行性研究报告
17	公司最新的商业银行授信(总额、已使用额度)
18	公司所处行业的研究报告(若有)

2)初稿文件制作阶段(集团公司约 2 周、一般企业约 1 周)

针对非金融企业债务融资工具注册,交易商协会专门发布了《非金融企业债务融资工具公开发行注册文件表格体系》,以清单列示了企业注册或备案发行债务融资工具应向交易商协会提交的全部书面材料。因此各个中介机构需要根据标准化的表格体系撰写相应文件。

(1)主承销商:主承销商推荐函、承销协议、注册信息表。

(2)发行人:有权机构关于发行债务融资工具的决议(主承销商起草)、募集说明书及发行公告(发行人配合,主承销商负责起草)、注册报告(主承销商起草)、入会申请材料(主承销商配合发行人与协会沟通完成)。

(3)评级公司:企业长期信用评级报告、当期债券信用评级报告、跟踪评级安排。

(4)律师事务所:法律意见书、律师工作报告。

(5)会计师事务所:三年审计报告、最近一期财务报表(可以未审计)。

(6)承诺书:发行人及包括主承销商在内的项目组成员。

(7)资质证明文件:包括主承销商在内的所有中介机构。而所涉及的各中介机构,均应为交易商协会会员。

3)核稿阶段(约 1 周左右)

按照实际情况,采取电话沟通或现场沟通的形式,对各方提供的项目材料进行交叉审核,确保各方材料内容完整、一致。包括发行人、中介机构在内各方根据沟通情况提出修改意见并相应修改材料形成初稿。

4)定稿、上报阶段(集团公司约 2 周、一般企业约 1 周)

各方根据核稿阶段确定的初稿进行再次审核确认并修改相关内容;各中介机构启动内部程序,提供注册所需纸质文件;待风险控制部门审核通过后,汇总全套文件并上报交易商协会注册。

5)注册审批阶段(约 8 周左右)

初审 20 个工作日;发行人配合主承销商反馈补充材料;复核、上会约 1 个月的时间。

2. 发行阶段(约 2 周左右)

在注册审批通过之后,债券资本市场部会立刻开始寻找投资者,并且会根据市场发行情况,提出发行时间建议。当投资者沟通完毕后,由主承销商与发行人确定合适的发行时间点,并提前 3 个工作日公告发行文件(簿记建档发行为提前 3 个工作日向交易商协会备案,提前 1 个工作日公告《申购说明》);由主承销商询价,采取簿记建档及招标发行的形式确定发行利率区间和分销份额;主承销商完成发行和划转资金。

3. 募集说明书撰写要点说明

债务融资工具注册最核心的材料为募集说明书。募集说明书的撰写需根据《银行间债券市场非金融企业债务融资工具募集说明书指引》与《非金融企业债务融资工具公开发行注册文件表格体系》完成,交易商协会对于募集说明书做了详细的标准化描述,对于每一章的每一小节的具体内容都做出了固定的信息披露的要求。因此,无论哪一家主承销商起草的募集说明书,章节段落格式及所披露内容的基本形式均保持一致,但是在详细程度、公司判断、风险把握等方面有所区分。

募集说明书的主要要点包括:

(1)风险提示。①投资风险(固定格式);②发行人风险(财务、经营、管理、政策风险),关注的内容包括资产负债率较高风险、财务成本上升风险、受限资产较高风险、应收账款回收风险、存货跌价风险、对外担保风险、市场竞争风险、主营业务单一或分散风险、原材料价格波动风险、安全生产风险、环境保护风险、业务规模扩大带来的管理风险、税收优惠政策风险等。

(2)发行条款、格式。

(3)募集资金的运用。要求明确到实际的用款主体,用于偿还银行借款的还要明确偿还的具体银行贷款,用于补充流动资金要有大致匡算依据。

(4)发行人基本情况。①股权结构及历史沿革;②披露控股股东和实际控制人最近一年及最近一期财务数据情况;③发行人的自主经营独立性情况(资产、人员、财务、经营);④全资、控股子公司、重要参股公司基本情况;⑤内部治理结构(机构设置及职能、主要经营管理制度、高管情况);⑥主营业务;⑦发展战略(纲要性);⑧行业状况和市场地位。

(5)财务情况。①最近三年及一期财务会计信息及主要财务指标,三年为审计数据、一期可以未经审计;②各年度合并企业范围及变动原因;③资产结构分析首先应分析发行人资产结构、比例构成,然后对资产变化趋势进行分析,重要科目(占总资产比例10%以上)要分析变动原因;④负债结构、现金流及偿债能力分析同资产结构分析。

(6)其他。①其他付息债务;②对内、外担保;③抵押、质押资产情况;④可供出售金融资产;⑤或有事项;⑥金融衍生品、理财产品、海外投资情况。

(7)发行人资信。在评级报告中摘抄即可。

(8)担保、税项、信息披露安排、违约及投资者保护机制、格式。

【案例8-2】B商业银行投行在与R公司接触后,准备为R公司发行债券。R公司简要财务情况如表8-5所示。

表8-5　R公司简要财务情况　　　　　　　　　　　单位:万元

项目	2013年	2012年
总负债	200000	80000
净资产	300000	270000
总资产	500000	350000
总收入	250000	180000
净利润	41000	33000
经营性现金流量净额	50000	40000

问题一:R公司理论上能够发行哪些种类的债券,这些债券所能发行的最大额度是多少?如果公司2013年应付债券为55000万元,那么所能发行的债券额度是多少?

问题二:如果R公司为AA级企业,拟发行5年期10亿元的中期票据,假设当前发行的利率水平为表8-3指导价格上浮66个基点,R公司需要负担的利率成本为多少?

问题三:如果R公司将要发行5年期中期票据,B投行理论上能够获得的承销收入为多少?

注:基点(basis point,BP)是债券和票据利率改变量的常用度量单位。一个基点等于0.01个百分点,即0.01%,因此,100个基点等于1%。

【案例分析】

(1)从公司规模来看,公司不属于大型央企,因此无法发行超短期融资券;由于公司仅是一家企业,因此不能够发行中小企业集合票据;公司可以发行短期融资券、中期票据、私募债。根据发行短期融资券、中期票据的最大额度不得超过净资产40%的规定,因此,该公司最大发行短期融资券、中期票据的额度是12亿元;如果公司应付债券为55000万元,因此公司能够发行的中期票据与短期融资券额度为扣除应付债券后的总发债规模,即65000万元。

如果公司发行私募债,融资额度不受限制。

(2)根据表8-3得到,当前AA级企业利率水平为6.34%/年,上浮66个基点后,发行利率成本为7%/年。因此R公司需要负担的利率成本为10×7%×5=3.5(亿元)。

（3）中期票据承销费率水平为 3‰，因此，B 投行理论收入为 10×3‰×5＝0.15（亿元）。

8.4　企业并购业务管理

8.4.1　并购业务的基本概念及种类

1. 并购业务的基本概念

并购指的兼并（merger）和收购（acquisition），其实质均是股权交易。对于企业而言，兼并为彻底的合并，一般为两家或两家以上的企业合并为一家企业。而收购是指通过现金、资产或有价证券购买另一家企业的股票或资产，以获得另一家企业全部或部分资产的所有权。与商品交易相比，股权交易要复杂得多，不仅每一次交易都是完全个性化的，而且常常涉及法律、会计、税务以及政府的干预。正因如此，商业银行投资银行业务部门，凭借着专业技能发挥着越来越重要的作用。在欧美发达国家，这项业务已经成为投资银行业体现核心能力、降低利润波动、抵御系统风险的重要支撑。投行可以以多种方式参与企业的并购活动，如：寻找兼并与收购的对象，向收购公司和目标公司提供有关买卖价格或非价格条款的咨询，帮助收购公司制订并购计划或帮助目标公司针对恶意的收购制订反收购计划，帮助安排资金融通和过桥贷款，等等。此外，并购中往往还包括"垃圾债券"的发行、公司改组和资产结构重组等活动。常见并购根据支付交易对价的方式一般分为换股并购与现金并购，或是以优先股、可转换债券等作为交易对价的方式收购。

2. 并购业务的种类

1）换股并购

换股并购（stock-for-stock），是指收购公司将目标公司的股票按一定比例换成本公司股票，目标公司被终止，或成为收购公司的子公司。

根据具体方式，可有三种情况：①增资换股。收购公司采用发行新股的方式，包括普通股或可转换优先股来替换目标公司原来的股票，从而达到收购的目的。②库存股换股。在美国，法律允许收购公司将其库存的那部分股票用来替换目标公司的股票。③交叉换股。其特点是收购公司本身、其母公司和目标公司之间都存在换股的三角关系。通常在换股之后，目标公司或消亡或成为收购公司的子公司，或是其母公司的子公司。

2）现金并购

现金并购按照融资渠道又可划分为杠杆收购和非杠杆收购。

（1）杠杆收购。杠杆收购（leveraged buy out，LBO），这种收购战略曾于 20 世纪 80 年代风行美国。杠杆收购是以未来买下的目标公司的资产和收益为担保进行举债，用举债的资金完成收购。由于只需要以较少的资金即可完成收购，所以称为杠杆收购。杠杆收购有以下特点：①并购公司用于收购的自有资金与收购总价款相比占较小比例，通常在 10%～15%；②绝大部分资金通过借款或发行债券方式获得；③用于偿付贷款的资金来自目标公司营运所得的资金，即由目标公司支付自己的售价。总的来看，杠杆收购分为三步来进行：集资，购入、拆卖，重组、上市。在实际操作中，若公司的管理者或经理层采用杠杆收购的方式，利用借贷融资买断或控制公司的股份，使企业原经营者变成企业所有者的收购行为，被称为管理层收购（management buy out，MBO）。一般来讲，管理层收购的目标公司通常具有巨大资产或存在潜在的管理效率空间，管理层在获得公司的控制权后，通过对公司进行优化改革和加强管理，提高公司盈利水平的投资价值,从而获得巨大的收益。

(2)非杠杆收购。非杠杆收购是不以目标公司的资产和收益担保举债完成收购。但非杠杆收购并不意味着并购公司不举债即可负担并购价款。实践中,几乎所有的并购都会利用到借款,区别只在于借款的数额多少而已。常见的非杠杆收购是公司库存现金收购。

3.决定收购对价形式的因素

并购双方,特别是收购方,通常会从自身资本结构和融资需求、双方股东利益、税收和市场环境等多方面进行综合考虑,决定收购对价形式。

1)收购方的资本结构和融资需求

利用现金或者发行不同有价证券来支付收购价款,会影响收购后公司的资本结构和财务状况。如果收购方净资产规模较小,希望扩充权益资本,降低财务杠杆比率水平,并使公司股票在市场交易中更具有流动性,则通过增发股票支付收购价款来实现多重目的。当收购方为子公司时,如果母公司希望减少其对子公司持有的权益比例,那么子公司增发股票并出售给其他投资者以筹集收购所需要的现金,或将股票用于支付购买价款(换股收购),都是可以选择的方式。

2)并购双方股东的利益

增发新股用于现金收购或换股收购,会影响现有的股东对公司的控制权,尤其是在欧美国家,股东较为分散,大股东往往也仅持有不超过10%的股权比例,且按照当前市场价格的一定折扣发行新股,往往会引起每股收益稀释和股价下跌;在举债融资进行现金收购的情况下,股东的收益可能会随着财务杠杆比率的提高而更加不稳定;如果利用现有的现金资源支付收购价款,收购后公司出现资金运营困难,则可能引发公司利润下降。上述情况关切到收购方股东的利益,将决定他们对收购支付工具选择的态度。

从目标公司股东的角度看,如果预期并购后公司的投资会有较好的收益前景,那么换股收购将有较大的吸引力;若收购公司的股票市场流动性大,他们也会倾向于换股收购。

3)税收

换股收购可使目标公司股东延迟资本利得应纳税款的支付,并且保留了日后通过售出换股收购所得到的股票以取得现金的选择权。税收上的收益可能使目标公司股东具有换股收购的偏好。相类似的,以可转换债券为收购对价也可能使他们减少应付税款。而在现金收购方式下,由于目标公司股东要立即缴纳资本利得税,将减少税后收益,因此他们可能要求支付较高的收购价格以获得弥补,这会增加收购方的收购成本。

4)市场环境和条件

并购交易必然要涉及收购融资问题,除非拥有大量现金足以支付收购价款,且目标公司愿意接受现金收购。那么,收购支付工具的选择就会受市场环境的影响和制约。如果股票二级市场走势疲软与低迷,那么投资者就要承受更多的价格跌落风险,目标公司股东因此可能拒绝换股收购。而此时如果使用杠杆收购,用现金支付对价,对于收购方而言可以用较少的现金获得更多的目标公司股份,因而此时杠杆收购交易促成的可能性会增加。

市场利率水平会影响收购对价形式的选择。高利率情况下,杠杆收购无疑要增加资金成本,这样换股收购或发行新股为现金收购筹集资金就会得到考虑。

8.4.2　投行并购业务的运作模式及流程

1. 投行并购业务运作模式

投行并购业务主要有三种模式。

1)"顾问服务"模式

该模式类似于财务顾问业务,也通过"一揽子服务"开展。其包括财务顾问业务中的全部业务范围,并且"顾问服务"已不仅仅只能起到锦上添花的作用。该模式往往在公司并购交易的重大决策中扮演着核心角色,主导交易进程和结果。对于国际顶尖投资银行而言,其顾问服务具有强大的影响力,其对于部分行业或者产业链具有极强的人脉和资源优势,因此其可以充分探查到潜在的并购标的企业,通过长期的行业积累,对于市场形势以及未来发展趋势的准确判断,主动地参与行业中的并购交易之中,精确地把握客户需求。其交易方案的设计、协议文本的制订、行业内谈判的经验以及对于客户并购交易后管理层激励、架构重组、人员管理、业务整合等均有一定优势。具体交易流程如图 8-2 所示。

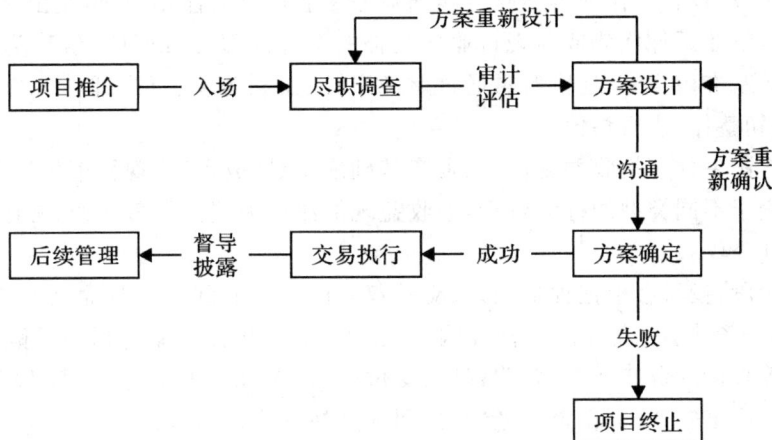

图 8-2　"顾问服务"模式并购业务运作流程

2)"投资服务"模式

该模式即为直投业务,是商业银行在从事投行业务中,对于合作的一些具有增长潜力的非上市客户,可以通过设立独立子公司,使用自有资金对这些极具投资价值企业进行股权投资,在股权价值得到相应体现时退出(如原公司回购、售出股权等方式)以获取差额回报。在对于企业进行直投业务时,一般商业银行会采用控股型并购或参股型并购两种方式。

3)"融资服务"模式

该模式特指为客户提供并购债务融资以便于其进行杠杆收购。虽然融资对于交易本身至关重要,金融机构通过融资角色,去带动顾问业务及投资业务相对容易,但融资安排在并购结构和条件设计上一般相对靠后。融资角色确定之前,顾问和投资结构往往基本已确定,所以具有融资优势的机构想要进行模式创新,必须尽早获取交易信息和参与交易。

2. 投行并购业务的主要流程

投行"顾问服务"模式并购业务一般需要经过项目推介、尽职调查、方案设计、方案确认、交易执行和后续管理六个阶段。

1）项目推介阶段

项目推介阶段，投行主要的工作是沟通客户，获悉不同客户的需求偏好，通过对市场中多家企业行业的了解，推荐交易对象，初步撮合交易意向的达成。在此阶段，投行会根据客户发展战略的要求初步拟订并购策略，勾画出拟并购的目标企业的轮廓，如所属行业、资产规模、生产能力、技术水平、市场占有率等，据此进行目标企业的市场搜寻，捕捉并购对象，并对可供选择的目标企业进行初步的比较。

具体工作主要包括：主动发掘市场中存在增长潜力的目标企业（一般为非上市企业），在通过与该目标企业实际控制人、董事、监事、高级管理人员访谈沟通后，为拟并购的目标企业编制项目建议书，并进一步撮合拟并购双方达成交易。项目建议书一般包括宏观经济形势、行业基本情况、目标企业基本情况、可能存在的问题及风险以及并购建议等。如投行客户服务人员与客户沟通顺畅，则项目可进一步推进。

2）尽职调查阶段

尽职调查阶段，投行工作内容与财务顾问业务尽职调查大体相当，但是由于并购交易主要目的是购买具有行业延伸优势或与现行业务互补的全部或部分资产（一般称为标的资产），因此除尽职调查的基本内容外，还需侧重通过财务审计、盈利预测、资产评估等方式为拟交易的标的资产（或公司整体）进行估值。

资产评估方法主要包括收益现值法、资产基础法、重置成本法、现行市价法和清算价格法，各评估方法适用于不同类型的标的资产，但收益现值法仍为国内外最普遍、常用的评估方法。

3）方案设计阶段

方案设计阶段，投行会根据评估结果、交易双方的交易底线及目标企业意图，对各种资料进行深入分析，统筹考虑，设计出数种并购方案。其中这些方案需包括拟并购范围（资产、债务、契约、客户等）、标的资产架构、并购程序、支付成本、支付方式、融资方式、税务安排、会计处理、管理层激励、员工安置、不良资产处置、盈利预测补偿等各项内容。

投行方案设计的愿景是希望达到"客户效用最大，交易成本最小"，但是并购方案通常是在交易双方博弈中权衡、妥协。在交易方案设计的过程中，投行需要时刻保持与交易双方的沟通，交易双方也会根据彼此的反应降低底线或提高要求，因此随之而来的许多细节、条件都会促使交易方案的重大调整，甚至可能会因为这些问题导致交易方案的全盘推翻。在通过数次沟通、分析、甄选、修改并购方案后，最后确定具体可行的并购方案。

4）方案确认阶段

方案确认阶段，投行主要起到撮合交易双方谈判签约、维护客户的作用。由于市场情况瞬息万变，尤其对于上市公司而言，股价情况、大盘趋势、行业政策等均在不停地发生变动，中小股东的考虑角度也可能与公司管理层不同。因此，即使交易方案已获得了并购双方管理层的初步认可，但是该认可只是对于交易架构、标的资产范围等的初步认可，并非是对交易的最终确认。方案确认阶段，双方仍然会对资产评估结果、支付成本、支付方式、盈利预测补偿等逐条谈判。如果存在谈不拢的条款，则需要投行在掌握双方底线和心理的情况下积极斡旋，如并购双方仍然不能达成一致，那么项目可能重返起点。不仅如此，在并购双方谈判顺畅，签署相关框架协议后，涉及上市公司的，该协议还需要获得上市公司股东的同意、证券监督管理机构的同意、证券交易所的同意；涉及国有公司的，该协议还需要获得国资委的批准。在并购方案未最终落定时，尽职调查、方案设计与谈判签约会伴随着项目推进而同步甚至交替往复地进行。

5）交易执行阶段

交易执行阶段，投行的主要工作是协调并购双方按协议如期履行交易内容。该阶段项目执行主要根据协议完成，无论资产交割、过户或是人员整合，投行参与度都会较低，能够起到的作用主要是见证交易的完成；但是在整个阶段中，投行仍需要跟踪客户，与客户维持密切联系。该阶段完成后，投行即可获得交易佣金，也意味着投行并购业务中绝大多数工作的完成。

6）后续管理阶段

后续管理阶段，投行的主要工作是对资产过户后双方的承诺履行情况、盈利预测实现情况以及负面影响进行跟踪督导并履行信息披露职责。在资产过户后，并购交易双方会对业务、人员、技术等方面进行整合，整合后的企业也将逐步开展运作。此时投行不再主导交易或后续事项，而是作为督导者的身份参与并购交易的事后阶段。在此阶段，投行可以对于企业整合以及并购的后续发展提出改善性的建议，同时由于双方协议拟订时并购的架构、资产的估值、人员的安排均由投行事前进行设计，因此此时也可以逐步看出投行对于该项目运作的成败。如果一旦并购后企业运行情况与设想差异较大，投行将面临较大的声誉风险。

投行"投资服务"模式并购业务与"顾问服务"模式并购业务流程相同，只是不再以中介身份参与交易，而是直接作为并购交易的一方。"投资服务"模式与"顾问服务"模式并购业务最大的不同点在于直接投资获取的是退出时的股权差额价值，顾问服务获取的是并购完成时的中介佣金；其次是商业银行对于直接投资的风险控制管理也明显严于顾问服务。

投行"融资服务"模式并不是并购交易的主导方式，因此该模式更类似于商业银行贷款审查、放款和贷后管理的流程。

【案例 8－3】　　　　　苏格兰皇家银行联合比利时富通银行及
西班牙桑坦德银行收购荷兰银行

【案情简介】

（1）收购概况。老牌国际大银行荷兰银行自 2000 年以来，零售业务与批发业务等领域都面临发展缓慢、成本高昂、业绩不佳的问题，因此，荷兰银行在泛欧证券交易所和纽约证券交易所的股票价格和走势差强人意。

有鉴于此，拥有荷兰银行约 1% 股份的英国对冲基金——儿童投资基金（TCI）开始发难，于 2007 年 2 月向荷兰银行董事会和股东会公开提出建议，寻找荷兰银行的分拆、业务整合和整体出售，以扭转经营局面。这一提议得到了当时股东大会大多数股东的支持。随后，荷兰银行开始寻求意向投资者，并引起了全球银行巨头的关注，在随后半年内，以苏格兰皇家银行牵头组成的竞购财团和巴克莱银行就收购荷兰银行展开了激烈的竞争。

（2）收购的背景及动因。

①竞购财团成员战略协同发展的需要。竞购财团的业务和分配方法与荷兰银行的业务互补性很强。苏格兰皇家银行、比利时富通银行及西班牙桑坦德银行（即西班牙国际银行）对荷兰银行是各取所需。苏格兰皇家银行想要荷兰银行的美国业务，即拉塞尔银行以及投行业务，以扩张他们在海外的生意，主要是亚洲业务（此时苏格兰皇家银行在美国的业务较少，苏格兰皇家银行一半以上利润来自英国本土）；西班牙桑坦德银行希望得到荷兰银行意大利以及拉丁美洲的业务；而比利时富通银行最希望要的是荷兰银行在德国的零售银行业务以及伦敦的投资银行业务。

②阻击竞争对手巴克莱银行发展的需要。如果巴克莱银行和荷兰银行合并成功,巴克莱银行将成为服务于全球 4000 万消费者和投资者的第三大金融集团,实力大增。这也是苏格兰皇家银行等欧洲巨头务必要夺得荷兰银行的主要原因。

(3)收购方案。2007 年 3 月,巴克莱银行与荷兰银行进入排他性谈判,高盛公司成为荷兰银行财务顾问。4 月,巴克莱银行宣布与荷兰银行达成换股并购协议,约定以 3.225 股巴克莱股票置换 1 股荷兰银行股票。按照公告前一日的收盘价计算,收购价格为每股 36.25 欧元,相当于荷兰银行每股净资产的 2.8 倍,此交易价格约合 660 亿欧元。此外,协议约定荷兰银行将旗下位于芝加哥的拉塞尔银行作价 210 亿美元出售给美国银行,并向荷兰银行原股东派发 120 亿欧元的现金作为特别股息。

就在巴克莱银行认为稳操胜券时,苏格兰皇家银行牵头组成的财团加入收购竞争。并购团发表声明,拟以每股 39 欧元收购荷兰银行,其中 70% 现金支付,30% 以苏格兰皇家银行股票支付,根据声明发布日前一日的股票收盘价,竞购财团报价比巴克莱银行高出 13%,现金支付比例也高于巴克莱银行,但竞购财团强调,荷兰银行必须保留拉塞尔银行。

2007 年 5 月,巴克莱银行主动向中国国家开发银行与淡马锡控股两家机构提出邀请投资建议。同月,荷兰银行拒绝了苏格兰皇家银行的收购要约。然而,7 月竞购财团宣布将按照每股 38.4 欧元进行收购,其中 35.6 欧元为现金,外加 0.296 股苏格兰皇家银行新发行的股票。此报价意味着,竞购财团将以 711 亿欧元竞购荷兰银行,现金比例由 70% 提升至 93%,且新收购要约不要求荷兰银行保留拉塞尔银行。

面对对手高出自己许多的报价,一周后,巴克莱银行公布了新的收购要约,以换股和现金方式竞购荷兰银行,每股荷兰银行股票兑换 13.15 欧元和 2.13 股巴克莱银行股票。根据收盘价计算,每股价格合 35.73 欧元,总收购价格达到 675 亿欧元,其中 37% 为现金支付。同时宣布引入中国国家开发银行和新加坡淡马锡入股,巴克莱银行将吸收两家机构共 130 亿欧元的巨额资金。此时,荷兰银行控股公司的官方态度是保持中立,不向股东推荐两份收购提议的任何一个,但高管层表示支持巴克莱集团的收购建议。

2007 年 8 月,巴克莱银行获得欧盟委员会批准,正式向荷兰银行提出 650 亿欧元的收购要约,并且从当日开始回购部分股票,以避免股价的下跌,这笔资金来源正是中国国家开发银行和淡马锡的入股资金。但是,受到美国次贷危机的影响,巴克莱银行股价连续下跌,其报价总额迅速从 675 亿欧元缩水至 610 亿欧元。10 月 5 日,巴克莱银行宣布放弃荷兰银行收购计划。

2007 年 10 月 8 日,荷兰银行召开股东大会,86% 的股东接受了竞购财团总额为 711 亿欧元的收购报价。最终,苏格兰皇家银行以 272 亿欧元获得荷兰银行美国的分部及投行业务,比利时富通银行以 240 亿欧元获得荷兰银行零售业务、私人银行业务和资产管理业务,西班牙桑坦德银行以 199 亿欧元获得荷兰银行巴西及意大利业务。

(4)实施效果。苏格兰皇家银行虽然协同比利时富通银行、西班牙桑坦德银行以天价赢得了收购荷兰银行的最终胜利,但也为未来的发展埋下苦果。由于之后次贷危机席卷全球,2008 年苏格兰皇家银行巨亏 280 亿英镑,成为英国史上最大的年度亏损额,主导收购的董事长及总裁引咎辞职;在 2009 年新任总裁上台后表示,将剥离非核心资产,计划在 3～5 年出售所收购的荷兰银行资产。

西班牙桑坦德银行较为幸运,原荷兰银行巴西和意大利的银行盈利较为出色,西班牙桑坦德银行业务得到了有效的扩展,在金融危机中保持了良好的市场成长性,投资回报稳定。

比利时富通银行在交易完成后不足 20 日内,将以 240 亿欧元购入的原荷兰银行全部股份和商业银行、保险业务折为 165 亿欧元转让给荷兰政府。在随后不久,巴黎银行对比利时富通银行完成收购,控股 74.93%。

然而,饶有趣味的是,在收购的过程中,荷兰银行股价由 2007 年初的 24 欧元上涨至 10 月份的 52 欧元,其间股价的飞升为原荷兰银行股东创造了 660 亿欧元的现金和 290 亿欧元的股票巨额收益,并且最先质疑荷兰银行盈利能力的儿童投资基金更是从中获利高达 68% 之多。

【案例分析】

在该并购中,以苏格兰皇家银行为首的三大银行财团费尽周折战胜对手巴克莱银行,拆分荷兰银行并完成吞并,然而却在种种原因下未得到预期结果,除了西班牙桑坦德银行幸免于难外,苏格兰皇家银行与比利时富通银行都陷入危机。该案例也被称为最失败的金融收购,主要原因如下:

(1)战略不明,误食毒丸(poison pill)。苏格兰皇家银行并购的失败,极大原因是源于缺乏明晰的战略指导贯穿全程。起初吸引其介入并购战的主要诱因是荷兰银行北美市场的拉塞尔银行业务。谈判过程中,荷兰银行高管在高盛公司的帮助下,为避免被收购分拆实施了"毒丸策略",即将拉塞尔银行单独出售给美国银行意图打消苏格兰皇家银行的并购欲望,事与愿违的苏格兰皇家银行在与美国银行竞购失败后牵头组成银团坚持出资并购荷兰银行,间接获得拉塞尔银行,导致最后尽管并购成功,却未得到意愿的目标。为了并购成功而进行并购,背离自身发展战略,使拆分荷兰银行的业务难以并入自身体系,最终不得不将其剥离。

(2)时机选择失误,违背经济规律。苏格兰皇家银行发起并购在金融危机之前,当时市场情绪高涨,处于经济最高峰。但根据经济学普遍规律,为避免支付过高的溢价,降低成本,收购兼并等商业行为更适宜于在经济低谷时进行。尤其在股价过高时仍选择以高达 93% 比例的现金进行收购,实属不理智的行为。苏格兰皇家银行在高价时买入荷兰银行的资产,随后遭遇次贷危机引发的全球性金融风暴侵袭,损失难以避免。

(3)忽视尽职调查,盲目竞争。尽职调查是识别风险和发掘目标银行真正价值的重要手段。苏格兰皇家银行介入巴克莱银行的竞争时,巴克莱银行与荷兰银行已经进行了排他性谈判。为抢夺先机,与巴克莱银行竞争收购,在对冲基金的诱导下,苏格兰皇家银行并没有足够的时间进行充分的尽职调查,只是想当然地认为荷兰银行的美国业务是苏格兰皇家银行扩张最需要的业务。因此收购后荷兰银行未能给苏格兰皇家银行带来明显的协同效应在所难免。

(4)整体意识不足,低估风险。并购的最终目标是整合后整体经营效率的提高,而不是为取胜并购而并购。并购目标规模越大,其中涉及的问题和风险也就越大。在竞争中,竞价财团为了筹措足额的现金资本,苏格兰皇家银行和比利时富通银行各自发行 150 亿欧元的新股,西班牙桑坦德银行发行 95 亿欧元的新股,过量融资超过其本身的负荷能力。当时,苏格兰皇家银行的资本充足率仅为 4.5%,远低于正常水平。

8.5 信贷资产证券化及其管理

8.5.1 信贷资产证券化的概念及要求

1. 信贷资产证券化的概念

信贷资产证券化,是指银行将信贷资产池的现金流进行组合和重构,并在市场上出售信贷资产支持证券(asset-backed securities, ABS)的过程。它是银行进行信贷组合管理的重要手段。银行将原本缺乏流动性的信贷资产,转换为在金融市场上可以流通的证券。通过资产证券化的真实出售和破产隔离技术,银行可将不想继续持有的贷款资产置于资产负债表之外,从而优化资产负债结构,实现最优信贷资产组合管理。国际成熟市场的经验表明,作为一种创新性的直接融资方式,信贷资产证券化不仅打通了银行与资本市场的通道,而且通过存量信贷资产的证券化,使得资本市场与货币市场相互融合,实现多个金融市场的相互连通,丰富金融市场的投资品种,提高金融市场运行效率。

我国的信贷资产证券化业务起始于 2005 年,当时中国人民银行和银监会分别发布了《信贷资产证券化试点管理办法》和《金融机构信贷资产证券化试点监督管理办法》,由国家开发银行进行了信贷资产证券化试点,由中国建设银行进行了住房抵押贷款证券化试点。截至 2008 年,监管部门共批准 17 单信贷资产证券化业务,发行总规模为 667.85 亿元。2008 年爆发的次贷危机暴露出了欧美金融市场资产证券化业务中的一些问题,例如激励机制失调、再证券化加大杠杆和投机、过分依赖评级机构等。出于审慎性考虑,监管部门暂停了国内信贷证券化试点。

但是,作为一种盘活存量资产的金融工具,在有效防范风险的前提下,资产证券化存在着迫切的需求。金融危机之后,美国资产证券化市场得到了快速的恢复,2012 年其资产证券化规模超过了 2 万亿美元。而我国的信贷资产证券化业务一直止步不前,远远滞后于银行调整信贷资产结构的需求。在此背景下,中国人民银行、银监会和财政部于 2012 年 5 月联合下发了《关于进一步扩大信贷资产证券化试点有关事项的通知》,重启信贷资产证券化试点。

2. 信贷资产证券化的要求

在金融危机之后,资产证券化业务要求出现了一些新变化,例如:证券化交易回归根本,更加关注发起人的声誉和发行经验,更加关注交易发起人的交易动机,交易结构更加透明简单,证券化集中于最基本的资产类型;发起机构必须保留证券结构中风险最高的其中一部分,确保发起机构和投资者的利益没有冲突;大多数投资者不需要借贷而有充足资金进行投资,如养老基金、保险公司、高净值人士等;投资通道(conduit)和结构投资载体(SIV)或者被关闭或者被发起银行合并回资产负债表;信息披露内容和机制更加严格。《关于进一步扩大信贷资产证券化试点有关事项的通知》汲取了次贷危机中资产证券化业务的教训,对信贷资产证券化提出如下要求。

(1)入池基础资产的选择要兼顾收益性和导向性,既要有稳定可预期的未来现金流,又要注重加强与国家产业政策的密切配合。

(2)产品结构要简明清晰,禁止发行再证券化产品和合成证券化产品。

(3)发起机构方面,鼓励更多经审核符合条件的金融机构参与信贷资产证券化业务。

(4)风险自留要求:发起机构应持有由其发起的每一单资产证券化中的最低档次资产支持

证券的一定比例,该比例原则上不得低于每一单全部资产支持证券发行规模的 5%。

(5)信用评级要求:应当聘请两家(而非一家)具有评级资质的资信评级机构,出具评级报告,进行持续信用评级。

(6)信息披露要求:鼓励创造条件逐步实现对每一笔入池资产按要求进行规范信息披露。

(7)投资者要求:稳步扩大资产支持证券机构投资者范围,鼓励保险公司、证券投资基金、企业年金、全国社保基金等经批准合规的非银行机构投资者投资资产支持证券。单个银行业金融机构购买持有单支资产支持证券的比例,原则上不得超过该单资产支持证券发行规模的 40%。

3. 信贷资产证券化对于国内商业银行的意义

信贷资产证券化对于国内商业银行的重要作用与意义体现在如下几个方面:

(1)作为资产负债管理工具。存款短期化和贷款中长期化的趋势使商业银行面临着越来越大的期限错配风险,在出现经济危机等极端事件的情况下,可能会导致挤兑现象。而且《巴塞尔协议Ⅲ》关于流动性管理要求的实施,将要求银行使用中长期负债支持中长期资产。运用资产证券化技术,商业银行可以灵活地调整资产负债表的规模及结构,将流动性较差的中长期信贷资产进行证券化,转移出表外,使资产和负债在期限上更加匹配。

(2)作为资本管理工具。长期以来,我国形成了以间接融资为主导的融资结构,在经济快速发展的同时,商业银行的资产规模也迅速增长,而利润的增长以及内源资本积累并不足以支持资产规模的快速增长。另外,随着商业银行的资本监管日趋严格,资本成本非常高昂,经常性通过资本市场来筹集大量资本并不可行。因此,除了通过扩大资本基础之外,银行更多地要通过降低风险资产来满足资本充足率监管要求。信贷资产证券化就是一种有效的手段,它通过风险转移降低银行风险资产,从而降低资本要求。

(3)作为风险管理工具。在长期利率管制环境下,商业银行的风险定价能力不强,而且分散和化解风险的手段极为匮乏,抵御风险的能力亟待提高。信贷资产证券化将为商业银行分散风险提供一个有效的途径。通过资产证券化交易结构的设计,银行贷款的各种风险可以进行分解打包,并由不同风险偏好的投资者来承担,如购买各档次证券的投资者以及提供外部信用增级的担保机构和保险公司等。由此,信贷资产证券化大大地丰富了信用风险的转移途径,也可以帮助银行解决贷款集中度过高等问题。

(4)提升银行盈利能力与资本回报水平。商业银行传统的经营模式是吸收存款并发放贷款,盈利则以利差为主。信贷资产证券化作为一种创新产品,为银行提供了新的盈利模式。在这种模式下发起机构可以获得贷款服务费、资产转让利得、资产支持证券收益等多项利益。同时,商业银行还可以通过降低资本占用和提高资本利用率等方式,有效提升资本回报水平。由信贷资产证券化释放的资本,可以作为新增贷款的资本要求,同时新发放的贷款又可以进行证券化,并且再次释放资本,如此循环反复,商业银行可以大幅提高资本使用效率,实现资本集约化经营。

8.5.2　信贷资产证券化的参与方及交易流程

1. 信贷资产证券化的主要参与方及其职责

在信贷资产证券化业务中,银行首先按照一定的标准筛选基础资产形成资产池,并通过资产池的真实出售实现基础资产与发起人的风险隔离,再通过交易结构设计、现金流分割技术和信用增级等手段,使资产支持证券以较高的信用等级发行。信贷资产证券化交易的基本流程以及交易中涉及的主要参与方如图8-3所示。

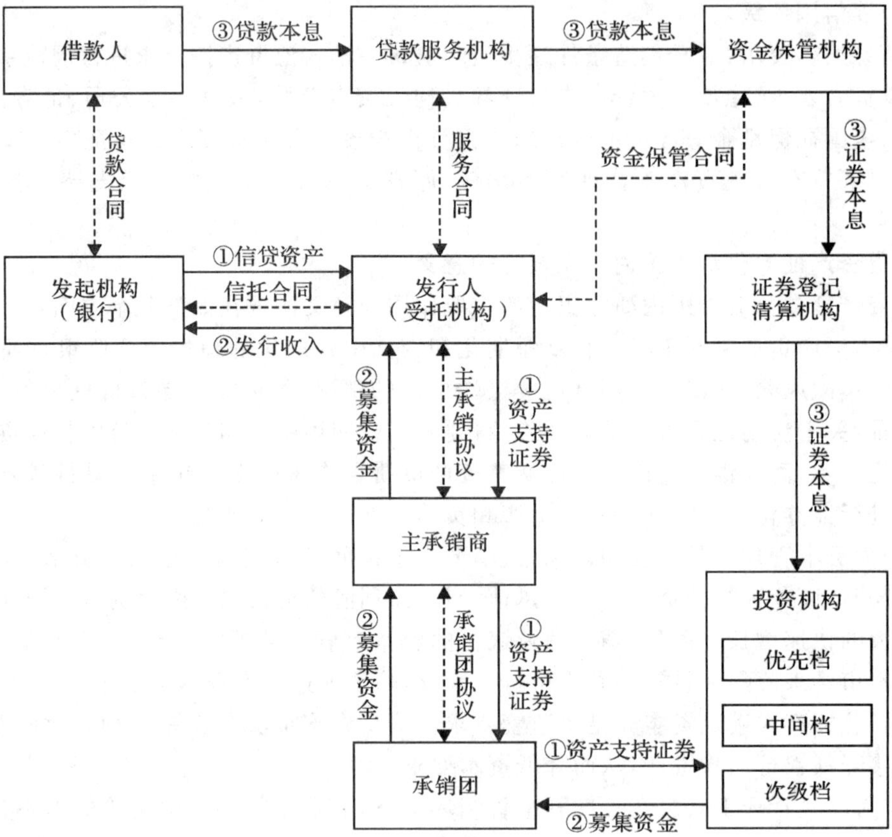

图 8-3　信贷资产证券化主要流程

（1）发起机构。发起机构通常为银行、汽车金融公司等基础资产持有人。发起机构作为委托人,把经过筛选后的信贷资产的所有权（包含任何的抵押权和附属担保权）委托给受托机构,作为信托财产。

（2）发行人。发行人通常是信托公司,它作为特殊目的机构的受托人,代表信贷资产支持证券持有人的利益,持有和管理全部信托财产。

（3）资金保管机构。受托机构在资金保管机构开立独立的信托账户,专门用于本项目信托项下的资金结算和核算管理,与受托机构和资金保管机构的固有财产和其他财产分开管理、分账核算。

（4）贷款服务机构。其通常是发起机构,提供资产池及其回收有关的贷款管理和其他服务。

（5）承销商。承销商负责资产支持证券的销售,有的承销商还负责证券化交易结构的安排。

（6）其他中介机构。它包括法律顾问、会计顾问、税务顾问、信用评级机构等,为信贷资产证券化的发行提供法律、财务、税收、证券发行评级等方面的支持。

在图 8-3 中,虚线箭头表示相关方之间签订的协议或合同;实线箭头①表示发行阶段信贷资产和资产支持证券的流向,即信贷资产由发起机构出售给发行人,并由发行人设计成资产支持证券,经由承销商出售给投资者;实线箭头②是作为①的对价的资金流向,即发起人为购买基础资产,以及投资者为购买资产支持证券而进行的资金支付;实线箭头③为资产证券化发行后,贷款本息以及资产支持证券本息的支付流程。图中实线框表示参与信贷资产证券化的各类机构。

2. 信贷资产证券化的交易流程

(1)建立资产池。银行作为发起机构,根据信贷资产证券化的目标,确定证券化资产规模、种类、行业和地区分布等。然后发起机构应与中介机构共同制定资产入池标准,筛选一定规模的资产建立资产池。信贷资产池存在两种情况:一种是固定型资产池,即在资产池截止日,入池资产为该交易的所有信贷资产;另一种是循环型资产池,在资产池截止日,入池资产为该交易的部分信贷资产,后续还可以进行补充,在特定日期前保持资产池规模。

(2)设计交易结构,设立特定目的信托。根据发起机构的目标,一般由承销商牵头设计交易结构,法律顾问负责起草交易的法律文件。在发起机构、受托机构和贷款服务机构等交易参与机构签署的信托合同中,建立一个特定目的信托关系,信托财产为资产池中的资产及其附属权益。该过程实现了信贷资产的破产隔离,也称为真实出售。假如发起机构在证券化后被宣告破产,资产池中的信贷资产将属于信托财产,只能用于偿付资产支持证券的本金和利息,不能被用作偿付发起机构的其他债务。

(3)设计证券。根据金融市场的需求和基础资产的质量与特性,承销商牵头对资产支持证券的利率、期限、面值、本息偿付的方式和频率进行设计。承销商针对不同投资人对风险的承受力和对投资回报的期望值,可以采用各种信用增级方式,来设计证券的信用等级。信用增级分为内部信用增级和外部信用增级两种。内部信用增级方式包括证券的优先级结构设计、超额抵押、建立现金储备账户或超额利差储备账户等;外部信用增级形式包括第三方担保、保险、开立信用证等。证券设计必须通过量化的形式反映出来,以预测证券的本息偿还情况。不同资产支持证券有不同的本金偿付方式,包括到期一次还本、分期摊还(按固定分期计划)、过手型(没有固定分期计划)。

(4)信用评级。信贷资产证券化交易中,资产池质量是评级机构关注的重点。此外,评级机构还会对发起机构、受托机构和贷款服务机构的经营及财务状况进行调查评估。通过对交易结构的审查,对发起机构同类资产历史数据和资产池数据的分析,评级机构对资产支持证券做出初步评级,并与发起机构进行沟通。如果发起机构对初步评级不满意,可以通过调整资产池结构、提高信用增级水平等方式来提升证券的信用评级。

(5)发行证券。承销商组织安排资产支持证券发行的宣传和推介活动,根据市场情况选择适当时机发行证券。

(6)证券上市交易。符合条件的资产支持证券在发行结束后可以申请在全国银行间债券市场上市交易。

(7)资产池服务。资产支持证券发行后,由贷款服务机构接受受托机构的委托,代其管理资产池,提供贷款日常管理、资金汇划、信息披露等方面的服务。

(8)证券兑付。在资产支持证券存续期内,受托机构根据交易文件约定,每期按照现金流分配规则,在支付相关税金、费用后,向资金保管机构下达信托账户支付指令,并委托登记结算机构向资产支持证券持有人兑付到期应付的证券本息。

8.5.3 案例银行资产证券化操作实务

1.信贷资产证券化案例分析

案例银行 A 为了优化存量信贷资产结构,在对现有贷款组合和目标资产结构进行详细分析后,决定从公司贷款组合中选择部分贷款组成资产池,发行总金额为 40.21 亿元的信贷资产支持证券。资产池的构成及特征如表 8-6 所示。

表 8-6　信贷资产池的构成及特征

项目	特征
资产池总金额/万元	402100
借款人数量/个	56
贷款笔数/笔	80
单笔贷款最高本金余额/万元	30000
单笔贷款最低本金余额/万元	3000
单笔贷款平均本金余额/万元	5026
借款人资信评级 AA-或以上未偿余额占比/%	77.5
集中度最高行业占比/%	24.1
加权平均贷款剩余期限/月	25.8
加权平均贷款账龄/月	14.9
最短贷款剩余期限/月	18.0
最长贷款剩余期限/月	35.2
浮动利率贷款占比/%	100
正常类贷款占比/%	100

该资产支持证券的法定到期日为 2018 年 11 月 30 日,具体分层与结构如表 8-7 所示。

表 8-7　案例银行发行的信贷资产支持证券

	优先 A1 档	优先 A2 档	优先 B 档	次级档
发行规模/百万元	2100	1200	495	226
发行规模占比	52.2%	29.8%	12.3%	5.6%
评级	AAA	AAA	A	未评级
预期到期日	2015 年 2 月 26 日	2015 年 8 月 26 日	2016 年 2 月 26 日	——
加权年限/年	1.39	1.53	2.92	——
票面利率	4.66%	一年期存款利率+65 个基点	一年期存款利率+158 个基点	——
本金偿付	分期摊还	过手型		

	优先 A1 档	优先 A2 档	优先 B 档	次级档
偿付频率	每季	每季	每季	每季
发行日	2012 年 10 月 10 日			
法定到期日	2018 年 11 月 30 日			

2. 信贷资产证券化对案例银行 A 资本充足率的影响

根据《商业银行资本管理办法（试行）》，商业银行如果使用信用风险内部评级法计算某类基础资产的资本要求，就必须使用资产证券化内部评级法计算同类基础资产相应的资产证券化风险暴露的资本要求。资产证券化内部评级法包括评级基础法和监管公式法，银行要区分以下情形选择相应的方法：①对于有外部评级，或者未评级但可以推断出评级的资产证券化风险暴露，应当使用评级基础法计量监管资本要求（评级基础法的风险权重如表 8－8 所示）。②对于未评级而且无法推断出评级的资产证券化风险暴露，可以选择使用监管公式法等其他方法计算。下面将以前述信贷资产证券化案例为例，说明资产证券化如何节约资本，其中资产证券化风险暴露将采用评级基础法进行处理。

表 8－8　评级基础法风险权重

外部评级	资产证券化风险暴露			再资产证券化风险暴露	
	优先档次、资产池分散的风险权重	非优先档次、资产池分散的风险权重	资产池不分散的风险权重	优先档次风险权重	非优先档次风险权重
AAA	7%	12%	20%	20%	30%
AA	8%	15%	25%	25%	40%
A+	10%	18%	35%	35%	50%
A	12%	20%		40%	65%
A−	20%	35%		60%	100%
BBB+	35%	50%		100%	150%
BBB	60%	75%		150%	225%
BBB−	100%			200%	350%
BB+	250%			300%	500%
BB	425%			500%	650%
BB−	650%			750%	850%
BB−以下及未评级	1250%				

假定该案例监管资本充足率最低要求为 11.5%，同时假定基础资产风险权重为 100%，同时我们区分案例银行持有 85% 和 50% 次级档证券两种情况进行分析。从表 8－9 的分析结果

来看,信贷资产证券化总体是节约监管资本的,同时持有次级档越少,节约幅度越大。

表 8-9　资产证券化资本节约示例

	证券化之前	证券化之后	
		持有 85% 次级档	持有 50% 次级档
监管资本要求	＝贷款规模×风险权重×11.5% ＝4021×100%×11.5% ＝462	＝次级档规模×自留部分×风险权重×11.5% ＝226×85%×1250%×11.5% ＝276	＝次级档规模×自留部分风险权重×11.5% ＝226×50%×1250%×11.5% ＝162
监管资本节约	—	186	300

　　信贷资产证券化能改善资本充足率,提高信贷资产流动性,优化资产结构,扩大中间业务收入,为发起人和投资者开拓新的融资和投资渠道,实现风险分担、利益共赢。然而,如果管理与监管不到位也会带来相应风险,例如道德风险、声誉风险等。因此,在加快信贷资产证券化业务发展的同时,还应该注重风险防范和控制。

思考与练习

1.请谈谈目前我国商业银行开展投资银行业务面临的机遇和挑战。

2.浅谈财务顾问业务对于我国商业银行投行业务的意义。

3.试比较国内常用债务融资工具的异同。

4.简述对国内多使用换股并购而国外更流行杠杆收购的看法。

5.你认为投行在参与并购业务时应如何收费?

6.请比较分析商业银行投行业务与投资银行业务的异同点。

7.如何防范和化解资产证券化过程中各参与方面临的风险?

8.请比较分析股权及债权融资的区别、优劣势。

第9章　商业银行资产负债管理

本章提要

　　资产负债管理是现代商业银行管理的重要内容,它以资产管理理论、负债管理理论、资产负债综合管理理论和资产负债外管理等理论为基础,采用科学的管理方法实施管理。本章主要介绍利率风险管理、流动性管理等内容。本章的学习,对于全面系统掌握商业银行资产负债管理理论和方法有着重要意义。

9.1　商业银行资产负债管理概述

9.1.1　商业银行资产负债管理的概念及演变

1. 商业银行资产负债管理的概念

　　资产负债管理(asset and liability management,ALM)的含义有广义与狭义之分。狭义的资产负债管理主要是指在利率波动的环境中,通过改变利率敏感性资金的配置,或者调整总体资产和负债的持久期来实现商业银行的管理目标,因此狭义的资产负债管理实质上就是银行账户利率风险管理。广义的资产负债管理是指金融机构按一定的策略进行资金配置来实现流动性、安全性和盈利性的目标组合。本书采用广义的资产负债管理定义。

2. 商业银行资产负债管理的演变

1)商业银行资产负债管理理论演变

　　(1)资产管理理论。在 20 世纪 60 年代以前,商业银行将管理重心放在资产负债表的资产端。概括而言,资产管理理论认为资金来源的规模和结构是银行不可控制的外生变量,而资产业务的规模和结构是银行自身能控制的变量,因此银行经营管理活动的重心自然应该放在资产业务上,并在满足流动性的前提下追求盈利性。资产管理理论是最早出现的银行资产负债管理理论,在其发展过程中先后出现了商业性贷款理论、资产转移理论和预期收入理论三种不同的理论思想。

　　商业性贷款理论源于亚当·斯密 1776 年出版的《国民财富的性质和原因的研究》一书。该理论认为,商业银行在分配资金时应着重考虑保持高度的流动性。因为银行的主要资金来源是流动性很高的活期存款,而存款决定是外在的,为了避免发生流动性风险和挤兑风险,银行资金运用只能是短期的工商企业周转性贷款。这种贷款期限较短,且以真实的商业票据作为贷款的抵押,票据到期后会形成资金自动偿还,所以该理论又被称为自偿性贷款理论或真实票据理论。商业性贷款理论第一次明确了商业银行资金配置的重要性,即资金的运用要考虑资金来源的性质和结构,以及商业银行相对于一般工商企业应保持更高的流动性的运作特性,这些思想对商业银行进行资金配置、稳健经营提供了理论基础。但是该理论主要受"负债决定资产"观念的影响,存在以下主要缺陷:①忽视了活期存款余额有相对稳定的一面,从而使银行资金配置过多地集中在盈利性较低的短期流动资金贷款上;②忽视了外围环境对商业贷款的自偿性的影响,在经济衰退阶段,票据违约现象相当普遍,自偿程度大大降低;③限定了商业银行的业务发展,由于将银行的资金运用限定在商业流动资金贷款上,使商业银行的业务局限在十分狭窄的范围内,不利于银行发展和分散风险。

资产转移理论兴起于 20 世纪初。该理论认为银行保持流动性的关键在于资产的变现能力,因此不必将资产业务局限于短期贷款上,可以将资金的一部分投资于具有转让条件的债券上,作为第二准备金,在需要时将证券兑换成现金,保持银行资产的流动性。根据这一理论,银行除了继续发放短期贷款外,还可以投资于短期证券,只要这种证券信誉高、期限短、易于出售,银行就可以达到保持资产流动性的目的。另外,银行也可以用活期存款和短期存款的沉淀额进行长期放款,资产与负债的期限没必要严格对称。该理论的缺陷在于,当各家银行竞相抛售证券的时候,有价证券将供大于求,持有证券的银行转让时将会受到损失,因而很难达到保持资产流动性的预期目标。

预期收入理论是在商业性贷款理论和资产转移理论的基础上发展起来的,由美国学者普鲁克诺 1949 年在《定期贷款与银行流动性理论》一书中提出。该理论认为贷款的偿还或证券的变现能力取决于未来的预期收入,只要预期收入可以保证,商业银行不仅可以发放短期商业性贷款,还可以发放中长期贷款和非生产性消费贷款。该理论强调的是借款人是否确有用于还款的预期收入,而不是贷款能否自偿,担保品能否及时变现。它的主要缺陷在于把银行资产管理建立在对借款人未来收入的预测上,而这种预测不可能完全准确,而且借款人的经营情况可能发生变化,到时不一定具备清偿能力,这就增加了银行的风险,从而损害银行资产的流动性。

(2)负债管理理论。该理论源于 20 世纪 60 年代初期利率管制下的金融创新。经济的迅速发展迫切需要银行提供更多的资金,而最高存款利率管制、银行业竞争的加剧,迫使商业银行必须开拓新的负债业务,不断增加资金来源。除了传统的存款业务以外,商业银行还积极开展向中央银行借款、发展同业拆借、向欧洲货币市场借款、发行大额可转让定期存单等负债业务。该理论主张通过调整银行资产负债表的负债端来实现资产负债管理的"三性"平衡,认为银行的流动性不仅可以通过加强资产管理,建立各级准备资产来实现,而且也可以由负债管理,也即向外借款(购买资金)来获得,只要银行的借款市场足够大,银行流动性就有保证。该理论标志着商业银行在资金管理上可以更具进取性,从而摆脱被动负债的制约,通过运用主动负债策略,降低流动性资产储备水平,扩大了收益性资产,提高了资产的盈利能力。它的主要缺陷在于提高了银行的融资成本,加大了经营风险,不利于银行稳健经营。

(3)资产负债综合管理理论。20 世纪 70 年代后期至今,金融市场利率大幅度上升,存款管制的放松导致存款利率的上升,负债管理在负债成本及经营风险上的压力越来越大,这就要求商业银行必须合理安排资产和负债结构,在保证流动性的前提下,实现最大限度盈利。资产负债综合管理理论是要求商业银行对资产和负债进行全面管理,而不能只偏重于资产或负债某一方的一种新的管理理论。资产负债综合管理理论认为,单靠资产管理或单靠负债管理都难以达到流动性、安全性、盈利性的最优均衡,只有兼顾银行的资产方和负债方,通过资产项目与负债项目在期限、利率、风险和流动性方面的共同调整和协调搭配,才能控制市场利率波动的风险,保持资产的流动性,实现净收益最大化或净值最大化的经营目标。该理论吸收了前期理论的精华,从资产和负债之间相互联系、相互制约的整体出发来研究资产负债管理,因而更加科学、更加完善。同时,该理论要求根据市场的变化随时对资产负债结构进行调整,增加了管理的灵活性。特别需要指出的是,资产负债管理思想的三个阶段,并不都是对前一阶段思想或理论的简单扬弃,而是一种继承和发展的关系,都包含着前阶段理论的合理成分。

(4)资产负债外管理理论。该理论认为,存贷款业务只是银行经营的一条主轴,围绕这条主轴,商业银行可以延伸发展起多样化的金融服务,通过服务种类的增加来吸引客户,增加收入。该理论也鼓励将资产负债表内业务向表外业务转化。

2)商业银行资产负债管理内容的演变

现代资产负债管理业务起源于 20 世纪 60 年代末的美国,最初是针对利率风险管理发展而来。而在此之前,美国等发达国家的利率受到严格管制,利率波动幅度很小,资产负债错配不是一个很严重的问题,利率风险并不显著。很多金融机构甚至有意识地错配资产负债期限,通过借短贷长来获取最大化收益。

但是从 20 世纪 70 年代开始情况发生了变化,美国逐步放开利率管制,废除了限制银行储蓄存款利率上限的 Q 条例。利率波动性显著增加,导致金融机构资产和负债的价值经常发生较大的波动。一些银行对新发生的风险反应迟缓,从而遭受了巨大的损失。有鉴于此,大多数银行逐渐开始关注资产负债风险,组建了由高级管理层组成的资产负债管理委员会,通过建立资产负债管理部门来评估和管理该类风险,积极应对新的挑战。同时银行逐渐认识到,其面临的主要风险不是简单的资产价值降低或者负债价值上升,而是资产与负债价值变动不同步,从而导致银行资本不断耗尽的风险。由于银行的杠杆一般比较大,资产负债风险实质上是一种杠杆风险,资产或负债发生较小的变动就可能导致资本发生大幅波动。

到了 20 世纪 90 年代,银行管理者认识到,资产负债管理的很多工具不仅能够用于管理资产负债风险,而且还能够很容易用于评估和管理流动性风险,因此流动性风险管理相应地成了资产负债管理部门的另一项重要职能,流动性风险管理也普遍被认为是资产负债管理的一部分。与此同时,资产负债管理也被广泛地应用于非金融企业,例如采用资产负债管理技术来管理利率风险、流动性风险和外汇风险。不仅仅如此,很多部门也使用相关的技术来管理商品风险,例如航空公司对燃料价格以及制造企业对钢铁价格的套期保值也通常被认为是资产负债管理。综上可以看出,资产负债管理无论是内涵还是外延都发生了很大的变化,而且有着不断扩大的趋势。

9.1.2　商业银行资产负债管理的范围和方法

1. 商业银行资产负债管理的范围

商业银行资产负债管理的范围随着资产负债管理理论的变化而不断拓宽。商业银行资产负债管理理论已从单一关注资产项目流动性的资产管理理论,过渡到强调通过负债项目管理来保证银行流动性的负债管理理论,进而发展到注重从资产负债平衡角度对资产负债项目进行全面管理来实现商业银行安全性、流动性和盈利性目标的资产负债综合管理理论。与此同时,也出现了主张银行应从传统的资产和负债业务以外开拓新的业务领域,开辟新的盈利来源的资产负债外管理理论。

因此,目前商业银行的资产负债管理已发展成为以预算计划、内部资金定价等为工具,以利率风险、流动性风险、汇率风险以及资本管理等为核心的管理体系。资产负债管理的具体内容主要包括:①资产负债总量与结构安排;②利率风险管理与利率定价;③流动性管理;④汇率风险管理;⑤内部资金转移定价;⑥资本管理与配置。

本章将主要通过案例分析介绍银行利率风险管理、流动性风险管理以及内部资金定价等内容。

2. 商业银行资产负债管理的方法

商业银行资产负债管理理论的不断进步发展也带动了银行资产负债管理方法的变革。资产负债管理方法经历了从以资金汇集法、资金转换法及线性规划法为代表的资产管理方法向以储备头寸管理方法、全面负债管理方法为代表的负债管理方法的过渡,目前逐渐发展成为以缺口分析法、持续期分析法、情景分析法为代表的资产负债综合管理方法。

1)资金汇集法

资金汇集法,又称资金总库法或资金集中法。这种方法的基本操作程序为:由商业银行将来自各种渠道的资金集中起来,形成一个资金池或称作资金总库,将资金池中的资金视为同质的单一来源,然后将资金按照资产流动性的大小进行梯次分配使用。其基本思路如图 9-1 所示。

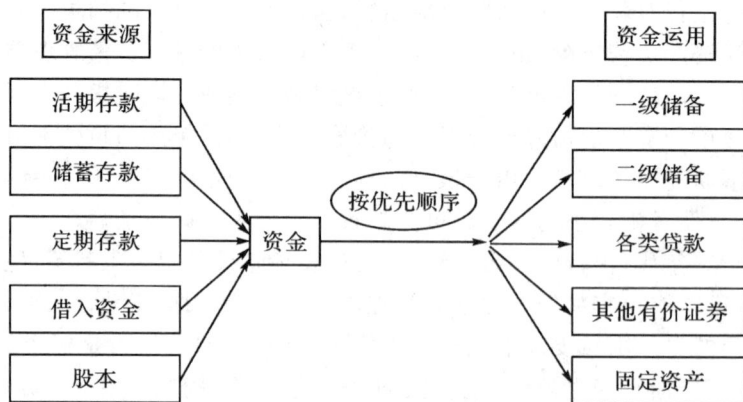

图 9-1 资金汇集法的基本思路

资金汇集法按照资产的流动性高低分配资产,具体分配情况如下:

(1)一级储备。一级储备包括库存现金、存放中央银行款项和同业存款等。一级储备主要用来满足法定存款准备金需求、日常营业中的付款和支票清算需求,以及意外提存和意外贷款的需求等。一般情况下银行的一级储备处于高度优先的地位。但由于一级储备的盈利性较差,因此银行通常会将一级储备数额尽量压缩到最小限度之内。

(2)二级储备。二级储备由短期公开债券组成,主要包括短期国库券、地方政府债券以及金融债券中安全性高、流动性和市场性较强的证券。二级储备主要用于满足可兑现的现金需求和其他现金需求(如未预料到的存款提取和贷款需求)。虽然二级储备的流动性较一级储备弱,但相比之下具有较强的变现能力,而且二级储备具有一级储备所缺乏的盈利性,因此银行在满足一级储备的基础上通常会更乐意拥有二级储备。

(3)各类贷款。贷款在资金运用中占据着首要地位。在资金汇集法中,一级储备和二级储备共同为商业银行提供了资金的流动性,银行在将部分资金用于一级储备和二级储备之后,资金池中的剩余资金就可用于盈利性资产的分配。对各类贷款资金的分配是银行主要的盈利活动,但由于资金汇集法没有把贷款结构作为影响资金流动性的因素,所以贷款结构不在其管理范围之内。

(4)其他有价证券。在满足了客户贷款需求之后,剩余的资金就可以用于各种投资。如投资于高品质的各类长期证券。银行投资有价证券不仅仅是出于追求盈利的需要,更可能是为了改善自身的资产组合状况,以分散地区、行业风险等不利影响。

资金汇集法的缺点是其不考虑资金的不同特征,在资产分配时只服从于银行的经营重点和管理目标,即在保证资产流动性的前提下再考虑其盈利性。但由于银行在经营管理中其流动性和盈利性是相互矛盾的,因此这种方法的使用会相应降低银行的盈利水平。虽然资金汇集法为商业银行在资产负债管理中提供了一个把资金配置到各项资产中的一般规则和优先顺序,但它并没有提出解决流动性和盈利性矛盾的具体方法,因此还存在着一定的局限性。

2)资金转换法

资金转换法又称资金配置法。这种方法认为银行分配资产的流动性和数量与其获得的资金来源有关,即认为银行应该按照不同资金来源的流动性和法定准备金的要求,决定资产的分配方法和分配比例,建立资产项目与负债项目的对应关系,把各种资金来源按照周转速度和法定准备金的要求,分别按照不同的比重分配到不同的资产形式中去。

资金转换法的基本思路如图 9-2 所示。

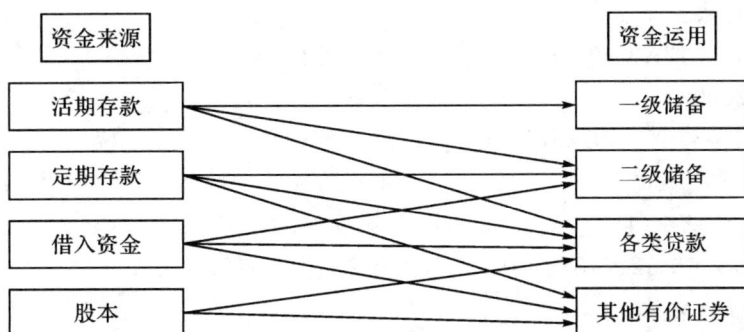

图 9-2 资金转换法的基本思路

由于资金来源中活期存款的法定准备金要求最高,周转速度最快,因此活期存款应主要被分配到一级储备和二级储备中,少量用于短期贷款中。储蓄存款和定期存款的稳定性较好,资金周转速度较慢,因此应主要用于二级储备、贷款和长期证券投资中。而股本的流动性最小,资金周转速度几乎为零,因此主要用于发放长期贷款及公开市场长期证券投资中。

资金分配法相比较于资金汇集法减少了高流动性资产的投放数量,相应增加了长期资产的资金投放规模,从而提高了银行的盈利水平。同时它利用流动性和资金周转速度两个指标将资产和负债有机地联系起来,使两者在规模和结构上保持一致,相对于资金汇集法有了很大的改进。但由于资金分配法将资金周转率而不是存款的实际变化情况作为评价其流动性的标准,可能会导致较高的流动性需求进而影响银行收益。并且这种方法将资产和负债视为互不联系的独立个体,将流动性的取得完全局限于负债方面,将资金运用的项目全部作为完全不流动的资产,这在实践上会束缚商业银行经营的主动性。

3）线性规划法

线性规划法是结合管理理论和数学方法，在计算机技术应用的基础上产生的。它主要是指求得在一定约束条件下，目标函数值最大化的一种方法。

线性规划法的主要内容是首先建立目标函数，其次确定制约银行资产分配的限制因素作为约束条件，最后求出目标函数最优解，作为银行进行资金配置的最佳状态。其具体步骤如下：

（1）建立目标函数。确定某一时期资产管理的目标，依据目标把不同的可选择资产汇集起来，建立一个目标函数。

（2）确定约束条件。约束条件是约束目标变量取值范围的一组线性不等式，它代表了银行开展业务的内外制约因素，包括可贷资金总量限制、风险性限制、贷款需求限制以及其他限制。

（3）求解线性规划模型最优解。线性规划方法是一种规范化定量分析方法，它使银行资产负债管理得到了量化，较前两种管理方法更具有科学性和可操作性，但从实践角度看，现实情况更为复杂，比如目标函数的多样化、资产配置在结构上的复杂性以及目标变量系数和约束条件的变动性等，都可能会导致线性规划模型变得更为复杂。

【案例 9 - 1】设一家银行资金总来源为 2500 万货币单位，这些资金可以作为贷款（X_1），也可以作为二级准备金即短期证券（X_2）来持有。设贷款收益率为 12％，短期证券收益率为 8％。又设流动性标准为投资资产的 25％（为了简单起见，法定准备金等存款成本不予考虑）。

【案例分析】根据案例资料，我们把所有因素以数学方式表达。

目标函数和约束：

最大化 $\max = 0.12X_1 + 0.08X_2$　　　　　　目标函数

$$\begin{cases} X_1 + X_2 \leqslant 2500 \text{ 万} & \text{总资产负债约束} \\ X_2 \geqslant 0.25(X_1 + X_2) & \text{流动性约束} \\ X_1 \geqslant 0, X_2 \geqslant 0 & \text{非负约束} \end{cases}$$

服从于约束条件

解方程组得：当 $X_1 = 1875$，$X_2 = 625$ 时，利润最大。

最大利润：$\max = 0.12 \times 1875 + 0.08 \times 625 = 225 + 50 = 275$（万货币单位）

4）储备头寸管理方法

储备头寸管理方法是指商业银行通过借入资金补足一级储备，以满足客户的存款提取和贷款要求，同时通过营运头寸调度来保持高收益、低流动性的资产以获取收益的方法。这种方法的使用使得银行在提高资金使用效率的同时减缓了因自身储备减少引起的流动性不足现象，缓解对其经营带来的震荡影响。但是，这种方法的特殊性也使得其存在借不到资金和借入资金成本不能确定等风险。

5）全面负债管理方法

全面负债管理方法又称纯负债管理方法，是指银行通过借入外来资金来持续扩大资产负债规模的方法。这种管理方法的前提是借入资金具有较大的供给弹性，即市场上有足够的参与者和足够的资金。这种方法存在一定的局限性，当银行没有足够的资金来源时就可能会面临一定的风险。例如，当中央银行采取紧缩的货币政策时，就可能会导致一些小银行的负债管理结构出现崩溃问题。

6）资产负债综合管理方法

资产负债综合管理方法是指商业银行通过对资产负债进行组合而获取收益并承担一定风

险的管理方法。它主要是通过应用经济模型来综合协调和管理银行的资产和负债以实现总体经营目标,目前所用的经济模型主要是融资缺口模型和持续期缺口模型。融资缺口模型是指银行根据对利率波动趋势的预测,主动利用利率敏感资金的配置组合技术,在不同的阶段运用不同的缺口策略以获取更高的收益的方法。而持续期缺口模型则是指银行通过对综合资产负债持续期缺口的调整,来控制和降低在利率波动的情况下总体资产负债配置不当而引起的风险,以实现银行绩效目标的方法。

9.1.3　商业银行资产负债管理中的账户划分

为了精细化管理资产负债业务面临的风险,银行通常将其持有的金融工具划分至交易账户(trading book)和银行账户(banking book),这种划分遵循的原则是以风险管理和监管要求为准,与会计准则对金融资产和负债的分类标准和口径略有不同。

1. 交易账户

交易账户包括为交易目的或规避交易账户其他项目的风险而持有的金融工具和商品的头寸。划入交易账户的头寸应满足以下条件:①在交易方面不受任何条款限制,原则上可随时平盘或能够完全对冲以规避风险;②能够准确估值;③能够进行积极的管理。为交易目的而持有的头寸,是指银行短期内有目的地持有以便出售,或者从实际或预期的短期价格波动中获利或锁定套利的头寸,包括自营业务、做市业务、为执行客户买卖委托的代客业务而持有头寸。交易账户中的资产及负债均以每天盯市计价(marked to market)的方式进行计量,这意味着该账户中每天的价值变化均反映市场价格的变化。如若一个银行的交易员在某天以 100 美元的价格买入某资产,假定在第二天价格下跌至 60 美元,银行账目上马上就会出现 40 美元的损失,即使该资产在这天并没有被卖出,该损失仍然在账面出现。有时因为市场没有相似交易,某些资产的价值并不十分容易估计,银行一般采用按模型定价(marking to model)的方法,将从市场获得的其他相关数据输入模型,计算或推算出交易头寸的价值。

2. 银行账户

与交易账户相对应,银行的其他业务均归入银行账户,例如银行向企业及个人客户发放的贷款、债券投资等业务。银行账户中的项目不需要盯市计价。交易账户与银行账户划分的标准制定后,一般不会轻易变动,金融工具在交易账户与银行账户之间的划转与调整需要遵循严格的标准。

9.1.4　商业银行资产负债管理的原则及组织

1. 商业银行资产负债管理的原则

如前所述,商业银行的资产负债管理要达到流动性、安全性与盈利性的最佳平衡。在流动性方面,根据经济形势和业务发展趋势预测一段时期内的流动性需求,并据此制订流动性管理计划并付诸实施。在安全性方面,坚持风险识别、计量、处置和控制四个重要的管理环节,防范和化解金融风险。在盈利性方面,通过预测市场利率,对利率敏感性资产和负债的缺口进行动态调整,以获取较大利差,增加银行盈利。鉴于此,商业银行资产负债管理坚持如下原则:

(1)规模对称原则。它也叫总量对称原则,要求银行的资产规模和负债规模相互对称,实现一种建立在合理业务增长基础之上的动态平衡。即资金的来源制约资金运用,根据存款和其他负债增长的合理性预测,合理确定资产规模。

（2）结构对称原则。它要求资产端各项目与负债端各项目之间在结构上相互对称,长期资产主要由长期负债和资本金支持,短期负债主要用于短期资产,其中短期负债的稳定余额部分也可用于支持长期资产。

（3）偿还期对称原则。它是指银行资产的期限与负债的偿还期紧密相关,两者要保持一定程度的对称关系。

（4）目标互补原则。它是指流动性、安全性、盈利性三大基本目标的均衡协调,不是各占一定比例的绝对平衡,而是可以相互替代和补充的。因此,商业银行在经营实践中就不必固守某一目标,单纯根据某一目标（如盈利）来考虑资产分配,而应将基本目标结合起来进行综合平衡,达到总效用的最大化。

（5）资产分散化原则。资产分散化原则是指银行进行资金分配时,应尽量将资金投放在贷款和证券等不同的资产形态上,同时贷款和证券的种类、对象也要尽可能地分散,避免资产投放在某一行业或企业的过度集中。其目的在于分散资产风险,提高资金使用的安全性。

2. 商业银行资产负债管理的组织架构

商业银行资产负债管理的组织架构如图 9-3 所示。

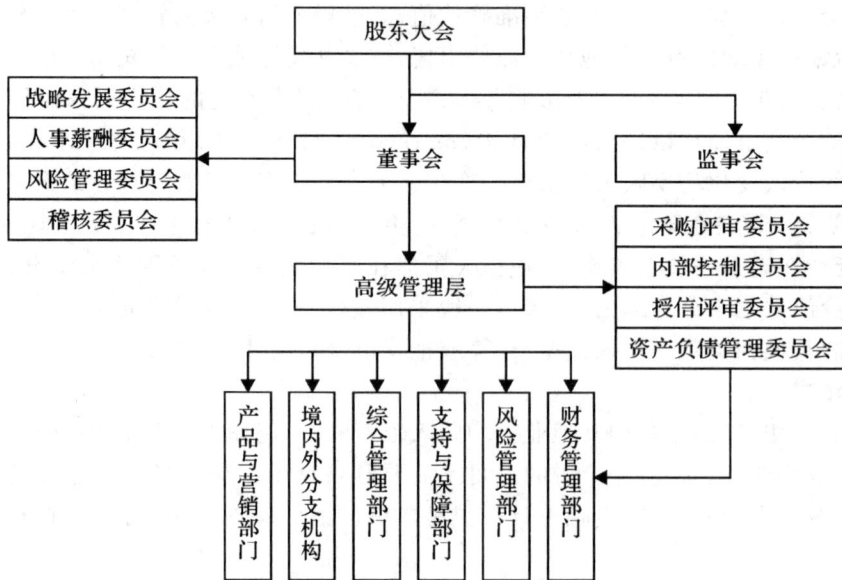

图 9-3　银行资产负债管理组织架构图

董事会对银行资产负债管理负有最终责任。通常情况下,董事会授权高管层成立资产负债管理委员会,负起银行整体资产负债管理监督、协调与决策等职责。

资产负债管理委员会是高管层下设的专业委员会,在高管层授权范围内开展工作,负责银行资产负债方面的统筹管理和决策职能,由主席、副主席、委员组成。通常由银行行长担任主席;由分管财务管理、风险管理、产品与营销的副行长担任副主席;委员由产品与营销部门、风险管理部门、财务管理部门、战略发展部门等相关部门的主要负责人及研究部门的经济学家担任。资产负债管理委员会主要承担以下职能:①贯彻、执行董事会和高管层的决议和决定。②根据银行发展战略规划,审议银行资产负债年度及中长期发展规划,制定资产负债管理政策、策略和目标,提出资产负债总量和结构安排。③审议资产负债总量及结构变动情况、资产负债项目的成本与收益变化情况,适时调整资产负债管理政策,推动资产负债综合平衡和结构优化。④审议资本充足率状况、资本预算执行情况以及经济资本占用情况,决定资本配置策略及资本筹资计划,确保有关资本指标满足监管要求和资产增长需要。⑤审议并决定银行资产负债定价目标、策略及授权,根据资产负债业务定价执行情况及时调整定价政策。⑥审议银行流动性管理的方法、量化标准、风险限额以及流动性应急方案,根据本外币流动性状况决定流动性组合规模及资金安排策略。⑦审议银行利率风险和汇率风险管理的方法、量化标准以及风险限额,根据利率风险和汇率风险状况以及风险限额执行情况,进行利率风险和汇率风险管理政策决策。

财务管理部门在资产负债管理委员会指导之下,开展具体资产负债管理工作,并向资产负债管理委员会汇报。同时一级分行也会建立相应的资产负债管理委员会,主要职能为:贯彻总行资产负债管理政策,制订本行的经营管理目标与资产负债管理要求,分析和研究资产负债管理过程存在的问题,提出防范和化解金融风险的具体措施和办法,等等。

9.2　商业银行利率风险管理

9.2.1　银行利率风险及其管理的概念

1. 银行利率风险的概念

银行利率风险是指由于利率水平、期限结构等要素发生不利变动导致银行整体收益和经济价值遭受损失的风险,主要包括重新定价风险、收益率曲线风险、基准风险和期权性风险等四类风险,其中重新定价风险是最基本的管理对象。

(1)重新定价风险,也称为期限错配风险,是最主要和最常见的利率风险形式。它来源于银行资产、负债和表外业务到期期限(就固定利率而言)或重新定价期限(就浮动利率而言)所存在的差异。这种重新定价的不对称性使银行的收益或经济价值会随着利率的变动而变化。例如,若以短期存款作为长期固定利率贷款的融资来源,当利率上升时,贷款的利息收入是固定的,但是存款的利息支出却会随着利率的上升而增加,从而使银行的未来收益减少和经济价值降低。

(2)收益率曲线风险,也称为利率期限结构变化风险。重新定价的不对称性也会使收益率曲线斜率、形态的变化(即收益率曲线的非平行移动)对银行的收益或内在经济价值产生不利影响,从而形成收益率曲线风险。例如,若以5年期政府债券的空头头寸为10年期政府债券的多头头寸保值,当收益率曲线变陡时,虽然上述安排已经对收益率曲线的平行移动进行了保值,但10年期债券多头头寸的经济价值还是会下降。

(3)基准风险,也称为利率定价基础风险,是另一种重要的利率风险来源。在利息收入和利息支出所依据的基准利率变动不一致的情况下,虽然资产、负债和表外业务的重新定价特征相似,但因其现金流和收益的利差发生了变化,也会对银行的收益或内在经济价值产生不利影响。例如,银行可能用1年期存款作为5年期贷款的融资来源,贷款按照5年期法定贷款利率每年重新定价一次,而存款则按照1年期法定存款利率每年重新定价一次。虽然存贷款的重新定价期限相同而不存在重新定价风险,但因为其基准利率的变化可能不完全相关,变化频率和幅度可能不同步,仍然会使该银行面临着因基准利率的利差发生变化而带来的基准风险。

(4)期权性风险,是一种越来越重要的利率风险,来源于银行资产、负债和表外业务中所隐含的期权。期权可以是单独的金融工具,如场内(交易所)交易期权和场外期权合同,也可以隐含于其他标准化的金融工具之中,如债券或存款的提前兑付、贷款的提前偿还等选择性条款。期权的行使往往也与利率的变动有关,一般而言,期权和期权性条款都是在对买方有利而对卖方不利时执行,因此,此类期权性工具因具有不对称的支付特征而会给卖方带来风险。一般情况下,若利率变动对存款人或借款人有利,存款人就可能选择重新安排存款,借款人可能选择重新安排贷款,从而对银行产生不利影响。例如,美国 20 世纪 80 年代储蓄贷款协会大量购买住房抵押贷款证券(MBS),当利率下降时 MBS 开始被提前偿还,这是造成美国储蓄贷款协会危机的主要因素之一。

2. 银行利率风险管理的概念

银行利率风险管理是指对利率风险进行识别、计量、监测、分析和控制的过程。银行利率风险管理目标是在银行整体业务发展战略和风险偏好下,通过实施有效的管理,将利率变动对银行整体收益和经济价值的不利影响控制在可承受的范围之内,使银行实现可持续的收益增长。银行账户利率风险计量与分析(如利率变化对银行经营的影响)可以从收益和经济价值两个角度进行。

(1)收益角度。收益分析是通过假设一种或多种利率变化情景,计量和分析利率变化对银行净利息收入及对利率敏感的非利息收入的影响。它主要侧重利率变动对银行净利息收入的短期影响,具体分析方法包括敏感性分析和情景模拟分析。敏感性分析仅考虑收益率曲线即时平行移动对银行净利息收入的影响,一般根据重定价缺口进行计算。情景模拟分析则可以考虑更为复杂的利率变化情景,包括收益率曲线的非平行移动、利率的逐渐变化、不同利率基准的不同幅度变化等。情景模拟分析还可计量资产负债规模和结构变化及客户行为等因素对银行净利息收入的影响。

(2)经济价值角度。经济价值是指各项资产负债和表外业务头寸的净现值,其中净现值是所有未来现金流的折现值。经济价值分析关注的是利率变动对银行所有未来现金流折现值的潜在影响,通常用于评估利率风险对银行资本充足状况的影响或银行资本金承受利率风险的能力。银行可以采用久期法进行经济价值敏感性分析,也可采用更为复杂的情景分析法进行经济价值分析。经济价值分析通常是静态的,在分析中假设资产负债表保持不变,以评估利率即时变化对银行经济价值的冲击。与收益分析相比,经济价值分析能够对利率变动的潜在长期影响进行更为全面的评估。

9.2.2　缺口分析法

1. 缺口分析法简介

缺口分析法是一种主要的资产负债管理方法,它可以同时用于银行账户利率风险、汇率风险和流动性风险的分析与管理,在使用方式上也大同小异。缺口分析的基本思路是,通过消除所有净现金头寸来消除利率风险或者流动性风险,理想情况下,在未来任一时点上,每个现金流入都与一个相反的现金流出相互抵消,而每个现金流出都与一个相反的现金流入相互抵消,此时利率风险与流动性风险为 0。

众所周知,银行资产和负债的定价方式一般有浮动利率和固定利率之分。浮动利率资产和负债的利率随市场利率变化定期调整,该类资产和负债由于受市场利率的影响比较大,因而被称为利率敏感性资产和负债。固定利率资产和负债虽然不会定期根据市场利率变化而调整其利率,但到期后也存在重新定价的问题,例如贷款的收回再贷,其利率需重新确定和调整。由于银行的资产和负债是由不同收益率、面值和到期的存贷款或各种证券组成的,它们对利率的敏感性不可能相等,当利率变化时,利率敏感性资产和负债之间必然存在一定的缺口,这个缺口就称为利率敏感性缺口或者重定价缺口。缺口越大表明利率风险越大,利率变动时银行收益变动越大;反之,缺口越小则银行面临的利率风险越小。利用利率敏感性缺口对利率风险进行度量和分析就是所谓的利率敏感性缺口分析。

在缺口分析中,利率风险暴露可表示为:

$$GAP = RSA - RSL$$

式中:GAP 为利率风险性缺口;RSA 为利率敏感性资产;RSL 为利率敏感性负债。当 GAP>0 时,称为正缺口;反之,GAP<0 时,称为负缺口;当 GAP=0 时,则称其为零缺口。

银行净利息收入(net interest income,NII)是银行资产利息收入与负债利息支出之差。当利率变动时,银行 NII 变动与缺口之间的关系可以用下式表示:

$$\Delta NII = RSA \times \Delta r - RSL \times \Delta r \text{ 或 } \Delta NII = GAP \times \Delta r$$

上式表明,利率水平上升($\Delta r > 0$)时,若利率敏感性缺口为正缺口(GAP>0),则银行净利息收入将会增加;反之为负缺口(GAP<0)时,银行净利息收入将会减少。当利率下降($\Delta r < 0$)时,正缺口导致净利息收入增加,而负缺口将导致净利息收入减少。在缺口值为零(GAP=0)时,无论利率如何变动,净利息收入都将保持不变,也就是说此时利率风险暴露为 0,不存在利率风险。

2. 利率重定价缺口表

利率重定价缺口表是衡量利率重新定价风险,并对其进行计量和分析的基础。它将银行的生息资产、付息负债和表外业务头寸按照距离到期日(对固定利率工具而言)或下一个重新定价日(对浮动利率工具而言,基于这个原因利率敏感性缺口也被称为重定价缺口)之间的剩余期限划分到不同的时间段,例如 1 个月以下、1~3 个月(含)、3 个月~1 年(含)、1~5 年(含)、5 年以上等,时间段的划分根据银行自身的管理要求而定。在每个时间段内,将利率敏感性资产减去利率敏感性负债,再加上表外业务缺口,就得到该时间段内的利率重定价缺口。

【案例 9-2】 某银行生息资产、付息负债以及表外业务头寸的账面余额,以及按照各重新定价期限的余额分布如表 9-1 所示。请计算该银行各个时间段的利率重定价缺口。

表 9-1　案例银行各时段利率敏感性头寸情况　　　　单位:亿元

项目	账面余额	自报告日起到最近可重定价日或到期的期限				
		1 个月及以下	1~3 个月(含)	3 个月~1 年(含)	1~5 年(含)	5 年以上
1.生息资产	14000	2445	2410	2832	3595	2718
(1)金融机构间融资形成的资产	3634	1650	780	643	321	240
(2)计息的各项贷款	6670	738	1261	1743	2074	854
①其中:公司贷款	3616	143	689	854	1276	654
②其中:零售贷款	1859	50	245	584	780	200
③其中:贴现	563	373	138	52	0	0
④其中:贸易融资	632	172	189	253	18	0

项目	账面余额	自报告日起到最近可重定价日或到期的期限				
		1 个月及以下	1～3 个月（含）	3 个月～1 年（含）	1～5 年（含）	5 年以上
（3）债券投资	3066	19	207	392	972	1476
（4）其他生息资产	630	38	162	54	228	148
2.付息负债	13540	2948	3109	2905	2923	1655
（1）金融机构间融资形成的负债	2852	559	1203	663	385	42
（2）活期存款	4551	2085	1659	550	257	0
（3）定期存款	3761	253	186	1204	1263	855
（4）发行债券	1942	34	26	452	826	604
（5）其他付息负债	434	17	35	36	192	154
3.表内利率敏感性缺口（=1－2）	460	−503	−699	−73	672	1063
4.表外利率敏感性缺口	168	−10	−56	54	145	35
5.利率敏感性缺口（=3＋4）	628	−513	−755	−19	817	1098

【案例分析】 根据表 9-1 信息，我们可以计算出各时间段的利率重定价缺口。以 1 个月及以下时段为例，表内利率敏感性资产等于 1 个月以内各项生息资产之和，为 2445 亿元（＝同业资产 1650 亿元＋贷款 738 亿元＋债券投资 19 亿元＋其他生息资产 38 亿元）；表内利率敏感性负债等于 1 个月以内各项付息负债之和，为 2948 亿元（＝同业负债 559 亿元＋活期存款 2085 亿元＋定期存款 253 亿元＋债券融资 34 亿元＋其他付息负债 17 亿元）；表内利率敏感性缺口为表内利率敏感性资产与表内利率敏感性负债之差，为 −503 亿元（2445 亿元－2948 亿元）。1 个月及以下表外利率敏感性缺口为 −10 亿元。由此，1 个月及以下利率重定价缺口为表内与表外利率敏感性缺口之和，等于 −513 亿元（表内缺口 −503 亿元＋表外缺口 −10 亿元）。相同的方法我们可以计算得到，1～3 个月（含）、3 个月～1 年（含）、1～5 年（含）、5 年以上的利率重定价缺口分别为 −755 亿元、−19 亿元、817 亿元和 1098 亿元。从结果来看，该银行在 1 年以内的各个时间段内，利率重定价缺口为负，而在 1 年以上的各时间段内，利率重定价缺口均为正。在计算过程中，具体时间段的划分可以因不同银行和管理的需要而定，例如 1～5 年时间段可以进一步细分为 1～2 年（含）、2～3 年（含）、3～4 年（含）以及 4～5 年等。利率重定价缺口表反映了银行在各个时间段的缺口状况，银行可以此为基础进行收益和经济价值的敏感性分析和压力测试。

3.净利息收入敏感性分析

在利率重定价缺口表的基础上，银行可以对净利息收入进行敏感性分析。将每个时间段的利率重定价缺口乘以假定的利率变动，就可以得出这一利率变动对净利息收入变动的大致影响。当某一时段内的利率敏感性负债大于利率敏感性资产（包括表外业务头寸）时，就产生了负利率重定价缺口，此时市场利率上升会导致银行的净利息收入下降。相反，当某一时段内的利率敏感性资产（包括表外业务头寸）大于利率敏感性负债时，就产生了正利率重定价缺口，此时市场利率上升会导致银行的净利息收入增加。利率重定价缺口分析中的假定利率变动可以通过多种方式来确定，如根据历史经验确定、根据银行管理层的判断确定和模拟潜在的未来利率变动等方式。对净利息收入敏感性分析的主要步骤如下。

(1)基本假设:假定银行资产、负债和表外业务头寸的规模与结构保持不变,且缺口表中所有资产、负债和表外业务头寸均在每个时间段的中间点进行重新定价。该假设忽略了同一时间段内不同头寸的到期时间或利率重新定价时间的差异。

(2)利率变动情景:利率平行上升或下降 200、100、50、25 个基点并维持 12 个月。

(3)计算单一货币的利率变化对净利息收入的影响:$\sum$(12 个月内各时间段的缺口值 × 相应时段的时间权数 × 利率变化值)。各时段时间权数可以按天计算,即各时间段中间点距分析期末的天数 /360 天或 365 天。为简化计算,时间权数也可以按月计算,即各时间段中间点距分析期末的月份数 /12 个月。按月计算的时间权数如表 9 - 2 所示。

表 9 - 2 按月计算的时间权数

	1 个月及以下	1~3 个月(含)	3~6 个月(含)	6~12 个月(含)
时间权数(按月计算)	11.5/12	10/12	7.5/12	3/12

以 1 个月及以下的时间段为例,该时间段的中间点为 0.5 个月,中间点距离分析期期末为 11.5 个月,因此时间权数为 11.5/12;1~3 个月(含)时间段的中间点为 2 个月,距离分析期期末为 10 个月,因此时间权数为 10/12;同理可以计算 3~6 个月(含)、6~12 个月(含)时间段的权数为 7.5/12、3/12。

(4)计算利率变化对净利息收入的影响:$\sum$ 各货币利率变化对净利息收入的影响。

【案例 9 - 3】引用案例 9 - 2 银行相关资料,若对 3 个月~1 年利率重定价缺口做进一步细分,并设定 3~6 个月(含)缺口为 −287 亿元,6~12 个月(含)缺口为 268 亿元。要求分别计算在利率平行上升和下降 200、100、50、25 个基点并维持 12 个月的情景下,对案例银行净利息收入的影响。假定全部头寸均为人民币单一币种。

【案例分析】按上述资料和要求计算得到的净利息收入变化情况如表 9 - 3 所示。

表 9 - 3 净利息收入敏感性分析　　　　　　　　　单位:亿元

	1 个月及以下	1~3 个月(含)	3~6 个月(含)	6~12 个月(含)	合计
时间权数	11.5/12	10/12	7.5/12	3/12	
利率重定价缺口	−513	−755	−287	268	−1287
上升 200 个基点	−9.83	−12.58	−3.59	1.34	−24.66
上升 100 个基点	−4.92	−6.29	−1.79	0.67	−12.33
上升 50 个基点	−2.46	−3.15	−0.90	0.34	−6.17
上升 25 个基点	−1.23	−1.57	−0.45	0.17	−3.08
下降 25 个基点	1.23	1.57	0.45	−0.17	3.08
下降 50 个基点	2.46	3.15	0.90	−0.34	6.17
下降 100 个基点	4.92	6.29	1.79	−0.67	12.33
下降 200 个基点	9.83	12.58	3.59	−1.34	24.66

　　以利率上升 200 个基点为例,利率上升 200 个基点对 1 个月及以下利率重定价缺口的影响为 $-513\times11.5/12\times2\%=-9.83$ 亿元,同理可计算利率变化对 1～3 个月(含)、3～6 个月(含)以及 6～12 个月(含)的影响分别为 -12.58 亿元、-3.59 亿元以及 1.34 亿元,加总可得利率变动对银行净利息收入的影响为 -24.66 亿元。

　　从上述计算结果看,由于案例银行在 1 年及以内累积利率重定价缺口为负(等于 1 年以内各子时间段利率重定价缺口之和,-1287 亿元),在利率上升 200、100、50、25 个基点并维持 12 个月的情景下,该银行净利息收入将分别减少 24.66 亿元、12.33 亿元、6.17 亿元和 3.08 亿元。相反,在利率下降 200、100、50、25 个基点并维持 12 个月的情景下,其净利息收入将分别增加 24.66 亿元、12.33 亿元、6.17 亿元和 3.08 亿元。

　　综上案例分析可得到结论如表 9－4 所示。

表 9－4　利率变化时缺口与净利息收入的关系

	预期利率变动	净利息收入变动
正	上升	上升
正	下降	下降
负	上升	下降
负	下降	上升
零	上升	不变
零	下降	不变

9.2.3　利率风险管理的久期分析法

1. 久期分析法简介

　　久期用于计量在给定的小幅利率水平变动情况下,银行所持资产或负债头寸的经济价值的百分比变动。久期分析也称为持续期分析或期限弹性分析,它反映了有关工具在合同约定的到期日之前,现金流量的时间和规模。一般而言,有关工具的到期日越长,或下一次重新计价日越久,并且到期日之前支付的金额越小(如息票支付),则久期越大(绝对值)。久期越大,表示给定的利率水平变动对经济价值的影响更大。常用的久期包括麦考利久期和修正久期。

　　(1)麦考利久期。麦考利久期是 F. R. 麦考利为衡量债券的平均到期期限于 1938 年提出的,它是以年数表示的债券未来现金流距离到期时间的加权平均值,是对收回债券成本的加权平均时间的一个有效测度。麦考利久期的计算公式为

$$D_{麦考利} = \sum_{t=1}^{T} t \times \frac{C_t/(1+y)^t}{\sum C_t/(1+y)^t}$$

式中:y 为到期收益率,它是指将债券持有到偿还期所能获得的收益;T 为现金流发生的总次数,t 是指第 t 次现金流偿还,以年为单位;C_t 为第 t 期现金流的金额,$C_t/(1+y)^t$ 为第 t 期现金流的现值;$\sum C_t/(1+y)^t$ 为所有现金流现值总和,它等于债券的价格 P。

　　从计算公式可以看出,麦考利久期是债券各现金流偿还期的加权平均值,权重为各期现金

流在所有现金流总和中所占的比重。

（2）修正久期。修正久期的计算公式为

$$D_{修正} = \frac{1}{1+y} \cdot \frac{1}{P} \sum_{t=1}^{T} \frac{t \cdot C_t}{(1+y)^t}$$

由于 $D_{麦考利} = \frac{1}{P} \sum_{t=1}^{T} \frac{t \cdot C_t}{(1+y)^t}$，可得 $D_{修正} = \frac{1}{1+y} \cdot D_{麦考利}$，由此可知，修正久期是在考虑了到期收益率的基础上对麦考利久期的修正，是债券价格对于利率变动敏感性更加精确的度量。

一般而言，金融工具的到期日或距下一次重新定价日的时间越长，并且在到期日之前支付的金额越小，则久期的绝对值越高，表明利率变动将会对银行的经济价值产生较大的影响。对于活期存款等无明确到期日的产品，可以根据其利率变动和余额变动的特征进行客户行为分析，以确定在不同期限分摊的规则，由此计算修正久期以及进行经济价值分析。银行需要对无明确到期日产品的客户行为分析结果进行定期检验和修正，以便准确反映客户行为特点的变化。

【案例 9 - 4】案例银行现持有面值为 1 亿元的债券，票面利率为 6％，每半年付息一次，到期还本，剩余期限为 3 年。债券的收益率为 5％，请计算该债券的麦考利久期与修正久期。

【案例分析】久期的计算过程如表 9 - 5 所示。该债券剩余期 3 年，每半年付息一次，因此在剩余期限内银行将收到 6 次现金流，前 5 次为息票收入，第 6 次为本息合计收入。

以第 1 次 300 万元的息票收入为例，现金流偿还期为 0.5 年，现值为 $300/(1+5\%)^{0.5}=$ 292.77（万元），6 次现金流合计现值为 10292.5 万元，可以计算出第 1 次现金流现值所占的权重为 2.84％（＝292.77 万元/10292.5 万元），因此第 1 次现金流的久期为 $0.5 \times 2.84\%=0.01$（年）。按照这种方式，可以计算出第 2 至 6 次现金流的久期分别为 0.03 年、0.04 年、0.05 年、0.06 年和 2.59 年，将 6 次现金流的久期加总，可得该债券的麦考利久期为 2.78 年。

修正久期＝1/(1＋y)×麦考利久期，y＝5％，因此修正久期＝1/1.05×2.78＝2.65（年）。

表 9 - 5　债券久期计算案例

现金流/万元	期限/年	现值/万元	现值权重/％	久期/年
300	0.5	292.77	2.84	0.01
300	1	285.71	2.78	0.03
300	1.5	278.83	2.71	0.04
300	2	272.11	2.64	0.05
300	2.5	265.55	2.58	0.06
10300	3	8897.53	86.45	2.59

2. 久期分析法的应用

商业银行可以通过分业务精确计算修正久期来进行经济价值分析，也可以采用标准利率冲击法进行分析。标准利率冲击法基于利率重定价缺口表，设定平均修正久期进行经济价值敏感性分析。具体而言，就是对利率重定价缺口表的各个时段设定平均修正久期，以假设的利率变动乘以平均修正久期来确定各个时段的敏感性风险权数,再由该风险权数估算小幅利率变动对银行经济价值的影响。巴塞尔委员会发布的《利率风险管理与监管原则》提出的标准利率冲击法具体操作如下。

(1)利率变动情景:利率平行上升 200 个基点。

(2)风险权数如表 9-6 所示。

表 9-6　风险权数表

时间段	时间段中点[①]	修正久期[②]	风险权数[③]
1个月及以下	0.5个月	0.04 年	0.08%
1个月至3个月(含)	2个月	0.16 年	0.32%
3个月至6个月(含)	4.5个月	0.36 年	0.72%
6个月至1年(含)	9个月	0.71 年	1.43%
1年至2年(含)	1.5年	1.38 年	2.77%
2年至3年(含)	2.5年	2.25 年	4.49%
3年至4年(含)	3.5年	3.07 年	6.14%
4年至5年(含)	4.5年	3.85 年	7.71%
5年至7年(含)	6年	5.08 年	10.15%
7年至10年(含)	8.5年	6.63 年	13.26%
10年至15年(含)	12.5年	8.92 年	17.84%
15年至20年(含)	17.5年	11.21 年	22.43%
20年以上	22.5年	13.01 年	26.03%

注:①时间段中点的定义与 9.2.2 节相同,为这个时间段的中间值。以 1 个月及以下的时间段为例,该时间段的中间点为 0.5 个月,其他时间段按此类推。

②修正久期采用监管给定或银行设定值,假定所有头寸的修正久期都位于每一时段的中间,收益率为 5%。

③风险权数根据 200 基点收益率曲线平移的假定得出,它等于对应时段的修正久期×2%。

(3)计算单一货币利率变化对银行经济价值的影响:$\sum(-1)\times$各时间段的缺口 $\times$ 相应风险权数。

(4)计算利率变化对经济价值的影响:加总各货币利率变化对经济价值的影响。

久期分析能够使用单一的数值来概括银行对收益率曲线期限结构平行移动的风险暴露。但是它不能评估银行对收益率曲线期限结构其他变动的风险暴露,例如收益率曲线扭转(tilts)或者弯曲(bends)。而且久期分析只适用于分析幅度较小的平行利率冲击,对于利率较大幅度的变动,由于头寸价格的变化与利率的变动无法近似为线性关系,久期分析的结果就不再精确。

【案例 9-5】引用案例 9-2 银行相关资料,进行久期分析,假定各时间段的利率重定价缺口如表 9-7 第 2 列所示。请计算标准利率冲击法下,利率变动对经济价值的影响。

【案例分析】根据相关资料,计算结果如表 9-7 第 5 列所示。

表 9 - 7　利率冲击对经济价值影响

时间段	利率重定价缺口金额/亿元 ①	修正久期/年 ②	风险权数/% ③	对经济价值的影响/亿元 ④＝(-1)×①×③
1 个月及以下	-513	0.04	0.08	0.41
1 个月至 3 个月(含)	-755	0.16	0.32	2.42
3 个月至 6 个月(含)	-287	0.36	0.72	2.07
6 个月至 1 年(含)	268	0.71	1.43	-3.83
1 年至 2 年(含)	218	1.38	2.77	-6.04
2 年至 3 年(含)	342	2.25	4.49	-15.36
3 年至 4 年(含)	175	3.07	6.14	-10.75
4 年至 5 年(含)	82	3.85	7.71	-6.32
5 年至 7 年(含)	356	5.08	10.15	-36.13
7 年至 10 年(含)	283	6.63	13.26	-37.53
10 年至 15 年(含)	151	8.92	17.84	-26.94
15 年至 20 年(含)	176	11.21	22.43	-39.48
20 年以上	132	13.01	26.03	-34.36
合　计	628			-211.84

在本例中,时间段划分更细,例如将表 9 - 1 中的 3 个月至 1 年时间段,划分为 3 个月至 6 个月(含)、6 个月至 1 年(含)两个时间段,其他时间段类推。进一步细分将使计量更加精确。修正久期与风险权数与表 9 - 6 相同。在每个时间段内,利率变动对经济价值的影响为(-1)×缺口规模×风险权数,将各时间段利率变动对经济价值的影响加总,就得到利率变动对银行整体经济价值的影响。

从上述计算过程可以看出,在利率平行上升 200 个基点的标准冲击下,对案例银行经济价值影响为下降 211.84 亿元。

9.2.4　利率风险管理的情景分析法

1. 情景分析法的概念

除了利率重定价缺口分析和久期分析之外,银行还应用其他很多更复杂的利率风险计量与管理方法。例如:通过模拟利率的未来走势及其对现金流量的影响,从而将利率变化对收益与经济价值的潜在作用进行详细评估。这些模拟技术可以包含各种不同的、更加精确的利率变化情景,如收益率曲线斜率与形态状的变化、由蒙特卡罗模拟出来的利率情景等。在某种意义上,这种模拟技术和情景分析方法可视为利率重定价缺口法和久期分析的延伸。

情景分析是资产负债管理的一个重要工具,它产生于 20 世纪七八十年代,由于当时利率波动逐渐成为资产负债表的一个重要威胁,很多银行和保险公司开始利用情景分析来评估该风险。目前情景分析最主要的用途仍然是利率风险分析,但是银行也将它应用于其他各类风险的分析。情景分析既可用于利率变动的收益分析，也可用于经济价值分析。对于收益分析，情景模拟可以综合考虑多种利率变化情景和不同的资产负债业务变动等因素对银行收益的影响。

2. 情景分析的步骤

（1）设置利率变化情景。情景分析首先从情景设置开始，通常情况下，银行会使用较多的情景以使更多可能发生的情况得到评估。一个情景就是一整套相关风险因子的变动路径，风险因子通常是利率，但也可以是汇率、股票价格、商品价格、隐含的波动率等很多其他风险因子。银行可以通过对历史利率变化数据的统计分析来生成利率上升或下降的情景，也可以结合对未来利率走势的判断人为地设定利率变化情景，还可以采用模拟技术（例如蒙特卡罗模拟）给出未来利率变化的分布并选择一定置信区间的利率变化情景。

除了平行移动外，利率变化情景还包括收益率曲线斜率和形状的变化，不同产品适用利率基准不同幅度的变化或不同时间的变化，以及利率随时间推移逐渐上升或下降的情况。以表9-8为例，它是案例银行在银行内部收益率曲线基础上，根据银行对未来利率变化的判断以及管理分析的要求，设定的10年期内每6个月的利率变动情景。我们可以看到1月期、3月期、6月期、1年期、3年期、5年期以及10年期利率在10年期间的模拟变动路径。

表 9 - 8　利率变动情景示例

时间段/月	1月期利率	3月期利率	6月期利率	1年期利率	3年期利率	5年期利率	10年期利率
0	3.11	3.33	3.54	3.79	4.07	4.24	6.25
6	3.06	3.27	3.47	3.71	3.96	4.02	6.25
12	3.01	3.21	3.40	3.63	3.88	3.96	6.25
18	2.93	3.15	3.35	3.59	3.87	3.96	6.25
24	2.95	3.06	3.25	3.48	3.74	3.82	6.25
⋮	⋮	⋮	⋮	⋮	⋮	⋮	⋮
114	4.85	4.87	4.59	5.02	5.22	5.38	8.00
120	4.88	4.91	4.64	5.08	5.23	5.51	8.00

基于不同的分析要求，银行可以设置任意的、与之相匹配的利率情景。这些详细的利率变动情景能够处理利差收窄、收益率曲线弯曲或者平坦化等利率事件。表9-8假定了各个期限的利率在未来不同时间的演变路径，它是理想情况下的利率情景设置，需要很强的管理判断与数据系统做支持。通常情况下，利率变动情景设置更加简单化。例如，假定利率：①上升200个基点；②上升100个基点；③保持不变；④下降100个基点；⑤下降200个基点。

（2）设置业务假设。设定了利率变动情景后，下一步就要设定关于银行资产与负债在每个情景下表现的假设。例如，利率变动对于存款和公司贷款的影响、住房抵押贷款的提前偿付比率、银行管理层将采取的行动等。设置业务假设时需考虑市场环境变化、银行业务发展战略及年度实施计划、客户行为对银行业务现金流及利率重定价特征的影响、银行旨在影响客户行为的战略以及新业务计划引发的新增头寸等情况。

（3）进行情景模拟。基于利率变化情景和业务假设，银行可以预测出来每种情景下净利息收入以及资产负债表的表现。

【案例 9-6】引用案例 9-2 银行相关资料，假定重定价利率缺口分布如表 9-7 中第 2 列所示，同时假定利率上升 200 个基点、上升 100 个基点、保持不变、下降 100 个基点、下降 200 个基点共 5 种简单情景，可以得到表 9-9 所示情景分析结果。

表 9-9　各种利率变动情景对银行经济价值的影响　　　单位：亿元

利率变动情景	上升 200 个基点	上升 100 个基点	保持不变	下降 100 个基点	下降 200 个基点
经济价值变动	−211.84	−105.92	0	105.92	211.84

利率上升 200 个基点对银行经济价值的影响及具体计量与案例 9-5 相同。计算其他利率变动情景时，基本的计算方法与利率上升 200 个基点情景相同，只是在计算风险权数时，需要以该利率情景下的利率变动乘以各个时间段的修正久期。以利率下降 100 个基点情景为例，风险权数为相应时段的修正久期×（−1%）。

【案例分析】上述案例分析了各利率变动情景对银行经济价值的影响，同样我们也可以分析其对银行净利息收入的影响。对净利息收入影响的模拟分析，可以参照案例 9-3。银行一般将最可能发生的利率情景和业务情景组合确定为参考情景，分别计算参考情景下和其他情景下的经济价值（净利息收入），并计算其他情景下的经济价值（净利息收入）相对于参考情景下经济价值（净利息收入）的波动比例，以此评估利率风险水平。如果在特定情景下的预测结果不好，银行资产负债管理委员会可能会调整资产或者负债。

综合考虑多种风险因素的复杂情景模拟通常需要先进的利率风险计量系统的支持。在缺乏系统支持的条件下，银行可以以静态缺口表为基础进行简单的情景模拟。例如：针对基准风险，假设不同产品利率的变化幅度不同，分别计算各产品利率变化对经济价值（净利息收入）的影响，再加总得到所有产品利率变化的影响。

综上分析，与利率重定价缺口分析和久期分析等其他工具相比，情景分析非常灵活。利率重定价缺口分析不能处理期权风险，也不能预期未来业务或者管理行动的变化，而情景分析可以做到。虽然久期分析能够处理期权风险，但是它也只能处理即期收益率曲线平行移动的情况，而情景分析能够处理即期收益率曲线所有变动情况。利率重定价缺口分析和久期分析不能处理基差风险，而情景分析可以做到。当然，情景分析也有一些不足，它高度依赖于情景分析假设，如果假设有问题，则情景分析结果可用性就很差，越是具体的情景分析，越需要更多的假设。

9.2.5　利率风险控制

在利率风险管理中，利率风险的识别和度量很重要，但是在识别和计量出利率风险之后，采取何种方法进行改进，并在改进中获得最大化收益或达到经济价值最大化才是利率风险管理的目的。利率风险控制包括表内调节与表外调节两种手段，相关操作要点如表 9-10 所示。

表 9 - 10　利率风险控制的表内外调节措施

项目	调节对象	调节手段
表内调节	(1)投资组合:通过调整既有投资,改变当前债券固浮息占比、投资久期、重定价结构,从而调整重定价风险、收益率曲线风险等。 (2)贷款组合:通过制订以及适时调整年度目标和投向结构,改变贷款固浮息占比、贷款平均期限、贷款重定价结构。 (3)同业组合:主动管理同业资产负债规模总量、期限结构和定价水平。 (4)负债组合:优化负债产品期限结构、存款定活占比、发行债券、吸收协议存款等	(1)调整内部资金转移定价方式和定价水平,引导资产负债结构的调整。 (2)改进定价策略,调整产品利率定价方式与水平,引导资源合理配置。 (3)新产品研发。 (4)贷款买卖与资产证券化
表外调节	(1)利用利率衍生工具进行对冲。 (2)对冲工具总额不超过董事会和高管层核定的风险容忍度,每笔交易不超过董事会和高管层的授权。 (3)表外对冲的目的是减少利率风险水平,不是利用对冲策略对利率的变化方向、方式进行投机性交易	(1)利率掉期。 (2)利率期货。 (3)利率期权。 (4)利率上限(cap)、利率下限(floor)。 (5)远期利率合约,等等

下面以利率互换为例,说明银行如何在管理利率风险的同时,降低融资成本。

利率互换(interest rate swap),也称利率掉期,是指交易双方同意在未来的一定期限内,以两笔币种相同、本金相同、期限相同的资金为基础,按照一定的支付频率进行固定利率与浮动利率交换的金融合约。利率互换只交换利息,不交换本金。这个交换是双方的,如甲方以固定利率换取乙方的浮动利率,乙方则以浮动利率换取甲方的固定利率,故称互换。利率互换的目的在于降低融资资金成本和控制利率风险。例如,一方可以得到优惠的固定利率贷款,但希望以浮动利率筹集资金,而另一方可以得到浮动利率贷款,却希望以固定利率筹集资金,通过互换交易,双方均可获得希望的融资形式。利率互换作为一种新型的管理风险的手段,目前已在国际上被广泛采用。下面以案例说明两家银行利率互换的交易过程。

【案例 9 - 7】案例银行的信用评级为 AAA,希望获得一笔浮动利率资金,以便与其利率敏感性正缺口相匹配,它发行浮息债券的成本为 LIBOR+0.5%,发行固息债券的成本为 12%。假设另有一家乙银行,其信用评级为 BBB,想筹集一笔固定利率资金,以便与其利率敏感性负缺口相匹配,它发行固息债券的成本为 14%,发行浮息债券的成本为 LIBOR+1%。两者筹资成本差异如表 9 - 11 所示。

表 9 - 11　筹资成本差异

	信用评级	浮动利率	固定利率
案例银行	AAA	LIBOR+0.5%	12%
乙银行	BBB	LIBOR+1%	14%

从两家银行的筹资成本来看,案例银行由于信用评级和资信水平较高,不管在固息债市场还是在浮息债市场,筹资成本均低于乙银行。但是相对而言,案例银行在固息债市场有比较优势,其固定利率成本比乙银行低 2%,而浮动利率成本仅比乙银行低 0.5%。然而案例银行又想承担浮动利率。因此,在中介银行的安排下,双方达成了利率互换交易。

【案例分析】 在中介银行的安排下,案例银行发行固息债券,按照 12% 的成本对外付息。乙银行发行浮息债券,按照 LIBOR+1% 的成本对外付息。同时双方在中介银行安排下签订利率互换合同,案例银行收到 12% 的固定利率并按 LIBOR 支付浮动利率,乙银行按 LIBOR 收到浮动利率并支付 12.5% 的固定利率。利率互换示意图如图 9-4 所示。

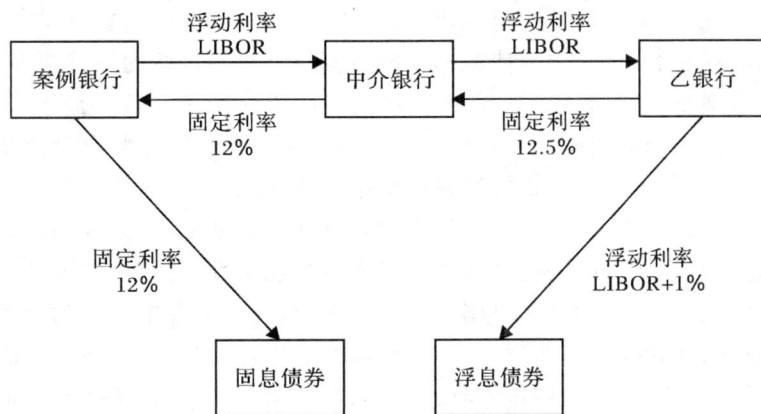

图 9-4　利率互换示意图

由图 9-4 可知,通过利率互换,案例银行实际上按照浮动利率对外支付,利率成本为 LIBOR,比互换前节约融资成本 0.5%。乙银行实质上按固定利率对外支付,利率成本为 13.5%,比互换前节约融资成本 0.5%。而中介银行在利率互换交易中,获得了相当于名义本金 0.5% 的佣金回报。

9.3　商业银行流动性管理

9.3.1　商业银行流动性管理的含义

1. 商业银行流动性及流动性管理

1)商业银行流动性及流动性风险

流动性是指银行在一定时间内以合理的成本筹集一定数量的资金,来满足客户当前或未来资金需求的能力。流动性风险是指商业银行无法以合理成本及时获得充足资金,用于偿付到期债务、履行其他支付义务和满足正常业务开展的其他资金需求的风险。流动性风险可以分为融资流动性风险和市场流动性风险。融资流动性风险是指银行在不影响日常经营或财务状况的情况下,无法及时有效满足资金需求的风险。市场流动性风险是指由于市场深度不足或市场动荡,银行无法以合理的市场价格出售资产以获得资金的风险。

从概念可知,有偿付能力和流动性有着不同的含义。有偿付能力是指商业银行能够偿付所承担的债务,其资产金额大于负债;流动性是指在指定付款日,银行有足够现金对外支付。如果流动性管理不善,一家有偿付能力的银行很有可能因为流动性问题而破产。因为商业银行的资产与负债通常存在期限错配,银行的资产大部分是中长期贷款或者证券投资,而其负债多是活期存款和同业资金,因此谨慎管理流动性风险就尤为重要。假定一家银行90%的资金来源于存款,10%来自股权,资产分散配置在贷款、债券等产品上,并且具备较强的偿付能力。但是如果市场上突然出现挤兑现象,有25%的存款人到银行要抽走自己的资金,而银行又无法及时变现其资产,这很有可能造成银行陷入经营困境,甚至破产。

2)商业银行流动性管理

商业银行流动性管理包括日常流动性管理和流动性风险管理。日常流动性管理是指为保持流动性需求和供给达到平衡而进行的一系列活动。具体来讲,它就是商业银行通过合理调度资金(头寸),一方面保证其具有应付客户提存、偿还借款、满足必要贷款需求的支付能力,另一方面又不致形成资金的闲置,力争使流动性缺口保持最小而进行的经营管理活动。

流动性风险管理是识别、计量、监测和控制流动性风险的全过程。商业银行应该充分识别、有效计量、持续监测和适当控制银行整体及在各产品、各业务条线、各业务环节、各层机构中的流动性风险,确保银行无论在正常经营环境中还是在压力状态下,都拥有充足的资金应对资产的增长和到期债务的支付。例如,银行在确定资产负债的额度、结构和期限等内容时都需要考虑流动性风险,并加强资产的流动性和融资来源的稳定性。同时,应该充分认识新时期商业银行流动性的特征,便于科学管理。例如,在2013年,我国商业银行流动性风险的特征出现明显变化,同业业务、理财业务快速增长,银行负债的稳定性明显下降。总之,流动性风险管理既有长期性,又有紧迫感,如果不能得到有效控制,将有可能损害银行的清偿能力。在金融危机中,银行在资产负债表和偿付能力未出现明显损害的情况下,由于流动性问题而倒闭的案例不在少数。

2. 商业银行流动性管理的目标及要求

(1)商业银行流动性管理的目标。商业银行流动性管理的直接目标是保持适度流动性以满足客户当前或未来资金需求,而终极目标是在保持流动性的前提下实现利润最大化。

(2)商业银行流动性管理的要求。商业银行应持有适量的现金以满足以下需求:①存款人随时提现的需求;②支票客户的支付需求,即在央行的超额存款准备金必须足额;③已授信的贷款客户提取贷款的需求;④银行日常开支的需求;⑤避免过多地持有现金资产,以免降低银行盈利能力的管理需求。

3. 商业银行流动性管理的原则

(1)灵活调节原则。在正确预测资金头寸变化趋势的基础上,及时灵活地调节头寸余缺,以保证在资金短缺时,能以最低的成本和最快的速度调入所需的资金;反之,在资金头寸多余时,能够及时调出头寸,并保证调出资金的收入能高于筹资成本,从而获得较高的收益。

(2)成本最低化和预期收益最大化原则。

(3)流动性需求和流动性供给的时间对应原则。这一原则要求商业银行在业务经营中,防止出现资产与负债出现较大的期限错配。根据资产负债期限结构匹配的原则,短期资金来源只能用于短期资金运用,长期资金来源可以用于短期资金运用和长期资金运用,但如果短期资金被用于超过自身期限的长期资金,则称之为资金期限错配。

4. 影响商业银行流动性的因素及头寸轧算

(1)影响银行流动性的需求和供给的因素。影响商业银行流动性供给与需求的具体因素如表9-12所示。

表 9 - 12　影响银行流动性需求和供给的因素

流动性供给	流动性需求
客户存款	客户提取存款
非存款服务收入	已审批贷款客户的信贷要求
客户偿还贷款	偿还存款之外的借款
出售银行资产	出售服务时产生的费用和赋税
从货币市场上借款	向股东发放现金红利

表 9 - 12 中影响银行流动性变化的因素,通常可分为四大类。

第一类:由银行存款业务产生的内部流动性供给。

第二类:由银行其余各类经营活动产生的流动性供给。

第三类:由银行贷款业务产生的流动性需求。

第四类:由银行其余各类费用支出产生的内部流动性需求。

(2)商业银行流动性头寸计算公式。

银行的净流动性头寸(L)＝流入银行的流动性供给－流出银行的流动性需求

流入银行的流动性供给＝存款(流入)＋非存款服务收入＋客户偿还的贷款＋

银行资产销售＋从货币市场借款

流出银行的流动性需求＝存款提取(流出)＋已承诺的贷款要求＋银行借款的偿还＋

其他经营费用＋向银行股东支付的红利

当 $L \geqslant 0$ 时,为"多头寸",表明银行内部流动性供给能够满足流动性需求,且有剩余。银行管理者需要考虑如何将多余流动性头寸进行投资,以满足银行盈利性的需求。

当 $L < 0$ 时,为"缺头寸",表明银行内部流动性供给不能满足流动性需求,银行管理者必须考虑如何通过主动的融资活动获得额外的流动性供给,以满足银行流动性需求。

5. 商业银行流动性管理的重要性

流动性被视为商业银行的生命线。流动性不仅直接决定着单家商业银行的安危存亡,对整个国家的金融体系乃至全球经济的稳定都至关重要。在 2008 年爆发的全球金融危机中,金融市场上的流动性突然枯竭,资产价格大幅下挫,大量金融机构陷入严重危机甚至被迫破产清算,由于流动性紧缩的恶性循环使得金融危机愈演愈烈,扩展至全球,对整个经济金融体系造成了巨大的创伤。金融危机爆发后,国际社会对流动性风险管理和监管予以前所未有的重视。巴塞尔银行监管委员会相继出台了《稳健的流动性风险管理与监管原则》和《巴塞尔协议Ⅲ》的《流动性风险计量标准和监测的国际框架》,构建了商业银行流动性风险管理和监管的全面框架。在强化资本监管的同时,首次提出了全球统一的流动性风险监管定量标准。

国内监管当局为了维护银行体系安全稳健运行,也高度重视对商业银行流动性风险的管理。从管理办法的发展演变来看,无论是《商业银行流动性管理指引》《流动性风险管理办法(试行)》,还是由银保监会颁布并于 2018 年 7 月 1 日起施行的《商业银行流动性风险管理办法》,都给了商业银行管理者一个很重要的信号,流动性风险管理无小事。因为该办法是根据《中华人民共和国银行业监督管理法》《中华人民共和国商业银行法》《中华人民共和国外资银行管理条例》等法律法规制定的,所以,可以肯定地说,银行业监督管理机构依法对商业银行的流动性风险及其管理体系实施监督管理。

9.3.2 商业银行流动性预测

1.资金结构法预测

1)对存款和非存款负债进行分类

这是运用资金结构法的第一步。预测银行存款和其他资金来源被提取从而游离银行之外的可能,并据此将资金分类。作为示例,我们可以把银行存款和非存款负债分成热钱负债、易损负债、稳定负债三类。热钱负债是指对利率非常敏感或管理层确信会在当期提取的存款和其他借入资金。易损负债是指在当期的某个时候,可能会被大量(可能为 25% 或 30%)从银行提走的客户存款,例如经纪人存款和大额存款。稳定负债,通常称为核心存款或核心负债,是指管理层认为最不可能从银行移走的资金。

2)预测流动性需求

这是资金结构法的第二步。流动性需求预测的基本公式如下:

银行的总流动性需求=存款和非存款负债流动性需求+贷款流动性需求

$= 0.95 \times$(热钱资金-热钱存款的法定准备金)+

$0.30 \times$(易损的存款-易损存款的法定准备金+易损非存款资金)+

$0.15 \times$(稳定的存款-稳定存款的法定准备金+稳定非存款资金)+

$1.00 \times$(潜在的未清偿贷款-实际的未清偿贷款)

【案例 9-8】案例银行把其存款负债分成热钱、易损资金和稳定(核心)资金三部分,总额分别为 2500 万元、2400 万元和 1 亿元。该银行管理层想为热钱存款(减去 3% 热钱法定准备金)和非存款负债保持 95% 的储备,为其易损性存款和借入款(减去法定准备金)保持 30% 的储备,为其核心存款(减去法定准备金)保持 15% 的流动性储备(假设法定准备率为 3%)。目前银行贷款总额是 1.35 亿元,而贷款需求已经高达 1.4 亿元,预计未来一年贷款需求将以 10% 的速度增长,假定该银行准备在任何时候都满足达到贷款质量标准的贷款需求。请计算案例银行的总流动性需求。

【案例分析】

(1)该银行当前存款负债组成如下:

热钱	2500 万元
易损资金(包括最大的存款负债账户)	2400 万元
稳定(核心)资金	1 亿元

(2)该银行的总流动性需求如下:

银行的总流动性需求=存款可能提取额+贷款增加额

$= 0.95 \times$(2500 万元$-0.03 \times$2500 万元)$+0.30 \times$(2400 万元$-$

　　　　$0.03 \times$2400 万元)$+0.15 \times$(1 亿元$-0.03 \times$1 亿元)$+$

　　　　[1.4 亿元$\times$(1$+$10%)$-$1.35 亿元]

$=$2304 万元$+$698 万元$+$1455 万元$+$1900 万元

$=$6357 万元

2. 资金来源和运用法预测

1）基本概念及关键点

资金来源和运用法的主要思想是在掌握历史上银行资金来源和银行资金运用规律的基础上，通过科学修正，预测出银行未来某个时点(时段)流动性头寸缺口。商业银行通常使用大量的统计方法，加上管理层的判断和经验，以预测存贷款。通过比较预期的贷款变化和存款变化，预计该期间银行的净流动性资金是盈余还是不足。

2）资金来源和运用的趋势分析

资金来源和运用的趋势分析是指银行通过分析本行历史上存款增减变化规律，掌握银行流动性供给的变化规律；通过分析本行历史上贷款增减变化规律，掌握银行流动性需求的变化规律，从而预测银行流动性头寸的变化趋势。

3）资金来源和运用的季节性因素分析

资金来源和运用的季节性因素分析，是指商业银行在分析预测本行历史上存贷款增减变化基本趋势后，再考虑存贷款的季节性因素影响，并通过季节性指数反映银行存贷款受自然条件和社会习俗的影响，进而对趋势预测进行修正的过程。

$$季节性指数 = \sum 过去五年同一个月份存贷款余额 / \sum 过去五年年底存贷款余额$$

$$存款(贷款)修正额 = 季节性指数 \times 上年年底存(贷)款余额 - 上年年底存(贷)款余额$$

4）资金来源和运用的周期性因素分析

资金来源和运用的周期性因素分析，是指商业银行在分析预测本行历史上存贷款增减变化基本趋势的基础上，在考虑季节性因素影响之后，进而通过增加周期性因素以揭示银行存(贷)款受经济周期的影响状况，并对偏差进行修正的过程。

$$存款周期性因素 = \frac{上一年的存款}{趋势预测额} + \frac{上一年的存款}{季节性修正额} - \frac{上一年同期银行}{实际发生的存款额}$$

$$贷款周期性因素 = \frac{上一年的贷款}{趋势预测额} + \frac{上一年的贷款}{季节性修正额} - \frac{上一年同期银行}{实际发放的贷款额}$$

5）综合预测银行流动性头寸

预测流动性头寸是商业银行管理者很重要的工作内容，也是对存款、贷款未来变化数额进行预测的主要目的。

$$银行流动性头寸 = 预测的存款变动额 - 预测的贷款变动额 - 存款准备金变动数额$$

9.3.3　商业银行流动性风险管理

1. 流动性风险管理组织架构

流动性风险管理是银行资产负债管理的重要组成部分。银行可以根据自身规模和业务复杂程度选择流动性风险管理的模式。流动性风险管理模式可以是集中、分散或二者相结合。不同银行的流动性风险管理模式存在较大的差异，国外银行一般采取集中式管理模式。无论银行采用何种管理模式，都要建立有效的流动性风险管理组织架构，制订适当的策略、政策和程序，以确保对总体流动性风险水平和分支机构、附属机构流动性水平进行有效识别、计量、监测、控制。

在流动性风险管理架构中，董事会承担最终责任。董事会主要承担审批流动性风险承受度、流动性风险管理策略、流动性管理的主要政策和程序，以及重要的流动性风险限额，定期评估银行的流动性风险状况，审批流动性风险应急方案等职责。风险承受度和风险偏好是两个很相似的概念，但是两者存在细微的差别。风险偏好是银行愿意承担的风险水平，而风险承受度是银行能够承担的最大风险水平。商业银行应该根据其经营战略、业务特点和风险偏好，清楚地阐明适合其经营战略的流动性风险承受度，并以此为基础制订流动性风险管理策略、政策和程序。

董事会通常会将流动性风险管理职责授权给高管层及其下属的资产负债管理委员会。资产负债管理委员会作为银行内部沟通流动性管理的平台，主要职责为确保银行的流动性风险得到充分识别、准确计量、及时报告和有效控制，并且有稳健的数据和 IT 系统支持。在资产负债管理委员会之下，通常会建立负责资产负债管理日常管理的职能部门（一般为司库），负责流动性风险管理中的识别、计量、监测、控制等工作，为资产负债管理委员会提供分析和决策支持。

2. 流动性风险计量的方法

流动性风险计量通常使用的方法有现金流错配法、持有流动性组合方法和静态指标法。持有流动性组合方法和静态指标法简单易行，但它是静态的，不能计量现金流入和流出的概率，也不能预测未来的现金流量。相对而言，现金流错配法是动态灵活的，能够给出一个流动性风险的概貌。但是现金流错配法的时间段设置一般为短期，因此它通常被认为是一个短期工具，不能发现长期流动性问题。在实践中，银行不会依赖单一的流动性计量办法，通常会结合各种方法来衡量流动性风险。很多国际先进银行以现金流错配方法为主，配合持有流动性资产组合方法和静态指标法对流动性风险进行计量和管理。

1）现金流错配法

现金流量管理是流动性风险识别、计量、监测和控制的一种重要工具。银行通过分析现金流量的期限错配情况，发现融资缺口，并防止过度依赖短期流动性供给。现金流错配法与利率重定价缺口方法很相似，都是将现金流按照其期限划分到不同的时间段，各时间段的资金余缺是衡量银行未来各期流动性的基础。现金流期限错配分析以短期为重点，但是银行也可以开展中期乃至长期的现金流期限错配分析，以尽早发现潜在流动性风险。现金流期限错配分析主要有以下几类方法：

（1）基于合同的现金流缺口分析。它主要基于合同的静态流动性缺口进行分析。银行将表内外业务未来可能产生的现金流，按照一定的方法分别计入特定期间的现金流入和现金流出，现金流出减去现金流入即为现金流期限错配净额，通过累加就可以得到一定期限内的现金流错配净额（见表 9 - 13）。

表 9 - 13　以合同到期日划分的未折现合同现金流　　　　单位：百万元

项目	即期偿还	1 个月以内	1～3 个月（含）	3 个月～1 年（含）	1～5 年（含）	5 年以上	合计
1. 非衍生金融工具现金流	−4455	873	−187	397	1341	2880	852
（1）金融资产	619	2287	1133	2603	2608	3075	12325
①现金及存放中央银行款项	379	1627	0	0	0	0	02007
②存放和拆放同业款项	93	240	208	476	35	0	1052

项目	即期偿还	1个月以内	1～3个月(含)	3个月～1年(含)	1～5年(含)	5年以上	合计
③交易性金融资产	1	10	5	9	32	16	72
④发放贷款和垫款	65	316	775	1740	1614	2188	6698
⑤可供出售金融资产	0	57	97	125	280	127	686
⑥持有到期投资	0	15	36	217	583	333	1183
⑦其他资产	81	22	12	36	64	411	627
(2)金融负债	5074	1414	1320	2206	1267	195	11473
①同业存放和拆入款项	732	203	282	225	242	0	1683
②交易性金融负债	0	7	4	3	0	0	014
③吸收存款	4213	1159	987	1885	919	12	9174
④应付债券	0	1	4	4	44	146	199
⑤其他负债	129	44	43	89	62	37	403
2.衍生金融工具净现金流	4	1	1	2	−2	2	8
3.表内项目净现金流(=1+2)	−4451	874	−186	399	1339	2882	860
4.表外项目净现金流	0	−8	4	−12	7	−45	−54
5.现金流错配净额(=3+4)	−4451	866	−182	387	1346	2837	806

现金流入项目包括到期资产、可以变现的非到期资产和可以使用的信贷额度等。资金流出项目包括到期负债、或有负债和可能提取的信贷承诺等,而且重要的利息收支和其他现金流也应该予以考虑。在衡量现金流入时,对可以使用的信贷额度应该采用保守的估计;相似地,衡量现金流出时要以债务人最早行使赎回权的日期和或有负债最早到期日为依据。

(2)基于客户行为的静态调整流动性缺口分析。它是在基于合同的现金流缺口分析的基础上,引入客户行为分析(如贷款提前偿还、存款提前支取、贷款展期等)而得到的流动性缺口分析。

(3)基于客户行为和新业务计划的动态流动性缺口分析。它是比较先进的流动性风险管理方法,是在基于合同现金流和客户行为分析的基础上,再考虑未来新业务的变化对于流动性缺口的影响。

商业银行每天都需要对流动性风险的状况进行分析,对现金流分析的时间段从一周到一个月不等,具体取决于银行流动性构成的稳定性,通常以预测当天和隔夜为主,并采用滚动预测方法。现金流预测包括正常经营的现金流预测和压力情景下的现金流预测。在现金流预测的基础上,银行对其净融资需求进行管理。除了日常流动性管理之外,银行也可以通过控制业务的到期日来消除远期的融资缺口。例如,如果未来 30 天后有重大的融资需求,银行可以安排一项在那一天到期的资产,或是新增、滚动借入一笔负债。

2）持有流动性组合方法

持有流动性组合方法是银行通过监测持有的流动性资产组合的规模和组成，来评估和管理流动性风险的方法。银行在流动性管理政策中，一般会明确流动性资产应满足的条件、流动性资产组合构成（包括投资品种、信用评级、投资期限等）、流动性资产的规模（比如占流动性负债或负债的比例，或者绝对规模）、流动性组合规模下降的预警指标与触发程序、最低流动性资产组合水平等。

流动性资产组合分为人民币和外币流动性资产组合，主要由高流动性资产组成，包括现金、超额备付金存款、同业存款、同业拆放及借款、债券回售（逆回购）、银行大额存单、高信用等级债券及票据、央行票据等。国外银行一般按照流动性高低将流动性资产进一步分类，比如分为基本资产、流动性资产、可售资产，也有的分为第一类资产、第二类资产、第三类资产等。银行通常将流动性组合和投资组合隔离，流动性组合的目标是保证流动性，满足一般业务用款、汇款业务、业务扩张等资金需求。

3）静态指标法

静态指标法是指运用一系列监管指标和银行内部管理指标，衡量银行在某一时点上的流动性状况，并对指标进行监控，以实现流动性管理目标的方法。国内银行现行的流动性管理指标主要有流动性比例、超额备付金率、贷存比、流动性缺口率、核心负债依存度和最大十户存款比率等。上述指标分别从资产、负债两个角度对银行的流动性风险进行了衡量，指标设计直观易懂，计量口径明晰，银行计算成本较低，能够相对有效地监测银行的流动性风险，同时部分指标也存在其内在的缺陷。

（1）流动性比例。流动性比例为流动性资产余额与流动性负债余额的比例。流动性资产和流动性负债指一个月内到期的各项资产和负债。目前监管规定流动性比例不得低于 25％。该指标主要从持有的高流动性资产变现能力来衡量银行流动性风险，但该指标未能将表外流动性风险纳入监测之下。近年来，在银行中间业务快速发展、表外业务发展迅猛的情况下，该指标衡量流动性风险不够全面的问题逐渐凸显。

（2）人民币超额备付金率。人民币超额备付金率＝（在中国人民银行的超额准备金存款＋库存现金）/人民币各项存款余额×100％。该指标一般不能低于 2％。它能够有效监测银行短期支付能力，但是无法衡量银行中长期流动性风险状况。

（3）贷存比。贷存比是银行贷款余额与存款余额的比例，目前不得低于 75％。该指标反映了银行存贷款余额的比例关系，但是不能反映存贷款期限的匹配情况，而且随着金融创新与金融脱媒的加快，银行的负债来源、资产运用日趋多元化，存贷款在银行资产负债中的占比不断下降，仅靠存贷款不能完整反映银行的负债及资产状况，存贷比指标也不能全面反映银行的流动性状况。

（4）流动性缺口率。流动性缺口率为 90 天内表内外流动性缺口与 90 天内到期表内外流动性资产之比。流动性缺口为 90 天内到期的表内外资产减去 90 天内到期的表内外负债的差额。目前，银行流动性缺口率不能低于 −10％。该指标主要是衡量银行资产负债的期限匹配情况，但不能完整地反映银行的现金流状况。例如，由于住房贷款提前还款非常普遍，它的实际期限要远远小于账面期限。该指标也未将定期存款的滚存和同业存款的沉淀率考虑在内。因此，该指标可能在一定程度上高估了银行的流动性缺口和流动性风险水平。

（5）核心负债依存度。核心负债依存度为核心负债与负债总额之比。核心负债是指剩余期限 90 天以上的定期存款(不含财政性存款)、剩余期限 90 天以上的发行债券和过去 12 个月最低存款额之和。目前,银行核心负债比例要求不低于 60%。该指标主要从负债的稳定性和集中度来反映银行的流动性风险状况。但是核心负债依存度对稳定负债的定义范围较窄,例如,没有包括剩余期限 3 个月以上的同业存款及活期同业存款中较为稳定的部分。

(6)流动性覆盖率和净稳定现金比率。流动性管理是《巴塞尔协议Ⅲ》的重要组成部分,主要涉及流动性覆盖率(liquidity coverage ratio,LCR)和净稳定资金比率(net stable funding ratio,NSFR)两个流动性管理定量指标。

流动性覆盖率为优质流动性资产储备与未来 30 日现金流出量之比。该指标要求不低于 100%。它旨在确保商业银行在监管部门设定的短期严重流动性压力情景下,能够保持充足的、无变现障碍的优质流动性资产,这些资产可以通过变现来满足未来 30 天的流动性需求。监管部门设定的压力情景既包括单个机构遭受的非系统性特定冲击,例如一定比例的零售存款流失、无担保批发融资能力下降等;也包括影响对整个市场的系统性冲击,如市场波动性显著增加等。

净稳定资金比率为可用的稳定资金与所需的稳定资金之比。稳定资金是指在持续压力情景下,1 年内都能保证为稳定资金来源的权益类和负债类资金。该指标要求不低于 100%。净稳定资金比率是对流动性覆盖率指标的一个补充,旨在衡量银行是否运用更加稳定、持久和结构化的融资渠道来提高其在较长时期内应对流动性风险的能力,防止银行在市场繁荣、流动性充裕时期过度依赖短期批发资金。

与流动性比例等传统指标不同,流动性覆盖率和净稳定资金比率两项指标的计算几乎涉及银行表内外业务的各个方面,并使用差异化的折扣率对原始数据进行调整,充分反映各类业务对流动性风险的潜在影响,而且特别考虑了市场担保融资、衍生品和表外承诺等各个项目对资金流变动的潜在影响,细化了流动性管理的风险点,因此更加全面和科学。

3. 压力测试与应急计划

如前所述,流动性风险是低概率高影响的风险,因此流动性风险管理重在预防。商业银行通过定期实施压力测试,设定例外但是合理的情景,来分析这些情景对流动性状况的潜在影响。同时,银行评估自身承受压力事件的能力,并针对可能性较高的情景制订流动性应急计划,以提高在流动性压力情况下履行其支付义务的能力。

1)压力测试

流动性压力测试的基本方法和原理与其他压力测试相同,但在压力测试的对象、风险因子、压力情景与假设等方面存在差异。一般而言,流动性压力测试主要有以下步骤:

(1)确定压力测试的对象。流动性压力测试的对象包括现金流和流动性状况、盈利能力、偿债能力等,不同的压力测试对象的关注点各不相同。例如,以现金流为压力测试对象时,主要关注压力情景对银行资产负债表内、表外项目现金流入与现金流出的影响。

(2)获取和分析所有业务基于合同层面的相关资产负债数据。这是压力测试成功的关键因素,也是压力测试的难点所在。要先确定压力测试的覆盖范围,根据覆盖范围确定数据收集范围;然后再获取所有业务基于合同层面的资产负债数据,并对其进行深入分析,例如分析客户行为调整对现金流的影响。

(3)定义压力测试情景及相关假设。压力情景包含严重程度、覆盖范围、持续期三个要素,每个压力情景都是这三个要素的组合。严重程度可区分为轻微、中度、严重三种情况。覆盖范围可以是单个机构或整体市场,单个机构情景是银行自身遇到危机的情景,市场危机情景是一个或多个市场的所有银行流动性都受到影响的情景。持续期包括持续时间短的冲击性危机和持续时间长的长期性危机。银行也可以结合本身业务特点和复杂程度,针对流动性风险集中的产品、业务和机构设定压力情景。

(4)执行压力测试。银行根据确定的覆盖范围(机构、币种等)实施压力测试,实施的频率分为定期和不定期,一般至少每年实施一次。以现金流压力测试为例,银行根据每个压力情景及其假设分析每个情景下的现金流缺口,并分析每种情景下的最短生存期等。

(5)压力测试的分析和报告。压力测试分析报告需要书面记录所有压力测试情景、条件假设、结果、回溯分析和管理行动计划建议,并按照银行内部的汇报路线向上报送。董事会或者资产负债管理委员会根据压力测试的分析结果与建议,决定是否采取管理行动。

2)应急计划

商业银行通常按照正常市场条件和压力条件分别制订流动性应急计划,涵盖银行流动性发生临时性和长期性危机的情况,并预设触发条件和实施程序。流动性应急计划的制订应结合银行自身的业务规模、业务复杂程度、风险水平和组织架构等因素,而且至少应该包括一种银行自身评级降至"非投资级别"的极端情况。商业银行设定的情形包括但不限于:流动性临时中断,例如突然出现运作故障、电子支付系统出现问题或者物理上的紧急情况使银行产生短期融资需求;流动性长期变化,例如因银行评级调整而产生的流动性问题等。

应急计划应说明在每种情形下银行如何优化融资渠道(负债方流动性管理策略)和出售资产以减少融资需求(资产方流动性管理策略)。资产方流动性管理策略包括但不限于:变现多余货币市场资产,出售原定持有到期的证券,出售长期资产、固定资产或某些业务条线(机构),在相关贷款文件中加入专门条款以便提前收回或出售转让流动性较低的资产。负债方融资管理策略包括但不限于:将本行与集团内关联企业融资策略合并考虑,建立融资总体定价策略,制订利用非传统融资渠道的策略,制定零售和批发客户提前支取和解约政策,使用中央银行信贷便利政策。

综上所述,流动性风险计量和管理的方法与银行账户利率风险管理具有一定的相似性。例如,都采用缺口分析方法,都遵循风险识别、计量、监测与控制的管理过程等。但流动性风险管理本身又具有区别于其他风险的特殊性。流动性风险是低概率高影响的事件,历史上能够观测到的流动性危机事件数量较少而且情况因机构而异,因而很难定义其概率分布。因此,基于概率分布假设的分析方法对于流动性风险管理并不合适,相反压力测试方法更加适用。

9.3.4　商业银行流动性管理的配套措施

1. 建立分层次的准备资产制度

准备资产制度是指商业银行制定的要求其持有一定数量的现金资产和短期有价证券的制度,包括一级准备制度和二级准备制度。

(1)一级准备制度。一级准备制度是指为了保持流动性需要,要求商业银行持有一定量的现金资产。现金资产具体包括库存现金、同业存款、在中央银行的超额准备金存款以及在途资金。它们是商业银行货币性最强,具有十足的流动性的部分,可将其视为应付流动性需要的第一准备或一级准备。由于这部分在银行属于无盈利或微利资产,虽然能满足流动性需要,但过多持有却会影响银行的盈利性。所以,应在满足流动性的基础上,尽量压缩该部分比重。

（2）二级准备制度。二级准备制度是指为了保持流动性需要,要求商业银行在持有一定量现金资产的同时,持有一定量的短期证券资产。其主要包括到期日在一年以内的流动性较强的债券。与现金资产相比,它们有一定的利息收入,但流动性不及前者;与银行其他资产相比,它们的流动性则较强,即变现的速度快,变现中损失较少,被视为应付流动性需要的第二准备或二级准备。这部分资产既可满足流动性,又可满足盈利性,银行可以适度持有。

建立二级准备需要解决两个问题:一是按照流动性需求和银行借入资金的能力确定准备规模。一般来说,小银行侧重从资产方面取得流动性,二级准备的比重就大一些;大银行有能力从负债方面取得流动性,二级准备的比重则可小一些。二是选择流动性工具。充当二级准备的易变现资产需要具备三个条件,即期限短、质量高、变现快。因此,可供银行选择的流动性工具主要有超额准备金、短期政府证券(即国库券)、其他易变现的短期证券、商业票据、银行承兑汇票、其他流动资产(主要是其到期日与银行的流动性需求相适应的一些贷款和投资,也包括买入其他银行发行的可转让大面额存单)等。选择流动性工具要同时着眼于它的期限、收益和易变现性。

2. 负债管理策略

负债管理策略是指在充分挖掘存款负债的基础上,通过增加其他负债形式从市场上借入资金来满足流动性需要,包括向中央银行借款(含直接借款和再贴现)、同业拆借、发行可转让大面额存单、发行商业票据等形式。以负债形式取得资金满足其流动性需要,不仅拓宽了银行的视野,找到了保持流动性的新方法,而且为银行增加盈利资产、扩大资产规模创造了条件。但是通过这一形式保持流动性需要考虑下列三个问题:一是资金成本。由于借入款的利息成本要比存款利息成本高,因此,增加借入款的同时减少银行一级准备或二级准备才是有利的,必须使资产盈利的增加大于负债成本的增加。二是银行信誉。这是从市场上借入资金的重要条件,只有取得客户或投资者的信任,才能顺利筹措到所需资金。三是如果市场资金面紧张,银行很难按预期筹集到资金,进而导致流动性压力加大,也加剧了银行经营的风险性。

因此,银行在解决其流动性需求时,应主要从资产方面着眼,力求保持资产的流动性,特别是保持足够的二级准备,而把从负债方面取得资金的流动性放在第二位,作为一种必要的补充。

3. 平衡流动性管理策略

前述两种流动性管理策略,通常各有其相适应的使用对象。一般来说,规模较小、信用等级相对不高的商业银行往往偏重于采用资产流动性管理策略。这类银行由于向市场购入资金的渠道较为有限,或者其他金融机构(资金供给者)出于对该银行信用等级的考虑和避险的要求而不愿意对其提供资金,因此采用购入流动性策略往往要承担较大的风险,或者必须支付更高的成本。与此相反,大商业银行、信用等级高的商业银行在国内、国际货币市场上具有明显的融资优势,它们更倾向于通过各种形式的借款获得流动性。

很显然,对大多数商业银行来说,满足流动性需求的策略并非只能在上述两种策略之间做出选择,即不存在非此即彼、二者只选其一的问题。由于资产流动性管理策略和负债流动性管理策略各有其利弊,许多商业银行将两者有机地结合运用,即采用平衡流动性管理策略。在平衡流动性管理中,一部分的流动性资金需求由自身资产来满足(主要是可转让证券与同业存款),另一部分预计的流动性需求则由与相关银行和其他资金供应者事先达成的信用安排来弥补。突发性的现金需求通常通过借款来满足;期限较远的流动性资金可由计划好的中短期贷款来解决;在需要提高其流动性时,有价证券也可转换成现金。

4. 表内业务和表外业务并重的管理策略

（1）资产证券化业务。资产证券化将商业银行持有的缺乏流动性，但能够产生可预见性的、稳定的现金流的信贷资产，通过一定的结构安排，对其风险与收益进行重组，转换成在金融市场上可以出售和流通的证券。

（2）贷款出售业务。贷款出售又称"二次参与贷款"，是指商业银行采取各种方式出售贷款债权给其他投资者，优化其贷款资产组合，并缓解资本管制压力的一种业务活动。贷款出售后，由表内转化到表外，银行收取手续费。贷款出售不仅具有与资产证券化相同的优点，而且还具有及时性、灵活性优势。

思考与练习

1. 商业银行管理理论中，资产管理思想与负债管理思想，各自强调的管理重心和所处环境差异是什么？

2. M 商业银行 2018 年初预测在同年 3 月会出现季节性贷款高峰，需要在此之前准备好 1000 万元的流动资金。为此，商业银行的管理人员设计了两种方案。

方案一：将 2 月底到期收回的贷款 400 万元用于购买一个月的国库券；在 2 月下旬发行 300 万元的三个月期大额定期存单；在 3 月初，利用证券回购协议在市场筹集 300 万元。

方案二：将 2 月中旬到期收回的贷款 200 万元用于 20 天的同业拆出；在 2 月下旬发行 500 万元的三个月期大额定期存单；在 3 月初，利用证券回购协议在市场筹集 200 万元，同时利用同业拆借方式拆入资金 100 万元。

请比较说明以上两种方案哪种比较可行。

3. 假设 M 银行已发放一笔期限 3 年，金额 2000 万元，年利率为 9% ，到期一次还本付息期的贷款。若该银行为了满足流动性需要，决定出售该笔贷款。请回答：

（1）若在出售该贷款时，银行可以有如下两个选择：一是以具有追索权方式按 9.5% 的贴现率出售该笔贷款；二是以不具有追索权的方式按 9.75% 的贴现率出售该笔贷款。这两种方式对该银行的影响有何不同？

（2）若该银行预计这笔贷款的违约率为 0.5% ，如果你是银行的管理人员，那你决定以哪种方式出售该笔贷款？

4. X 银行估计，在未来 24 小时内，将发生下述现金流入和流出项目，如表 9-14 所示。请计算：在未来 24 小时里，银行预测的净流动性头寸是多少？银行能从哪些来源途径来满足其流动性需要？

表 9-14　X 银行估计将会发生的现金流入和流出项目　　　　单位：万元

项目	金额	项目	金额
存款提现	47	售出银行资产	16
存款流入	87	支付股东红利	178
计划偿还的贷款	55	非存款服务收入	33
可接受的贷款申请	102	偿还银行借款	67
从货币市场借款	61	经营费用	45

5.X 银行预测下周的净流动性盈余为 200 万元。其中：预期质量级贷款需求 2400 万元，银行必须偿还借款 1500 万元，支付经营费用 1800 万元，计划支付股东红利 500 万元。存款为 2600 万元，非存款服务收入 1800 万元，客户偿还贷款 2300 万元，售出银行资产 1000 万元，货币市场借款 1100 万元。请问银行预测下周的存款提现额是多少？

6.流动性过剩(或不足)的结构性矛盾体现在哪些方面？如何化解？

7.已知 A、B 两银行面临的筹资利率如表 9-15 所示。

表 9-15　A、B 两银行面临的筹资利率

	A 银行	B 银行
浮动利率	LIBOR+1.0%	LIBOR+0.5%
固定利率	5%	6.5%

设 A 银行需用浮动利率筹资,而 B 银行需用固定利率筹资。某金融中介机构提出为他们安排互换以降低双方筹资成本,同时,要求赚取 0.5% 的差价。如果使该项互换对 A 银行和 B 银行具有同样的吸引力,那么 A 银行和 B 银行应承担的筹资利率各是多少？

8.假设有刚开业的银行甲,其资产项目和负债项目的价值均为市场价值。设该银行收益性资产主要有两类：一类是收益率为 14% ,最终偿还期为 3 年的商业贷款；另一类是收益率为 12% ,最终偿还期为 9 年的国库券。该银行的负债则由年利率 9% 、期限为一年的定期存款和年息率 10% 、偿还期为 4 年的大额定期存单所构成。该银行股本为 80 单位美元,或为总资产的 8% 。银行资产负债表数据资料如表 9-16 所示,且在分析中不考虑违约、预付和提前支取的情况发生,利息按年复利计算。要求根据表 9-16 资料计算并回答以下问题。

表 9-16　甲银行资产负债表

资产	市场价值	利率/%	持续期	净债和净值	市场价值	利率/%	持续期
现金	$100			一般定期款	$520	9	1 年
商业贷款	$700	14	2.6 年	大额存单	$400	10	3.49 年
国债券	$200	12	5.9 年	总负债	$920		
				股本	$80		
总计	$1000			总计	$1000		

(1)请计算甲行资产负债的持续期及其缺口。

(2)当市场利率上升 1% 时,对甲银行股本净值有怎样的影响？

(3)要使甲银行资产负债持续期缺口为零,应进行怎样配置？

9.假设下周银行面临下述现金流入和现金流出,该行下周预计净流动性头寸是多少？

(1)预计存款提现总额为 3300 万美元；

(2)预计客户偿还贷款总额为 1.08 亿美元；

(3)经营费用约需支付现金 5100 万美元；

(4)承诺的新贷款达 2.94 亿美元；

(5)银行销售资产计划为 1800 万美元；

(6)新存款总计为 6.7 亿美元；

(7)预计从货币市场借款 4300 万美元；

(8)非存款服务收入将达 2700 万美元；

(9)预计偿还以前银行的借款总计 2300 万美元；

(10)计划向银行股东支付红利 1.4 亿美元。

参考文献

[1] 米什金. 货币金融学[M]. 蒋先玲，等译. 北京：机械工业出版社，2017.

[2] 周春生. 融资、并购与公司控制[M]. 3 版. 北京：北京大学出版社，2013.

[3] 程婵娟. 银行会计学[M]. 4 版. 北京：科学出版社，2017.

[4] 高建侠. 商业银行业务管理[M]. 北京：经济科学出版社，2014.

[5] 韩宗英. 商业银行经营管理[M]. 北京：清华大学出版社，2010.

[6] 赫尔. 风险管理与金融机构[M]. 王勇，董方鹏，译. 北京：机械工业出版社，2013.

[7] 黄嵩，魏恩道，刘勇. 资产证券化理论与案例[M]. 北京：中国发展出版社，2007.

[8] 刘忠燕. 商业银行经营管理学案例[M]. 北京：中国金融出版社，2004.

[9] 刘立新. 风险管理[M]. 2 版. 北京：北京大学出版社，2014.

[10] 托马斯. 货币银行学：货币、银行业和金融市场[M]. 杜朝运，译. 北京：机械工业出版社，2008.

[11] 罗斯，赫金斯. 商业银行管理[M]. 刘园，译. 北京：机械工业出版社，2014.

[12] 麦克唐纳，科克. 银行管理[M]. 6 版. 钱宥妮，译. 北京：北京大学出版社，2009.

[13] 穆西安. 金融企业财务分析[M]. 西安：陕西人民出版社，2005.

[14] 程婵娟. 商业银行财务管理[M]. 3 版. 西安：西安交通大学出版社，2018.

[15] 任淮秀. 投资银行业务与经营[M]. 3 版. 北京：中国人民大学出版社，2009.

[16] 施兵超. 金融衍生产品[M]. 上海：复旦大学出版社，2008.

[17] 田瑞璋. 商业银行的投资银行业务[M]. 北京：中国金融出版社，2004.

[18] 武剑. 商业银行经济资本配置与管理：全面风险管理之核心工具[M]. 北京：中国金融出版社，2009.

[19] 赵海风. 沃尔玛营销：零售王的经营管理理念[M]. 北京：经济科学出版社，2003.

[20] 周浩明，肖紫琼，龚治国. 商业银行经营与管理[M]. 上海：上海交通大学出版社，2014.

[21] 彭雷清. 银行业市场营销[M]. 广州：广东经济出版社，2002.

[22] 中国银行业协会银团贷款与交易专业委员会. 银团贷款理论与实务[M]. 北京：中国金融出版社，2011.

[23] 安贺新，苏朝晖. 商业银行客户关系管理[M]. 北京：清华大学出版社，2013.

图书在版编目(CIP)数据

商业银行管理/程婵娟,李逸飞主编. —2 版. —西安:西安交通
大学出版社,2019.9
ISBN 978 - 7 - 5693 - 1280 - 5

Ⅰ.①商…　Ⅱ.①程…②李…　Ⅲ.①商业银行-银行管理-
教材　Ⅳ.①F830.33

中国版本图书馆 CIP 数据核字(2019)第 170807 号

书　　名	商业银行管理(第二版)	
主　　编	程婵娟　李逸飞	
责任编辑	史菲菲	

出版发行	西安交通大学出版社
	(西安市兴庆南路 1 号　邮政编码 710048)
网　　址	http://www.xjtupress.com
电　　话	(029)82668357　82667874(发行中心)
	(029)82668315(总编办)
传　　真	(029)82668280
印　　刷	陕西金德佳印务有限公司

开　　本	787mm×1092mm　1/16	**印张** 19.625	**字数** 489 千字
版次印次	2019 年 9 月第 2 版　2019 年 9 月第 1 次印刷		
书　　号	ISBN 978 - 7 - 5693 - 1280 - 5		
定　　价	49.80 元		

读者购书、书店添货,如发现印装质量问题,请与本社发行中心联系、调换。
订购热线:(029)82665248　(029)82665249
投稿热线:(029)82668133
读者信箱:xj_rwjg@126.com